THE

# FIRST THREE GOSPELS
# IN GREEK

ARRANGED IN PARALLEL COLUMNS

BY

COLIN CAMPBELL, M.A., D.D.

MINISTER OF THE PARISH OF DUNDEE,

FORMERLY SCHOLAR AND FELLOW OF GLASGOW UNIVERSITY; AUTHOR OF
"CRITICAL STUDIES IN ST. LUKE'S GOSPEL," ETC.

*SECOND EDITION REVISED*

WILLIAMS AND NORGATE

14 HENRIETTA STREET, COVENT GARDEN, LONDON
20 SOUTH FREDERICK STREET, EDINBURGH
AND 7 BROAD STREET, OXFORD

1899

# PREFATORY NOTE.

THIS book has been thoroughly revised and re-arranged. Each of the Gospels here presented may be read continuously, by observing the headings. Where there are no brackets enclosing the title of the Gospel, the proper sequence will be found in the text below; where brackets occur, they signify either that the parallel passage in Matthew or Luke, or both, is the last which Mark has employed. The dashes in the columns indicate that no true parallel can be found in the Gospel in which they occur. Full indices are given.

The Text used is that of Tischendorf's 8th edition of his *Novum Testamentum Græce*.

A full discussion of Mark's relation to Matthew and Luke is reserved for a future volume.

C. C.

THE MANSE OF DUNDEE,
*October* 14, 1899.

# CONTENTS OF SECTIONS.

SEC. PAGE

150. Conditions of·Discipleship : (A.) Jesus to be preferred to Kindred.
    (B.) The Cross to be borne [cf. § 54], . . . . 129
    (C.) The Cost to be counted : The Improvident Builder:
        The Improvident King, . . . 129
    (D.) All Possessions to be renounced, . . . 130
    (E.) The Spirit of Sacrifice to be maintained, . . 130
151. Parable of the Lost Sheep (One of a Hundred), . . . 130
152.   „   „ Lost Drachma (One of Ten), . . . . 131
153.   „   „ Lost Son (One of Two), . . . . 131
154.   „   „ Unjust Steward, . . . . . 133
155. Jesus rebukes the Money-loving Pharisees, . . . . 133
156. Pronouncement on Divorce [cf. § 166], . . . . 134
157. Parable of the Rich Man and Lazarus, . . . . 134
158. Consideration for the Weak and the Erring : The Law of Supplica-
    tion and of Forgiveness (A.), . . . . 135
159. Parable of the Unforgiving Servant (B.), . . . 136
160. The Power of Faith, . . . . . . 137
161. Thanks not given for Duty done, . . . . . 137
162. The Grateful Samaritan Leper, . . . . . 137
163. "The Kingdom of God is within (among) you" : The Days of the
    Son of Man, . . . . . . . 137
164. Parable of the Unjust Judge, . . . . . 138
165.   „   „ Pharisee and the Publican, . . . 139
166. Discourse on Divorce [cf. § 156], . . . . 139
167. Jesus receives Little Children, . . . . . 141
168. The Rich Young Man (Ruler), . . . . . 142
169. Hard for the Rich to enter the Kingdom, . . . . 143
170. Peter's Question about Rewards : (A.) General Answer of Jesus, . 144
171. (B.) Specific Answer : Parable of the Labourers in the Vineyard, . 145
172. Third Announcement of the Passion, on the Way to Jerusalem, . 146
173. Request of (the Mother of) Zebedee's Sons : Spiritual Exaltation
    not an Arbitrary Reward, . . . . 147
174. Healing of (Two Men) (One Man) Blind near Jericho, . . 148
175. Jesus and Zacchæus, . . . . . . 149
176. Parable of the Pounds [cf. § 192 J.], . . . . 150
177. Jesus enters Jerusalem in Triumph, . . . . 151
178. Certain Pharisees remonstrate, . . . . . 153
179. Cleansing of the Temple, and Healing of Blind and Lame [cf. § 181], 153
180. The Unfruitful Fig Tree Cursed [cf. § 140], . . . 154
181. Cleansing of the Temple [cf. 179] : The Chief Priests and Scribes
    seek to kill Jesus, . . . . . . 155
182. Conversation about the Fig Tree, . . . . 156
183. Discussion on the Authority of Jesus, . . . . 157
184. Parables spoken against the Nation : (A.) The Two Sons sent into
    the Vineyard, . . . . . . 158
    (B.) The Wicked Husbandmen, . . . 158

# TABLE

SHOWING THE ORDER IN MATTHEW AND LUKE
WHICH MARK FOLLOWED.

| MATTHEW. | LUKE. | MARK. |
|---|---|---|
| I. 1 | | I. 1 |
| 3ᵃ ; XI. 10 | III. 4ᵃ ; VII. 27 | 2 |
| 3ᵇ | 4ᵇ | 3 |
| | 3 | 4 |
| 5, 6 | | 5 |
| III. 4 | | 6 |
| 1, 11 | 16 | 7, 8 |
| 13–17 | 21, 22 | 9–11 |
| IV. 1, 2ᵃ | IV. 1, 2ᵃ | 12, 13ᵃ |
| — | — | 13ᵇ |
| 11ᵇ | | 13ᶜ |
| 12 | 14ᵃ | 14ᵃ |
| 17ᵃ | | 14ᵇ |
| 17ᵇ | | 15 |
| 18–22 | | 16–20 |
| | 31 | 21 |
| 28ᵃ, 29 | 32 | 22 |
| | 33–37 | 23–28 |
| | 38, 39 | 29–31 |
| | 40, 41 | 32–34 |
| | 42–44 | 35–39 |
| VIII. 2–4 | V. 12ᵇ–14 | 40–44 |
| | 15, 16 | 45 |
| IX. 1ᵇ | 17 | II. 1 |
| VIII. 18, 34 | | 2 |
| IX. 2–8 | 18–26 | 3–12 |
| 9–15 | 27–35 | 13–20 |
| 16, 17ᵃ | 36, 37 | 21, 22 |
| XII. 1–8 | VI. 1–5 | 23–28 |
| 9–14 | 6–11 | III. 1–6 |
| 15, 16 | | 7–12 |
| | 12ᵇ–16 | 13–19ᵃ |
| | 36 | 19ᵇ |
| — | — | 20, 21 |
| 24–32 | | 22–29 |

| MATTHEW. | LUKE. | MARK. |
|---|---|---|
| XI. 18 | | III. 30 |
| XII. 46–50 | | 31–35 |
| XIII. 1 | | IV. 1ᵃ |
| 2 | VIII. 4ᵃ | 1ᵇ |
| 3–9 | 4ᵇ–8 | 2–9 |
| 10, 11 | 9, 10ᵃ | 10, 11 |
| 13ᵇ | 10ᵇ | 12ᵃ |
| 15ᵇ | | 12ᵇ |
| 16, 17, 19ᵇ–23 | 11–15 | 13–20 |
| | 16–18 | 21–25 |
| [24–30] | | 26–29 |
| 31, 32 | | 30–32 |
| 34, 36 | | 33, 34 |
| | 22–25 | 35–41 |
| | 26–39 | V. 1–20 |
| | 40–56 | 21–43 |
| 53–58 | | VI. 1–6 |
| | IX. 1–6 | 7–13 |
| XIV. 1, 2 | 7 | 14 |
| | 8, 9 | 15, 16 |
| 3 | | 17 |
| 4–12 | | 18–29 |
| 13–21 | 10–17 | 30–44 |
| 22–33 | | 45–52 |
| 34–36 | | 53–56 |
| XV. 1–9 | | VII. 1–13 |
| 10–20 | | 14–23 |
| 21–28 | | 24–30 |
| 29 | | 31 |
| — | — | 32–37 |
| 32–39 | | VIII. 1–10 |
| XVI. 1–4 | | 11–13 |
| 5–10 | | 14–21 |
| — | — | 22–26 |
| 13–16 | 18, 19 | 27, 29 |
| 20, 21 | 21, 22 | ·30, 31 |
| 22, 23 | | 32, 33 |
| 24–28 | 23–27 | 34–IX.: 1 |
| XVII. 1–3 | 28–30 | IX. 2–4 |
| 4–9 | 33–36ᵃ | 5–9 |
| | 36ᵇ | 10 |
| 10–12 | | 11–13 |
| 14–20 | 37–43ᵃ | 14–29 |
| 22, 23 | 43ᵇ–44 | 30, 31 |
| | 45 | 32 |
| 24 | | 33ᵃ |
| XVIII. 1–5 | 46–48 | 33ᵇ–37 |
| | 49–50 | 38–40 |
| [X. 42] | | 41 |

| MATTHEW. | LUKE. | MARK. |
|---|---|---|
| XVIII. 6-9 | | 42-48 |
| | [XII. : 49] | 49 |
| | 34 | $50^a$ |
| — | — | $50^b$ |
| XIX. 1-11 | XVIII. 15-17 | X. 1-12 |
| $13-15^a$ | 18-23 | 13-16 |
| $15^b$-22 | 24-27 | 17-22 |
| 23-26 | | 23-27 |
| 27-29 | | 28-30 |
| 30 | | 31 |
| XX. 17-19 | 31-33 | 32-34 |
| 20-28 | | 35-45 |
| 29-33 | 35-43 | 46-52 |
| XXI. 1-10 | XIX. 29-38 | XI. $1-11^a$ |
| 12-17 | | $11^b$, $11^c$ |
| 18, 19 | | 12-14 |
| | 45, 46 | 15-17 |
| | $47^b$, 48 | 18, 19 |
| 20-22 | | 20-25 |
| 23-27 | XX. 1-8 | 27-33 |
| | $9^a$ | XII. $1^a$ |
| 33-46 | $9^b$-19 | $1^b-12^a$ |
| XXII. 15-22 | 20-26 | $12^b$-17 |
| 23-33 | 27-40 | 18-27 |
| 34-40 | | 28-31 |
| | | $32-34^a$ |
| — | — | $34^b$ |
| | 40 | $35-37^a$ |
| 41-45 | 41-44 | $37^b-38^a$ |
| XXIII. 1 | 45 | $38^b$-39 |
| | 46 | 40 |
| | 47 | 41-44 |
| XXIV. 1, 2 | XXI. 1-4 | XIII. 1, 2 |
| 3-14 | 5, 6 | 3-13 |
| 15-25 | 7-19 | 14-23 |
| 29-31 | 20-24 | 24-27 |
| 32-35 | 25-28 | 28-31 |
| 36 | 20-33 | $32-33^a$ |
| 42 | 34-36 | $33^b$ |
| XXV. 14, 15 | | 34 |
| [See p. 181] | | 35-37 |
| XXVI. 3-5 | XXII. 1, 2 | XIV. 1, 2 |
| 6-13 | 3-6 | 3-9 |
| 14-16 | | 10, 11 |
| 17-19 | 7-13 | 12-16 |
| 20-24 | 14-18 | 17-21 |
| 26-30 | 19-23 | 22-26 |
| 31, 32 | | 27, 28 |
| 33, 34 | 33, 34 | 29-31 |

| MATTHEW. | LUKE. | MARK. |
|---|---|---|
| XXVI. 36–46 | 39–46 | 32–42 |
| 47–56 | 47–53 | 43–50 |
| — | — | 51, 52 |
| 57ᵃ | 54ᵃ | 53 |
| 58 | 54ᵇ–55 | 54 |
| 59–63 | | 55–61 |
| 64–75 | 67–71 | 62–72 |
| XXVII. 1, 2 | XXIII. 1 | XV. 1 |
| 11ᵇ–14 | 3 | 2–5 |
| 15–20 | 18, 19 | 6–11 |
| 22–26 | 20–25 | 12–15 |
| 27–31 | | 16–20 |
| 32 | 26ᵇ | 21 |
| 33–35 | 33ᵃ | 22–25 |
| 37–44 | 38 | 26–32 |
| 45–50 | 44–46 | 33–37 |
| 51–54 | 47 | 38, 39 |
| 55, 56 | 48, 49 | 40, 41 |
| 57–61 | 50–55 | 42–47 |
| XXVIII. 1–6 | XXIV. 1–6 | XVI. 1–6 |
| 7 | | 7 |
| 8 | 9 | 8 |
| 9, 10 | | 9–11 |
| | 13–15 | 12 |
| | 29, 30 | 13 |
| | 36–39 | 14 |
| 18–19 | | 15 |
| — | — | 16–18 |
| | 51–53 | 19, 20 |

# CORRIGENDA.

Page 37  Line 3 from bottom, insert 13
,,  39  Ver. 31, οἱ instead of δι
,,  39  ,,  1ᵇ, delete stop
,,  84  In Matt. col., line 24, insert 5
,,  97  ,, Mark  ,,  ,,  8 from bottom, insert 29
,,  97  ,, Luke  ,,  ,,  8  ,,  ,,  20
,, 100  ,, Mark  ,,  ,,  5  ,,  ,,  3
,, 103  ,,  ,,  ,,  ,,  11  ,,  ,,  17
,, 105  ,,  ,,  ,,  ,,  8  ,,  ·,  29
,, 106  ,,  ,,  ,,  ,,  9 from top,  ,,  31
,, 107  ,, Luke  ,,  ,,  16 from bottom,  ,,  48
,, 109  ,, Mark  ,,  ,,  8  ,,  ,,  48
,, 144  ,, Matt.  ,,  ,,  16 from top,  ,,  26
,, 144  ,, Mark  ,,  ,,  16  ,,  ,,  27
,, 144  ,, Luke  ,,  ,,  18  ,,  ,,  27
,, 148  ,, Matt.  ,,  ,,  15 from bottom,  ,,  30
,, 162  ,,  ,,  ·,  ,,  3  ,,  ,,  17
,, 166  ,,  ,,  ,·  ,,  12 from top,  ,,  40
,, 171  ,, Luke  ,,  ,,  9  ,,  ,,  6
,, 175  ,, Mark  ,,  ver. 20, ἐκολόβωσεν should be ἐκολοβώσεν
,, 189  ,, Matt.  ,,  line 34 from top, insert 35
,, 198  ,, Mark  ,,  ver. 72, add καὶ εὐθὺς
,, 214  ,,  ,,  ,,  ,,  7, delete * at ὄψεσθε

# THE FIRST THREE GOSPELS,

## IN GREEK.

### § 1. *Preface.*

| [MATT.] | [MARK.] | LUKE I. |
|---|---|---|
| — | — | 1 Ἐπειδήπερ πολλοὶ ἐπεχείρησαν ἀνατάξασθαι διήγησιν περὶ τῶν πεπληροφορημένων |
| — | — | 2 ἐν ἡμῖν πραγμάτων, καθὼς παρέδοσαν ἡμῖν οἱ ἀπ' ἀρχῆς αὐτόπται καὶ ὑπηρέται γενό- |
| — | — | 3 μενοι τοῦ λόγου, ἔδοξε κἀμοὶ παρηκολου- θηκότι ἄνωθεν πᾶσιν ἀκριβῶς καθεξῆς σοι |
| — | — | 4 γράψαι, κράτιστε Θεόφιλε, ἵνα ἐπιγνῷς περὶ ὧν κατηχήθης λόγων τὴν ἀσφάλειαν. |

### § 2. *John is promised to Zacharias by the angel Gabriel.*

| | | |
|---|---|---|
| — | — | 5 Ἐγένετο ἐν ταῖς ἡμέραις Ἡρώδου βασιλέως τῆς Ἰουδαίας ἱερεύς τις ὀνόματι Ζαχαρίας ἐξ ἐφημερίας Ἀβιά, καὶ γυνὴ αὐτῷ ἐκ τῶν θυγατέρων Ἀαρών, καὶ τὸ ὄνομα αὐτῆς |
| — | — | 6 Ἐλισάβετ. ἦσαν δὲ δίκαιοι ἀμφότεροι ἐναντίον τοῦ θεοῦ, πορευόμενοι ἐν πάσαις ταῖς ἐντολαῖς καὶ δικαιώμασιν τοῦ κυρίου |
| — | — | 7 ἄμεμπτοι. καὶ οὐκ ἦν αὐτοῖς τέκνον, καθότι ἦν ἡ Ἐλισάβετ στεῖρα, καὶ ἀμφότεροι προβεβηκότες ἐν ταῖς ἡμέραις αὐτῶν ἦσαν. |
| — | — | 8 ἐγένετο δὲ ἐν τῷ ἱερατεύειν αὐτὸν ἐν τῇ τάξει τῆς ἐφημερίας αὐτοῦ ἔναντι τοῦ θεοῦ, |
| — | — | 9 κατὰ τὸ ἔθος τῆς ἱερατείας ἔλαχε τοῦ θυμιᾶσαι εἰσελθὼν εἰς τὸν ναὸν τοῦ κυρίου, |
| — | — | 10 καὶ πᾶν τὸ πλῆθος ἦν τοῦ λαοῦ προσευχό- |
| — | — | 11 μενον ἔξω τῇ ὥρᾳ τοῦ θυμιάματος. ὤφθη δὲ αὐτῷ ἄγγελος κυρίου ἑστὼς ἐκ δεξιῶν |
| — | — | 12 τοῦ θυσιαστηρίου τοῦ θυμιάματος. καὶ ἐταράχθη Ζαχαρίας ἰδών, καὶ φόβος ἐπέπεσεν |

1

| | | |
|---|---|---|
| — | — | 13 ἐπ᾽ αὐτόν. εἶπεν δὲ πρὸς αὐτὸν ὁ ἄγγελος· μὴ φοβοῦ, Ζαχαρία, διότι εἰσηκούσθη ἡ δέησίς σου, καὶ ἡ γυνή σου Ἐλισάβετ γεννήσει υἱόν σοι, καὶ καλέσεις τὸ ὄνομα αὐτοῦ |
| — | — | 14 Ἰωάννην· καὶ ἔσται χαρά σοι καὶ ἀγαλλίασις, καὶ πολλοὶ ἐπὶ τῇ γενέσει αὐτοῦ |
| | | 15 χαρήσονται. ἔσται γάρ μέγας ἐνώπιον κυρίου, καὶ οἶνον καὶ σίκερα οὐ μὴ πίῃ, καὶ πνεύματος ἁγίου πλησθήσεται ἔτι ἐκ κοιλίας |
| — | — | 16 μητρὸς αὐτοῦ, καὶ πολλοὺς τῶν υἱῶν Ἰσραὴλ |
| — | — | 17 ἐπιστρέψει ἐπὶ κύριον τὸν θεὸν αὐτῶν· καὶ αὐτὸς προελεύσεται ἐνώπιον αὐτοῦ ἐν πνεύματι καὶ δυνάμει Ἡλεία, ἐπιστρέψαι καρδίας πατέρων ἐπὶ τέκνα καὶ ἀπειθεῖς ἐν φρονήσει δικαίων, ἑτοιμάσαι κυρίῳ λαὸν κατεσκευασ- |
| — | — | 18 μένον. καὶ εἶπεν Ζαχαρίας πρὸς τὸν ἄγγελον· κατὰ τί γνώσομαι τοῦτο; ἐγὼ γάρ εἰμι πρεσβύτης καὶ ἡ γυνή μου προβεβηκυῖα |
| — | — | 19 ἐν ταῖς ἡμέραις αὐτῆς. καὶ ἀποκριθεὶς ὁ ἄγγελος εἶπεν αὐτῷ· ἐγώ εἰμι Γαβριὴλ ὁ παρεστηκὼς ἐνώπιον τοῦ θεοῦ, καὶ ἀπεστάλην λαλῆσαι πρὸς σὲ καὶ εὐαγγελίσασθαί |
| — | — | 20 σοι ταῦτα· καὶ ἰδοὺ ἔσῃ σιωπῶν καὶ μὴ δυνάμενος λαλῆσαι ἄχρι ἧς ἡμέρας γένηται ταῦτα, ἀνθ᾽ ὧν οὐκ ἐπίστευσας τοῖς λόγοις μου, οἵτινες πληρωθήσονται εἰς τὸν καιρὸν |
| — | — | 21 αὐτῶν. καὶ ἦν ὁ λαὸς προσδοκῶν τὸν Ζαχαρίαν, καὶ ἐθαύμαζον ἐν τῷ χρονίζειν αὐτὸν |
| — | — | 22 ἐν τῷ ναῷ. ἐξελθὼν δὲ οὐκ ἐδύνατο λαλῆσαι αὐτοῖς, καὶ ἐπέγνωσαν ὅτι ὀπτασίαν ἑώρακεν ἐν τῷ ναῷ· καὶ αὐτὸς ἦν διανεύων |
| — | — | 23 αὐτοῖς, καὶ διέμενεν κωφός. καὶ ἐγένετο ὡς ἐπλήσθησαν αἱ ἡμέραι τῆς λειτουργίας |
| — | — | 24 αὐτοῦ, ἀπῆλθεν εἰς τὸν οἶκον αὐτοῦ. μετὰ δὲ ταύτας τὰς ἡμέρας συνέλαβεν Ἐλισάβετ ἡ γυνὴ αὐτοῦ, καὶ περιέκρυβεν ἑαυτὴν μῆνας |
| — | — | 25 πέντε, λέγουσα ὅτι οὕτως μοι πεποίηκεν κύριος ἐν ἡμέραις αἷς ἐπεῖδεν ἀφελεῖν ὄνειδός μου ἐν ἀνθρώποις. |

### § 3. *Jesus is promised to Mary by the angel Gabriel.*

| | | |
|---|---|---|
| — | — | 26 Ἐν δὲ τῷ μηνὶ τῷ ἕκτῳ ἀπεστάλη ὁ ἄγγελος Γαβριὴλ ἀπὸ τοῦ θεοῦ εἰς πόλιν τῆς Γαλι- |
| | | 27 λαίας ᾗ ὄνομα Ναζαρέθ, πρὸς παρθένον ἐμνηστευμένην ἀνδρὶ ᾧ ὄνομα Ἰωσήφ, ἐξ οἴκου Δαυείδ, καὶ τὸ ὄνομα τῆς παρθένου |
| — | — | 28 Μαριάμ. καὶ εἰσελθὼν πρὸς αὐτὴν ὁ ἄγ- |
| — | — | 29 γελος εἶπεν· χαῖρε, κεχαριτωμένη· ὁ κύριος |

2

|   |   |    |
|---|---|----|
| — | — |    | μετὰ σοῦ. ἡ δὲ ἐπὶ τῷ λόγῳ διεταράχθη, καὶ διελογίζετο ποταπὸς εἴη ὁ ἀσπασμὸς |
| — | — | 30 | οὗτος. καὶ εἶπεν ὁ ἄγγελος αὐτῇ μὴ φοβοῦ, Μαριάμ· εὗρες γὰρ χάριν παρὰ τῷ |
| — | — | 31 | θεῷ. καὶ ἰδοὺ συλλήμψῃ ἐν γαστρὶ καὶ τέξῃ υἱόν, καὶ καλέσεις τὸ ὄνομα αὐτοῦ |
| — | — | 32 | Ἰησοῦν· οὗτος ἔσται μέγας καὶ υἱὸς ὑψίστου κληθήσεται, καὶ δώσει αὐτῷ κύριος ὁ θεὸς |
| — | — | 33 | τὸν θρόνον Δαυεὶδ τοῦ πατρὸς αὐτοῦ, καὶ βασιλεύσει ἐπὶ τὸν οἶκον Ἰακὼβ εἰς τοὺς αἰῶνας, καὶ τῆς βασιλείας αὐτοῦ οὐκ ἔσται |
| — | — | 34 | τέλος. εἶπεν δὲ Μαριὰμ πρὸς τὸν ἄγγελον· πῶς ἔσται τοῦτο, ἐπεὶ ἄνδρα οὐ γινώσκω; |
| — | — | 35 | καὶ ἀποκριθεὶς ὁ ἄγγελος εἶπεν αὐτῇ· πνεῦμα ἅγιον ἐπελεύσεται ἐπὶ σέ, καὶ δύναμις ὑψίστου ἐπισκιάσει σοι· διὸ καὶ τὸ γεννώ- |
| — | — | 36 | μενον ἅγιον κληθήσεται υἱὸς θεοῦ. καὶ ἰδοὺ Ἐλισάβετ ἡ συγγενίς σου καὶ αὐτὴ συνειλη- φυῖα υἱὸν ἐν γήρει αὐτῆς, καὶ οὗτος μὴν |
| — | — | 37 | ἕκτος ἐστὶν αὐτῇ τῇ καλουμένῃ στείρα· ὅτι οὐκ ἀδυνατήσει παρὰ τοῦ θεοῦ πᾶν ῥῆμα. |
| ) | — | 38 | εἶπεν δὲ Μαριάμ· ἰδοὺ ἡ δούλη κυρίου· γένοιτό μοι κατὰ τὸ ῥῆμά σου. καὶ ἀπῆλ- θεν ἀπ᾽ αὐτῆς ὁ ἄγγελος. |

## § 4. Meeting of Elizabeth and Mary: Mary's Song.

|   |   |    |   |
|---|---|----|---|
| — | — | 39 | Ἀναστᾶσα δὲ Μαριὰμ ἐν ταῖς ἡμέραις ταύ- ταις ἐπορεύθη εἰς τὴν ὀρεινὴν μετὰ σπουδῆς |
| — | — | 40 | εἰς πόλιν Ἰούδα, καὶ εἰσῆλθεν εἰς τὸν οἶκον Ζαχαρίου καὶ ἠσπάσατο τὴν Ἐλισάβετ. |
| — | — | 41 | καὶ ἐγένετο ὡς ἤκουσεν τὸν ἀσπασμὸν τῆς Μαρίας ἡ Ἐλισάβετ, ἐσκίρτησεν τὸ βρέφος ἐν τῇ κοιλίᾳ αὐτῆς· καὶ ἐπλήσθη πνεύματος |
| — | — | 42 | ἁγίου ἡ Ἐλισάβετ, καὶ ἀνεφώνησεν κραυγῇ μεγάλῃ καὶ εἶπεν· εὐλογημένη σὺ ἐν γυναι- ξίν, καὶ εὐλογημένος ὁ καρπὸς τῆς κοιλίας |
| — | — | 43 | σου. καὶ πόθεν μοι τοῦτο ἵνα ἔλθῃ ἡ μήτηρ |
| — | — | 44 | τοῦ κυρίου μου πρὸς ἐμέ; ἰδοὺ γὰρ ὡς ἐγέ- νετο ἡ φωνὴ τοῦ ἀσπασμοῦ σου εἰς τὰ ὦτά μου, ἐσκίρτησεν ἐν ἀγαλλιάσει τὸ βρέφος |
| — | — | 45 | ἐν τῇ κοιλίᾳ μου. καὶ μακαρία ἡ πιστεύ- σασα ὅτι ἔσται τελείωσις τοῖς λελαλημένοις |
| — | — | 46 | αὐτῇ παρὰ κυρίου. καὶ εἶπεν Μαριάμ· |
| — | — | 47 | μεγαλύνει ἡ ψυχή μου τὸν κύριον, καὶ ἠγαλ- λίασεν τὸ πνεῦμά μου ἐπὶ τῷ θεῷ τῷ σωτῆρι |
| — | — | 48 | μου, ὅτι ἐπέβλεψεν ἐπὶ τὴν ταπείνωσιν τῆς δούλης αὐτοῦ. ἰδοὺ γὰρ ἀπὸ τοῦ νῦν μακα- |
| — | — | 49 | ριοῦσίν με πᾶσαι αἱ γενεαί, ὅτι ἐποίησέν |

3

|   |   |   |
|---|---|---|
| — | — | 50 μοι μεγάλα ὁ δυνατός, καὶ ἅγιον τὸ ὄνομα αὐτοῦ, καὶ τὸ ἔλεος αὐτοῦ εἰς γενεὰς καὶ |
| — | — | 51 γενεὰς τοῖς φοβουμένοις αὐτόν. ἐποίησεν κράτος ἐν βραχίονι αὐτοῦ, διεσκόρπισεν |
| — | — | 52 ὑπερηφάνους διανοίᾳ καρδίας αὐτῶν· καθεῖλεν δυνάστας ἀπὸ θρόνων καὶ ὕψωσεν |
| — | — | 53 ταπεινούς, πεινῶντας ἐνέπλησεν ἀγαθῶν καὶ |
| — | — | 54 πλουτοῦντας ἐξαπέστειλεν κενούς. ἀντελάβετο Ἰσραὴλ παιδὸς αὐτοῦ, μνησθῆναι |
| — | — | 55 ἐλέους, καθὼς ἐλάλησεν πρὸς τοὺς πατέρας ἡμῶν, τῷ Ἀβραὰμ καὶ τῷ σπέρματι αὐτοῦ εἰς τὸν αἰῶνα. |
| — | — | 56 Ἔμεινεν δὲ Μαριὰμ σὺν αὐτῇ ὡς μῆνας τρεῖς, καὶ ὑπέστρεψεν εἰς τὸν οἶκον αὐτῆς. |

§ 5. *Birth of John: His Father's Prophecy.*

|   |   |   |
|---|---|---|
| — | — | 57 Τῇ δὲ Ἐλισάβετ ἐπλήσθη ὁ χρόνος τοῦ |
| — | — | 58 τεκεῖν αὐτήν, καὶ ἐγέννησεν υἱόν. καὶ ἤκουσαν οἱ περίοικοι καὶ οἱ συγγενεῖς αὐτῆς ὅτι ἐμεγάλυνεν κύριος τὸ ἔλεος αὐτοῦ μετ' |
| — | — | 59 αὐτῆς, καὶ συνέχαιρον αὐτῇ. καὶ ἐγένετο ἐν τῇ ἡμέρᾳ τῇ ὀγδόῃ ἦλθον περιτεμεῖν τὸ παιδίον, καὶ ἐκάλουν αὐτὸ ἐπὶ τῷ ὀνόματι τοῦ |
| — | — | 60 πατρὸς αὐτοῦ Ζαχαρίαν. καὶ ἀποκριθεῖσα ἡ μήτηρ αὐτοῦ εἶπεν· οὐχί, ἀλλὰ κληθήσεται |
| — | — | 61 Ἰωάννης. καὶ εἶπαν πρὸς αὐτὴν ὅτι οὐδείς ἐστιν ἐκ τῆς συγγενείας σου ὃς καλεῖται τῷ |
| — | — | 62 ὀνόματι τούτῳ. ἐνένευον δὲ τῷ πατρὶ αὐτοῦ |
| — | — | 63 τὸ τί ἂν θέλοι καλεῖσθαι αὐτό. καὶ αἰτήσας πινακίδιον ἔγραψεν λέγων· Ἰωάννης ἐστὶν τὸ ὄνομα αὐτοῦ. καὶ ἐθαύμασαν πάντες. |
| — | — | 64 ἀνεῴχθη δὲ τὸ στόμα αὐτοῦ παραχρῆμα καὶ ἡ γλῶσσα αὐτοῦ, καὶ ἐλάλει εὐλογῶν τὸν |
| — | — | 65 θεόν. καὶ ἐγένετο ἐπὶ πάντας φόβος τοὺς περιοικοῦντας αὐτούς, καὶ ἐν ὅλῃ τῇ ὀρεινῇ τῆς Ἰουδαίας διελαλεῖτο πάντα τὰ ῥήματα |
| — | — | 66 ταῦτα, καὶ ἔθεντο πάντες οἱ ἀκούσαντες ἐν τῇ καρδίᾳ αὐτῶν, λέγοντες· τί ἄρα τὸ παιδίον τοῦτο ἔσται; καὶ γὰρ χεὶρ κυρίου ἦν μετ' |
| — | — | 67 αὐτοῦ. καὶ Ζαχαρίας ὁ πατὴρ αὐτοῦ ἐπλήσθη πνεύματος ἁγίου καὶ ἐπροφήτευσεν λέγων· |
| — | — | 68 εὐλογητὸς κύριος ὁ θεὸς τοῦ Ἰσραήλ, ὅτι ἐπεσκέψατο καὶ ἐποίησεν λύτρωσιν τῷ λαῷ |
| — | — | 69 αὐτοῦ, καὶ ἤγειρεν κέρας σωτηρίας ἡμῖν ἐν |
| — | — | 70 οἴκῳ Δαυεὶδ παιδὸς αὐτοῦ, καθὼς ἐλάλησεν διὰ στόματος τῶν ἁγίων ἀπ' αἰῶνος προ- |
| — | — | 71 φητῶν αὐτοῦ, σωτηρίαν ἐξ ἐχθρῶν ἡμῶν καὶ ἐκ χειρὸς πάντων τῶν μισούντων ἡμᾶς, |

4

| | | |
|---|---|---|
| — | — | 72 ποιῆσαι ἔλεος μετὰ τῶν πατέρων ἡμῶν καὶ |
| — | — | 73 μνησθῆναι διαθήκης ἁγίας αὐτοῦ, ὅρκον ὃν ὤμοσεν πρὸς Ἀβραὰμ τὸν πατέρα ἡμῶν, |
| — | — | 74 τοῦ δοῦναι ἡμῖν ἀφόβως ἐκ χειρὸς ἐχθρῶν |
| — | — | 75 ῥυσθέντας λατρεύειν αὐτῷ, ἐν ὁσιότητι καὶ δικαιοσύνῃ ἐνώπιον αὐτοῦ πάσας τὰς ἡμέρας |
| — | — | 76 ἡμῶν. καὶ σὺ δὲ παιδίον προφήτης ὑψίστου κληθήσῃ. προπορεύσῃ γὰρ πρὸ προσώπου |
| — | — | 77 κυρίου ἑτοιμάσαι ὁδοὺς αὐτοῦ, τοῦ δοῦναι γνῶσιν σωτηρίας τῷ λαῷ αὐτοῦ ἐν ἀφέσει |
| — | — | 78 ἁμαρτιῶν αὐτῶν διὰ σπλάγχνα ἐλέους θεοῦ ἡμῶν, ἐν οἷς ἐπεσκέψατο ἡμᾶς ἀνατολὴ ἐξ |
| — | — | 79 ὕψους ἐπιφᾶναι τοῖς ἐν σκότει καὶ σκιᾷ θανάτου καθημένοις, τοῦ κατευθῦναι τοὺς πόδας ἡμῶν εἰς ὁδὸν εἰρήνης. |

## § 6. Growth and Development of John.

| | | |
|---|---|---|
| — | — | 80 Τὸ δὲ παιδίον ηὔξανεν καὶ ἐκραταιοῦτο πνεύματι, καὶ ἦν ἐν ταῖς ἐρήμοις ἕως ἡμέρας ἀναδείξεως αὐτοῦ πρὸς τὸν Ἰσραήλ. |

## § 7. Genealogy of Joseph, Mary's husband [cf. § 25].

I.                                                        I.

| | | |
|---|---|---|
| 1 Βίβλος γενέσεως Ἰησοῦ Χριστοῦ υἱοῦ Δαυεὶδ υἱοῦ Ἀβραάμ. | 1 Ἀρχὴ τοῦ εὐαγγελιου Ἰησοῦ Χριστοῦ* | [Cf. iii. 23-38.] |
| 2 Ἀβραὰμ ἐγέννησεν τὸν Ἰσαάκ, Ἰσαὰκ δὲ ἐγέννησεν τὸν Ἰακώβ, Ἰακὼβ δὲ ἐγέννησεν τὸν Ἰούδαν καὶ τοὺς ἀδελφοὺς αὐτοῦ, | — | — |
| 3 Ἰούδας δὲ ἐγέννησεν τὸν Φαρὲς καὶ τὸν Ζαρὰ ἐκ τῆς Θάμαρ, Φαρὲς δὲ ἐγέννησεν τὸν Ἐσρώμ, Ἐσρὼμ δὲ ἐγέννησεν τὸν Ἀράμ, | — | — |
| 4 Ἀρὰμ δὲ ἐγέννησεν τὸν Ἀμιναδάβ, Ἀμιναδὰβ δὲ ἐγέννησεν τὸν Ναασσών, Ναασσὼν δὲ ἐγέννησεν τὸν Σαλμών, | — | — |
| 5 Σαλμὼν δὲ ἐγέννησεν τὸν Βοὲς ἐκ τῆς Ῥαχάβ, Βοὲς δὲ ἐγέννησεν τὸν Ἰωβὴδ ἐκ τῆς Ῥούθ, Ἰωβὴδ δὲ ἐγέννησεν τὸν Ἰεσσαί, | — | — |

* The Revisers' Text adds υἱοῦ τοῦ θεοῦ, which may be contrasted with Matthew's υἱοῦ Δαυείδ.

| | [MARK I.] | [LUKE I.] |
|---|---|---|
| 6 Ἰεσσαὶ δὲ ἐγέννησεν τὸν Δαυεὶδ τὸν βασιλέα. Δαυεὶδ δὲ ἐγέννησεν τὸν Σολομῶνα ἐκ τῆς τοῦ Οὐρίου, | — | — |
| 7 Σολομὼν δὲ ἐγέννησεν τὸν Ῥοβοάμ, Ῥοβοὰμ δὲ ἐγέννησεν τὸν Ἀβιά, Ἀβιὰ δὲ ἐγέννησεν τὸν Ἀσάφ, | — | — |
| 8 Ἀσὰφ δὲ ἐγέννησεν τὸν Ἰωσαφάτ, Ἰωσαφὰτ δὲ ἐγέννησεν τὸν Ἰωράμ, Ἰωρὰμ δὲ ἐγέννησεν τὸν Ὀζείαν, | — | — |
| 9 Ὀζείας δὲ ἐγέννησεν τὸν Ἰωάθαμ, Ἰωάθαμ δὲ ἐγέννησεν τὸν Ἀχαζ, Ἀχαζ δὲ ἐγέννησεν τὸν Ἐζεκίαν, | — | — |
| 10 Ἐζεκίας δὲ ἐγέννησεν τὸν Μανασσῆ, Μανασσῆς δὲ ἐγέννησεν τὸν Ἀμώς, Ἀμὼς δὲ ἐγέννησεν τὸν Ἰωσίαν, | — | — |
| 11 Ἰωσείας δὲ ἐγέννησεν τὸν Ἰεχονίαν καὶ τοὺς ἀδελφοὺς αὐτοῦ ἐπὶ τῆς μετοικεσίας Βαβυλῶνος. | — | — |
| 12 μετὰ δὲ τὴν μετοικεσίαν Βαβυλῶνος Ἰεχονίας ἐγέννησεν τὸν Σαλαθιήλ, Σαλαθιὴλ δὲ ἐγέννησεν τὸν Ζοροβάβελ, | | |
| 13 Ζοροβάβελ δὲ ἐγέννησεν τὸν Ἀβιούδ, Ἀβιοὺδ δὲ ἐγέννησεν τὸν Ἐλιακείμ, Ἐλιακεὶμ δὲ ἐγέννησεν τὸν Ἀζώρ, | — | — |
| 14 Ἀζὼρ δὲ ἐγέννησεν τὸν Σαδώκ, Σαδὼκ δὲ ἐγέννησεν τὸν Ἀχείμ, Ἀχεὶμ δὲ ἐγέννησεν τὸν Ἐλιούδ, | — | — |
| 15 Ἐλιοὺδ δὲ ἐγέννησεν τὸν Ἐλεάζαρ, Ἐλεάζαρ δὲ ἐγέννησεν τὸν Ματθάν, Ματθὰν δὲ ἐγέννησεν τὸν Ἰακώβ, | — | — |
| 16 Ἰακὼβ δὲ ἐγέννησεν τὸν Ἰωσὴφ τὸν ἄνδρα Μαρίας, ἐξ ἧς ἐγεννήθη Ἰησοῦς ὁ λεγόμενος Χριστός. | — | — |
| 17 πᾶσαι οὖν αἱ γενεαὶ ἀπὸ Ἀβραὰμ ἕως Δαυεὶδ γενεαὶ δεκατέσσαρες, καὶ ἀπὸ Δαυεὶδ ἕως τῆς μετοικεσίας Βαβυλῶνος γενεαὶ δεκατέσσαρες, καὶ ἀπὸ τῆς μετοικεσίας Βαβυλῶνος ἕως τοῦ Χριστοῦ γενεαὶ δεκατέσσαρες | — | — |

§ 8. *Jesus is promised to Joseph by an angel.*

| | | |
|---|---|---|
| 18 Τοῦ δὲ Ἰησοῦ Χριστοῦ ἡ γένεσις οὕτως ἦν. μνηστευθείσης τῆς μητρὸς αὐτοῦ Μαρίας τῷ Ἰωσήφ, πρὶν ἢ συνελθεῖν αὐτούς, εὑρέθη ἐν γαστρὶ ἔχουσα ἐκ πνεύματος ἁγίου. | — | — |

6

| MATT. | [MARK I.] | LUKE |
|---|---|---|
| 19 Ἰωσὴφ δὲ ὁ ἀνὴρ αὐτῆς, δίκαιος ὢν καὶ μὴ θέλων αὐτὴν δειγματίσαι, ἐβουλήθη λάθρα | — | — |
| 20 ἀπολῦσαι αὐτήν. ταῦτα δὲ αὐτοῦ ἐνθυμηθέντος, ἰδοὺ ἄγγελος κυρίου κατ᾽ ὄναρ ἐφάνη αὐτῷ λέγων· Ἰωσὴφ υἱὸς Δαυείδ, μὴ φοβηθῇς παραλαβεῖν Μαριὰμ τὴν γυναῖκά σου· τὸ γὰρ ἐν αὐτῇ γεννηθὲν ἐκ πνεύματός | — | — |
| 21 ἐστιν ἁγίου. τέξεται δὲ υἱόν, καὶ καλέσεις τὸ ὄνομα αὐτοῦ Ἰησοῦν. αὐτὸς γὰρ σώσει τὸν λαὸν αὐτοῦ ἀπὸ τῶν ἁμαρτιῶν αὐτῶν. | — | — |
| 22 τοῦτο δὲ ὅλον γέγονεν ἵνα πληρωθῇ τὸ ῥηθὲν ὑπὸ κυρίου διὰ τοῦ προφήτου | — | — |
| 23 λέγοντος· ἰδοὺ ἡ παρθένος ἐν γαστρὶ ἕξει, καὶ τέξεται υἱόν, καὶ καλέσουσιν τὸ ὄνομα αὐτοῦ Ἐμμανουήλ, ὅ ἐστιν μεθερμηνευό- | | |
| 24 μενον μεθ᾽ ἡμῶν ὁ θεός. ἐγερθεὶς δὲ Ἰωσὴφ ἀπὸ τοῦ ὕπνου ἐποίησεν ὡς προσέταξεν αὐτῷ ὁ ἄγγελος κυρίου, καὶ παρέλαβεν τὴν | | |
| 25 γυναῖκα αὐτοῦ· καὶ οὐκ ἐγίνωσκεν αὐτὴν ἕως οὗ ἔτεκεν υἱόν, καὶ ἐκάλεσεν τὸ ὄνομα αὐτοῦ Ἰησοῦν. | — | — |

## § 9. Birth of Jesus at Bethlehem : Census of Quirinius.

II.                       II.

| MATT. II. | [MARK] | LUKE II. |
|---|---|---|
| — | — | 1 Ἐγένετο δὲ ἐν ταῖς ἡμέραις ἐκείναις ἐξῆλθεν δόγμα παρὰ Καίσαρος Αὐγούστου ἀπογράφεσθαι πᾶσαν τὴν |
| — | — | 2 οἰκουμένην. αὕτη ἀπογραφὴ ἐγένετο πρώτη ἡγεμονεύοντος τῆς Συρίας Κυρηνίου. |
| — | — | 3 καὶ ἐπορεύοντο πάντες ἀπογράφεσθαι, ἕκαστος εἰς τὴν ἑαυτοῦ πόλιν. |
| — | — | 4 ἀνέβη δὲ καὶ Ἰωσὴφ ἀπὸ τῆς Γαλιλαίας ἐκ πόλεως Ναζαρὲθ εἰς τὴν Ἰουδαίαν εἰς πόλιν Δαυεὶδ ἥτις καλεῖται Βηθλεέμ, διὰ τὸ εἶναι αὐτὸν ἐξ οἴκου |
| — | — | 5 καὶ πατριᾶς Δαυείδ, ἀπογράψασθαι σὺν Μαριὰμ τῇ ἐμνηστευμένῃ αὐτῷ |
| — | — | 6 οὔσῃ ἐγκύῳ. ἐγένετο δὲ ἐν τῷ εἶναι αὐτοὺς ἐκεῖ ἐπλήσθησαν αἱ ἡμέραι τοῦ |
| 1 Τοῦ δὲ Ἰησοῦ γεννηθέντος ἐν Βηθλεὲμ τῆς Ἰουδαίας ἐν ἡμέραις Ἡρώδου τοῦ βασιλέως, | — | 7 τεκεῖν αὐτήν, καὶ ἔτεκεν τὸν υἱὸν αὐτῆς τὸν πρωτότοκον, καὶ ἐσπαργάνωσεν αὐτὸν καὶ ἀνέκλινεν αὐτὸν ἐν φάτνῃ, διότι οὐκ ἦν αὐτοῖς τόπος ἐν τῷ καταλύματι. |

§ 10. *Visit of the Magi.*

ἰδοὺ μάγοι ἀπὸ ἀνατολῶν παρεγένοντο εἰς
2 Ἱεροσόλυμα λέγοντες· ποῦ ἐστιν ὁ τεχθεὶς
βασιλεὺς τῶν Ἰουδαίων; εἴδομεν γὰρ αὐτοῦ
τὸν ἀστέρα ἐν τῇ ἀνατολῇ, καὶ ἤλθομεν
3 προσκυνῆσαι αὐτῷ. ἀκούσας δὲ ὁ βασιλεὺς
Ἡρώδης ἐταράχθη, καὶ πᾶσα Ἱεροσόλυμα
4 μετ᾽ αὐτοῦ, καὶ συναγαγὼν πάντας τοὺς
ἀρχιερεῖς καὶ γραμματεῖς τοῦ λαοῦ ἐπυν-
θάνετο παρ᾽ αὐτῶν ποῦ ὁ Χριστὸς γεννᾶται.
5 οἱ δὲ εἶπαν αὐτῷ· ἐν Βηθλεὲμ τῆς Ἰουδαίας·
οὕτως γὰρ γέγραπται διὰ τοῦ προφήτου.
6 καὶ σὺ Βηθλεέμ, γῆ Ἰούδα, οὐδαμῶς ἐλαχίστη
εἶ ἐν τοῖς ἡγεμόσιν Ἰούδα. ἐκ σοῦ γὰρ
ἐξελεύσεται ἡγούμενος, ὅστις ποιμανεῖ τὸν
7 λαόν μου τὸν Ἰσραήλ. τότε Ἡρώδης λάθρα
καλέσας τοὺς μάγους ἠκρίβωσεν παρ᾽ αὐτῶν
8 τὸν χρόνον τοῦ φαινομένου ἀστέρος, καὶ
πέμψας αὐτοὺς εἰς Βηθλεὲμ εἶπεν· πορευ-
θέντες ἐξετάσατε ἀκριβῶς περὶ τοῦ παιδίου·
ἐπὰν δὲ εὕρητε, ἀπαγγείλατέ μοι, ὅπως κἀγὼ
9 ἐλθὼν προσκυνήσω αὐτῷ. οἱ δὲ ἀκούσαντες
τοῦ βασιλέως ἐπορεύθησαν· καὶ ἰδοὺ ὁ
ἀστήρ, ὃν εἶδον ἐν τῇ ἀνατολῇ, προῆγεν
αὐτοὺς ἕως ἐλθὼν ἐστάθη ἐπάνω οὗ ἦν
10 τὸ παιδίον. ἰδόντες δὲ τὸν ἀστέρα ἐχάρησαν
11 χαρὰν μεγάλην σφόδρα. καὶ ἐλθόντες εἰς
τὴν οἰκίαν εἶδον τὸ παιδίον μετὰ Μαρίας
τῆς μητρὸς αὐτοῦ, καὶ πεσόντες προσε-
κύνησαν αὐτῷ, καὶ ἀνοίξαντες τοὺς θησαυ-
ροὺς αὐτῶν προσήνεγκαν αὐτῷ δῶρα, χρυσὸν
12 καὶ λίβανον καὶ σμύρναν. καὶ χρηματισ-
θέντες κατ᾽ ὄναρ μὴ ἀνακάμψαι πρὸς
Ἡρώδην, δι᾽ ἄλλης ὁδοῦ ἀνεχώρησαν εἰς
τὴν χώραν αὐτῶν.

§ 11. *Visit of the Shepherds.*

8 Καὶ ποιμένες ἦσαν ἐν τῇ χώρᾳ τῇ αὐτῇ
ἀγραυλοῦντες καὶ φυλάσσοντες φυλακὰς
9 τῆς νυκτὸς ἐπὶ τὴν ποίμνην αὐτῶν· καὶ
ἄγγελος κυρίου ἐπέστη αὐτοῖς καὶ δόξα
κυρίου περιέλαμψεν αὐτούς, καὶ ἐφοβήθησαν
10 φόβον μέγαν. καὶ εἶπεν αὐτοῖς ὁ ἄγγελος·
μὴ φοβεῖσθε· ἰδοὺ γὰρ εὐαγγελίζομαι ὑμῖν
χαρὰν μεγάλην, ἥτις ἔσται παντὶ τῷ λαῷ,
11 ὅτι ἐτέχθη ὑμῖν σήμερον σωτήρ, ὅς ἐστιν

8

| | | |
|---|---|---|
| — | — | 12 Χριστὸς κύριος, ἐν πόλει Δαυείδ. καὶ τοῦτο ὑμῖν τὸ σημεῖον, εὑρήσετε βρέφος |
| — | — | 13 ἐσπαργανωμένον ἐν φάτνῃ. καὶ ἐξαίφνης ἐγένετο σὺν τῷ ἀγγέλῳ πλῆθος στρατιᾶς οὐρανίου αἰνούντων τὸν θεὸν καὶ λεγόντων· |
| — | — | 14 δόξα ἐν ὑψίστοις θεῷ καὶ ἐπὶ γῆς εἰρήνη ἐν |
| — | — | 15 ἀνθρώποις εὐδοκίας. καὶ ἐγένετο ὡς ἀπῆλθον ἀπ᾽ αὐτῶν εἰς τὸν οὐρανὸν οἱ ἄγγελοι, οἱ ποιμένες ἐλάλουν πρὸς ἀλλήλους· διέλθωμεν δὴ ἕως Βηθλεὲμ καὶ ἴδωμεν τὸ ῥῆμα τοῦτο τὸ γεγονὸς ὃ ὁ κύριος ἐγνώρισεν ἡμῖν. |
| — | — | 16 Καὶ ἦλθαν σπεύσαντες, καὶ ἀνεῦραν τήν τε Μαριὰμ καὶ τὸν Ἰωσὴφ καὶ τὸ βρέφος |
| — | — | 17 κείμενον ἐν τῇ φάτνῃ· ἰδόντες δὲ ἐγνώρισαν περὶ τοῦ ῥήματος τοῦ λαληθέντος αὐτοῖς |
| — | — | 18 περὶ τοῦ παιδίου τούτου. καὶ πάντες οἱ ἀκούσαντες ἐθαύμασαν περὶ τῶν λαληθέντων |
| — | — | 19 ὑπὸ τῶν ποιμένων πρὸς αὐτούς· ἡ δὲ Μαρία πάντα συνετήρει τὰ ῥήματα ταῦτα συνβάλ- |
| — | — | 20 λουσα ἐν τῇ καρδίᾳ αὐτῆς. καὶ ὑπέστρεψαν οἱ ποιμένες, δοξάζοντες καὶ αἰνοῦντες τὸν θεὸν ἐπὶ πᾶσιν οἷς ἤκουσαν καὶ ἴδον καθὼς ἐλαλήθη πρὸς αὐτούς. |

§ 12. *The Flight into Egypt.*

II.

13 Ἀναχωρησάντων δὲ αὐτῶν ἰδοὺ ἄγγελος
κυρίου φαίνεται κατ᾽ ὄναρ τῷ Ἰωσὴφ λέγων·
ἐγερθεὶς παράλαβε τὸ παιδίον καὶ τὴν μητέρα
αὐτοῦ, καὶ φεῦγε εἰς Αἴγυπτον, καὶ ἴσθι
ἐκεῖ ἕως ἂν εἴπω σοι· μέλλει γὰρ Ἡρώδης
14 ζητεῖν τὸ παιδίον τοῦ ἀπολέσαι αὐτό. ὁ
δὲ ἐγερθεὶς παρέλαβεν τὸ παιδίον καὶ τὴν
μητέρα αὐτοῦ νυκτός, καὶ ἀνεχώρησεν εἰσ
15 Αἴγυπτον, καὶ ἦν ἐκεῖ ἕως τῆς τελευτῆς
Ἡρώδου· ἵνα πληρωθῇ τὸ ῥηθὲν ὑπὸ κυρίου
διὰ τοῦ προφήτου λέγοντος· ἐξ Αἰγύπτου
ἐκάλεσα τὸν υἱόν μου.

§ 13. *The Slaughter of the Children in Bethlehem.*

16 Τότε Ἡρώδης ἰδὼν ὅτι ἐνεπαίχθη ὑπὸ
τῶν μάγων, ἐθυμώθη λίαν, καὶ ἀποστείλας
ἀνεῖλεν πάντας τοὺς παῖδας τοὺς ἐν Βηθλεὲμ
καὶ ἐν πᾶσι τοῖς ὁρίοις αὐτῆς ἀπὸ διετοὺς
καὶ κατωτέρω, κατὰ τὸν χρόνον ὃν ἠκρί-
17 βωσεν παρὰ τῶν μάγων. τότε ἐπληρώθη
τὸ ῥηθὲν διὰ Ἰερεμίου τοῦ προφήτου λέγον-

9

18 τος· φωνὴ ἐν' Ραμὰ ἠκούσθη, κλαυθμὸς     —     —
    καὶ ὀδυρμὸς πολύς, Ραχὴλ κλαίουσα τὰ
    τέκνα αὐτῆς, καὶ οὐκ ἤθελεν παρακληθῆναι,
    ὅτι οὐκ εἰσίν.

## § 14. The Return from Egypt to Nazareth.

19 Τελευτήσαντος δὲ τοῦ Ἡρώδου ἰδοὺ ἄγγε-     —     —
    λος κυρίου φαίνεται κατ' ὄναρ τῷ Ἰωσὴφ ἐν
20 Αἰγύπτῳ λέγων· ἐγερθεὶς παράλαβε τὸ     —     —
    παιδίον καὶ τὴν μητέρα αὐτοῦ, καὶ πορεύου
    εἰς γῆν Ἰσραήλ· τεθνήκασιν γὰρ οἱ ζητοῦν-
21 τες τὴν ψυχὴν τοῦ παιδίου. ὁ δὲ ἐγερθεὶς
    παρέλαβεν τὸ παιδίον καὶ τὴν μητέρα αὐτοῦ,
22 καὶ εἰσῆλθεν εἰς γῆν Ἰσραήλ. ἀκούσας
    δὲ ὅτι Ἀρχέλαος βασιλεύει τῆς Ἰουδαίας
    ἀντὶ τοῦ πατρὸς αὐτοῦ Ἡρώδου, ἐφοβήθη
    ἐκεῖ ἀπελθεῖν. χρηματισθεὶς δὲ κατ' ὄναρ

## § 15. The Circumcision of Jesus.

—     —     21 Καὶ ὅτε ἐπλήσθησαν ἡμέραι ὀκτὼ τοῦ περι-
    τεμεῖν αὐτόν, καὶ ἐκλήθη τὸ ὄνομα αὐτοῦ
    Ἰησοῦς, τὸ κληθὲν ὑπὸ τοῦ ἀγγέλου πρὸ
    τοῦ συλλημφθῆναι αὐτὸν ἐν τῇ κοιλίᾳ.

## § 16. Presentation of Jesus in the Temple; Prophecies of Simeon and Anna.

—     —     22 Καὶ ὅτε ἐπλήσθησαν αἱ ἡμέραι τοῦ κα-
    θαρισμοῦ αὐτῶν, κατὰ τὸν νόμον Μωϋσέως,
    ἀνήγαγον αὐτὸν εἰς Ἱεροσόλυμα παρα-
—     —     23 στῆσαι τῷ κυρίῳ καθὼς γέγραπται ἐν νόμῳ
    κυρίου ὅτι πᾶν ἄρσεν διανοῖγον μήτραν
—     —     24 ἅγιον τῷ κυρίῳ κληθήσεται, καὶ τοῦ δοῦναι
    θυσίαν κατὰ τὸ εἰρημένον ἐν τῷ νόμῳ κυρίου,
    ζεῦγος τρυγόνων ἢ δύο νοσσοὺς περιστερῶν·
    25 Καὶ ἰδοὺ ἄνθρωπος ἦν ἐν Ἱερουσαλήμ, ᾧ
    ὄνομα Συμεών, καὶ ὁ ἄνθρωπος οὗτος
    δίκαιος καὶ εὐλαβής, προσδεχόμενος παρά-
    κλησιν τοῦ Ἰσραήλ, καὶ πνεῦμα ἦν ἅγιον
—     —     26 ἐπ' αὐτόν· καὶ ἦν αὐτῷ κεχρηματισμένον
    ὑπὸ τοῦ πνεύματος τοῦ ἁγίου, μὴ ἰδεῖν
    θάνατον πρὶν ἢ ἂν ἴδῃ τὸν Χριστὸν κυρίου·
    27 καὶ ἦλθεν ἐν τῷ πνεύματι εἰς τὸ ἱερόν·
    καὶ ἐν τῷ εἰσαγαγεῖν τοὺς γονεῖς τὸ παιδίον
    Ἰησοῦν τοῦ ποιῆσαι αὐτοὺς κατὰ τὸ εἰθισ-
—     —     28 μένον τοῦ νόμου περὶ αὐτοῦ, καί αὐτὸς

|  |  |  |
|---|---|---|
| — | — | 29 ἐδέξατο αὐτὸ εἰς τὰς ἀγκάλας καὶ εὐλόγησεν τὸν θεὸν καὶ εἶπεν· νῦν ἀπολύεις τὸν δοῦλον σου, δέσποτα, κατὰ τὸ ῥῆμά σου |
| — | — | 30 ἐν εἰρήνῃ, ὅτι εἶδον οἱ ὀφθαλμοί μου τὸ |
| — | — | 31 σωτήριόν σου, ὃ ἡτοίμασας κατὰ πρόσωπον |
| — | — | 32 πάντων τῶν λαῶν, φῶς εἰς ἀποκάλυψιν ἐθνῶν |
| — | — | 33 καὶ δόξαν λαοῦ σου Ἰσραήλ. καὶ ἦν ὁ πατὴρ αὐτοῦ καὶ ἡ μήτηρ αὐτοῦ θαυμάζοντες ἐπὶ τοῖς λαλουμένοις περὶ αὐτοῦ. |
| — | — | 34 καὶ εὐλόγησεν αὐτοὺς Συμεὼν καὶ εἶπεν πρὸς Μαριὰμ τὴν μητέρα αὐτοῦ· ἰδοὺ οὗτος κεῖται εἰς πτῶσιν καὶ ἀνάστασιν πολλῶν ἐν τῷ Ἰσραὴλ καὶ εἰς σημεῖον ἀντιλεγόμενον. |
| — | — | 35 καὶ σοῦ δὲ αὐτῆς τὴν ψυχὴν διελεύσεται ῥομφαία, ὅπως ἂν ἀποκαλυφθῶσιν ἐκ πολλῶν καρδιῶν διαλογισμοί. |
| — | — | 36 Καὶ ἦν Ἅννα προφῆτις, θυγάτηρ Φανουὴλ, ἐκ φυλῆς Ἀσήρ· αὕτη προβεβηκυῖα ἐν ἡμέραις πολλαῖς, ζήσασα μετὰ ἀνδρὸς ἔτη |
| — | — | 37 ἑπτὰ ἀπὸ τῆς παρθενίας αὐτῆς, καὶ αὕτη χήρα ἕως ἐτῶν ὀγδοήκοντα τεσσάρων, ἣ οὐκ ἀφίστατο τοῦ ἱεροῦ νηστείαις καὶ δεήσεσι |
| — | — | 38 λατρεύουσα νύκτα καὶ ἡμέραν. καὶ αὕτη τῇ ὥρᾳ ἐπιστᾶσα ἀνθωμολογεῖτο τῷ θεῷ καὶ ἐλάλει περὶ αὐτοῦ πᾶσιν τοῖς προσδεχομένοις λύτρωσιν Ἰερουσαλήμ. |

## § 17. The Return to Nazareth.

|  |  |  |
|---|---|---|
|  | — | 39 Καὶ ὡς ἐτέλεσαν πάντα κατὰ τὸν νόμον κυρίου, ἐπέστρεψαν εἰς τὴν Γαλιλαίαν |
| 23 ἀνεχώρησαν εἰς τὰ μέρη τῆς Γαλιλαίας. καὶ ἐλθὼν κατῴκησεν εἰς πόλιν λεγομένην Ναζαρέθ. ὅπως πληρωθῇ τὸ ῥηθὲν διὰ τῶν προφητῶν ὅτι Ναζωραῖος κληθήσεται. | — | ἑαυτῶν Ναζαρέθ. |

## § 18. Growth and Development of Jesus.

|  |  |  |
|---|---|---|
| — | — | 40 τὸ δὲ παιδίον ηὔξανεν καὶ ἐκραταιοῦτο πληρούμενον σοφίας, καὶ χάρις θεοῦ ἦν ἐπ᾽ αὐτό. |

11

## § 19. Jesus in the Temple at twelve years of age.

| | | |
|---|---|---|
| — | — | 41 Καὶ ἐπορεύοντο οἱ γονεῖς αὐτοῦ κατ' ἔτος |
| — | — | 42 εἰς Ἰερουσαλὴμ τῇ ἑορτῇ τοῦ πάσχα. καὶ ὅτε ἐγένετο ἐτῶν δώδεκα, ἀναβαινόντων |
| — | — | 43 αὐτῶν κατὰ τὸ ἔθος τῆς ἑορτῆς, καὶ τελειωσάντων τὰς ἡμέρας, ἐν τῷ ὑποστρέφειν αὐτοὺς ὑπέμεινεν Ἰησοῦς ὁ παῖς ἐν Ἰερουσαλήμ, καὶ οὐκ ἔγνωσαν οἱ γονεῖς αὐτοῦ. |
| — | — | 44 νομίσαντες δὲ αὐτὸν εἶναι ἐν τῇ συνοδίᾳ ἦλθον ἡμέρας ὁδὸν καὶ ἀνεζήτουν αὐτὸν ἐν |
| — | — | 45 τοῖς συγγενέσιν καὶ τοῖς γνωστοῖς, καὶ μὴ εὑρόντες ὑπέστρεψαν εἰς Ἰερουσαλὴμ ἀναζη- |
| —. | — | 46 τοῦντες αὐτόν. καὶ ἐγένετο μετὰ ἡμέρας τρεῖς εὗρον αὐτὸν ἐν τῷ ἱερῷ καθεζόμενον ἐν μέσῳ τῶν διδασκάλων καὶ ἀκούοντα |
| — | — | 47 αὐτῶν καὶ ἐπερωτῶντα αὐτούς· ἐξίσταντο δὲ πάντες οἱ ἀκούοντες αὐτοῦ ἐπὶ τῇ συνέσει |
| — | — | 48 καὶ ταῖς ἀποκρίσεσιν αὐτοῦ. καὶ ἰδόντες αὐτὸν ἐξεπλάγησαν, καὶ εἶπεν πρὸς αὐτὸν ἡ μήτηρ αὐτοῦ· τέκνον, τί ἐποίησας ἡμῖν οὕτως; ἰδοὺ ὁ πατήρ σου κἀγὼ ὀδυν- |
| — | — | 49 ώμενοι ἐζητοῦμέν σε. καὶ εἶπεν πρὸς αὐτούς· τί ὅτι ἐζητεῖτέ με; οὐκ ᾔδειτε ὅτι |
| — | — | 50 ἐν τοῖς τοῦ πατρός μου δεῖ εἶναί με; καὶ αὐτοὶ οὐ συνῆκαν τὸ ῥῆμα ὃ ἐλάλησεν |
| — | —. | 51 αὐτοῖς. καὶ κατέβη μετ' αὐτῶν καὶ ἦλθεν εἰς Ναζαρέθ, καὶ ἦν ὑποτασσόμενος αὐτοῖς. καὶ ἡ μήτηρ αὐτοῦ διετήρει πάντα τὰ ῥήματα ἐν τῇ καρδίᾳ αὐτῆς. |

## § 20. Further Growth and Development of Jesus.

| | | |
|---|---|---|
| — | — | 52 Καὶ Ἰησοῦς προέκοπτεν ἐν τῇ σοφίᾳ καὶ ἡλικίᾳ καὶ χάριτι παρὰ θεῷ καὶ ἀνθρώποις. |

## § 21. John's Preaching and Baptism.

| III. | | III. |
|---|---|---|
| 1 Ἐν δὲ ταῖς ἡμέραις ἐκείναις | — | 1 Ἐν ἔτει δὲ πεντεκαιδεκάτῳ τῆς ἡγεμονίας Τιβερίου Καίσαρος, ἡγεμονεύοντος Ποντίου Πειλάτου τῆς Ἰουδαίας, καὶ τετρααρχοῦντος τῆς Γαλιλαίας Ἡρώδου, Φιλίππου δὲ τοῦ |

12

| MATT. III. | MARK I. | LUKE III. |
|---|---|---|
| | | ἀδελφοῦ αὐτοῦ τε-<br>τρααρχοῦντος τῆς<br>Ἰτουραίας καὶ Τρα-<br>χωνίτιδος χώρας, καὶ<br>Λυσανίου τῆς Ἀβιλη-<br>νῆς τετρααρχοῦντος,<br>2 ἐπὶ ἀρχιερέως Ἄννα<br>καὶ Καϊάφα, ἐγένετο<br>ῥῆμα θεοῦ ἐπὶ Ἰωάν-<br>νην τὸν Ζαχαρίου<br>υἱὸν ἐν τῇ ἐρήμῳ, |
| — | — | |
| παραγίνεται Ἰωάννης<br>ὁ βαπτιστὴς<br>κηρύσσων<br>ἐν τῇ ἐρήμῳ<br>τῆς Ἰουδαίας<br>2 λέγων μετανοεῖτε·<br>ἤγγικεν γὰρ ἡ βασι-<br>λεία τῶν οὐρανῶν. | — | 3 καὶ ἦλθεν<br><br>εἰς πᾶσαν τὴν περί-<br>χωρον τοῦ Ἰορδάνου<br>κηρύσσων |
| | — | βάπτισμα μετανοίας<br>εἰς ἄφεσιν ἁμαρτιῶν. |
| 3 οὗτος γὰρ ἐστιν ὁ<br>ῥηθεὶς<br><br>διὰ Ἡσαΐου<br>τοῦ προφήτου λεγον-<br>τος.<br>[Cf. xi. 10.] | 2 καθὼς γέγραπται ἐν<br><br>τῷ Ἡσαΐου<br>τῷ προφήτῃ·<br>ἰδοὺ ἐγὼ ἀπο-<br>στέλλω τὸν ἄγγελόν<br>μου πρὸ προσώπου<br>σου, ὃς κατασκευ-<br>άσει τὴν ὁδόν σου. | 4 ὡς γέγραπται ἐν<br>βίβλῳ        λόγων<br>Ἡσαΐου<br>τοῦ προφήτου·<br><br>[Cf. vii. 27.] |
| φωνὴ βοῶντος ἐν τῇ<br>ἐρήμῳ· ἑτοιμάσατε<br>τὴν ὁδὸν κυρίου,<br>εὐθείας ποιεῖτε τὰς<br>τρίβους αὐτοῦ. | 3 φωνὴ βοῶντος ἐν τῇ<br>ἐρήμῳ· ἑτοιμάσατε<br>τὴν ὁδὸν κυρίου,<br>εὐθείας ποιεῖτε τὰς<br>τρίβους αὐτοῦ. | φωνὴ βοῶντος ἐν τῇ<br>ἐρήμῳ ἑτοιμάσατε<br>τὴν ὁδὸν κυρίου,<br>εὐθείας ποιεῖτε τὰς<br>τρίβους αὐτοῦ·<br>5 πᾶσα φάραγξ πλη-<br>ρωθήσεται καὶ πᾶν<br>ὄρος καὶ βουνὸς<br>ταπεινωθήσεται, καὶ<br>ἔσται τὰ σκολιὰ εἰς<br>εὐθείας καὶ αἱ τρα-<br>χεῖαι εἰς ὁδοὺς λείας,<br>6 καὶ ὄψεται πᾶσα<br>σὰρξ τὸ σωτήριον<br>τοῦ θεοῦ.<br>[Cf. iii. 3.] |
| — | 4 ἐγένετο Ἰωάννης<br>ὁ βαπτίζων<br>ἐν τῇ ἐρήμῳ καὶ | |

13

|  |  |  |
|---|---|---|
|  | κηρύσσων βάπτισμα μετανοίας εἰς ἄφεσιν ἁμαρτιῶν. | — |
| 4 αὐτὸς δὲ ὁ Ἰωάννης εἶχεν τὸ ἔνδυμα αὐτοῦ ἀπὸ τριχῶν καμήλου καὶ ζώνην δερματίνην περὶ τὴν ὀσφὺν αὐτοῦ· ἡ δὲ τροφὴ ἦν αὐτοῦ ἀκρίδες καὶ μέλι ἄγριον. | [Cf. i. 6.] |  |
| 5 τότε ἐξεπορεύετο πρὸς αὐτὸν Ἰεροσόλυμα καὶ πᾶσα ἡ Ἰουδαία καὶ πᾶσα ἡ περίχωρος | 5 καὶ ἐξεπορεύετο πρὸς αὐτὸν πᾶσα ἡ Ἰουδαια χώρα καὶ οἱ Ἰεροσολυμεῖται πάντες, καὶ ἐβαπ- | — |
| 6 καὶ ἐβαπτίζοντο ἐν τῷ Ἰορδάνῃ ποταμῷ ὑπ' αὐτοῦ, ἐξαμολογούμενοι τὰς ἁμαρτίας αὐτῶν. | τίζοντο ὑπ' αὐτοῦ ἐν τῷ Ἰορδάνῃ ποταμῷ ἐξαμολογούμενοι τὰς ἁμαρτίας αὐτῶν· | |
| [Cf. iii. 4.] | 6 καὶ ἦν ὁ Ἰωάννης ἐνδεδυμένος τρίχας καμήλου καὶ ζώνην δερματίνην περὶ τὴν ὀσφὺν αὐτοῦ, καὶ ἔσθων ἀκρίδας καὶ μέλι ἄγριον. | — |
| 7 ἰδὼν δὲ πολλοὺς τῶν Φαρισαίων καὶ Σαδδυκαίων ἐρχομένους ἐπὶ τὸ βάπτισμα εἶπεν αὐτοῖς· γεννήματα ἐχιδνῶν, τίς ὑπέδειξεν ὑμῖν φυγεῖν ἀπὸ τῆς μελ- | — | 7 ἔλεγεν οὖν τοῖς ἐκπορευομένοις ὄχλοις βαπτισθῆναι ὑπ' αὐτοῦ· γεννήματα ἐχιδνῶν, τίς ὑπέδειξεν ὑμῖν φυγεῖν ἀπὸ τῆς μελλούσης ὀργῆς; |
| 8 λούσης ὀργῆς; ποιήσατε οὖν καρπὸν ἄξιον τῆς μετανοίας, 9 καὶ μὴ δόξητε λέγειν ἐν ἑαυτοῖς· πατέρα ἔχομεν τὸν Ἀβραάμ· λέγω γὰρ ὑμῖν ὅτι δύναται ὁ θεὸς ἐκ τῶν λίθων τούτων ἐγεῖραι τέκνα τῷ Ἀβραάμ. | — | 8 ποιήσατε οὖν καρποὺς ἀξίους τῆς μετανοίας, καὶ μὴ ἄρξησθε λέγειν ἐν ἑαυτοῖς· πατέρα ἔχομεν τὸν Ἀβραάμ· λέγω γὰρ ὑμῖν ὅτι δύναται ὁ θεὸς ἐκ τῶν λίθων τούτων ἐγεῖραι τέκνα τῷ Ἀβραάμ. |

14

| MATT. III. | MARK I. | LUKE III. |
|---|---|---|
| 10 ἤδη δὲ ἡ ἀξίνη πρὸς τὴν ῥίζαν τῶν δένδρων κεῖται· πᾶν οὖν δένδρον μὴ ποιοῦν καρπὸν καλὸν ἐκκόπτεται καὶ εἰς πῦρ βάλλεται. | — | 9 ἤδη δὲ καὶ ἡ ἀξίνη πρὸς τὴν ῥίζαν τῶν δένδρων κεῖται· πᾶν οὖν δένδρον μὴ ποιοῦν καρπὸν καλὸν ἐκκόπτεται καὶ εἰς πῦρ βάλλεται. |
| | — | 10 καὶ ἐπηρώτων αὐτὸν οἱ ὄχλοι λέγοντες. τί οὖν ποιήσωμεν; |
| | — | 11 ἀποκριθεὶς δὲ ἔλεγεν αὐτοῖς· ὁ ἔχων δύο χιτῶνας μεταδότω τῷ μὴ ἔχοντι, καὶ ὁ ἔχων βρώματα ὁμοίως ποι- |
| | — | 12 είτω. ἦλθον δὲ καὶ τελῶναι βαπτισθῆναι καὶ εἶπαν προς αὐτόν· διδάσκαλε, τί ποιή- |
| | — | 13 σωμεν; ὁ δὲ εἶπεν πρὸς αὐτούς· μηδὲν πλέον παρὰ τὸ διατεταγμένον ὑμῖν πράσ- |
| | — | 14 σετε. ἐπηρώτων δὲ αὐτὸν καὶ στρατευόμενοι λέγοντες· τί ποιήσωμεν καὶ ἡμεῖς; καὶ εἶπεν πρὸς αὐτούς· μηδένα διασείσητε, μηδένα συκοφαντήσητε, καὶ ἀρκεῖσθε τοῖς ὀψωνίοις ὑμῶν. |

## § 22. John announces the Coming of Jesus.

| MATT. | MARK I. | LUKE III. |
|---|---|---|
| [Cf. iii. 1.] | 7 Καὶ ἐκήρυσσεν | |
| — | — | 15 Προσδοκῶντος δὲ τοῦ λαοῦ καὶ διαλογι- ζομένων πάντων ἐν ταῖς καρδίαις αὐτῶν περὶ τοῦ Ἰωάννου, μήποτε αὐτὸς εἴη ὁ |
| — | λέγων· | 16 Χριστός, ἀπεκρίνατο λέγων· πᾶσιν ὁ Ἰωάννης· |
| 11 Ἐγὼ μὲν ὑμᾶς βαπ- τίζω ἐν ὕδατι εἰς μετάνοιαν· | | ἐγὼ μὲν ὕδατι βαπ- τίζω ὑμᾶς· |
| ὁ δὲ ὀπίσω μου ἐρχόμενος ἰσχυρότε- ρός | ἔρχεται ὁ ἰσχυρό- τερός μου ὀπίσω μου | ἔρχεται δὲ ἰσχυρό- τερός μου, |

15

| | | |
|---|---|---|
| μου ἐστίν, | | |
| οὗ οὐκ εἰμὶ ἱκανὸς | οὗ οὐκ εἰμί ἱκανὸς κύψας | οὗ οὐκ εἰμὶ ἱκανὸς |
| | λῦσαι τὸν ἱμάντα | λῦσαι τὸν ἱμάντα |
| τὰ ὑποδήματα | τῶν ὑποδημάτων αὐτοῦ. | τῶν ὑποδημάτων αὐτοῦ, |
| βαστάσαι· | | |
| | 8 ἐγὼ ἐβάπτισα ὑμᾶς ὕδατι, | |
| αὐτὸς ὑμᾶς βαπτίσει ἐν πνεύματι ἁγίῳ καὶ πυρί· | αὐτὸς δὲ βάπτισει ὑμᾶς ἐν πνεύματι ἁγίῳ. | αὐτὸς ὑμᾶς βαπτίσει ἐν πνεύματι ἁγίῳ καί πυρί· |
| 12 οὗ τὸ πτύον ἐν τῇ χειρὶ αὐτοῦ καὶ διακαθαριεῖ τὴν ἅλωνα αὐτοῦ, καὶ συνάξει τὸν σῖτον αὐτοῦ εἰς τὴν ἀποθήκην, τὸ δὲ ἄχυρον κατακαύσει πυρὶ ἀσβέστῳ. | — | 17 οὗ τὸ πτύον ἐν τῇ χερὶ αὐτοῦ διακαθᾶραι τὴν ἅλωνα αὐτοῦ καὶ συναγαγεῖν τὸν σῖτον εἰς τὴν ἀποθήκην αὐτοῦ, τὸ δὲ ἄχυρον κατακαύσει πυρὶ ἀσβέστῳ. |
| — | — | 18 πολλὰ μὲν οὖν καὶ ἕτερα παρακαλῶν εὐηγγελίζετο τὸν λαόν. |

§ 23. *John is cast into Prison.*

| | | |
|---|---|---|
| | | 19 Ὁ δὲ Ἡρώδης ὁ τετραάρχης, ἐλεγχόμενος ὑπ αὐτοῦ περὶ Ἡρωδιάδος τῆς γυναικὸς τοῦ ἀδελφοῦ αὐτοῦ καὶ περὶ πάντων ὧν ἐποίησεν πονηρῶν ὁ Ἡρώδης, |
| [*Cf.* xiv. 3–5.] | [*Cf.* vi. 17–20.] | 20 προσέθηκεν καὶ τοῦτο ἐπὶ πᾶσιν, κατέκλεισεν Ἰωάννην ἐν φυλακῇ. |

§ 24. *The Baptism of Jesus.*

| | | |
|---|---|---|
| 13 Τότε παραγίνεται | 9 Καὶ ἐγένετο ἐν ἐκείναις ταῖς ἡμέραις | 21 Ἐγένετο δὲ |
| | | ἐν τῷ βαπτισθῆναι ἅπαντα τὸν λαὸν |
| ὁ Ἰησοῦς ἀπὸ τῆς Γαλιλαίας | ἦλθεν Ἰησοῦς ἀπὸ Ναζαρὲτ τῆς Γαλι- | |

16

| MATT. III. | MARK I. | LUKE III. |
|---|---|---|
| ἐπὶ τὸν Ἰορδάνην πρὸς τὸν Ἰωάννην τοῦ βαπτισθῆναι ὑπὸ αὐτοῦ. | λαίας καὶ ἐβαπτίσθη εἰς τὸν Ἰορδάνην<br><br>ὑπὸ Ἰωάννου. | καὶ Ἰησοῦ βαπτισθέντος |
| 14 ὁ δὲ διεκώλυεν αὐτὸν λέγων· ἐγὼ χρείαν ἔχω ὑπὸ σοῦ βαπτισθῆναι, καὶ, σὺ ἔρχῃ | — | — |
| 15 πρός με; ἀποκριθεὶς δὲ ὁ Ἰησοῦς εἶπεν πρὸς αὐτόν· ἄφες ἄρτι· οὕτως γὰρ πρέπον ἐστὶν ἡμῖν πληρῶσαι πᾶσαν δικαιο- | — | — |
| 16 σύνην. τότε ἀφίησιν αὐτόν. βαπτισθεὶς δὲ ὁ Ἰησοῦς εὐθὺς ἀνέβη ἀπὸ τοῦ ὕδατος· καὶ ἰδοὺ ἀνεῴχθησαν οἱ οὐρανοί, καὶ εἶδεν πνεῦμα θεοῦ καταβαῖνον | — | — |
| | 10 καὶ εὐθὺς ἀναβαίνων ἐκ τοῦ ὕδατος εἶδεν σχιζομένους τοὺς οὐρανοὺς καὶ τὸ πνεῦμα | καὶ προσευχομένου ἀνεῳχθῆναι τὸν οὐ- 22 ρανόν, καὶ καταβῆναι τὸ πνεῦμα τὸ ἅγιον σωματικῷ εἴδει |
| ὡσεὶ περιστερὰν ἐρχόμενον ἐπ᾽ αὐτόν. | ὡς περιστερὰν καταβαῖνον εἰς αὐτόν. | ὡς περιστερὰν ἐπ᾽ αὐτόν, |
| 17 καὶ ἰδοὺ φωνὴ ἐκ τῶν οὐρανῶν λέγουσα· οὗτός ἐστιν ὁ υἱός μου ὁ ἀγαπητός, ἐν ᾧ ηὐδόκησα. | 11 καὶ φωνὴ ἐκ τῶν οὐρανῶν· σὺ εἶ ὁ υἱός μου ὁ ἀγαπητός, ἐν σοὶ εὐδόκησα. | καὶ φωνὴν ἐξ οὐρανοῦ γενέσθαι· σὺ εἶ ὁ υἱός μου ὁ ἀγαπητός, ἐν σοὶ εὐδόκησα. |

§ 25. *The Genealogy of Joseph.* [*Cf.* § 7.]

| [*Cf.* i. 1-17.] | — | |
|---|---|---|
| | — | 23 Καὶ αὐτὸς ἦν Ἰησοῦς ἀρχόμενος ὡσεὶ ἐτῶν τριάκοντα, ὢν υἱός ὡς ἐνομίζετο, Ἰωσήφ, τοῦ |
| — | | 24 Ἡλεὶ, τοῦ Ματθὰθ τοῦ Λευεὶ τοῦ Μελχεὶ |
| | | 25 τοῦ Ἰανναὶ τοῦ Ἰωσήφ, τοῦ Ματταθίου τοῦ Ἀμὼς τοῦ Ναοὺμ τοῦ Ἐσλεὶ τοῦ Ναγγαὶ, |
| — | — | 26 τοῦ Μαὰθ τοῦ Ματταθίου τοῦ Σεμεεὶν τοῦ |
| — | — | 27 Ἰωσὴχ τοῦ Ἰωδὰ, τοῦ Ἰωανὰν τοῦ Ῥησὰ τοῦ |
| — | — | 28 Ζοροβάβελ τοῦ Σαλαθιὴλ τοῦ Νηρεὶ, τοῦ Μελχεὶ τοῦ Ἀδδεὶ τοῦ Κωσὰμ τοῦ Ἐλμαδὰμ |
| — | — | 29 τοῦ Ἤρ, τοῦ Ἰησοῦ τοῦ Ἐλιέζερ τοῦ Ἰωρεὶμ |
| — | — | 30 τοῦ Ματθὰθ τοῦ Λευεὶ, τοῦ Συμεὼν τοῦ Ἰούδα τοῦ Ἰωσὴφ τοῦ Ἰωνὰμ τοῦ Ἐλιακεὶμ, |

|  |  | 31 τοῦ Μελεὰ τοῦ Μεννὰ τοῦ Ματταθὰ τοῦ |
| — | — | 32 Ναθὰμ τοῦ Δαυεὶδ, τοῦ Ἰεσσαὶ τοῦ Ἰωβὴδ |
| — | — | 33 τοῦ Βοὸς τοῦ Σαλὰ τοῦ Ναασσὼν, τοῦ Ἀμιναδὰβ τοῦ Ἀδμεὶν τοῦ Ἀρνεὶ τοῦ |
| — | — | 34 Ἐσρὼμ τοῦ Φαρὲς τοῦ Ἰούδα, τοῦ Ἰακὼβ τοῦ |
| — | — | 35 Ἰσαὰκ τοῦ Ἀβραὰμ τοῦ Θάρα τοῦ Ναχώρ, τοῦ Σερούχ τοῦ Ῥαγαῦ τοῦ Φαλὲκ τοῦ Ἔβερ τοῦ |
| — | — | 36 Σαλά, τοῦ Καϊνὰμ τοῦ Ἀρφαξὰδ τοῦ Σὴμ τοῦ |
| — | — | 37 Νῶε τοῦ Λάμεχ, τοῦ Μαθουσαλὰ τοῦ Ἐνὼχ τοῦ Ἰάρετ τοῦ Μελελεὴλ τοῦ Καϊνάμ, |
| — | — | 38 τοῦ Ἐνὼς τοῦ Σὴθ τοῦ Ἀδὰμ τοῦ Θεοῦ. |

## § 26. The Temptation in the Desert.

IV.

IV.

**Matt.**

1 Τότε

ὁ Ἰησοῦς ἀνήχθη

εἰς τὴν ἔρημον

ὑπὸ τοῦ πνεύματος,

πειρασθῆναι ὑπὸ τοῦ διαβόλου.
2 Καὶ νηστεύσας ἡμέρας τεσσεράκοντα

καὶ τεσσεράκοντα νύκτας,

ὕστερον ἐπείνασεν.
3 καὶ προσελθὼν ὁ πειράζων εἶπεν αὐτῷ· εἰ υἱὸς εἶ τοῦ θεοῦ, εἰπὲ ἵνα οἱ λίθοι οὗτοι ἄρτοι γένωνται.
4 ὁ δὲ ἀποκριθεὶς εἶπεν·

γέγραπται· οὐκ ἐπ᾽ ἄρτῳ μόνῳ ζήσεται ὁ ἄνθρωπος, ἀλλ᾽ ἐπὶ παντὶ ῥήματι ἐκ-

**Mark.**

12 Καὶ εὐθὺς τὸ πνεῦμα

αὐτὸν ἐκβάλλει

εἰς τὴν ἔρημον.

13 καὶ ἦν ἐν τῇ ἐρήμῳ

τεσσεράκοντα ἡμέρας πειραζόμενος ὑπὸ τοῦ σατανᾶ

—

—

—

**Luke.**

1 Ἰησοῦς δὲ πλήρης πνεύματος ἁγίου ὑπέστρεψεν ἀπὸ τοῦ Ἰορδάνου,
2 καὶ ἤγετο

ἐν τῷ πνεύματι

ἐν τῇ ἐρήμῳ

ἡμέρας τεσσεράκοντα πειραζόμενος

ὑπο τοῦ διαβόλου. καὶ οὐκ ἔφαγεν οὐδὲν ἐν ταῖς ἡμέραις ἐκείναις, καὶ συντελεσθεισῶν αὐτῶν ἐπείνασεν·

3 εἶπεν δὲ αὐτῷ ὁ διάβολος· εἰ υἱὸς εἶ τοῦ θεοῦ, εἰπὲ τῷ λίθῳ τούτῳ ἵνα γένηται ἄρτος.
4 καὶ ἀπεκρίθη πρὸς αὐτὸν ὁ Ἰησοῦς γέγραπται ὅτι οὐκ ἐπ᾽ ἄρτῳ μόνῳ ζήσεται ὁ ἄνθρωπος.

18

| | | |
|---|---|---|
| πορευομένῳ διὰ στόματος | | |
| 5 θεοῦ. τότε παραλαμ- | — | [vv. 9–12.] |
| βάνει αὐτὸν ὁ διάβολος | | |
| εἰς τὴν ἁγίαν πόλιν καὶ | | |
| ἔστησεν αὐτὸν ἐπὶ τὸ | | |
| 6 πτερύγιον τοῦ ἱεροῦ, καὶ | — | |
| λέγει αὐτῷ εἰ υἱὸς εἶ τοῦ | | |
| θεοῦ, βάλε σεαυτὸν κάτω· | | |
| γέγραπται γὰρ ὅτι τοῖς | | |
| ἀγγέλοις αὐτοῦ ἐντελεῖται | | |
| περὶ σοῦ καὶ ἐπὶ χειρῶν | | |
| ἀροῦσίν σε, μήποτε | | |
| προσκόψῃς πρὸς λίθον | | |
| 7 τὸν πόδα σου. ἔφη | — | |
| αὐτῷ ὁ Ἰησοῦς· πάλιν | | |
| γέγραπται· οὐκ ἐκπειρά- | | |
| σεις κύριον τὸν θεόν σου. | | |
| 8 πάλιν παραλαμβάνει | — | 5 καὶ ἀναγαγὼν αὐτὸν |
| αὐτὸν ὁ διάβολος εἰς ὄρος | | |
| ὑψηλὸν λίαν καὶ δείκνυσιν | | |
| αὐτῷ πάσας τὰς | | ἔδειξεν αὐτῷ πάσας τὰς |
| βασιλείας τοῦ κόσμου | | βασιλείας τῆς οἰκουμένης |
| καὶ τὴν δόξαν αὐτῶν, | | |
| | | ἐν στιγμῇ χρόνου. |
| 9 καὶ εἶπεν αὐτῷ· | — | 6 καὶ εἶπεν αὐτῷ ὁ διά- |
| ταῦτά σοι πάντα δώσω, | | βολος· σοὶ δώσω τὴν |
| | | ἐξουσίαν ταύτην ἅπασαν, |
| | | καὶ τὴν δόξαν αὐτῶν, ὅτι |
| | | ἐμοὶ παραδέδοται καὶ ᾧ |
| | | ἐὰν θέλω δίδωμι αὐτήν· |
| ἐὰν πεσὼν προσκυνήσῃς | — | 7 σὺ οὖν ἐὰν προσκυνήσῃς |
| μοι. | | ἐνώπιον ἐμοῦ, ἔσται σοῦ |
| 10 τότε λέγει αὐτῷ ὁ | — | 8 πᾶσα· καὶ ἀποκριθεὶς ὁ |
| Ἰησοῦς. | | Ἰησοῦς εἶπεν αὐτῷ. |
| ὕπαγε σατανᾶ· | | |
| γέγραπται γὰρ· | | γέγραπται· |
| κύριον τὸν θεόν σου προσ- | | προσκυνήσεις κύριον τὸν |
| κυνήσεις καὶ αὐτῷ μόνῳ | | θεόν σου καὶ αὐτῷ μόνῳ |
| λατρεύσεις. | | λατρεύσεις. |
| [cf. vv. 5–7.] | — | 9 ἤγαγεν δὲ αὐτὸν εἰς Ἱερ- |
| | | ουσαλὴμ καὶ ἔστησεν |
| | | ἐπὶ τὸ πτερύγιον τοῦ |
| | | ἱεροῦ, καὶ εἶπεν αὐτῷ εἰ |
| | | υἱὸς εἶ τοῦ θεοῦ, βάλε |
| | | σεαυτὸν ἐντεῦθεν κάτω· |
| | — | 10 γέγραπται γὰρ ὅτι τοῖς |
| | | ἀγγέλοις αὐτοῦ ἐντελεῖται |
| | | περὶ σοῦ τοῦ διαφυλάξαι |
| | — | 11 σε, καὶ ὅτι ἐπὶ χειρῶν |

| | | ἀροῦσίν σε, μήποτε προσκόψῃς πρὸς λίθον τὸν 12 πόδα σου. καὶ ἀποκριθεὶς εἶπεν αὐτῷ ὁ Ἰησοῦς ὅτι εἴρηται· οὐκ ἐκπειράσεις κύριον τὸν θεόν σου. |
| | καὶ ἦν μετὰ τῶν θηρίων, | |
| 11 τότε | — | 13 καὶ συντελέσας πάντα πειρασμὸν ὁ διάβολος ἀπέστη ἀπ' αὐτοῦ |
| ἀφίησιν αὐτὸν ὁ διάβολος, καὶ ἰδοὺ ἄγγελοι προσῆλθον καὶ διηκόνουν αὐτῷ. | καὶ οἱ ἄγγελοι διηκόνουν αὐτῷ. | ἄχρι καιροῦ. |

## § 27. Jesus returns to Galilee.

| 12 Ἀκούσας δὲ ὅτι Ἰωάννης παρεδόθη ἀνεχώρησεν εἰς τὴν Γαλιλαίαν. | 14 Μετὰ δὲ τὸ παραδοθῆναι τὸν Ἰωάννην ἦλθεν ὁ Ἰησοῦς εἰς τὴν Γαλιλαίαν, | [Cf. iii. 19, 20.] 14 Καὶ ὑπέστρεψεν ὁ Ἰησοῦς ἐν τῇ δυνάμει τοῦ πνεύματος εἰς τὴν Γαλιλαίαν. |

## § 28. Jesus leaves Nazareth and dwells in Capernaum.

| 13 Καὶ καταλιπὼν τὴν Ναζαρὰ ἐλθὼν κατῴκησεν εἰς Καφαρναοὺμ τὴν παραθαλασσίαν ἐν ὁρίοις Ζαβουλὼν καὶ Νεφθαλείμ, | — | — |
| 14 ἵνα πληρωθῇ τὸ ῥηθὲν διὰ Ἡσαίου τοῦ προφήτου | — | — |
| 15 λέγοντος· γῆ Ζαβουλὼν καὶ γῆ Νεφθαλείμ, ὁδὸν θαλάσσης πέραν τοῦ Ἰορδάνου, Γαλιλαία τῶν | | |
| 16 ἐθνῶν, ὁ λαὸς ὁ καθήμενος ἐν σκότει φῶς εἶδεν μέγα, καὶ τοῖς καθημένοις ἐν χώρᾳ καὶ σκιᾷ θανάτου φῶς ἀνέτειλεν αὐτοῖς. | | |
| 17 Ἀπὸ τότε ἤρξατο ὁ Ἰησους κηρύσσειν καὶ λέγειν· μετανοεῖτε· | κηρύσσων | |
| — | τὸ εὐαγγέλιον τοῦ θεοῦ, | — |
| ἤγγικεν γὰρ ἡ βασιλεία τῶν οὐρανῶν. | 15 ὅτι πεπλήρωται ὁ καιρὸς καὶ ἤγγικεν ἡ βασιλεία τοῦ θεοῦ· μετανοεῖτε καὶ πιστεύετε ἐν τῷ εὐαγγελίῳ. | [Cf. iv. 21.] — |

§ 29. *The Call of Simon, Andrew, James, and John.* [*Cf.* § 39.]

18 Περιπατῶν δὲ παρὰ τὴν θά-
λασσαν τῆς Γαλιλαίας εἶδεν
δύο ἀδελφούς, Σίμωνα τὸν λε-
γόμενον Πέτρον καὶ Ἀνδρέαν
τὸν ἀδελφὸν αὐτοῦ,
βάλλοντας ἀμφίβληστρον εἰς
τὴν θάλασσαν· ἦσαν γὰρ ἁλε-
19 εἶς. καὶ λέγει αὐτοῖς·
δεῦτε ὀπίσω μου, καὶ ποιήσω
ὑμᾶς      ἁλεεῖς ἀνθρώ-
πων.
20 οἱ δὲ εὐθέως ἀφέντες τὰ δίκτυα
ἠκολούθησαν αὐτῷ.
21 καὶ προβὰς ἐκεῖθεν εἶδεν
ἄλλους δύο ἀδελφούς,
Ἰάκωβον τὸν τοῦ Ζεβεδαίου
καὶ Ἰωάννην τὸν ἀδελφὸν
αὐτοῦ, ἐν τῷ πλοίῳ μετὰ
Ζεβεδαίου τοῦ πατρὸς αὐτῶν
καταρτίζοντας    τὰ    δίκτυα
αὐτῶν·
καὶ ἐκάλεσεν αὐτούς.
22 οἱ δὲ εὐθέως ἀφέντες τὸ
πλοῖον καὶ
τὸν πατέρα αὐτῶν


ἠκολούθησαν αὐτῷ.

16 Καὶ παράγων παρὰ τὴν θά-
λασσαν τῆς Γαλιλαίας εἶδεν
Σίμωνα
καὶ Ἀνδρέαν
τὸν ἀδελφὸν Σίμωνος ἀμφι-
βάλλοντας ἐν
τῇ θαλάσσῃ· ἦσαν γὰρ ἁλε-
17 εἶς. καὶ εἶπεν αὐτοῖς ὁ Ἰησοῦς·
δεῦτε ὀπίσω μου, καὶ ποιήσω
ὑμᾶς γενέσθαι ἁλεεῖς ἀνθρώ-
πων.
18 καὶ εὐθὺς ἀφέντες τὰ δίκτυα
ἠκολούθησαν αὐτῷ.
19 καὶ προβὰς ὀλίγον εἶδεν

Ἰάκωβον τὸν τοῦ Ζεβεδαίου
καὶ Ἰωάννην τὸν ἀδελφὸν
αὐτοῦ,
καὶ αὐτοὺς ἐν τῷ πλοίῳ
καταρτίζοντας τὰ δίκτυα·

20 καὶ εὐθὺς ἐκάλεσεν αὐτούς·
καὶ ἀφέντες

τὸν πατέρα αὐτῶν Ζεβεδαῖον
ἐν τῷ πλοίῳ
μετὰ τῶν μισθωτῶν
ἀπῆλθον ὀπίσω αὐτοῦ.

[*Cf.* v.
1, 2.]




[*Cf.* v.
10.]



[*Cf.* v.
11.]







[*Cf.* v.
11.]


§ 30. *Jesus continues His Work in Galilee: His Fame spreads*
*throughout Syria.*

23 Καὶ περιῆγεν ἐν ὅλῃ τῇ Γαλιλαίᾳ, δι-
δάσκων ἐν ταῖς συναγωγαῖς αὐτῶν καὶ
κηρύσσων τὸ εὐαγγέλιον τῆς βασιλείας
καὶ θεραπεύων πᾶσαν νόσον καὶ πᾶσαν
24 μαλακίαν ἐν τῷ λαῷ. καὶ ἀπῆλθεν ἡ
ἀκοὴ αὐτοῦ εἰς ὅλην τὴν Συρίαν. καὶ
προσήνεγκαν αὐτῷ πάντας τοὺς κακῶς
ἔχοντας ποικίλαις νόσοις καὶ βασάνοις
συνεχομένους καὶ δαιμονιζομένους καὶ
25 σεληνιαζομένους καὶ παραλυτικούς, καὶ
ἐθεράπευσεν αὐτούς. καὶ ἠκολούθησαν
αὐτῷ ὄχλοι πολλοὶ ἀπὸ τῆς Γαλιλαίας
καὶ Δεκαπόλεως καὶ Ἱεροσολύμων καὶ
Ἰουδαίας καὶ πέραν τοῦ Ἰορδάνου;

—

—

—

—

—

14    καὶ
φήμη ἐξῆλθεν
καθ᾽ ὅλης τῆς
περιχώρου  περὶ
αὐτοῦ.

§ 31. *His Discourse at Nazareth, and Rejection there.*   [*Cf.* § 90.]

| [ver. 23.] | | |
|---|---|---|
| — | — | 15 Καὶ αὐτὸς ἐδίδασκεν ἐν ταῖς συναγωγαῖς αὐτῶν, δοξαζόμενος ὑπὸ πάντων. |
| — | — | 16 Καὶ ἦλθεν εἰς Ναζαρά, οὗ ἦν ἀνατεθραμμένος, καὶ εἰσῆλθεν κατὰ τὸ εἰωθὸς αὐτῷ ἐν τῇ ἡμέρᾳ τῶν σαββάτων εἰς τὴν συναγωγήν, |
| — | — | 17 καὶ ἀνέστη ἀναγνῶναι. καὶ ἐπεδόθη αὐτῷ βιβλίον τοῦ προφήτου Ἡσαΐου, καὶ ἀναπτύξας τὸ βιβλίον εὗρεν τόπον οὗ ἦν γε- |
| — | — | 18 γραμμένον· πνεῦμα κυρίου ἐπ' ἐμέ, οὗ εἴνεκεν |
| — | — | 19 ἔχρισέν με εὐαγγελίσασθαι πτωχοῖς, ἀπέσταλκέν με κηρῦξαι αἰχμαλώτοις ἄφεσιν καὶ τυφλοῖς ἀνάβλεψιν, ἀποστεῖλαι τεθραυσμένους ἐν ἀφέσει, κηρῦξαι ἐνιαυτὸν κυρίου |
| | | 20 δεκτόν. καὶ πτύξας τὸ βιβλίον ἀποδοὺς τῷ ὑπηρέτῃ ἐκάθισεν, καὶ πάντων οἱ ὀφθαλμοὶ ἐν τῇ συναγωγῇ ἦσαν ἀτενίζοντες αὐτῷ. |
| | | 21 ἤρξατο δὲ λέγειν πρὸς αὐτοὺς ὅτι σήμερον πεπλήρωται ἡ γραφὴ αὕτη ἐν τοῖς ὠσὶν ὑμῶν. |
| | | 22 καὶ πάντες ἐμαρτύρουν αὐτῷ καὶ ἐθαύμαζον ἐπὶ τοῖς λόγοις τῆς χάριτος τοῖς ἐκπορευομένοις ἐκ τοῦ στόματος αὐτοῦ, καὶ ἔλεγον· οὐχὶ |
| — | — | 23 υἱός ἐστιν Ἰωσὴφ οὗτος; καὶ εἶπεν πρὸς αὐτούς· πάντως ἐρεῖτέ μοι τὴν παραβολὴν ταύτην· ἰατρέ, θεράπευσον σεαυτόν· ὅσα ἠκού- |
| [*Cf.* vv. 13, 23–25.] | | σαμεν γενόμενα εἰς τὴν Καφαρναούμ, ποίησον |
| [*Cf.* xiii. 57.] | [*Cf.* vi. 4.] | 24 καὶ ὧδε ἐν τῇ πατρίδι σου. εἶπεν δὲ· ἀμὴν λέγω ὑμῖν ὅτι οὐδεὶς προφήτης δεκτός ἐστιν |
| — | — | 25 ἐν τῇ πατρίδι ἑαυτοῦ. ἐπ' ἀληθείας δὲ λέγω ὑμῖν ὅτι πολλαὶ χῆραι ἦσαν ἐν ταῖς ἡμέραις Ἠλείου ἐν τῷ Ἰσραήλ, ὅτε ἐκλείσθη ὁ οὐρανὸς ἐπὶ ἔτη τρία καὶ μῆνας ἕξ, ὡς ἐγέ- |
| — | — | 26 νετο λιμὸς μέγας ἐπὶ πᾶσαν τὴν γῆν, καὶ πρὸς οὐδεμίαν αὐτῶν ἐπέμφθη Ἠλείας εἰ μὴ εἰς Σάρεπτα τῆς Σιδωνίας πρὸς γυναῖκα χήραν· |
| — | — | 27 καὶ πολλοὶ λεπροὶ ἦσαν ἐν τῷ Ἰσραὴλ ἐπὶ Ἐλισαίου τοῦ προφήτου, καὶ οὐδεὶς αὐτῶν |
| — | — | 28 ἐκαθαρίσθη εἰ μὴ Ναιμὰν ὁ Σύρος. καὶ ἐπλήσθησαν πάντες θυμοῦ ἐν τῇ συναγωγῇ |
| — | — | 29 ἀκούοντες ταῦτα, καὶ ἀναστάντες ἐξέβαλον αὐτὸν ἔξω τῆς πόλεως, καὶ ἤγαγον αὐτὸν ἕως ὀφρύος τοῦ ὄρους ἐφ' οὗ ἡ πόλις ᾠκοδόμητο |
| — | — | 30 αὐτῶν, ὥστε κατακρημνίσαι αὐτόν· αὐτὸς δὲ διελθὼν διὰ μέσου αὐτῶν ἐπορεύετο. |

## § 32. The Sermon on the Mount. [Cf. § 62.]

### V.

1 Ἰδὼν δὲ τοὺς ὄχλους ἀνέβη εἰς τὸ ὄρος·
καὶ καθίσαντος αὐτοῦ προσῆλθαν αὐτῷ
2 οἱ μαθηταὶ αὐτοῦ. καὶ ἀνοίξας τὸ στόμα
αὐτοῦ ἐδίδασκεν αὐτοὺς λέγων·

3 μακάριοι οἱ πτωχοὶ τῷ πνεύματι, ὅτι αὐτῶν
4 ἐστὶν ἡ βασιλεία τῶν οὐρανῶν. μακάριοι
οἱ πραεῖς, ὅτι αὐτοὶ κληρονομήσουσιν τὴν
γῆν.
5 μακάριοι οἱ πενθοῦντες, ὅτι αὐτοὶ παρα-
6 κληθήσονται. μακάριοι οἱ πεινῶντες καὶ
διψῶντες τὴν δικαιοσύνην, ὅτι αὐτοὶ χορ-
7 τασθήσονται. μακάριοι οἱ ἐλεήμονες, ὅτι
8 αὐτοὶ ἐλεηθήσονται. μακάριοι οἱ καθαροὶ
τῇ καρδίᾳ, ὅτι αὐτοὶ τὸν θεὸν ὄψονται.
9 μακάριοι οἱ εἰρηνοποιοί, ὅτι υἱοὶ θεοῦ
10 κληθήσονται. μακάριοι οἱ δεδιωγμένοι
ἕνεκεν δικαιοσύνης, ὅτι αὐτῶν ἐστὶν
ἡ βασιλεία τῶν οὐρανῶν. μακάριοί
11 ἐστε ὅταν ὀνειδίσωσιν ὑμᾶς καὶ διώξ-
ωσιν καὶ εἴπωσιν πᾶν πονηρὸν καθ᾽
12 ὑμῶν ψευδόμενοι ἕνεκεν ἐμοῦ. χαίρετε

καὶ ἀγαλλιᾶσθε, ὅτι ὁ μισθὸς ὑμῶν πολὺς
ἐν τοῖς οὐρανοῖς· οὕτως γὰρ ἐδίωξαν τοὺς
13 προφήτας τοὺς πρὸ ὑμῶν. ὑμεῖς ἐστὲ τὸ

ἅλας τῆς γῆς· ἐὰν δὲ τὸ ἅλας μωρανθῇ,
ἐν τίνι ἁλισθήσεται; εἰς οὐδὲν ἰσχύει ἔτι
εἰ μὴ βληθὲν ἔξω καταπατεῖσθαι ὑπὸ
14 τῶν ἀνθρώπων. ὑμεῖς ἐστὲ τὸ φῶς τοῦ
κόσμου. οὐ δύναται πόλις κρυβῆναι
15 ἐπάνω ὄρους κειμένη· οὐδὲ καίουσιν

[Cf. ix. 49, 50.]

[Cf. vi. 20.]
[20 Καὶ αὐτὸς ἐπά-
ρας τοὺς ὀφθαλ-
μοὺς αὐτοῦ εἰς
τοὺς μαθητὰς αὐ-
τοῦ ἔλεγεν·
μακάριοι οἱ πτω-
χοί, ὅτι ὑμετέρα
ἐστὶν ἡ βασιλεία
τοῦ θεοῦ.
21 μακάριοι οἱ πειν-
ῶντες νῦν, ὅτι
χορτασθήσεσθε.
μακάριοι οἱ κλαί-
οντες νῦν, ὅτι
γελάσετε.

22 μακάριοί ἐστε
ὅταν μισήσωσιν
ὑμᾶς οἱ ἄνθρωποι,
καὶ ὅταν ἀφορί-
σωσιν ὑμᾶς καὶ
ὀνειδίσωσιν καὶ
ἐκβάλωσιν τὸ
ὄνομα ὑμῶν ὡς
πονηρὸν ἕνεκα
τοῦ υἱοῦ τοῦ ἀν-
23 θρώπου· χάρητε
ἐν ἐκείνῃ τῇ ἡμέρᾳ
καὶ σκιρτήσατε·
ἰδοὺ γὰρ ὁ μισθὸς
ὑμῶν πολὺς ἐν
τῷ οὐρανῷ. κατὰ
τὰ αὐτὰ γὰρ ἐποί-
ουν τοῖς προφή-
ταις οἱ πατέρες
αὐτῶν.]

[Cf. xiv. 34, 35.]
[34 Καλὸν οὖν τὸ
ἅλα. ἐὰν δὲ καὶ
τὸ ἅλα μωρανθῇ,
ἐν τίνι ἀρτυθή-
35 σεται; οὔτε εἰς
γῆν οὔτε εἰς κοπ-

λύχνον καὶ τιθέασιν αὐτὸν ὑπὸ τὸν μόδιον,
ἀλλ' ἐπὶ τὴν λυχνίαν, καὶ λάμπει πᾶσιν
16 τοῖς ἐν τῇ οἰκίᾳ. οὕτως λαμψάτω τὸ φῶς
ὑμῶν ἔμπροσθεν τῶν ἀνθρώπων, ὅπως
ἴδωσιν ὑμῶν τὰ καλὰ ἔργα καὶ δοξάσωσιν
τὸν πατέρα ὑμῶν τὸν ἐν τοῖς οὐρανοῖς·
17 μὴ νομίσητε ὅτι ἦλθον καταλῦσαι τὸν
νόμον ἢ τοὺς προφήτας· οὐκ ἦλθον κατα-
18 λῦσαι ἀλλὰ πληρῶσαι. ἀμὴν γὰρ λέγω
ὑμῖν, ἕως ἂν παρέλθῃ ὁ οὐρανὸς καὶ ἡ γῆ,
ἰῶτα ἒν ἢ μία κεραία οὐ μὴ παρέλθῃ ἀπὸ
19 τοῦ νόμου, ἕως ἂν πάντα γένηται. ὃς
ἐὰν οὖν λύσῃ μίαν τῶν ἐντολῶν τούτων
τῶν ἐλαχίστων καὶ διδάξῃ οὕτως τοὺς
ἀνθρώπους, ἐλάχιστος κληθήσεται ἐν τῇ
20 βασιλείᾳ τῶν οὐρανῶν· ὃς δ' ἂν ποιήσῃ
καὶ διδάξῃ, οὗτος μέγας κληθήσεται ἐν
τῇ βασιλείᾳ τῶν οὐρανῶν. λέγω γὰρ ὑμῖν
ὅτι ἐὰν μὴ περισσεύσῃ ὑμῶν ἡ δικαιο-
σύνη πλεῖον τῶν γραμματέων καὶ Φαρι-
σαίων, οὐ μὴ εἰσέλθητε εἰς τὴν βασιλείαν
21 τῶν οὐρανῶν. ἠκούσατε ὅτι ἐρρέθη τοῖς
ἀρχαίοις· οὐ φονεύσεις· ὃς δ' ἂν φονεύσῃ,
22 ἔνοχος ἔσται τῇ κρίσει. ἐγὼ δὲ λέγω
ὑμῖν ὅτι πᾶς ὁ ὀργιζόμενος τῷ ἀδελφῷ
αὐτοῦ ἔνοχος ἔσται τῇ κρίσει· ὃς δ' ἂν
εἴπῃ τῷ ἀδελφῷ αὐτοῦ ῥαχά, ἔνοχος ἔσται
τῷ συνεδρίῳ· ὃς δ' ἂν εἴπῃ μωρέ, ἔνοχος
23 ἔσται εἰς τὴν γέενναν τοῦ πυρός. ἐὰν
οὖν προσφέρῃς τὸ δῶρόν σου ἐπὶ τὸ
θυσιαστήριον κἀκεῖ μνησθῇς ὅτι ὁ ἀδελφός
24 σου ἔχει τι κατὰ σοῦ, ἄφες ἐκεῖ τὸ δῶρόν
σου ἔμπροσθεν τοῦ θυσιαστηρίου, καὶ
ὕπαγε πρῶτον διαλλάγηθι τῷ ἀδελφῷ
σου, καὶ τότε ἐλθὼν πρόσφερε τὸ δῶρόν
25 σου. ἴσθι εὐνοῶν τῷ ἀντιδίκῳ σου ταχὺ
ἕως ὅτου εἶ μετ' αὐτοῦ ἐν τῇ ὁδῷ· μήποτέ
σε παραδῷ ὁ ἀντίδικος τῷ κριτῇ καὶ ὁ
κριτὴς τῷ ὑπηρέτῃ, καὶ εἰς φυλακὴν

—

ρίαν εὔθετόν ἐστιν·
ἔξω βάλλουσιν
αὐτό. ὁ ἔχων
ὦτα ἀκούειν ἀκου-
έτω.]

[*Cf.* xiv. 17.]
[17 Εὐκοπώτερον δέ
ἐστιν τὸν οὐρανὸν
καὶ τὴν γῆν παρ-
ελθεῖν ἢ τοῦ
νόμου μίαν κερ-
αίαν πεσεῖν.]

[*Cf.* xii. 58, 59.]
[58 ὡς γὰρ ὑπάγεις
μετὰ τοῦ ἀντι-
δίκου σου ἐπ' ἄρ-
χοντα, ἐν τῇ ὁδῷ
δὸς ἐργασίαν ἀπ-
ηλλάχθαι ἀπ'
αὐτοῦ, μήποτε
κατασύρῃ σε
πρὸς τὸν κριτήν,
καὶ ὁ κριτής σε
παραδώσει τῷ
πράκτορι, καὶ
ὁ πράκτωρ σε
βαλεῖ εἰς φυλα-

| | | |
|---|---|---|
| 26 βληθήσῃ. ἀμὴν λέγω σοι, οὐ μὴ ἐξέλθῃς ἐκεῖθεν ἕως ἂν ἀποδῷς τὸν ἔσχατον κοδ- 27 ράντην. ἠκούσατε ὅτι ἐρρέθη· οὐ μοι- 28 χεύσεις. ἐγὼ δὲ λέγω ὑμῖν, ὅτι πᾶς ὁ .βλέπων γυναῖκα πρὸς τὸ ἐπιθυμῆσαι ἤδη ἐμοίχευσεν αὐτὴν ἐν τῇ καρδίᾳ αὐτοῦ. | — — — | οὐ μὴ ἐξέλθῃς ἐκεῖθεν ἕως καὶ τὸ ἔσχατον λεπτὸν ἀποδῷς.] |
| 29 εἰ δὲ ὁ ὀφθαλμός σου ὁ δεξιὸς σκανδαλίζει σε, ἔξελε αὐτὸν καὶ βάλε ἀπὸ σοῦ· συμφέρει γάρ σοι ἵνα ἀπόληται ἓν τῶν μελῶν σου καὶ μὴ ὅλον τὸ σῶμά σου 30 βληθῇ εἰς γέενναν. καὶ εἰ ἡ δεξιά σου χεὶρ σκανδαλίζει σε, ἔκκοψον αὐτὴν καὶ βάλε ἀπὸ σοῦ· συμφέρει γάρ σοι ἵνα ἀπόληται ἓν τῶν μελῶν σου καὶ μὴ ὅλον 31 τὸ σῶμά σου εἰς γέενναν ἀπέλθῃ. ἐρρέθη δὲ· ὃς ἂν ἀπολύσῃ τὴν γυναῖκα αὐτοῦ, 32 δότω αὐτῇ ἀποστάσιον. ἐγὼ δὲ λέγω ὑμῖν ὅτι πᾶς ὁ ἀπολύων τὴν γυναῖκα αὐτοῦ παρεκτὸς λόγου πορνείας, ποιεῖ αὐτὴν μοιχευθῆναι, καὶ ὃς ἐὰν ἀπολελυμένην 33 γαμήσῃ, μοιχᾶται. πάλιν ἠκούσατε ὅτι ἐρρέθη τοῖς ἀρχαίοις· οὐκ ἐπιορκήσεις, ἀποδώσεις δὲ τῷ κυρίῳ τοὺς ὅρκους σου. 34 ἐγὼ δὲ λέγω ὑμῖν μὴ ὀμόσαι ὅλως· μήτε ἐν τῷ οὐρανῷ, ὅτι θρόνος ἐστὶν τοῦ θεοῦ· 35 μήτε ἐν τῇ γῇ, ὅτι ὑποπόδιόν ἐστιν τῶν ποδῶν αὐτοῦ· μήτε εἰς Ἱεροσόλυμα, ὅτι 36 πόλις ἐστὶν τοῦ μεγάλου βασιλέως· μήτε ἐν τῇ κεφαλῇ σου ὀμόσῃς, ὅτι οὐ δύνασαι μίαν τρίχα λευκὴν ποιῆσαι ἢ μέλαιναν. 37 ἔστω δὲ ὁ λόγος ὑμῶν ναὶ ναί, οὐ οὔ· τὸ δὲ περισσὸν τούτων ἐκ τοῦ πονηροῦ ἐστίν. 38 ἠκούσατε ὅτι ἐρρέθη· ὀφθαλμὸν ἀντὶ | [Cf. ix. 47.] [Cf. ix. 43.] — [Cf. x. 11 sq.] — — — — — | [Cf. xvi. 18.] [18 πᾶς ὁ ἀπολύων τὴν γυναῖκα αὐτοῦ καὶ γαμῶν ἑτέραν μοιχεύει, καὶ ὁ ἀπολελυμένην ἀπὸ ἀνδρὸς γαμῶν μοιχεύει.] [Cf. vi, 27–30.] [27 ἀλλὰ ὑμῖν λέγω τοῖς ἀκούουσιν· ἀγαπᾶτε τοὺς ἐχθροὺς ὑμῶν, καλῶς ποιεῖτε τοῖς μισοῦσιν |
| 39 ὀφθαλμοῦ καὶ ὀδόντα ἀντὶ ὀδόντος. ἐγὼ δὲ λέγω ὑμῖν μὴ ἀντιστῆναι τῷ πονηρῷ· ἀλλ' ὅστις σε ῥαπίζει εἰς τὴν δεξιὰν σια- | — | 28 ὑμᾶς, εὐλογεῖτε τοὺς καταρωμένους ὑμᾶς, προσεύχεσθε περὶ τῶν ἐπηρεαζόντων |
| 40 γόνα, στρέψον αὐτῷ καὶ τὴν ἄλλην· καὶ τῷ θέλοντί σοι κριθῆναι καὶ τὸν χιτῶνά σου λαβεῖν, ἄφες αὐτῷ καὶ τὸ ἱμάτιον· | — | 29 ὑμᾶς. τῷ τύπτοντί σε εἰς τὴν σιαγόνα πάρεχε καὶ τὴν ἄλλην, καὶ ἀπὸ τοῦ αἴροντός σου τὸ |

25

ἱμάτιον καὶ τὸν
χιτῶνα μὴ κω-

41 καὶ ὅστις σε ἀγγαρεύσει μίλιον ἕν, ὕπαγε — 30 λύσῃς. παντὶ
42 μετ' αὐτοῦ δύο. τῷ αἰτοῦντί σε δός, καὶ — αἰτοῦντί σε δίδου,
τὸν θέλοντα ἀπὸ σοῦ δανίσασθαι μὴ καὶ ἀπὸ τοῦ αἴ-
ἀποστραφῇς. ροντος τὰ σὰ μὴ
ἀπαίτει.]

43 ἠκούσατε ὅτι ἐρρέθη· ἀγαπήσεις τὸν —
πλησίον σου καὶ μισήσεις τὸν ἐχθρὸν [Cf. vi. 32-36.]
44 σου. ἐγὼ δὲ λέγω ὑμῖν, ἀγαπᾶτε τοὺς — [32 καὶ εἰ ἀγαπᾶτε
ἐχθροὺς ὑμῶν καὶ προσεύχεσθε ὑπὲρ τοὺς ἀγαπῶντας
ὑμᾶς, ποία ὑμῖν
χάρις ἐστίν; καὶ
γὰρ οἱ ἁμαρτωλοὶ
τοὺς ἀγαπῶντας
αὐτοὺς ἀγαπωσιν·

45 τῶν διωκόντων ὑμᾶς· ὅπως γένησθε υἱοὶ — 33 καὶ γὰρ ἐὰν ἀγα-
τοῦ πατρὸς ὑμῶν τοῦ ἐν οὐρανοῖς, ὅτι τὸν θοποιῆτε τοὺς
ἥλιον αὐτοῦ ἀνατέλλει ἐπὶ πονηροὺς καὶ ἀγαθοποιοῦντας
ἀγαθοὺς καὶ βρέχει ἐπὶ δικαίους καὶ ὑμᾶς, ποία ὑμῖν
χάρις ἐστιν; καὶ
οἱ ἁμαρτωλοὶ τὸ
αὐτὸ ποιοῦσιν.

46 ἀδίκους. ἐὰν γὰρ ἀγαπήσητε τοὺς — 34 καὶ ἐὰν δανίσητε
ἀγαπῶντας ὑμᾶς, τίνα μισθὸν ἔχετε; παρ' ὧν ἐλπίζετε
λαβεῖν, ποία ὑμῖν
χάρις ἐστίν; καὶ
ἁμαρτωλοὶ ἁμαρ-
τωλοῖς δανίζου-
σιν ἵνα ἀπολά-

47 οὐχὶ καὶ οἱ τελῶναι τὸ αὐτὸ ποιοῦσιν; καὶ — βωσιν τὰ ἴσα.
ἐὰν ἀσπάσησθε τοὺς ἀδελφοὺς ὑμῶν 35 πλὴν ἀγαπᾶτε
μόνον, τί περισσὸν ποιεῖτε; οὐχὶ καὶ οἱ τοὺς ἐχθροὺς
ὑμῶν καὶ ἀγα-
θοποιεῖτε καὶ δα-
νίζετε μηδένα
ἀπελπίζοντες·
καὶ ἔσται ὁ μισ-
θὸς ὑμῶν πολύς,
καὶ ἔσεσθε υἱοὶ
ὑψίστου, ὅτι αὐ-
τὸς χρηστός ἐστιν
ἐπὶ τοὺς ἀχαρίσ-

48 ἐθνικοὶ τὸ αὐτὸ ποιοῦσιν; ἔσεσθε οὖν — 36 τους καὶ πονη-
ὑμεῖς τέλειοι ὡς ὁ πατὴρ ὑμῶν ὁ οὐράνιος ρούς. γίνεσθε
τέλειός ἐστιν. οἰκτίρμονες, κα-
θὼς ὁ πατὴρ ὑμῶν
οἰκτίρμων ἐστίν.

**VI.**

1 Προσέχετε δὲ τὴν δικαιοσύνην
ὑμῶν μὴ ποιεῖν ἔμπροσθεν
τῶν ἀνθρώπων πρὸς τὸ θεα
θῆναι αὐτοῖς· εἰ δὲ μήγε, μισ-
θὸν οὐκ ἔχετε παρὰ τῷ πατρὶ
2 ὑμῶν τῷ ἐν οὐρανοῖς. ὅταν
οὖν ποιῇς ἐλεημοσύνην, μὴ
σαλπίσῃς ἔμπροσθέν σου,
ὥσπερ οἱ ὑποκριταὶ ποιοῦσιν
ἐν ταῖς συναγωγαῖς καὶ ἐν ταῖς
ῥύμαις, ὅπως δοξασθῶσιν ὑπὸ
τῶν ἀνθρώπων· ἀμὴν λέγω
ὑμῖν, ἀπέχουσιν τὸν μισθὸν
3 αὐτῶν. σοῦ δὲ ποιοῦντος
ἐλεημοσύνην μὴ γνώτω ἡ
ἀριστερά σου τί ποιεῖ ἡ δεξιά
4 σου, ὅπως ᾖ σου ἡ ἐλεημοσύνη
ᾖ ἐν τῷ κρυπτῷ, καὶ ὁ πατήρ
σου ὁ βλέπων ἐν τῷ κρυπτῷ
5 ἀποδώσει σοι. καὶ ὅταν
προσεύχησθε, οὐκ ἔσεσθε ὡς
οἱ ὑποκριταί· ὅτι φιλοῦσιν ἐν
ταῖς συναγωγαῖς καὶ ἐν ταῖς
γωνίαις τῶν πλατειῶν ἑστῶτες
προσεύχεσθαι, ὅπως φανῶ-
σιν τοῖς ἀνθρώποις. ἀμὴν
λέγω ὑμῖν, ἀπέχουσιν τὸν
6 μισθὸν αὐτῶν. σὺ δὲ ὅταν
προσεύχῃ, εἴσελθε εἰς τὸ τα-
μεῖόν σου καὶ κλείσας τὴν
θύραν σου πρόσευξαι τῷ πα-
τρί σου τῷ ἐν τῷ κρυπτῷ, καὶ ὁ
πατήρ σου ὁ βλέπων ἐν τῷ κρυ-
7 πτῷ ἀποδώσει σοι. προσευ-
χόμενοι δὲ μὴ βατταλογήσητε
ὥσπερ οἱ ἐθνικοί· δοκοῦσιν
γὰρ ὅτι ἐν τῇ πολυλογίᾳ αὐτῶν
8 εἰσακουσθήσονται· μὴ οὖν
ὁμοιωθῆτε αὐτοῖς· οἶδεν γὰρ ὁ
πατὴρ ὑμῶν ὧν χρείαν ἔχετε
πρὸ τοῦ ὑμᾶς αἰτῆσαι αὐτόν.
9 οὕτως οὖν προσεύχεσθε ὑμεῖς·
πάτερ ἡμῶν ὁ ἐν τοῖς οὐρανοῖς,
10 ἁγιασθήτω τὸ ὄνομά σου· ἐλ-
θάτω ἡ βασιλεία σου· γενη-
θήτω τὸ θέλημά σου ὡς ἐν
11 οὐρανῷ καὶ ἐπὶ γῆς· τὸν ἄρτον
ἡμῶν τὸν ἐπιούσιον δὸς ἡμῖν
12 σήμερον· καὶ ἄφες ἡμῖν τὰ

[Cf. xi. 2–4.]
[2 Εἶπεν δὲ αὐτοῖς· ὅταν προσεύ-
χησθε, λέγετε· πάτερ, ἁγιασ-
θήτω τὸ ὄνομά σου· ἐλθάτω ἡ
βασιλεία σου·

3 τὸν ἄρτον ἡμῶν τὸν ἐπιούσιον
δίδου ἡμῖν τὸ καθ᾽ ἡμέραν·
4 καὶ ἄφες ἡμῖν τὰς ἁμαρτίας

27

ὀφειλήματα ἡμῶν, ὡς καὶ
ἡμεῖς ἀφήκαμεν τοῖς ὀφειλέ-
13 ταις ἡμῶν· καὶ μὴ εἰσενέγκῃς
ἡμᾶς εἰς πειρασμόν, ἀλλὰ
ῥῦσαι ἡμᾶς ἀπὸ τοῦ πονηροῦ.
14 ἐὰν γὰρ ἀφῆτε τοῖς ἀνθρώποις
τὰ παραπτώματα αὐτῶν, ἀφή-
σει καὶ ὑμῖν ὁ πατὴρ ὑμῶν ὁ
15 οὐράνιος· ἐὰν δὲ μὴ ἀφῆτε
τοῖς ἀνθρώποις, οὐδὲ ὁ πατὴρ
ὑμῶν ἀφήσει τὰ παραπτώ-
16 ματα ὑμῶν. ὅταν δὲ νηστεύ-
ητε, μὴ γίνεσθε ὡς οἱ
ὑποκριταὶ σκυθρωποί· ἀφανί-
ζουσιν γὰρ τὰ πρόσωπα
αὐτῶν ὅπως φανῶσιν τοῖς ἀν-
θρώποις νηστεύοντες. ἀμὴν
λέγω ὑμῖν, ἀπέχουσιν τὸν μισ-
17 θὸν αὐτῶν. σὺ δὲ νηστεύων
ἄλειψαί σου τὴν κεφαλὴν καὶ
18 τὸ πρόσωπόν σου νίψαι, ὅπως
μὴ φανῇς τοῖς ἀνθρώποις νησ-
τεύων ἀλλὰ τῷ πατρί σου τῷ
ἐν τῷ κρυφαίῳ, καὶ ὁ πατήρ
σου ὁ βλέπων ἐν τῷ κρυφαίῳ
19 ἀποδώσει σοι.   μὴ θησαυρί-
ζετε ὑμῖν θησαυροὺς ἐπὶ τῆς
γῆς, ὅπου σὴς καὶ βρῶσις
ἀφανίζει, καὶ ὅπου κλέπται
διορύσσουσιν καὶ κλέπτουσιν·
20 θησαυρίζετε δὲ ὑμῖν θησαυ-
ροὺς ἐν οὐρανῷ, ὅπου οὔτε σὴς
οὔτε βρῶσις ἀφανίζει, καὶ
ὅπου κλέπται οὐ διορύσσου-
21 σιν οὐδὲ κλέπτουσιν.   ὅπου
γάρ ἐστιν ὁ θησαυρός σου,
ἐκεῖ ἔσται καὶ ἡ καρδία σου.

22 ὁ λύχνος τοῦ σώματός ἐστιν ὁ
ὀφθαλμός· ἐὰν ᾖ ὁ ὀφθαλμός
σου ἁπλοῦς, ὅλον τὸ σῶμά
23 σου φωτεινὸν ἔσται· ἐὰν δὲ ὁ
ὀφθαλμός σου πονηρὸς ᾖ, ὅλον
τὸ σῶμά σου σκοτεινὸν ἔσται.
εἰ οὖν τὸ φῶς τὸ ἐν σοὶ σκό-
τος ἐστίν, τὸ σκότος πόσον.

[vii. 22.]

ἡμῶν, καὶ γὰρ αὐτοὶ ἀφίομεν
παντὶ ὀφείλοντι ἡμῖν· καὶ μὴ
εἰσενέγκῃς ἡμᾶς εἰς πειρασ-
μόν.]

[Cf. xii. 33, 34.]
[33 πωλήσατε τὰ ὑπάρχοντα
ὑμῶν καὶ δότε ἐλεημοσύνην·
ποιήσατε ἑαυτοῖς βαλλάντια
μὴ παλαιούμενα, θησαυρὸν
ἀνέκλειπτον ἐν τοῖς οὐρανοῖς,
ὅπου κλέπτης οὐκ ἐγγίζει οὐδὲ

34 σὴς διαφθείρει.   ὅπου γάρ
ἐστιν ὁ θησαυρὸς ὑμῶν, ἐκεῖ
καὶ ἡ καρδία ὑμῶν ἔσται.]

[Cf. xi. 34–36.]
[34 ὁ λύχνος τοῦ σώματός ἐστιν
ὁ ὀφθαλμός σου. ὅταν ὁ
ὀφθαλμός σου ἁπλοῦς ᾖ, καὶ
ὅλον τὸ σῶμά σου φωτεινόν
ἐστιν· ἐπὰν δὲ πονηρὸς ᾖ, καὶ
τὸ σῶμά σου σκοτεινόν.
35 σκόπει οὖν μὴ τὸ φῶς τὸ ἐν
36 σοὶ σκότος ἐστίν. εἰ οὖν τὸ
σῶμά σου ὅλον φωτεινόν, μὴ
ἔχον τι μέρος σκοτεινόν, ἔσται
φωτεινὸν ὅλον ὡς ὅταν ὁ

λύχνος τῇ ἀστραπῇ φωτίζῃ
σε.]
[*Cf.* xvi. 13.]

24 οὐδεὶς δύναται δυσὶ κυρίοις   —
δουλεύειν· ἢ γὰρ τὸν ἕνα
μισήσει καὶ τὸν ἕτερον ἀγα-
πήσει, ἢ ἑνὸς ἀνθέξεται καὶ
τοῦ ἑτέρου καταφρονήσει. οὐ
δύνασθε θεῷ δουλεύειν καὶ
μαμωνᾷ.

[13 οὐδεὶς οἰκέτης δύναται δυσὶ
κυρίοις δουλεύειν· ἢ γὰρ τὸν
ἕνα μισήσει καὶ τὸν ἕτερον
ἀγαπήσει, ἢ ἑνὸς ἀνθέξεται
καὶ τοῦ ἑτέρου καταφρονήσει.
οὐ δύνασθε θεῷ δουλεύειν καὶ
μαμωνᾷ.]
[*Cf.* xii. 22–31.]

25 διὰ τοῦτο λέγω ὑμῖν, μὴ μερ-   —
ιμνᾶτε τῇ ψυχῇ ὑμῶν τί φάγ-
ητε, μηδὲ τῷ σώματι ὑμῶν τί
ἐνδύσησθε. οὐχὶ ἡ ψυχὴ
πλεῖόν ἐστιν τῆς τροφῆς καὶ

22 [εἶπεν δὲ πρὸς τοὺς μαθητὰς
αὐτοῦ· διὰ τοῦτο ὑμῖν λέγω,
μὴ μεριμνᾶτε τῇ ψυχῇ τί
φάγητε, μηδὲ τῷ σώματι τί
23 ἐνδύσησθε. ἡ ψυχὴ πλεῖόν
ἐστιν τῆς τροφῆς καὶ τὸ σῶμα
24 τοῦ ἐνδύματος. κατανοήσατε

26 τὸ σῶμα τοῦ ἐνδύματος; ἐμ-   —
βλέψατε εἰς τὰ πετεινὰ τοῦ
οὐρανοῦ, ὅτι οὐ σπείρουσιν
οὐδὲ θερίζουσιν οὐδὲ συνά-
γουσιν εἰς ἀποθήκας, καὶ ὁ
πατὴρ ὑμῶν ὁ οὐράνιος τρέ-
φει αὐτά· οὐχ ὑμεῖς μᾶλλον
27 διαφέρετε αὐτῶν; τίς δὲ ἐξ
ὑμῶν μεριμνῶν δύναται προσ-
θεῖναι ἐπὶ τὴν ἡλικίαν αὐτοῦ
28 πῆχυν ἕνα; καὶ περὶ ἐνδύ-   —
ματος τί μεριμνᾶτε; καταμά-
θετε τὰ κρίνα τοῦ ἀγροῦ πῶς
29 αὐξάνουσιν· οὐ κοπιῶσιν οὐδὲ   .
νήθουσιν. λέγω δὲ ὑμῖν ὅτι
οὐδὲ Σολομὼν ἐν πάσῃ τῇ δόξῃ
αὐτοῦ περιεβάλετο ὡς ἓν τού-
30 των. εἰ δὲ τὸν χόρτον τοῦ
ἀγροῦ σήμερον ὄντα καὶ αὔριον
εἰς κλίβανον βαλλόμενον ὁ
θεὸς οὕτως ἀμφιέννυσιν, οὐ
πολλῷ μᾶλλον ὑμᾶς, ὀλιγό-
31 πιστοι; μὴ οὖν μεριμνήσητε
λέγοντες· τί φάγωμεν ἢ τί
32 πίωμεν ἢ τί περιβαλώμεθα;
πάντα γὰρ ταῦτα τὰ ἔθνη ἐπι-
ζητοῦσιν· οἶδεν γὰρ ὁ πατὴρ
ὑμῶν ὁ οὐράνιος ὅτι χρῄζετε
33 τούτων ἁπάντων. ζητεῖτε δὲ   —
πρῶτον τὴν βασιλείαν καὶ
τὴν δικαιοσύνην αὐτοῦ, καὶ
ταῦτα πάντα προστεθήσεται

τοὺς κόρακας, ὅτι οὔτε σπεί-
ρουσιν οὔτε θερίζουσιν, οἷς οὐκ
ἔστιν ταμεῖον οὐδὲ ἀποθήκη,
καὶ ὁ θεὸς τρέφει αὐτούς·
πόσῳ μᾶλλον ὑμεῖς διαφέρετε
25 τῶν πετεινῶν. τίς δὲ ἐξ ὑμῶν
μεριμνῶν δύναται προσθεῖναι
ἐπὶ τὴν ἡλικίαν αὐτοῦ πῆχυν;
26 εἰ οὖν οὐδὲ ἐλάχιστον δύν-
ασθε, τί περὶ τῶν λοιπῶν
27 μεριμνᾶτε; κατανοήσατε τὰ
κρίνα πῶς οὔτε νήθει οὔτε
ὑφαίνει. λέγω δὲ ὑμῖν, οὐδὲ
Σολομὼν ἐν πάσῃ τῇ δόξῃ
αὐτοῦ περιεβάλετο ὡς ἓν
28 τούτων. εἰ δὲ ἐν ἀγρῷ τὸν
χόρτον ὄντα σήμερον καὶ
αὔριον εἰς κλίβανον βαλλό-
μενον ὁ θεὸς οὕτως ἀμφιέζει,
πόσῳ μᾶλλον ὑμᾶς, ὀλιγό-
29 πιστοι. καὶ ὑμεῖς μὴ ζητεῖτε
τί φάγητε καὶ τί πίητε, καὶ
30 μὴ μετεωρίζεσθε· ταῦτα γὰρ
πάντα τὰ ἔθνη τοῦ κόσμου
ἐπιζητοῦσιν· ὑμῶν δὲ ὁ πατὴρ
οἶδεν ὅτι χρῄζετε τούτων.
31 πλὴν ζητεῖτε τὴν βασιλείαν
αὐτοῦ, καὶ ταῦτα προστεθήσε-
ται ὑμῖν.]

29

ὑμῖν. μὴ οὖν μεριμνήσητε
εἰς τὴν αὔριον· ἡ γὰρ αὔριον
μεριμνήσει ἑαυτῆς. ἀρκετὸν
τῇ ἡμέρᾳ ἡ κακία αὐτῆς.

## VII.

| | | |
|---|---|---|
| 1 Μὴ κρίνετε, ἵνα μὴ κριθῆτε. | — | [*Cf.* vi. 37 sq.]<br>37 [καὶ μὴ κρίνετε, καὶ οὐ μὴ κρι-<br>θῆτε· καὶ μὴ καταδικάζετε, |
| 2 ἐν ᾧ γὰρ κρίματι κρίνετε κρι-<br>θήσεσθε, καὶ ἐν ᾧ μέτρῳ μετ- | | καὶ οὐ μὴ καταδικασθῆτε·<br>38 ἀπολύετε, καὶ ἀπολυθήσεσθε·<br>δίδοτε, καὶ δοθήσεται ὑμῖν·<br>μέτρον καλὸν πεπιεσμένον<br>σεσαλευμένον ὑπερεκχυννό-<br>μενον δώσουσιν εἰς τὸν κόλπον |
| ρεῖτε, μετρηθήσεται ὑμῖν. | | ὑμῶν· ᾧ γὰρ μέτρῳ μετρεῖτε<br>ἀντιμετρηθήσεται ὑμῖν. |
| 3 τί δὲ βλέπεις τὸ κάρφος τὸ ἐν<br>τῷ ὀφθαλμῷ τοῦ ἀδελφοῦ<br>σου, τὴν δὲ ἐν τῷ σῷ ὀφθαλ-<br>μῷ δοκὸν οὐ κατανοεῖς ; | — | 41 τί δὲ βλέπεις τὸ κάρφος τὸ ἐν<br>τῷ ὀφθαλμῷ τοῦ ἀδελφοῦ<br>σου, τὴν δὲ δοκὸν τὴν ἐν τῷ<br>ἰδίῳ ὀφθαλμῷ οὐ κατανοεῖς ; |
| 4 ἢ πῶς ἐρεῖς τῷ ἀδελφῷ σου·<br>ἄφες ἐκβάλω τὸ κάρφος ἐκ<br>τοῦ ὀφθαλμοῦ σου, καὶ ἰδοὺ<br>ἡ δοκὸς ἐν τῷ ὀφθαλμῷ σοῦ ; | — | 42 πῶς δύνασαι λέγειν τῷ ἀδελ-<br>φῷ σου· ἀδελφέ, ἄφες ἐκβάλω<br>τὸ κάρφος τὸ ἐν τῷ ὀφθαλμῷ<br>σου, αὐτὸς τὴν ἐν τῷ ὀφ-<br>θαλμῷ σου δοκὸν οὐ βλέπων ; |
| 5 ὑποκριτά, ἔκβαλε πρῶτον ἐκ<br>τοῦ ὀφθαλμοῦ σου τὴν δοκόν,<br>καὶ τότε διαβλέψεις ἐκβαλεῖν<br>τὸ κάρφος ἐκ τοῦ ὀφθαλμοῦ<br>τοῦ ἀδελφοῦ σου· | | ὑποκριτά, ἔκβαλε πρῶτον τὴν<br>δοκὸν ἐκ τοῦ ὀφθαλμοῦ σου,<br>καὶ τότε διαβλέψεις τὸ κάρφος<br>τὸ ἐν τῷ ὀφθαλμῷ τοῦ ἀδελ-<br>φοῦ σου ἐκβαλεῖν·] |
| 6 μὴ δῶτε τὸ ἅγιον τοῖς κυσίν,<br>μηδὲ βάλητε τοὺς μαργαρίτας<br>ὑμῶν ἔμπροσθεν τῶν χοίρων,<br>μήποτε καταπατήσουσιν αὐ-<br>τοὺς ἐν τοῖς ποσὶν αὐτῶν καὶ<br>στραφέντες ῥήξωσιν ὑμᾶς. | — | |
| 7 αἰτεῖτε, καὶ δοθήσεται ὑμῖν·<br>ζητεῖτε, καὶ εὑρήσετε· κρούετε,<br>καὶ ἀνοιγήσεται ὑμῖν. πᾶς | — | [*Cf.* xi. 9–13.]<br>[9 κἀγὼ ὑμῖν λέγω, αἰτεῖτε, καὶ<br>δοθήσεται ὑμῖν· ζητεῖτε, καὶ<br>εὑρήσετε· κρούετε, καὶ ἀνοιχ- |
| 8 γὰρ ὁ αἰτῶν λαμβάνει, καὶ ὁ<br>ζητῶν εὑρίσκει, καὶ τῷ κρού- | — | 10 θήσεται ὑμῖν. πᾶς γὰρ ὁ<br>αἰτῶν λαμβάνει, καὶ ὁ ζητῶν |
| 9 οντι ἀνοιγήσεται. ἢ τίς ἐστιν<br>ἐξ ὑμῶν ἄνθρωπος, ὃν αἰτήσει<br>ὁ υἱὸς αὐτοῦ ἄρτον, μὴ λίθον | — | εὑρίσκει, καὶ τῷ κρούοντι<br>11 ἀνοιχθήσεται. τίνα δὲ ἐξ<br>ὑμῶν τὸν πατέρα αἰτήσει ὁ<br>υἱὸς ἄρτον, μὴ λίθον ἐπιδώσει<br>αὐτῷ ; ἢ καὶ ἰχθύν, μὴ ἀντὶ |
| 10 ἐπιδώσει αὐτῷ ; ἢ καὶ ἰχθὺν<br>αἰτήσει, μὴ ὄφιν ἐπιδώσει<br>αὐτῷ ; | — | ἰχθύος ὄφιν αὐτῷ ἐπιδώσει ;<br>12 ἢ καὶ αἰτήσει ᾠόν, μὴ ἐπι- |

30

| | | |
|---|---|---|
| 11 εἰ οὖν ὑμεῖς πονηροὶ ὄντες οἴδατε δόματα ἀγαθὰ διδόναι τοῖς τέκνοις ὑμῶν, πόσῳ μᾶλλον ὁ πατὴρ ὑμῶν ὁ ἐν τοῖς οὐρανοῖς δώσει ἀγαθὰ τοῖς αἰτοῦσιν αὐτόν. | — | 13 δώσει αὐτῷ σκορπίον; εἰ οὖν ὑμεῖς πονηροὶ ὑπάρχοντες οἴδατε δόματα ἀγαθὰ διδόναι τοῖς τέκνοις ὑμῶν, πόσῳ μᾶλλον ὁ πατὴρ ὁ ἐξ οὐρανοῦ δώσει πνεῦμα ἅγιον τοῖς αἰτοῦσιν αὐτόν.] |

[*Cf.* vi. 31.]

12 πάντα οὖν ὅσα ἐὰν θέλητε ἵνα ποιῶσιν ὑμῖν οἱ ἄνθρωποι, οὕτως καὶ ὑμεῖς ποιεῖτε αὐτοῖς· οὗτος γάρ ἐστιν ὁ νόμος καὶ
13 οἱ προφῆται. εἰσέλθατε διὰ τῆς στενῆς πύλης· ὅτι πλατεῖα [ἡ πύλη] καὶ εὐρύχωρος ἡ ὁδὸς ἡ ἀπάγουσα εἰς τὴν ἀπώλειαν, καὶ πολλοί εἰσιν οἱ εἰσερχό-
14 μενοι δι᾽ αὐτῆς· ὅτι στενὴ [ἡ πύλη] καὶ τεθλιμμένη ἡ ὁδὸς ἡ ἀπάγουσα εἰς τὴν ζωήν, καὶ ὀλίγοι εἰσὶν οἱ εὑρίσκοντες
15 αὐτήν. προσέχετε ἀπὸ τῶν ψευδοπροφητῶν, οἵτινες ἔρχονται πρὸς ὑμᾶς ἐν ἐνδύμασιν προβάτων, ἔσωθεν δὲ
16 εἰσεν λύκοι ἅρπαγες. ἀπὸ τῶν καρπῶν αὐτῶν ἐπιγνώσεσθε αὐτούς. μήτι συλλέγουσιν ἀπὸ ἀκανθῶν σταφυλὰς ἢ ἀπὸ τριβόλων σῦκα;
17 οὕτως πᾶν δένδρον ἀγαθὸν καρποὺς καλοὺς ποιεῖ, τὸ δὲ σαπρὸν δένδρον καρποὺς
18 πονηροὺς ποιεῖ. οὐ δύναται δένδρον ἀγαθὸν καρποὺς πονηροὺς ἐνεγκεῖν, οὐδὲ δένδρον σαπρὸν καρποὺς καλοὺς ἐνεγ-
19 κεῖν. πᾶν δένδρον μὴ ποιοῦν καρπὸν καλὸν ἐκκόπτεται καὶ
20 εἰς πῦρ βάλλεται. ἄραγε ἀπὸ τῶν καρπῶν αὐτῶν ἐπι-
21 γνώσεσθε αὐτούς. οὐ πᾶς ὁ λέγων μοι κύριε κύριε, εἰσελεύσεται εἰς τὴν βασιλείαν τῶν οὐρανῶν, ἀλλ᾽ ὁ ποιῶν τὸ θέλημα τοῦ πατρός μου τοῦ ἐν
22 τοῖς οὐρανοῖς. πολλοὶ ἐροῦσίν μοι ἐν ἐκείνῃ τῇ ἡμέρᾳ· κύριε κύριε, οὐ τῷ σῷ ὀνόματι

[31 καὶ καθὼς θέλετε ἵνα ποιῶσιν ὑμῖν οἱ ἄνθρωποι, καὶ ὑμεῖς ποιεῖτε αὐτοῖς ὁμοίως.]
[*Cf.* xiii. 24.]
[24 ἀγωνίζεσθε εἰσελθεῖν διὰ τῆς στενῆς θύρας, ὅτι πολλοί, λέγω ὑμῖν, ζητήσουσιν εἰσελθεῖν καὶ οὐκ ἰσχύσουσιν.]

[*Cf.* vi. 43–46.]
[43 οὐ γάρ ἐστιν δένδρον καλὸν ποιοῦν καρπὸν σαπρόν, οὐδὲ πάλιν δένδρον σαπρὸν ποιοῦν
44 καρπὸν καλόν. ἕκαστον γὰρ δένδρον ἐκ τοῦ ἰδίου καρποῦ γινώσκεται· οὐ γὰρ ἐξ ἀκανθῶν συλλέγουσιν σῦκα, οὐδὲ ἐκ βάτου σταφυλὴν τρυγῶσιν.
45 ὁ ἀγαθὸς ἄνθρωπος ἐκ τοῦ ἀγαθοῦ θησαυροῦ τῆς καρδίας προφέρει τὸ ἀγαθόν, καὶ ὁ πονηρὸς ἐκ τοῦ πονηροῦ προφέρει τὸ πονηρόν· ἐκ γὰρ περισσεύματος καρδίας λαλεῖ τὸ
46 στόμα αὐτοῦ. τί δέ με καλεῖτε· κύριε, κύριε, καὶ οὐ ποιεῖτε ἃ λέγω;]

[*Cf.* xiii. 25–27.]
[25 ἀφ᾽ οὗ ἂν ἐγερθῇ ὁ οἰκοδεσπότης καὶ ἀποκλείσῃ τὴν θύραν, καὶ ἄρξησθε ἔξω ἑσ-

31

| MATT. VII. | MARK I. | LUKE IV. |
|---|---|---|
| ἐποφητεύσαμεν, καὶ τῷ σῷ ὀνόματι δαιμόνια ἐξεβάλομεν, καὶ τῷ σῷ ὀνόματι δυνάμεις | | τάναι καὶ κρούειν τὴν θύραν λέγοντες· κύριε ἄνοιξον ἡμῖν, καὶ ἀποκριθεὶς ἐρεῖ ὑμῖν· οὐκ 26 οἶδα ὑμᾶς πόθεν ἐστέ. τότε ἄρξεσθε λέγειν· ἐφάγομεν ἐνώπιόν σου καὶ ἐπίομεν, καὶ ἐν ταῖς πλατείαις ἡμῶν ἐδίδαξ- |
| 23 πολλὰς ἐποιήσαμεν; καὶ τότε ὁμολογήσω αὐτοῖς ὅτι οὐδέποτε ἔγνων ὑμᾶς, ἀποχωρεῖτε ἀπ᾽ ἐμοῦ οἱ ἐργαζ- | — | 27 ας. καὶ ἐρεῖ· λέγω ὑμῖν, οὐκ οἶδα ὑμᾶς πόθεν ἐστέ· ἀπόστητε ἀπ᾽ ἐμοῦ πάντες ἐργάται ἀδικίας.] [Cf. vi. 47–49.] |
| 24 όμενοι τὴν ἀνομίαν. πᾶς οὖν ὅστις ἀκούει μου τοὺς λόγους τούτους καὶ ποιεῖ αὐτοὺς ὁμοιωθήσεται ἀνδρὶ φρονίμῳ, ὅστις ᾠκοδόμησεν αὐτοῦ τὴν 25 οἰκίαν ἐπὶ τὴν πέτραν. καὶ κατέβη ἡ βροχὴ καὶ ἦλθον οἱ ποταμοὶ καὶ ἔπνευσαν οἱ ἄνεμοι καὶ προσέπεσαν τῇ οἰκίᾳ ἐκείνῃ, καὶ οὐκ ἔπεσεν· τεθεμελίωτο γὰρ ἐπὶ τὴν πέτριν. | — | [47 πᾶς ὁ ἐρχόμενος πρός με καὶ ἀκούων μου τῶν λόγων καὶ ποιῶν αὐτούς, ὑποδείξω ὑμῖν 48 τίνι ἐστὶν ὅμοιος. ὅμοιός ἐστιν ἀνθρώπῳ οἰκοδομοῦντι οἰκίαν, ὃς ἔσκαψεν καὶ ἐβάθυνεν καὶ ἔθηκεν θεμέλιον ἐπὶ τὴν πέτραν· πλημμύρης δὲ γενομένης προσέρηξεν ὁ ποταμὸς τῇ οἰκίᾳ ἐκείνῃ, καὶ οὐκ ἴσχυσεν σαλεῦσαι αὐτὴν διὰ τὸ καλῶς οἰκοδομῆσθαι αὐτήν. |
| 26 καὶ πᾶς ὁ ἀκούων μου τοὺς λόγους τούτους καὶ μὴ ποιῶν αὐτοὺς ὁμοιωθήσεται ἀνδρὶ μωρῷ, ὅστις ᾠκοδόμησεν αὐτοῦ τὴν οἰκίαν ἐπὶ τὴν ἄμμον. 27 καὶ κατέβη ἡ βροχὴ καὶ ἦλθον οἱ ποταμοὶ καὶ ἔπνευσαν οἱ ἄνεμοι καὶ προσέκοψαν τῇ οἰκίᾳ ἐκείνῃ, καὶ ἔπεσεν, καὶ ἦν ἡ πτῶσις αὐτῆς μεγάλη. | — | 49 ὁ δὲ ἀκούσας καὶ μὴ ποιήσας ὅμοιός ἐστιν ἀνθρώπῳ οἰκοδομήσαντι οἰκίαν ἐπὶ τὴν γῆν χωρὶς θεμελίου, ᾗ προσέρηξεν ὁ ποταμός, καὶ εὐθὺς συνέπεσεν, καὶ ἐγένετο τὸ ῥῆγμα τῆς οἰκίας ἐκείνης μέγα.] |

## § 33. Jesus teaches in the Capernaum Synagogue.

| MATT. | MARK | LUKE |
|---|---|---|
| [Cf. iv. 23.] [23 Καὶ περιῆγεν ἐν ὅλῃ [iv. 13.] τῇ Γαλιλαίᾳ, διδάσκων    ἐν ταῖς συναγωγαῖς αὐτῶν.] | —    21 Καὶ εἰσπορεύονται εἰς Καφαρναούμ· καὶ εὐθὺς τοῖς σάββασιν ἐδίδασκεν εἰς τὴν συναγωγήν. | —    31 Καὶ κατῆλθεν εἰς Καφαρναοὺμ πόλιν τῆς Γαλιλαίας, καὶ ἦν διδάσκων αὐτοὺς ἐν τοῖς σάββασιν· |

## § 34. Effect of His Teaching.

| | | |
|---|---|---|
| 28 καὶ ἐγένετο ὅτε ἐτέλεσεν ὁ Ἰησοῦς τοὺς λόγους τούτους, ἐξεπλήσσοντο οἱ ὄχλοι ἐπὶ τῇ διδαχῇ 29 αὐτοῦ· ἦν γὰρ διδάσκων αὐτοὺς ὡς ἐξουσίαν ἔχων, καὶ οὐχ ὡς οἱ γραμματεῖς αὐτῶν. | — 22 καὶ ἐξεπλήσσοντο ἐπὶ τῇ διδαχῇ αὐτοῦ, ἦν γὰρ διδάσκων αὐτοὺς ὡς ἐξουσίαν ἔχων, καὶ οὐχ ὡς οἱ γραμματεῖς. | — 32 καὶ ἐξεπλήσσοντο ἐπὶ τῇ διδαχῇ αὐτοῦ, ὅτι ἐν ἐξουσίᾳ ἦν ὁ λόγος αὐτοῦ. |

## § 35. Cure of a Demoniac in the Capernaum synagogue.

| | | |
|---|---|---|
| — — — — — — [Cf. iv. 24.] | 23 καὶ εὐθὺς ἦν ἐν τῇ συναγωγῇ αὐτῶν ἄνθρωπος ἐν πνεύ-24 ματι ἀκαθάρτῳ, καὶ ἀνέκραξεν λέγων· τί ἡμῖν καὶ σοί, Ἰησοῦ Ναζαρηνέ; ἦλθες ἀπολέσαι ἡμᾶς· οἴδαμέν σε τίς εἶ ὁ 25 ἅγιος τοῦ θεοῦ· καὶ ἐπετίμησεν αὐτῷ ὁ Ἰησοῦς φιμώθητι καὶ ἔξελθε ἐξ αὐτοῦ. 26 καὶ σπαράξαν αὐτὸν τὸ πνεῦμα τὸ ἀκάθαρτον καὶ φωνῆσαν φωνῇ μεγάλῃ ἐξῆλθεν ἐξ αὐτοῦ. 27 καὶ ἐθαμβήθησαν ἅπαντες ὥστε συζητεῖν αὐτοὺς λέγοντας· τί ἐστιν τοῦτο; διδαχὴ καινὴ κατ᾽ ἐξουσίαν· καὶ τοῖς πνεύμασιν τοῖς ἀκαθάρτοις ἐπιτάσσει καὶ ὑπακούουσιν 28 αὐτῷ. καὶ ἐξῆλθεν ἡ ἀκοὴ αὐτοῦ εὐθὺς πανταχοῦ εἰς ὅλην τὴν περίχωρον τῆς Γαλιλαίας. | 33 καὶ ἐν τῇ συναγωγῇ ἦν ἄνθρωπος ἔχων πνεῦμα δαιμονίου ἀκαθάρτου, καὶ 34 ἀνέκραξεν φωνῇ μεγάλῃ· ἔα, τί ἡμῖν καὶ σοί, Ἰησοῦ Ναζαρηνέ; ἦλθες ἀπολέσαι ἡμᾶς; οἶδά σε τίς εἶ ὁ 35 ἅγιος τοῦ θεοῦ. καὶ ἐπετίμησεν αὐτῷ ὁ Ἰησοῦς λέγων· φιμώθητι καὶ ἔξελθε ἀπ᾽ αὐτοῦ. καὶ ῥῖψαν αὐτὸν τὸ δαιμόνιον εἰς τὸ μέσον ἐξῆλθεν ἀπ᾽ αὐτοῦ, μηδὲν βλάψαν 36 αὐτόν. καὶ ἐγένετο θάμβος ἐπὶ πάντας καὶ συνελάλουν πρὸς ἀλλήλους λέγοντες· τίς ὁ λόγος οὗτος, ὅτι ἐν ἐξουσίᾳ καὶ δυνάμει ἐπιτάσσει τοῖς ἀκαθάρτοις πνεύμασιν καὶ 37 ἐξέρχονται; καὶ ἐξεπορεύετο ἦχος περὶ αὐτοῦ εἰς πάντα τόπον τῆς περιχώρου. |

## § 36. Cure of Peter's Mother-in-law. [Cf. § 42.]

| | | |
|---|---|---|
| [Cf. viii. 14, 15.] [14 Καὶ ἐλθὼν ὁ Ἰησοῦς εἰς τὴν οἰκίαν Πέτρου | 29 Καὶ εὐθὺς ἐκ τῆς συναγωγῆς ἐξελθόντες ἦλθον εἰς τὴν οἰκίαν Σί- | 38 Ἀναστὰς δὲ ἀπὸ τῆς συναγωγῆς εἰσῆλθεν εἰς τὴν οἰκίαν Σί- |

c

| [MATT. VII.] | MARK I. | LUKE IV. |
|---|---|---|
| | μωνος καὶ Ἀνδρέου μετὰ Ἰακώβου καὶ Ἰωάννου· | μωνος. |
| τὴν πενθερὰν αὐτοῦ βεβλημένην καὶ πυρέσσουσαν 15 καὶ | 30 ἡ δὲ πενθερὰ Σίμωνος κατέκειτο πυρέσσουσα, καὶ εὐθὺς λέγουσιν αὐτῷ περὶ αὐτῆς. | πενθερὰ δὲ τοῦ Σίμωνος ἦν συνεχομένη πυρετῷ μεγάλῳ καὶ ἠρώτησαν αὐτὸν περὶ αὐτῆς. |
| ἥψατο τῆς χειρὸς αὐτῆς, καὶ ἀφῆκεν αὐτὴν ὁ πυρετός· καὶ ἠγέρθη, καὶ διηκόνει αὐτῷ.] | 31 καὶ ἤγειρεν αὐτὴν κρατήσας τῆς χειρός· καὶ ἀφῆκεν αὐτὴν ὁ πυρετός, καὶ διηκόνει αὐτοῖς. | 39 καὶ ἐπιστὰς ἐπάνω αὐτῆς ἐπίτίμησεν τῷ πυρετῷ, καὶ ἀφῆκεν αὐτήν. παραχρῆμα δὲ ἀναστᾶσα διηκόνει αὐτοῖς. |

§ 37. *Cure of many at Sunset.* [*Cf.* § 43.]

| | | |
|---|---|---|
| [*Cf.* viii. 16.] [16 Ὀψίας δὲ γενομένης προσήνεγκαν αὐτῷ δαιμονιζομένους πολλούς· | 32 Ὀψίας δὲ γενομένης, ὅτε ἔδυ ὁ ἥλιος, ἔφερον πρὸς αὐτὸν πάντας τοὺς κακῶς ἔχοντας καὶ τοὺς δαιμονιζομένους· | 40 Δύνοντος δὲ τοῦ ἡλίου πάντες ὅσοι εἶχον ἀσθενοῦντας νόσοις ποικίλαις ἤγαγον αὐτοὺς πρὸς αὐτόν· ὁ δὲ ἑνὶ ἑκάστῳ αὐτῶν τὰς χεῖρας ἐπιτιθεὶς |
| | 33 καὶ ἦν ὅλη ἡ πόλις ἐπισυνηγμένη πρὸς τὴν θύραν | |
| καὶ ἐξέβαλεν τὰ πνεύματα λόγῳ, καὶ πάντας τοὺς κακῶς ἔχοντας ἐθεράπευσεν,] | 34 καὶ ἐθεράπευσεν πολλοὺς κακῶς ἔχοντας ποικίλαις νόσοις, καὶ δαιμόνια πολλὰ ἐξέβαλεν, [*Cf.* iii. 11.] καὶ οὐκ ἤφιεν λαλεῖν τὰ δαιμόνια, ὅτι ᾔδεισαν αὐτόν. | ἐθεράπευσεν αὐτούς· 41 ἐξήρχοντο δὲ καὶ δαιμόνια ἀπὸ πολλῶν κραυγάζονα καὶ λέγοντα ὅτι σὺ εἶ ὁ υἱὸς τοῦ θεοῦ· καὶ ἐπιτιμῶν οὐκ εἴα αὐτὰ λαλεῖν ὅτι ᾔδεισαν τὸν Χριστὸν αὐτὸν εἶναι. |

§ 38. *Jesus withdraws into the Desert, and continues His Work in Galilee.*

| | | |
|---|---|---|
| — | 35 Καὶ πρωῒ ἔννυχα λίαν ἀναστὰς ἐξῆλθεν καὶ ἀπῆλθεν εἰς ἔρημον τόπον κἀκεῖ προσηύ- | 42 Γενομένης δὲ ἡμέρας ἐξελθὼν ἐπορεύθη εἰς ἔρημον τόπον, |
| — | 36 χετο. καὶ κατεδίωξεν αὐτὸν Σίμων καὶ οἱ μετ᾽ | καὶ |
| — | 37 αὐτοῦ             καὶ εὗρον αὐτόν,     καὶ | οἱ ὄχλοι ἐπεζήτουν αὐτόν·     καὶ ἦλθον ἕως αὐτοῦ, καὶ κατεῖχον αὐτὸν τοῦ μὴ πορεύεσθαι ἀπ᾽ |
| | λέγουσιν αὐτῷ ὅτι πάντες ζητοῦσιν σε. | αὐτῶν. |
| — | 38 καὶ λεγει αὐτοῖς· ἄγωμεν ἀλλαχοῦ εἰς τὰς ἐχομένας κωμοπόλεις ἵνα κἀκεῖ κηρύξω. | 43 ὁ δὲ εἶπεν πρὸς αὐτοὺς ὅτι καὶ ταῖς ἑτέραις πόλεσιν εὐαγγελίσασθαί με δεῖ τὴν βασιλείαν τοῦ θεοῦ, ὅτι |
| — | 39 εἰς τοῦτο γὰρ ἐξῆλθον. καὶ ἦλθεν κηρύσσων εἰς τας συναγωγὰς αὐτῶν εἰς ὅλην τὴν Γαλιλαίαν καὶ τὰ δαιμόνια ἐκβάλλων. | 44 ἐπὶ τοῦτο ἀπεστάλην. καὶ ἦν κηρύσσων εἰς τὰς συναγωγὰς τῆς Γαλιλαίας. |

§ 39. *The Miraculous Draught of Fishes: Call of Simon, James, and John.* [*Cf.* § 29.]

v.

| | | |
|---|---|---|
| — | — | 1 Ἐγένετο δὲ ἐν τῷ τὸν ὄχλον ἐπικεῖσθαι αὐτῷ καὶ ἀκούειν τὸν λόγον τοῦ θεοῦ, καὶ αὐτὸς ἦν |
| [*Cf.* iv. 18.] | [*Cf.* i. 16.] | 2 ἑστὼς παρὰ τὴν λίμνην Γεννησαρέτ, καὶ ἴδεν δύο πλοιάρια ἑστῶτα παρὰ τὴν λίμνην· οἱ δὲ ἁλεεῖς ἀπ᾽ αὐτῶν ἀποβάντες ἔπλυναν τὰ |
| — | — | 3 δίκτυα. ἐμβὰς δὲ εἰς ἓν τῶν πλοίων ὃ ἦν Σίμωνος, ἠρώτησεν αὐτὸν ἀπὸ τῆς γῆς ἐπαναγαγεῖν ὀλίγον· καθίσας δὲ ἐν τῷ πλοίῳ |
| — | — | 4 ἐδίδασκεν τοὺς ὄχλους. ὡς δὲ ἐπαύσατο λαλῶν, εἶπεν πρὸς τὸν Σίμωνα· ἐπανάγαγε εἰς τὸ βάθος, καὶ χαλάσατε τὰ δίκτυα ὑμῶν εἰς |
| — | — | 5 ἄγραν. καὶ ἀποκριθεὶς Σίμων εἶπεν· ἐπιστάτα, δι᾽ ὅλης νυκτὸς κοπιάσαντες οὐδὲν ἐλάβομεν· ἐπὶ δὲ τῷ ῥήματί σου χαλάσω τὰ δίκτυα. |
| — | — | 6 καὶ τοῦτο ποιήσαντες συνέκλεισαν πλῆθος ἰχθύων πολύ· διερήσσετο δὲ τὰ δίκτυα αὐτῶν. |
| — | — | 7 καὶ κατένευσαν τοῖς μετόχοις ἐν τῷ ἑτέρῳ πλοίῳ τοῦ ἐλθόντας συλλαβέσθαι αὐτοῖς· καὶ ἦλθαν, καὶ ἔπλησαν ἀμφότερα τὰ πλοῖα, |
| — | — | 8 ὥστε βυθίζεσθαι αὐτά. ἰδὼν δὲ Σίμων Πέτρος προσέπεσεν τοῖς γόνασιν Ἰησοῦ λέγων· ἔξελθε ἀπ᾽ ἐμοῦ, ὅτι ἀνὴρ ἁμαρτωλός εἰμι, |
| — | — | 9 κύριε. θάμβος γὰρ περιέσχεν αὐτὸν καὶ πάν- |

|  |  | τας τοὺς σὺν αὐτῷ ἐπὶ τῇ ἄγρᾳ τῶν ἰχθύων |
|---|---|---|
| — | — | 10 ἣ συνέλαβον, ὁμοίως δὲ καὶ Ἰάκωβον καὶ |
|  |  | Ἰωάννην υἱοὺς Ζεβεδαίου, οἳ ἦσαν κοινωνοὶ |
|  |  | τῷ Σίμωνι. καὶ εἶπεν πρὸς τὸν Σίμωνα ὁ |
| [Cf. iv. 19.] | [Cf. i. 17.] | Ἰησοῦς· μὴ φοβοῦ· ἀπὸ τοῦ νῦν ἀνθρώπους |
| [Cf. iv. 20, | [Cf. i. 18, | 11 ἔσῃ ζωγρῶν. καὶ καταγαγόντες τὰ πλοῖα ἐπι |
| 22.] | 20.] | τὴν γῆν, ἀφέντες πάντα ἠκολούθησαν αὐτῷ. |

## § 40. Cure of a Leper.

| MATT. VIII. | MARK I. | LUKE V. |
|---|---|---|
| 1 Καταβάντι δὲ αὐτῷ ἀπὸ τοῦ ὄρους, ἠκολούθησαν αὐτῷ ὄχλοι πολλοί. |  |  |
|  |  | 12 Καὶ ἐγένετο ἐν τῷ εἶναι αὐτὸν ἐν μιᾷ τῶν πόλεων, |
| 2 καὶ ἰδοὺ λεπρὸς προσελθών | 40 καὶ ἔρχεται πρὸς αὐτὸν λεπρός, παρακαλῶν αὐτὸν | καὶ ἰδοὺ ἀνὴρ πλήρης λέπρας· ἰδὼν δὲ τὸν Ἰησοῦν, |
|  | καὶ γονυπετῶν | πεσὼν ἐπὶ πρόσωπον ἐδεήθη αὐτοῦ |
| προσεκύνει αὐτῷ |  |  |
| λέγων· | λέγων αὐτῷ ὅτι | λέγων· |
| κύριε, ἐὰν θέλῃς, δύνασαί με καθαρίσαι. | ἐὰν θέλῃς, δύνασαί με καθαρίσαι. | κύριε, ἐὰν θέλῃς, δύνασαί με καθαρίσαι. |
| 3 καὶ ἐκτείνας τὴν χεῖρα ἥψατο αὐτοῦ λέγων· | 41 καὶ σπλαγχνισθεὶς ἐκτείνας τὴν χεῖρα αὐτοῦ ἥψατο καὶ λέγει· | 13 καί ἐκτείνας τὴν χεῖρα ἥψατο αὐτοῦ εἰπών· |
| θέλω, καθαρίσθητι. καὶ εὐθέως ἐκαθαρίσθη αὐτοῦ ἡ λέπρα | θέλω, καθαρίσθητι. 42 καὶ εὐθὺς ἀπῆλθεν ἀπ' αὐτοῦ ἡ λέπρα, καὶ ἐκαθαρίσθη, 43 καὶ ἐμβριμησάμενος αὐτῷ εὐθὺς | θέλω, καθαρίσθητι, καὶ εὐθέως ἡ λέπρα ἀπῆλθεν ἀπ' αὐτοῦ. |
| 4 καὶ λέγει αὐτῷ ὁ Ἰησοῦς· ὅρα μηδενὶ εἴπῃς, ἀλλὰ ὕπαγε σεαυτὸν δεῖξον τῷ ἱερεῖ καὶ προσένεγκον τὸ δῶρον | 44 ἐξέβαλεν αὐτόν, καὶ λέγει αὐτῷ· ὅρα μηδενὶ μηδὲν εἴπῃς, ἀλλὰ ὕπαγε σεαυτὸν δεῖξον τῷ ἱερεῖ καὶ προσένεγκε περὶ τοῦ καθαρισμοῦ σου | 14 καὶ αὐτὸς παρήγγειλεν αὐτῷ μηδενὶ εἰπεῖν, ἀλλὰ ἀπελθὼν δεῖξον σεαυτὸν τῷ ἱερεῖ, καὶ προσένεγκε περὶ τοῦ καθαρισμοῦ σου καθὼς |
| ὃ προσέταξεν Μωϋσῆς, εἰς μαρτύριον αὐτοῖς. | ἃ προσέταξεν Μωϋσῆς εἰς μαρτύριον αὐτοῖς. | προσέταξεν Μωϋσῆς, εἰς μαρτύριον αὐτοῖς. |

|  | 45 ὁ δὲ ἐξελθὼν | 15 διήρχετο δὲ μᾶλλον ὁ λόγος περὶ αὐτοῦ, |
|---|---|---|
|  | ἤρξατο κηρύσσειν πολλὰ καὶ διαφημί- ζειν τὸν λόγον, |  |
|  |  | καὶ συνήρχοντο ὄχλοι πολλοὶ ἀκούειν καὶ θεραπεύεσθαι ἀπὸ τῶν ἀσθενειῶν αὐτῶν· |
|  | ὥστε μηκέτι αὐτὸν δύνασθαι εἰς πόλιν φανερῶς εἰσελθεῖν, |  |
| — | ἀλλ᾽ ἔξω ἐπ᾽ ἐρήμοις τόποις ἦν καὶ ἤρχοντο πρὸς αὐ- τὸν πάντοθεν. | 16 αὐτὸς δὲ ἦν ὑποχω- ρῶν ἐν ταῖς ἐρήμοις |
|  |  | καὶ προσευχόμενος. |

## § 41. Cure of the Centurion's Servant at Capernaum. [Cf. § 63.]

| 5 Εἰσελθόντος δὲ αὐτοῦ εἰς Καφαρναούμ, προσ- ῆλθεν αὐτῷ ἑκατοντάρχης παρακαλῶν αὐτὸν | — | [Cf. vii. 1–10.] |
|---|---|---|
| 6 καὶ λέγων· κύριε, ὁ παῖς μου βέβληται ἐν τῇ οἰκίᾳ παραλυτικός, δεινῶς βασανιζόμενος. | — | — |
| 7 λέγει αὐτῷ· ἐγὼ ἐλθὼν θεραπεύσω αὐτόν. | — | — |
| 8 ἀποκριθεὶς δὲ ὁ ἑκατοντάρχης ἔφη· κύριε, οὐκ εἰμὶ ἱκανὸς ἵνα μου ὑπὸ τὴν στέγην εἰσέλθῃς· ἀλλὰ μόνον εἰπὲ λόγῳ, καὶ ἰαθή- | — | — |
| 9 σεται ὁ παῖς μου. καὶ γὰρ ἐγὼ ἄνθρωπός εἰμι ὑπὸ ἐξουσίαν, ἔχων ὑπ᾽ ἐμαυτὸν στρα- τιώτας, καὶ λέγω τούτῳ· πορεύθητι, καὶ πορεύεται, καὶ ἄλλῳ· ἔρχου, καὶ ἔρχεται, καὶ τῷ δούλῳ μου· ποίησον τοῦτο, καὶ ποιεῖ. | — | — |
| 10 ἀκούσας δὲ ὁ Ἰησοῦς ἐθαύμασεν καὶ εἶπεν τοῖς ἀκολουθοῦσιν· ἀμὴν λέγω ὑμῖν, οὐδὲ | — | — |
| 11 ἐν τῷ Ἰσραὴλ τοσαύτην πίστιν εὗρον. λέγω δὲ ὑμῖν ὅτι πολλοὶ ἀπὸ ἀνατολῶν καὶ δυσ- μῶν ἥξουσιν καὶ ἀνακλιθήσονται μετὰ Ἀβραὰμ καὶ Ἰσαὰκ καὶ Ἰακὼβ ἐν τῇ βασι- | — | [Cf. xiii. 28 sq.] |
| 12 λείᾳ τῶν οὐρανῶν· οἱ δὲ υἱοὶ τῆς βασιλείας ἐξελεύσονται εἰς τὸ σκότος τὸ ἐξώτερον ἐκεῖ ἔσται ὁ κλαυθμὸς καὶ ὁ βρυγμὸς τῶν ὀδόντων. καὶ εἶπεν ὁ Ἰησοῦς τῷ ἑκατον- τάρχῃ· ὕπαγε, ὡς ἐπίστευσας γενηθήτω σοι. καὶ ἰάθη ὁ παῖς ἐν τῇ ὥρᾳ ἐκείνῃ. | — |  |

§ 42. *Cure of Peter's Mother-in-law.* [*Cf.* § 36.]

| | | |
|---|---|---|
| 14 Καὶ ἐλθὼν ὁ Ἰησοῦς εἰς τὴν οἰκίαν Πέτρου εἶδεν τὴν πενθερὰν αὐτοῦ βεβλημένην καὶ 15 πυρέσσουσαν. καὶ ἥψατο τῆς χειρὸς αὐτῆς, καὶ ἀφῆκεν αὐτὴν ὁ πυρετός· καὶ ἠγέρθη, καὶ διηκόνει αὐτῷ. | [*Cf.* i. 29– 31.] | [*Cf.* iv. 38, 39.] |
| | — | — |

§ 43. *Cure of many at Sunset.* [*Cf.* § 37.]

| | | |
|---|---|---|
| 16 Ὀψίας δὲ γενομένης προσήνεγκαν αὐτῷ δαι- μονιζομένους πολλούς· καὶ ἐξέβαλεν τὰ πνεύματα λόγῳ, καὶ πάντας τοὺς κακῶς 17 ἔχοντας ἐθεράπευσεν, ὅπως πληρωθῇ τὸ ῥηθὲν διὰ Ἡσαΐου τοῦ προφήτου λέγοντος· αὐτὸς τὰς ἀσθενείας ἡμῶν ἔλαβεν καὶ τὰς 18 νόσους ἐβάστασεν. ἰδὼν δὲ ὁ Ἰησοῦς πολ- λοὺς ὄχλους περὶ αὐτὸν ἐκέλευσεν ἀπελθεῖν εἰς τὸ πέραν. | [*Cf.* i. 32.]  [*Cf.* iv. 35.] | [*Cf.* iv. 40.]  [*Cf.* viii. 22.] |

§ 44. *Conditions of Discipleship.* [*Cf.* § 113.]

| | | |
|---|---|---|
| 19 Καὶ προσελθὼν εἷς γραμματεὺς εἶπεν αὐτῷ· διδάσκαλε, ἀκολουθήσω σοι ὅπου ἐὰν ἀπέρ- 20 χῃ. καὶ λέγει αὐτῷ ὁ Ἰησοῦς· αἱ ἀλώ- πεκες φωλεοὺς ἔχουσιν καὶ τὰ πετεινὰ τοῦ οὐρανοῦ κατασκηνώσεις, ὁ δὲ υἱὸς τοῦ ἀνθρώ- 21 που οὐκ ἔχει ποῦ τὴν κεφαλὴν κλίνῃ. ἕτε- ρος δὲ τῶν μαθητῶν  εἶπεν αὐτῷ· κύριε, ἐπίτρεψόν μοι πρῶτον ἀπελθεῖν καὶ 22 θάψαι τὸν πατέρα μου· ὁ δὲ λέγει αὐτῷ. ἀκολούθει μοι, καὶ ἄφες τοὺς νεκροὺς θάψαι τοὺς ἑαυτῶν νεκρούς. | — — — | [*Cf.* ix. 57– 62.] — — |

§ 45. *Jesus stills a storm on the Lake.* [*Cf.* § 87.]

| | | |
|---|---|---|
| 23 καὶ ἐμβάντι αὐτῷ εἰς τὸ πλοῖον, ἠκολού- 24 θησαν αὐτῷ οἱ μαθηταὶ αὐτοῦ. καὶ ἰδοὺ σεισμὸς μέγας ἐγένετο τῇ θαλάσσῃ, ὥστε τὸ πλοῖον καλύπτεσθαι ὑπὸ τῶν κυμάτων. 25 αὐτὸς δὲ ἐκάθευδεν· καὶ προσελθόντες ἤγειραν αὐτὸν λέγοντες· κύριε, σῶσον ἀπολλύμεθα. 26 καὶ λέγει αὐτοῖς· τί δειλοί ἐστε, ὀλιγό- πιστοι; τότε ἐγερθεὶς ἐπετίμησεν τοῖς ἀνέ- μοις καὶ τῇ θαλάσσῃ, καὶ ἐγένετο γαλήνη 27 μεγάλη. οἱ δὲ ἄνθρωποι ἐθαύμασαν λέγον- τες· ποταπός ἐστιν οὗτος, ὅτι καὶ οἱ ἄνεμοι καὶ ἡ θάλασσα αὐτῷ ὑπακούουσιν; | [*Cf.* iv. 35– 41.] — — | [*Cf.* viii. 22– 35.] — — |

## § 46. *Cure of Demoniacs at Gadara.* [*Cf.* § 88.]

| | [*Cf.* v. | [*Cf.* viii. |
|---|---|---|
| 28 Καὶ ἐλθόντος αὐτοῦ εἰς τὸ πέραν εἰς τὴν | 1–20.] | 26–39.] |

28 Καὶ ἐλθόντος αὐτοῦ εἰς τὸ πέραν εἰς τὴν
χώραν τῶν Γαδαρηνῶν, ὑπήντησαν αὐτῷ δύο
δαιμονιζόμενοι ἐκ τῶν μνημείων ἐξερχόμενοι,
χαλεποὶ λίαν, ὥστε μὴ ἰσχύειν τινὰ παρελ-
29 θεῖν διὰ τῆς ὁδοῦ ἐκείνης. καὶ ἰδοὺ ἔκραξαν
λέγοντες· τί ἡμῖν καὶ σοί, υἱὲ τοῦ θεοῦ;
ἦλθες ὧδε πρὸ καιροῦ βασανίσαι ἡμᾶς;
30 ἦν δὲ μακρὰν ἀπ᾽ αὐτῶν ἀγέλη χοίρων
31 πολλῶν βοσκομένη. οἱ δὲ δαίμονες παρεκά-
λουν αὐτὸν λέγοντες· εἰ ἐκβάλλεις ἡμᾶς,
ἀπόστειλον ἡμᾶς εἰς τὴν ἀγέλην τῶν χοίρων.
32 καὶ εἶπεν αὐτοῖς· ὑπάγετε. οἱ δὲ ἐξελθόντες
ἀπῆλθον εἰς τοὺς χοίρους· καὶ ἰδοὺ ὥρμησεν
πᾶσα ἡ ἀγέλη κατὰ τοῦ κρημνοῦ εἰς τὴν
θάλασσαν, καὶ ἀπέθανον ἐν τοῖς ὕδασιν.
33 οἱ δὲ βόσκοντες ἔφυγον καὶ ἀπελθόντες εἰς
τὴν πόλιν ἀπήγγειλαν πάντα καὶ τὰ τῶν
34 δαιμονιζομένων. καὶ ἰδοὺ πᾶσα ἡ πόλις
ἐξῆλθεν εἰς ὑπάντησιν τοῦ Ἰησοῦ, καὶ ἰδόντες
αὐτὸν παρεκάλεσαν ὅπως μεταβῇ ἀπὸ τῶν
ὁρίων αὐτῶν.

### IX.

1ᵃ Καὶ ἐμβὰς εἰς πλοῖον διεπέρασεν,

## § 47. *Cure of a Paralytic : First Signs of Opposition.*

### II.

| 1ᵇ καὶ ἦλθεν. [iv. 23.] εἰς τὴν ἰδίαν πόλιν. | 1 καὶ εἰσελθὼν πάλιν εἰς Καφαρναοὺμ δι᾽ ἡμερῶν, | 17 καὶ [iv. 31.] ἐγένετο ἐν μιᾷ τῶν ἡμερῶν καὶ αὐτὸς ἦν διδάσκων, καὶ ἦσαν καθήμενοι Φαρισαῖοι καὶ νομοδιδάσκαλοι, οἳ ἦσαν ἐληλυθότες |
|---|---|---|
| | ἠκούσθη ὅτι ἐν οἴκῳ ἐστίν. | ἐκ πάσης κώμης τῆς Γαλιλαίας καὶ Ἰουδαίας καὶ Ἰερουσαλήμ· |
| [*Cf.* viii. 18, 34.] | 2 καὶ συνήχθησαν πολ- λοί, ὥστε μηκέτι χωρ- εῖν μηδὲ τὰ πρὸς τὴν θύραν, καὶ ἐλάλει αὐτοῖς τὸν λόγον. | |

39

| MATT. IX. | MARK II. | LUKE V. |
|---|---|---|
| — | — | καὶ δύναμις κυρίου ἦν εἰς τὸ ἰᾶσθαι αὐτόν. |
| 2 καὶ ἰδοὺ προσέφερον αὐτῷ παραλυτικὸν ἐπὶ κλίνης βεβλημένον. | 3 καὶ ἔρχονται φέροντες πρὸς αὐτὸν παραλυτικὸν αἰρόμενον ὑπὸ τεσσάρων. | 18 καὶ ἰδοὺ ἄνδρες φέροντες ἐπὶ κλίνης ἄνθρωπον ὃς ἦν παραλελυμένος, καὶ ἐζήτουν αὐτὸν εἰσενεγκεῖν καὶ θεῖναι ἐνώπιον αὐτοῦ. |
| | 4 καὶ μὴ δυνάμενοι προσενέγκαι αὐτῷ διὰ τὸν ὄχλον, | 19 καὶ μὴ εὑρόντες ποίας εἰσενέγκωσιν αὐτὸν διὰ τὸν ὄχλον, ἀναβάντες ἐπὶ τὸ δῶμα |
| | ἀπεστέγασαν τὴν στέγην ὅπου ἦν, καὶ ἐξορύξαντες χαλῶσι τὸν κράβαττον ὅπου ὁ παραλυτικὸς κατέκειτο. | διὰ τῶν κεράμων καθῆκαν αὐτὸν σὺν τῷ κλινιδίῳ εἰς τὸ μέσον ἔμπροσθεν τοῦ Ἰησοῦ. |
| καὶ ἰδὼν ὁ Ἰησοῦς τὴν πίστιν αὐτῶν εἶπεν τῷ παραλυτικῷ· θάρσει τέκνον· ἀφίενταί σου αἱ ἁμαρτίαι. | 5 καὶ ἰδὼν ὁ Ἰησοῦς τὴν πίστιν αὐτῶν λέγει τῷ παραλυτικῷ· τέκνον, ἀφίενταί σου αἱ ἁμαρτίαι. | 20 καὶ ἰδὼν τὴν πίστιν αὐτῶν εἶπεν· ἄνθρωπε, ἀφέωνταί σοι αἱ ἁμαρτίαι σου. |
| 3 καὶ ἰδοὺ τινὲς τῶν γραμματέων εἶπον ἐν ἑαυτοῖς· | 6 ἦσαν δέ τινες τῶν γραμματέων ἐκεῖ καθήμενοι καὶ διαλογιζόμενοι ἐν ταῖς καρδίαις αὐτῶν· | [*Cf.* v. 17.] 21 καὶ ἤρξαντο διαλογίζεσθαι οἱ γραμματεῖς καὶ οἱ Φαρισαῖοι λέγοντες· |
| οὗτος βλασφημεῖ. | 7 τί οὗτος οὕτως λαλεῖ; βλασφημεῖ· τίς δύναται ἀφιέναι ἁμαρτίας εἰ μὴ εἷς ὁ θεός; | τίς ἐστιν οὗτος ὃς λαλεῖ βλασφημίας; τίς δύναται ἁμαρτίας ἀφεῖναι εἰ μὴ μόνος ὁ θεός; |
| 4 καὶ ἰδὼν ὁ Ἰησοῦς | 8 καὶ εὐθὺς ἐπιγνοὺς ὁ Ἰησοῦς τῷ πνεύματι αὐτοῦ ὅτι οὕτως διαλογίζονται ἐν ἑαυτοῖς, | 22 ἐπιγνοὺς δὲ ὁ Ἰησοῦς |
| τὰς ἐνθυμήσεις αὐτῶν | | τοὺς διαλογισμοὺς αὐτῶν, ἀποκριθεὶς |
| εἶπεν· ἱνατί ἐνθυμεῖσθε πονηρὰ ἐν ταῖς καρδίαις ὑμῶν; | λέγει αὐτοῖς· τί ταῦτα διαλογίζεσθε ἐν ταῖς καρδίαις ὑμῶν; | εἶπεν πρὸς αὐτούς· τί διαλογίζεσθε ἐν ταῖς καρδίαις ὑμῶν; |
| 5 τί γάρ ἐστιν εὐκοπώτερον, εἰπεῖν· | 9 τί ἐστιν εὐκοπώτερον, εἰπεῖν τῷ παραλυτικῷ· | 23 τί ἐστιν εὐκοπώτερον, εἰπεῖν· |
| ἀφίενταί σου αἱ ἁμαρτίαι, ἢ εἰπεῖν· ἔγειρε καὶ | ἀφίενταί σου αἱ ἁμαρτίαι, ἢ εἰπεῖν· ἔγειρε καὶ | ἀφέωνταί σοι αἱ ἁμαρτίαι σου ἢ εἰπεῖν· ἔγειρε καὶ |

|  |  |  |
|---|---|---|
| περιπάτει; | ἆρον τὸν κράβαττόν σου καὶ ὕπαγε; | περιπάτει; |
| 6 ἵνα δὲ εἰδῆτε ὅτι ἐξουσίαν ἔχει ὁ υἱὸς τοῦ ἀνθρώπου ἐπὶ τῆς γῆς ἀφιέναι ἁμαρτίας, τότε λέγει τῷ παρα- λυτικῷ· ἐγερθεὶς ἆρόν σου τὴν κλίνην καὶ ὕπαγε εἰς τὸν 7 οἶκόν σου. καὶ ἐγερθεὶς | 10 ἵνα δὲ εἰδῆτε ὅτι ἐξουσίαν ἔχει ὁ υἱὸς τοῦ ἀνθρώπου ἐπὶ τῆς γῆς ἀφιέναι ἁμαρτίας, λέγει τῷ παρα- 11 λυτικῷ· σοὶ λέγω, ἔγειρε ἆρον τὸν κράβαττόν σου καὶ ὕπαγε εἰς τὸν 12 οἶκόν σου. καὶ ἠγέρθη, καὶ εὐθὺς ἄρας τὸν κράβαττον ἐξῆλθεν | 24 ἵνα δὲ εἰδῆτε ὅτι ὁ υἱὸς τοῦ ἀνθρώπου ἐξουσίαν ἔχει ἐπὶ τῆς γῆς ἀφιέναι ἁμαρτίας, εἶπεν τῷ παρα- λελυμένῳ· σοὶ λέγω, ἔγειρε καὶ ἄρας τὸ κλινίδιόν σου πορεύου εἰς τὸν 25 οἶκόν σου. καὶ παραχρῆμα ἀναστὰς ἐνώπιον αὐτῶν, ἄρας ἐφ' ὃ κατέκειτο, ἀπῆλθεν εἰς τὸν οἶκον αὐτοῦ |
| ἀπῆλθεν εἰς τὸν οἶκον αὐτοῦ. | ἔμπροσθεν πάντων, |  |
| 8 ἰδόντες δὲ οἱ ὄχλοι ἐφοβήθησαν |  | δοξάζων τὸν θεόν. |
| καὶ ἐδόξασαν τὸν θεὸν τὸν δόντα ἐξουσίαν τοιαύτην τοῖς ἀνθρώποις. | ὥστε ἐξίστασθαι πάντας καὶ δοξάζειν τὸν θεὸν λέγοντας ὅτι οὕτως οὐδέποτε εἴδα- μεν. | 26 καὶ ἔκστασις ἔλαβεν ἅπαντας, καὶ ἐδόξ- αζον τὸν θεὸν καὶ ἐπλήσθησαν φόβου λέγοντες ὅτι εἴδο- μεν παράδοξα σή- μερον. |

§ 48. *The Call of Levi or Matthew: The Feast given by him: Further Opposition of Scribes and Pharisees.*

|  |  |  |
|---|---|---|
| 9 Καὶ παράγων ὁ Ἰησοῦς ἐκεῖθεν | 13 Καὶ ἐξῆλ- θεν πάλιν εἰς τὴν θάλασσαν· καὶ πᾶς ὁ ὄχλος ἤρχετο πρὸς αὐτόν, καὶ ἐδίδασκεν αὐτούς. | 27 Καὶ μετὰ ταῦτα ἐξῆλ- θεν |
| εἶδεν ἄνθρωπον καθήμενον ἐπὶ τὸ τελώνιον, Μαθθαῖον λεγόμενον, καὶ λέγει αὐτῷ· ἀκολούθει μοι. | 14 καὶ παράγων εἶδεν Λευεὶν τὸν τοῦ Ἀλ- φαίου καθήμενον ἐπὶ τὸ τελώνιον, καὶ λέγει αὐτῷ· ἀκολούθει μοι. | καὶ ἐθεάσατο τελώνην ὀνόματι Λευεὶν καθήμενον ἐπὶ τὸ τελώνιον, καὶ εἶπεν αὐτῷ· ἀκολούθει μοι. |
| καὶ ἀναστὰς ἠκολού- | καὶ ἀναστὰς ἠκολού- | 28 καὶ καταλιπὼν πάντα ἀναστὰς ἠκολού- |

41

| | | |
|---|---|---|
| θει αὐτῷ. | θησεν αὐτῷ. | 29 θει αὐτῷ. καὶ ἐποίη-<br>σεν δοχὴν μεγάλην<br>Λευεὶς αὐτῷ |
| 10 καὶ ἐγένετο αὐτοῦ ἀνα-<br>κειμένου ἐν τῇ οἰκίᾳ,<br>ἰδοὺ<br>πολλοὶ τελῶναι καὶ<br>ἁμαρτωλοὶ ἐλθόντες<br>συνανέκειντο τῷ<br>Ἰησοῦ καὶ τοῖς μαθη-<br>ταῖς αὐτοῦ· | 15 καὶ γίνεται κατακεῖσ-<br>θαι αὐτὸν ἐν τῇ οἰκίᾳ<br>αὐτοῦ, καὶ<br>πολλοὶ τελῶναι καὶ<br>ἁμαρτωλοὶ<br>συνανέκειντο τῷ<br>Ἰησοῦ καὶ τοῖς μαθη-<br>ταῖς αὐτοῦ· ἦσαν<br>γὰρ πολλοί,<br>καὶ ἠκολούθουν αὐτῷ | ἐν τῇ οἰκίᾳ<br>αὐτοῦ· καὶ ἦν ὄχλος<br>πολὺς τελωνῶν καὶ<br>ἄλλων οἳ ἦσαν μετ᾽<br>αὐτῶν κατακείμενοι. |
| 11 καὶ ἰδόντες οἱ Φαρι-<br>σαῖοι | 16 καὶ γραμματεῖς τῶν<br>Φαρισαίων.<br>καὶ ἰδόντες ὅτι ἤσ-<br>θιεν μετὰ τῶν τελω-<br>νῶν καὶ ἁμαρτωλῶν, | 30 καὶ ἐγόγγυζον οἱ<br>Φαρισαῖοι καὶ οἱ<br>γραμματεῖς αὐτῶν |
| ἔλεγον τοῖς μαθηταῖς<br>αὐτοῦ· διατί<br>μετὰ τῶν τελωνῶν καὶ<br>ἁμαρτωλῶν ἐσθίει ὁ<br>διδάσκαλος ὑμῶν;<br>12 ὁ δὲ ἀκούσας εἶπεν<br>οὐ<br>χρείαν ἔχουσιν οἱ<br>ἰσχύοντες ἰατροῦ<br>ἀλλ᾽ οἱ κακῶς ἔχον-<br>τες·<br>13 πορευθέντες δὲ μά-<br>θετε τί ἐστιν· ἔλεος<br>θέλω καὶ οὐ θυσίαν.<br>οὐ γὰρ ἦλθον καλέσαι<br>δικαίους ἀλλὰ ἁμαρ-<br>τωλούς.<br>14 τότε προσέρχονται<br>αὐτῷ οἱ μαθηταὶ Ἰω-<br>άννου<br>λέ-<br>γοντες· διατί ἡμεῖς<br>καὶ οἱ<br>Φαρισαῖοι<br>νηστεύομεν, | ἔλεγον τοῖς μαθηταῖς<br>αὐτοῦ· ὅτι<br>μετὰ τῶν τελωνῶν καὶ<br>ἁμαρτωλῶν ἐσθίει<br>17 καὶ πίνει; καὶ ἀκού-<br>σας ὁ Ἰησοῦς λέγει<br>αὐτοῖς·<br>χρείαν ἔχουσιν οἱ<br>ἰσχύοντες ἰατροῦ<br>ἀλλ᾽ οἱ κακῶς ἔχον-<br>τες·<br>—<br>οὐκ ἦλθον καλέσαι<br>δικαίους ἀλλὰ ἁμαρ-<br>τωλούς.<br>18 καὶ ἦσαν οἱ μαθηταὶ<br>Ἰωάννου καὶ οἱ Φαρι-<br>σαῖοι νηστεύοντες.<br>καὶ ἔρχονται καὶ λέ-<br>γουσιν αὐτῷ· διατί οἱ<br>μαθηταὶ Ἰωάννου<br>καὶ οἱ μαθηταὶ τῶν<br>Φαρισαίων<br>νηστεύουσιν, | πρὸς τοὺς μαθητὰς<br>αὐτοῦ λέγοντες· διατί<br>μετὰ τῶν τελωνῶν καὶ<br>ἁμαρτωλῶν ἐσθίετε<br>31 καὶ πίνετε; καὶ ἀπο-<br>κριθεὶς ὁ Ἰησοῦς εἶπεν<br>πρὸς αὐτούς· οὐ<br>χρείαν ἔχουσιν οἱ<br>ὑγιαίνοντες ἰατροῦ<br>ἀλλὰ οἱ κακῶς ἔχον-<br>τες·<br>—<br>32 οὐκ ἐλήλυθα καλέσαι<br>δικαίους ἀλλὰ ἁμαρ-<br>τωλοὺς εἰς μετάνοιαν.<br><br>33 οἱ δὲ εἶπαν πρὸς<br>αὐτόν· οἱ<br>μαθηταὶ Ἰωάννου<br><br>νηστεύουσιν πυκνὰ<br>καὶ δεήσεις ποιοῦν-<br>ται, ὁμοίως καὶ οἱ<br>τῶν Φαρισαίων, |
| οἱ δὲ μαθηταί σου οὐ | οἱ δὲ σοὶ μαθηταὶ οὐ | οἱ δὲ σοὶ ἐσθίουσιν καὶ |

| | | |
|---|---|---|
| 15 νηστεύουσιν ; καὶ εἶπεν αὐτοῖς ὁ Ἰησοῦς· μὴ δύνανται οἱ υἱοὶ τοῦ νυμφῶνος πενθεῖν ἐφ' ὅσον μετ' αὐτῶν ἐστιν ὁ νυμφίος ; | 19 νηστεύουσιν ; καὶ εἶπεν αὐτοῖς ὁ Ἰησοῦς. μὴ δύνανται οἱ υἱοὶ τοῦ νυμφῶνος ἐν ᾧ ὁ νυμφίος μετ' αὐτῶν ἐστιν νηστεύ- ειν ; ὅσον χρόνον ἔχουσιν τὸν νυμφίον μετ' αὐτῶν, οὐ δύνανται νηστεύειν. | 34 πίνουσιν. ὁ δὲ Ἰησοῦς εἶπεν πρὸς αὐ- τούς· μὴ δύνασθε τοὺς υἱοὺς τοῦ νυμφῶνος ἐν ᾧ ὁ νυμφίος μετ' αὐτῶν ἐστίν, ποιῆσαι νηστεῦσαι ; |
| ἐλεύσονται δὲ ἡμέραι ὅταν ἀπαρθῇ ἀπ' αὐτῶν ὁ νυμφίος, καὶ τότε νηστεύσουσιν. | 20 ἐλεύσονται δὲ ἡμέραι ὅταν ἀπαρθῇ ἀπ' αὐτῶν ὁ νυμφίος, καὶ τότε νηστεύσουσιν ἐν ἐκείνῃ τῇ ἡμέρᾳ. | 35 ἐλεύσονται δὲ ἡμέραι, καὶ ὅταν ἀπαρθῇ ἀπ' αὐτῶν ὁ νυμφίος, τότε νηστεύσουσιν ἐν ἐκείναις ἡμέραις. |

§ 49.  Parable of the Old Dispensation and the New.

| | | |
|---|---|---|
| | | 36 Ἔλεγεν δὲ καὶ παρα- βολὴν πρὸς αὐτοὺς ὅτι οὐδεὶς ἐπίβλημα |
| 16 Οὐδεὶς δὲ ἐπιβάλλει ἐπίβλημα ῥάκους ἀγνάφου ἐπὶ ἱματίῳ παλαιῷ· αἴρει γὰρ τὸ πλή- ρωμα αὐτοῦ ἀπὸ τοῦ ἱματίου, καὶ χεῖρον σχίσμα γίνεται. | 21 Οὐδεὶς ἐπίβλημα ῥάκους ἀγνάφου ἐπι- ράπτει ἐπὶ ἱμάτιον παλαιόν· εἰ δὲ μή, αἴρει τὸ πλή- ρωμα ἀπ' αὐτοῦ τὸ καινὸν τοῦ παλαιοῦ, καὶ χεῖρον σχίσμα γίνεται. | ἀπὸ ἱματίου καινοῦ σχίσας ἐπιβάλλει ἐπὶ ἱμάτιον παλαιόν· εἰ δὲ μήγε, καὶ τὸ καινὸν σχίσει καὶ τῷ παλαιῷ οὐ συμφωνήσει τὸ ἐπί- βλημα τὸ ἀπὸ τοῦ καινοῦ. |
| 17 οὐδὲ βάλλουσιν οἶνον νέον εἰς ἀσκοὺς παλαιούς· εἰ δὲ μήγε, ῥήγνυνται οἱ ἀσκοί, καὶ ὁ οἶνος ἐκχεῖται καὶ οἱ ἀσκοὶ ἀπόλλυνται· ἀλλὰ βάλλουσιν οἶνον νέον εἰς ἀσκοὺς καινούς, καὶ ἀμφότεροι συντη- ροῦνται. ――― | 22 καὶ οὐδεὶς βάλλει οἶνον νέον εἰς ἀσκοὺς παλαιούς· εἰ δὲ μή, ῥήξει ὁ οἶνος τοὺς ἀσκούς, καὶ ὁ οἶνος ἀπόλλυται καὶ οἱ ἀσκοί. ――― | 37 καὶ οὐδεὶς βάλλει οἶνον νέον εἰς ἀσκοὺς παλαιούς· εἰ δὲ μήγε, ῥήξει ὁ οἶνος ὁ νέος τοὺς ἀσκούς, καὶ αὐ- τὸς ἐκχυθήσεται καὶ οἱ ἀσκοὶ ἀπολοῦνται· 38 ἀλλὰ οἶνον νέον εἰς ἀσκοὺς καινούς, βλητέον. 39 καὶ οὐδεὶς πιὼν παλαιὸν θέλει νέον· λέγει γάρ· ὁ παλαιὸς χρηστός ἐστιν. |

### § 50. Jesus raises the Daughter of Jairus, and heals the Woman with an issue for twelve years. [Cf. § 89.]

| | | |
|---|---|---|
| 18 Ταῦτα αὐτοῦ λαλοῦντος αὐτοῖς, ἰδοὺ ἄρχων εἰσελθὼν προσεκύνει αὐτῷ, λέγων· ἡ θυγάτηρ μου ἄρτι ἐτελεύτησεν, ἀλλὰ ἐλθὼν ἐπίθες τὴν χεῖρά σου ἐπ᾽ αὐτήν, καὶ ζήσεται. | [Cf. v. 21-43.] | [Cf. viii. 40-56.] |
| 19 καὶ ἐγερθεὶς ὁ Ἰησοῦς ἠκολούθει αὐτῷ καὶ | — | — |
| 20 οἱ μαθηταὶ αὐτοῦ. καὶ ἰδοὺ γυνὴ αἱμορροοῦσα δώδεκα ἔτη προσελθοῦσα ὄπισθεν ἥψατο τοῦ κρασπέδου τοῦ ἱματίου αὐτοῦ· | — | — |
| 21 ἔλεγεν γὰρ ἐν ἑαυτῇ· ἐὰν μόνον ἅψωμαι τοῦ | — | — |
| 22 ἱματίου αὐτοῦ, σωθήσομαι. ὁ δὲ στραφεὶς καὶ ἰδὼν αὐτὴν εἶπεν· θάρσει, θύγατερ, ἡ πίστις σου σέσωκέν σε. καὶ ἐσώθη ἡ γυνὴ | | |
| 23 ἀπὸ τῆς ὥρας ἐκείνης. καὶ ἐλθὼν ὁ Ἰησοῦς εἰς τὴν οἰκίαν τοῦ ἄρχοντος καὶ ἰδὼν τοὺς αὐλητὰς καὶ τὸν ὄχλον θορυβούμενον ἔλε- | | |
| 24 γεν· ἀναχωρεῖτε· οὐ γὰρ ἀπέθανεν τὸ κορά- | — | — |
| 25 σιον ἀλλὰ καθεύδει. καὶ κατεγέλων αὐτοῦ. ὅτε δὲ ἐξεβλήθη ὁ ὄχλος, εἰσελθὼν ἐκράτησεν τῆς χειρὸς αὐτῆς, καὶ ἠγέρθη τὸ | ± | — |
| 26 κοράσιον. καὶ ἐξῆλθεν ἡ φήμη αὕτη εἰς ὅλην τὴν γῆν ἐκείνην. | | |

### § 51. Cure of Two Blind Men.

| | | |
|---|---|---|
| 27 Καὶ παράγοντι ἐκεῖθεν τῷ Ἰησοῦ, ἠκολούθησαν αὐτῷ δύο τυφλοὶ κράζοντες καὶ λέγοντες· | — | — |
| 28 ἐλέησον ἡμᾶς, υἱὸς Δαυείδ. ἐλθόντι δὲ εἰς τὴν οἰκίαν προσῆλθον αὐτῷ οἱ τυφλοί, καὶ λέγει αὐτοῖς ὁ Ἰησοῦς· πιστεύετε ὅτι δύναμαι τοῦτο ποιῆσαι; λέγουσιν αὐτῷ· ναί, | — | — |
| 29 κύριε. τότε ἥψατο ' τῶν ὀφθαλμῶν αὐτῶν λέγων· κατὰ τὴν πίστιν ὑμῶν γενηθήτω ὑμῖν. | — | — |
| 30 καὶ ἀνεῴχθησαν αὐτῶν οἱ ὀφθαλμοί· καὶ ἐνεβριμήθη αὐτοῖς ὁ Ἰησοῦς λέγων· ὁρᾶτε | | |
| 31 μηδεὶς γινωσκέτω· οἱ δὲ ἐξελθόντες διεφήμισαν αὐτὸν ἐν ὅλῃ τῇ γῇ ἐκείνῃ. | | |

### § 52. Cure of a Dumb Demoniac: Jesus accused of casting out Devils by the Prince of Devils. [Cf. §§ 68, 123.]

| | | |
|---|---|---|
| 32 Αὐτῶν δὲ ἐξερχομένων, ἰδοὺ προσήνεγκαν | — | [Cf. xi. 14, |
| 33 αὐτῷ ἄνθρωπον κωφὸν δαιμονιζόμενον. καὶ ἐκβληθέντος τοῦ δαιμονίου ἐλάλησεν ὁ κωφός. καὶ ἐθαύμασαν οἱ ὄχλοι λέγοντες· | — | 15.] |
| 34 οὐδέποτε ἐφάνη οὕτως ἐν τῷ Ἰσραήλ. οἱ δὲ Φαρισαῖοι ἔλεγον· ἐν τῷ ἄρχοντι τῶν δαιμονίων ἐκβάλλει τὰ δαιμόνια. | — | — |

§ 53. *Jesus continues His work in Galilee: Has compassion on the People.*

| | | |
|---|---|---|
| 35 Καὶ περιῆγεν ὁ Ἰησοῦς τὰς πόλεις πάσας καὶ τὰς κώμας, διδάσκων ἐν ταῖς συναγωγαῖς αὐτῶν καὶ κηρύσσων τὸ εὐαγγέλιον τῆς βασιλείας καὶ θεραπεύων πᾶσαν νόσον καὶ 36 πᾶσαν μαλακίαν. ἰδὼν δὲ τοὺς ὄχλους ἐσπλαγχνίσθη περὶ αὐτῶν, ὅτι ἦσαν ἐσκυλμένοι καὶ ἐριμμένοι ὡσεὶ πρόβατα μὴ 37 ἔχοντα ποιμένα. τότε λέγει τοῖς μαθηταῖς αὐτοῦ· ὁ μὲν θερισμὸς πολύς, οἱ δὲ ἐργάται 38 ὀλίγοι· δεήθητε οὖν τοῦ κυρίου τοῦ θερισμοῦ ὅπως ἐκβάλῃ ἐργάτας εἰς τὸν θερισμὸν αὐτοῦ. | [*Cf.* vi. 6[b].] <br><br> [*Cf.* vi. 34.] <br><br> — <br><br> — | — <br><br> — <br><br> [*Cf.* x. 2.] <br><br> -- |

§ 54. *The Mission of the Twelve.*  [*Cf.* § 91.]

### X.

| | | |
|---|---|---|
| 1 Καὶ προσκαλεσάμενος τοὺς δώδεκα μαθητὰς αὐτοῦ ἔδωκεν αὐτοῖς ἐξουσίαν πνευμάτων ἀκαθάρτων ὥστε ἐκβάλλειν αὐτὰ καὶ θεραπεύειν πᾶσαν νόσον καὶ πᾶσαν μαλακίαν. 2 τῶν δὲ δώδεκα ἀποστόλων τὰ ὀνόματά ἐστιν ταῦτα· πρῶτος Σίμων ὁ λεγόμενος Πέτρος καὶ Ἀνδρέας ὁ ἀδελφὸς αὐτοῦ καὶ Ἰάκωβος ὁ τοῦ Ζεβεδαίου καὶ Ἰωάννης ὁ ἀδελφὸς 3 αὐτοῦ, Φίλιππος καὶ Βαρθολομαῖος, Θωμᾶς καὶ Ματθαῖος ὁ τελώνης, Ἰάκωβος ὁ τοῦ 4 Ἀλφαίου καὶ Λεββαῖος Σίμων ὁ Καναναῖος καὶ Ἰούδας ὁ Ἰσκαριώτης ὁ καὶ παραδοὺς αὐ- 5 τόν. τούτους τοὺς δώδεκα ἀπέστειλεν ὁ Ἰησους παραγγείλας αὐτοῖς λέγων· εἰς ὁδὸν ἐθνῶν μὴ ἀπέλθητε, καὶ εἰς πόλιν Σαμαριτῶν μὴ 6 εἰσέλθητε· πορεύεσθε δὲ μᾶλλον πρὸς τὰ πρόβατα τὰ ἀπολωλότα οἴκου Ἰσραήλ. 7 πορευόμενοι δὲ κηρύσσετε λέγοντες ὅτι 8 ἤγγικεν ἡ βασιλεία τῶν οὐρανῶν. ἀσθενοῦντας θεραπεύετε, νεκροὺς ἐγείρετε, λεπροὺς καθαρίζετε, δαιμόνια ἐκβάλλετε· δω- 9 ρεὰν ἐλάβετε, δωρεὰν δότε. μὴ κτήσησθε χρυσὸν μηδὲ ἄργυρον μηδὲ χαλκὸν εἰς τὰς 10 ζώνας ὑμῶν· μὴ πήραν εἰς ὁδὸν μηδὲ δύο χιτῶνας μηδὲ ὑποδήματα μηδὲ ῥάβδον· ἄξιος γὰρ ὁ ἐργάτης τῆς τροφῆς αὐτοῦ. 11 εἰς ἣν δ᾽ ἂν πόλιν ἢ κώμην εἰσέλθητε, ἐξετάσατε τίς ἐν αὐτῇ ἄξιός ἐστιν· κἀκεῖ μεί- 12 νατε ἕως ἂν ἐξέλθητε. εἰσερχόμενοι δὲ εἰς 13 τὴν οἰκίαν ἀσπάσασθε αὐτήν. καὶ ἐὰν μὲν ᾖ ἡ οἰκία ἀξία, ἐλθάτω ἡ εἰρήνη ὑμῶν ἐπ᾽ αὐτήν· ἐὰν δὲ μὴ ᾖ ἀξία, ἡ εἰρήνη ὑμῶν | [*Cf.* vi. 7[a].] <br> [*Cf.* iii. 14–19.] <br><br><br><br><br><br><br><br><br><br> [*Cf.* vi. 7[b]–11.] | [*Cf.* ix. 1.] <br><br> [*Cf.* vi. 13[b]–16.] <br><br><br><br><br><br><br><br><br> [*Cf.* ix. 2–5.] |

| | | |
|---|---|---|
| 14 πρὸς ὑμᾶς ἐπιστραφήτω. καὶ ὃς ἂν μὴ δέξηται ὑμᾶς μηδὲ ἀκούσῃ τοὺς λόγους ὑμῶν, ἐξερχόμενοι ἔξω τῆς οἰκίας ἢ τῆς πόλεως ἐκείνης ἐκτινάξετε τὸν κονιορτὸν ἐκ τῶν | | |
| 15 ποδῶν ὑμῶν. ἀμὴν λέγω ἡμῖν, ἀνεκτότερον ἔσται γῇ Σοδόμων καὶ Γομόρρων ἐν ἡμέρᾳ | — | [*Cf.* x. 14.] |
| 16 κρίσεως ἢ τῇ πόλει ἐκείνῃ. ἰδοὺ ἐγὼ ἀποστέλλω ὑμᾶς ὡς πρόβατα ἐν μέσῳ λύκων. γίνεσθε οὖν φρόνιμοι ὡς οἱ ὄφεις καὶ ἀκέ- | — | [*Cf.* x. 3.] |
| 17 ραιοι ὡς αἱ περιστεραί. προσέχετε δὲ ἀπὸ τῶν ἀνθρώπων· παραδώσουσιν γὰρ ὑμᾶς εἰς συνέδρια, καὶ ἐν ταῖς συναγωγαῖς αὐτῶν | — | — |
| 18 μαστιγώσουσιν ὑμᾶς· καὶ ἐπὶ ἡγεμόνας δὲ καὶ βασιλεῖς ἀχθήσεσθε ἕνεκεν ἐμοῦ, εἰς | — | — |
| 19 μαρτύριον αὐτοῖς καὶ τοῖς ἔθνεσιν. ὅταν δὲ παραδῶσιν ὑμᾶς, μὴ μεριμνήσητε πῶς ἢ τί λαλήσητε· δοθήσεται γὰρ ὑμῖν ἐν ἐκείνῃ | [*Cf.* xiii. 11.] | — |
| 20 τῇ ὥρᾳ τί λαλήσητε· οὐ γὰρ ὑμεῖς ἐστε οἱ λαλοῦντες, ἀλλὰ τὸ πνεῦμα τοῦ πατρὸς ὑμῶν | | |
| 21 τὸ λαλοῦν ἐν ὑμῖν. παραδώσει δὲ ἀδελφὸς ἀδελφὸν εἰς θάνατον καὶ πατὴρ τέκνον, καὶ ἐπαναστήσονται τέκνα ἐπὶ γονεῖς καὶ θανατώ- | — | |
| 22 σουσιν αὐτούς. καὶ ἔσεσθε μισούμενοι ὑπὸ πάντων διὰ τὸ ὄνομά μου· ὁ δὲ ὑπομείνας εἰς | — | |
| 23 τέλος, οὗτος σωθήσεται. ὅταν δὲ διώκωσιν ὑμᾶς ἐν τῇ πόλει ταύτῃ, φεύγετε εἰς τὴν ἑτέραν· ἀμὴν γὰρ λέγω ὑμῖν, οὐ μὴ τελέσητε τὰς πόλεις τοῦ Ἰσραὴλ ἕως ἔλθῃ ὁ υἱὸς τοῦ ἀν- | | |
| 24 θρώπου. οὐκ ἔστιν μαθητὴς ὑπὲρ τὸν διδάσκαλον, οὐδὲ δοῦλος ὑπὲρ τὸν κύριον αὐτοῦ. | — | [*Cf.* vi. 40.] |
| 25 ἀρκετὸν τῷ μαθητῇ ἵνα γένηται ὡς ὁ διδάσκαλος αὐτοῦ, καὶ ὁ δοῦλος ὡς ὁ κύριος αὐτοῦ. εἰ τὸν οἰκοδεσπότην Βεελζεβοὺλ ἐπεκάλεσαν, πόσῳ μᾶλλον τοὺς οἰκιακοὺς αὐτοῦ. | [*Cf.* iii. 22.] | — |
| 26 μὴ οὖν φοβηθῆτε αὐτούς· οὐδὲν γάρ ἐστιν κεκαλυμμένον ὃ οὐκ ἀποκαλυφθήσεται, καὶ | [*Cf.* iv. 22.] | [*Cf.* viii. 17, xii. 2–9.] |
| 27 κρυπτὸν ὃ οὐ γνωσθήσεται. ὃ λέγω ὑμῖν ἐν τῇ σκοτίᾳ, εἴπατε ἐν τῷ φωτί· καὶ ὃ εἰς τὸ | | |
| 28 οὖς ἀκούετε, κηρύξατε ἐπὶ τῶν δωμάτων. καὶ μὴ φοβεῖσθε ἀπὸ τῶν ἀποκτεννόντων τὸ σῶμα, τὴν δὲ ψυχὴν μὴ δυναμένων ἀποκτεῖναι· φοβεῖσθε δὲ μᾶλλον τὸν δυνάμενον καὶ ψυχὴν καὶ σῶμα ἀπολέσαι ἐν γεέννῃ. | — | — |
| 29 οὐχὶ δύο στρουθία ἀσσαρίου πωλεῖται; καὶ ἓν ἐξ αὐτῶν οὐ πεσεῖται ἐπὶ τὴν γῆν ἄνευ | — | — |
| 30 τοῦ πατρὸς ὑμῶν. ὑμῶν δὲ καὶ αἱ τρίχες | | |
| 31 τῆς κεφαλῆς πᾶσαι ἠριθμημέναι εἰσίν. μὴ οὖν φοβεῖσθε· πολλῶν στρουθίων διαφέρετε | — | — |
| 32 ὑμεῖς. πᾶς οὖν ὅστις ὁμολογήσει ἐν ἐμοὶ | — | — |

ἔμπροσθεν τῶν ἀνθρώπων, ὁμολογήσω κἀγὼ
ἐν αὐτῷ ἔμπροσθεν τοῦ πατρός μου τοῦ ἐν
33 οὐρανοῖς· ὅστις δ᾽ ἂν ἀρνήσηταί με ἔμπροσ-  —    —
θεν τῶν ἀνθρώπων, ἀρνήσομαι κἀγὼ αὐτὸν
ἔμπροσθεν τοῦ πατρός μου τοῦ ἐν οὐρανοῖς.
34 μὴ νομίσητε ὅτι ἦλθον βαλεῖν εἰρήνην ἐπὶ  —    [Cf. xii.
τὴν γῆν· οὐκ ἦλθον βαλεῖν εἰρήνην ἀλλὰ μά-      51–53.]
35 χαιραν. ἦλθον γὰρ διχάσαι ἄνθρωπον κατὰ  —    —
τοῦ πατρὸς αὐτοῦ καὶ θυγατέρα κατὰ τῆς μη-
τρὸς αὐτῆς καὶ νύμφην κατὰ τῆς πενθερᾶς
36 αὐτῆς, καὶ ἐχθροὶ τοῦ ἀνθρώπου οἱ οἰκιακοὶ  —    —
37 αὐτοῦ. ὁ φιλῶν πατέρα ἢ μητέρα ὑπὲρ ἐμὲ  —    [Cf. xiv.
οὐκ ἔστιν μου ἄξιος, καὶ ὁ φιλῶν υἱὸν ἢ θυγα-      26, 27.]
38 τέρα ὑπὲρ ἐμὲ οὐκ ἔστιν μου ἄξιος, καὶ ὃς οὐ  —    —
λαμβάνει τὸν σταυρὸν αὐτοῦ καὶ ἀκολουθεῖ
39 ὀπίσω μου, οὐκ ἔστιν μου ἄξιος. ὁ εὑρὼν τὴν  —    [Cf. xvii.
ψυχὴν αὐτοῦ ἀπολέσει αὐτήν, καὶ ὁ ἀπολέσας      33.]
τὴν ψυχὴν αὐτοῦ ἕνεκεν ἐμοῦ εὑρήσει αὐτήν.
40 ὁ δεχόμενος ὑμᾶς ἐμὲ δέχεται, καὶ ὁ ἐμὲ δεχό-  —    [Cf. x. 16.]
41 μενος δέχεται τὸν ἀποστείλαντά με. ὁ δεχό-  —    —
μενος προφήτην εἰς ὄνομα προφήτου μισ-
θὸν προφήτου λήμψεται, καὶ ὁ δεχόμενος
δίκαιον εἰς ὄνομα δικαίου μισθὸν δικαίου λήμ-
42 ψεται· καὶ ὃς ἐὰν ποτίσῃ ἕνα τῶν μικρῶν τού-  [Cf. ix. 41.]    —
των ποτήριον ψυχροῦ μόνον εἰς ὄνομα μαθη-
τοῦ, ἀμὴν λέγω ὑμῖν, οὐ μὴ ἀπολέσῃ τὸν
μισθὸν αὐτοῦ.

### XI.

1 καὶ ἐγένετο ὅτε ἐτέλεσεν ὁ Ἰησοῦς διατάσσων  —    —
τοῖς δώδεκα μαθηταῖς αὐτοῦ, μετέβη ἐκεῖθεν
τοῦ διδάσκειν καὶ κηρύσσειν ἐν ταῖς πόλεσιν
αὐτῶν.

### § 55. John's Message to Jesus. [Cf. § 65.]

2 Ὁ δὲ Ἰωάννης ἀκούσας ἐν τῷ δεσμωτηρίῳ τὰ  —    [Cf. vii.
ἔργα τοῦ Χριστοῦ, πέμψας διὰ τῶν μαθητῶν      18–23.]
3 αὐτοῦ εἶπεν αὐτῷ· σὺ εἶ ὁ ἐρχόμενος ἢ ἕτερον  —    —
4 προσδοκῶμεν; καὶ ἀποκριθεὶς ὁ Ἰησοῦς εἶπεν  —    —
αὐτοῖς· πορευθέντες ἀπαγγείλατε Ἰωάννῃ ἃ
5 ἀκούετε καὶ βλέπετε· τυφλοὶ ἀναβλέπουσιν
καὶ χωλοὶ περιπατοῦσιν, λεπροὶ καθαρίζονται
καὶ κωφοὶ ἀκούουσιν καὶ νεκροὶ ἐγείρονται
6 καὶ πτωχοὶ εὐαγγελίζονται· καὶ μακάριός
ἐστιν ὃς ἐὰν μὴ σκανδαλισθῇ ἐν ἐμοί.

### § 56. The Testimony of Jesus concerning John. [Cf. § 66.]

7 Τούτων δὲ πορευομένων ἤρξατο ὁ Ἰησοῦς  —    [Cf. vii.
λέγειν τοῖς ὄχλοις περὶ Ἰωάννου· τί ἐξήλ-      24–35.]
θατε εἰς τὴν ἔρημον θεάσασθαι; κάλαμον

8 ὑπὸ ἀνέμου σαλευόμενον; ἀλλὰ τί ἐξήλ-
θατε; ἄνθρωπον ἰδεῖν ἐν μαλακοῖς ἠμφιεσ-
μένον; ἰδοὺ οἱ τὰ μαλακὰ φοροῦντες ἐν
9 τοῖς οἴκοις τῶν βασιλέων. ἀλλὰ τί ἐξήλ-
θατε; προφήτην ἰδεῖν; ναὶ λέγω ὑμῖν, καὶ
10 περισσότερον προφήτου. οὗτός ἐστιν περὶ    [Cf. i. 2.]
οὗ γέγραπται· ἰδοὺ ἐγὼ ἀποστέλλω τὸν
ἄγγελόν μου πρὸ προσώπου σου, ὃς κατα-
σκευάσει τὴν ὁδόν σου ἔμπροσθέν σου.
11 ἀμὴν λέγω ὑμῖν, οὐκ ἐγήγερται ἐν γεν-
νητοῖς γυναικῶν μείζων Ἰωάννου τοῦ βαπ-
τιστοῦ· ὁ δὲ μικρότερος ἐν τῇ βασιλείᾳ
12 τῶν οὐρανῶν μείζων αὐτοῦ ἐστίν. ἀπὸ δὲ
τῶν ἡμερῶν Ἰωάννου τοῦ βαπτιστοῦ ἕως
ἄρτι ἡ βασιλεία τῶν οὐρανῶν βιάζεται, καὶ
13 βιασταὶ ἁρπάζουσιν αὐτήν. πάντες γὰρ οἱ
προφῆται καὶ ὁ νόμος ἕως Ἰωάννου ἐπρο-
14 φήτευσαν, καὶ εἰ θέλετε δέξασθαι, αὐτός
15 ἐστιν Ἠλείας ὁ μέλλων ἔρχεσθαι. ὁ ἔχων
16 ὦτα ἀκουέτω. τίνι δὲ ὁμοιώσω τὴν γενεὰν
ταύτην; ὁμοία ἐστὶν παιδίοις καθημένοις ἐν
17 ταῖς ἀγοραῖς, ἃ προσφωνοῦντα τοῖς ἑτέροις
λέγουσιν· ηὐλήσαμεν ὑμῖν, καὶ οὐκ ὠρχή-
σασθε· ἐθρηνήσαμεν, καὶ οὐκ ἐκόψασθε.
18 ἦλθεν γὰρ Ἰωάννης μήτε ἐσθίων μήτε
19 πίνων, καὶ λέγουσιν· δαιμόνιον ἔχει. ἦλθεν
ὁ υἱὸς τοῦ ἀνθρώπου ἐσθίων καὶ πίνων, καὶ
λέγουσιν· ἰδοὺ ἄνθρωπος φάγος καὶ οἰνο-
πότης, τελωνῶν φίλος καὶ ἁμαρτωλῶν· καὶ
ἐδικαιώθη ἡ σοφία ἀπὸ τῶν ἔργων αὐτῆς.

## § 57. Jesus denounces the Cities. [Cf. § 116в.]

20 Τότε ἤρξατο ὀνειδίζειν τὰς πόλεις ἐν αἷς    —    [Cf. x. 12–
21 ἐγένοντο αἱ πλεῖσται δυνάμεις αὐτοῦ, ὅτι      —       16 ᾿
οὐ μετενόησαν· οὐαί σοι Χοραζείν, οὐαί σοι
Βηθσαϊδάν, ὅτι εἰ ἐν Τύρῳ καὶ Σιδῶνι ἐγέ-
νοντο αἱ δυνάμεις αἱ γενόμεναι ἐν ὑμῖν,
πάλαι ἂν ἐν σάκκῳ καὶ σποδῷ μετενόησαν.
22 πλὴν λέγω ὑμῖν, Τύρῳ καὶ Σιδῶνι ἀνεκτό-
23 τερον ἔσται ἐν ἡμέρᾳ κρίσεως ἢ ὑμῖν. καὶ
σὺ Καφαρναούμ, μὴ ἕως οὐρανοῦ ὑψωθήσῃ;
ἕως ᾅδου καταβιβασθήσῃ, ὅτι εἰ ἐν Σοδόμοις
ἐγενήθησαν αἱ δυνάμεις αἱ γενόμεναι ἐν σοί,
24 ἔμεινεν ἂν μέχρι τῆς σήμερον. πλὴν λέγω
ὑμῖν ὅτι γῇ Σοδόμων ἀνεκτότερον ἔσται ἐν
ἡμέρᾳ κρίσεως ἢ σοί.

§ 58. *The Mysteries of the Kingdom.*  [*Cf.* § 118.]

| MATT. | MARK | LUKE |
|---|---|---|
| 25 Ἐν ἐκείνῳ τῷ καιρῷ ἀποκριθεὶς ὁ Ἰησοῦς εἶπεν· ἐξομολογοῦμαί σοι πάτερ, κύριε τοῦ οὐρανοῦ καὶ τῆς γῆς, ὅτι ἔκρυψας ταῦτα ἀπὸ σοφῶν καὶ συνετῶν, καὶ ἀπεκάλυψας 26 αὐτὰ νηπίοις· ναὶ ὁ πατήρ, ὅτι οὕτως εὐδοκία 27 ἐγένετο ἔμπροσθέν σου. πάντα μοι παρεδόθη ὑπὸ τοῦ πατρός μου, καὶ οὐδεὶς ἐπιγινώσκει τὸν υἱὸν εἰ μὴ ὁ πατήρ, οὐδὲ τὸν πατέρα τις ἐπιγινώσκει εἰ μὴ ὁ υἱὸς καὶ ᾧ 28 ἐὰν βούληται ὁ υἱὸς ἀποκαλύψαι. δεῦτε πρός με πάντες οἱ κοπιῶντες καὶ πεφορ- 29 τισμένοι, κἀγὼ ἀναπαύσω ὑμᾶς. ἄρατε τὸν ζυγόν μου ἐφ' ὑμᾶς καὶ μάθετε ἀπ' ἐμοῦ, ὅτι πραΰς εἰμι καὶ ταπεινὸς τῇ καρδίᾳ, καὶ 30 εὑρήσετε ἀνάπαυσιν ταῖς ψυχαῖς ὑμῶν. ὁ γὰρ ζυγός μου χρηστὸς καὶ τὸ φορτίον μου ἐλαφρόν ἐστιν. | —<br><br>—<br><br>—<br><br>—<br><br>—<br><br>— | [*Cf.* x. 21, 22.] |

§ 59. *The Disciples pluck ears of Corn on the Sabbath:*
*Renewed Opposition to Jesus.*

| XII. | II. | VI. |
|---|---|---|
| 1    Ἐν ἐκείνῳ τῷ καιρῷ ἐπορεύθη ὁ Ἰησοῦς, τοῖς σάββασιν | 23 Καὶ ἐγένετο αὐτὸν ἐν | 1    Ἐγένετο δὲ ἐν |
| διὰ | τοῖς σάββασιν παραπορεύεσθαι | σαββάτῳ δευτεροπρώτῳ διαπορεύεσθαι |
| τῶν σπορίμων· οἱ δὲ μαθηταὶ αὐτοῦ ἐπείνασαν, καὶ ἤρξαντο τίλλειν στάχυας καὶ ἐσθίειν. | διὰ τῶν σπορίμων, καὶ οἱ μαθηταὶ αὐτοῦ ἤρξαντο ὁδὸν ποιεῖν τίλλοντες τοὺς στάχυας. | αὐτὸν διὰ σπορίμων, καὶ ἔτιλλον οἱ μαθηταὶ αὐτοῦ τοὺς στάχυας καὶ ἤσθιον ψώχοντες ταῖς χερσίν. |
| 2 οἱ δὲ Φαρισαῖοι ἰδόντες εἶπαν αὐτῷ· ἰδοὺ οἱ μαθηταί σου ποιοῦσιν ὃ οὐκ ἔξεστιν ποιεῖν ἐν σαββάτῳ. | 24 καὶ οἱ Φαρισαῖοι ἔλεγον αὐτῷ· ἴδε τί ποιοῦσιν τοῖς σάββασιν ὃ οὐκ | 2 τινὲς δὲ τῶν Φαρισαίων εἶπον· τί ποιεῖτε ὃ οὐκ ἔξεστιν ποιεῖν τοῖς σάββασιν; |
| 3    ὁ δὲ εἶπεν αὐτοῖς· οὐκ ἀνέγνωτε τί ἐποίησεν Δαυείδ, ὅτε ἐπείνασεν | ἔξεστιν; καὶ λέγει αὐτοῖς· οὐδέποτε ἀνέγνωτε τί ἐποίησεν Δαυείδ, ὅτε χρείαν ἔσχεν καὶ ἐπεί- | 3 καὶ ἀποκριθεὶς ὁ Ἰησοῦς πρὸς αὐτοὺς εἶπεν. οὐδὲ τοῦτο ἀνέγνωτε ὃ ἐποίησεν Δαυείδ, ὁπότε ἐπείνασεν αὐτὸς |

49                                                      D

| MATT. XII. | MARK II. III. | LUKE VI. |
|---|---|---|
| καὶ οἱ | νασεν αὐτὸς καὶ οἱ | καὶ οἱ |
| 4 μετ᾽ αὐτοῦ; πῶς εἰσῆλθεν εἰς τὸν οἶκον τοῦ θεοῦ — | 26 μετ᾽ αὐτοῦ; πῶς εἰσῆλθεν εἰς τὸν οἶκον τοῦ θεοῦ ἐπὶ Ἀβιάθαρ ἀρχιερέως καὶ τοὺς ἄρ- | 4 μετ᾽ αὐτοῦ ὄντες; πῶς εἰσῆλθεν εἰς τὸν οἶκον τοῦ θεοῦ — |
| καὶ τοὺς ἄρ- τους τῆς προθέσεως ἔφαγον, | τους τῆς προθέσεως ἔφαγεν, | καὶ τοὺς ἄρ- τους τῆς προθέσεως ἔλαβεν καὶ ἔφαγεν καὶ ἔδωκεν καὶ τοῖς μετ᾽ αὐτοῦ, οὓς οὐκ |
| ὃ οὐκ ἔξον ἦν αὐτῷ φαγεῖν οὐδὲ τοῖς μετ᾽ αὐτοῦ, εἰ μὴ τοῖς ἱερεῦσιν μόνοις; | οὓς οὐκ ἔξεστιν φαγεῖν εἰ μὴ τοὺς ἱερεῖς; καὶ ἔδωκεν καὶ τοῖς σὺν αὐτῷ οὖσιν; | ἔξεστιν φαγεῖν εἰ μὴ μόνους τοὺς ἱερ- εῖς; |
| 5 ἢ οὐκ ἀνέγνωτε ἐν τῷ νόμῳ ὅτι τοῖς σάββασιν οἱ ἱερεῖς ἐν τῷ ἱερῷ τὸ σάβ- βατον βεβηλοῦσιν* καὶ ἀναίτιοί εἰσιν; | — | — |
| 6 λέγω δὲ ὑμῖν ὅτι τοῦ ἱεροῦ μεῖζόν ἐστιν 7 ὧδε. εἰ δὲ ἐγνώκειτε τί ἐστιν· ἔλεος θέλω καὶ οὐ θυσίαν, οὐκ ἂν κατεδικάσατε τοὺς ἀναιτίους. | — | — |
| — | 27 καὶ ἔλεγεν αὐτοῖς· *τὸ σάββατον διὰ τὸν ἄνθρωπον ἐγένετο, καὶ οὐχ ὁ ἄνθρωπος διὰ τὸ σάββατον 28 ὥστε | 5 καὶ ἔλεγεν αὐτοῖς· ὅτι — |
| 8 κύριος γάρ ἐστιν τοῦ σάββατου ὁ υἱὸς τοῦ ἀνθρώπου. | κύριός ἐστιν ὁ υἱὸς τοῦ ἀνθρώπου καὶ τοῦ σάββατου. | κύριός ἐστιν ὁ υἱὸς τοῦ ἀνθρώπου καὶ τοῦ σάββατου. |

§ 60. *Jesus heals a withered Hand on the Sabbath: The Pharisees are filled with madness.*

| | III. | |
|---|---|---|
| 9 Καὶ μεταβὰς ἐκεῖθεν | 1 Καὶ | |
| ἦλθεν εἰς τὴν συναγ- ωγὴν αὐτῶν. | εἰσῆλθεν πάλιν εἰς συναγ- ωγήν. | 6 Ἐγένετο δὲ ἐν ἑτέρῳ σαββάτῳ εἰσελθεῖν αὐτὸν εἰς τὴν συναγ- ωγήν, καὶ διδάσκειν. |

* Cf. 2 Macc. v. 19, οὐ διὰ τὸν τόπον τὸ ἔθνος, ἀλλὰ διὰ τὸ ἔθνος τὸν τόπον ὁ κύριος ἐξελέξατο, given in explanation of the escape of Antiochus from divine punishment after his profanation of the Temple. Cf. ver. 16, ταῖς βεβήλοις χερσί.

| | | |
|---|---|---|
| 10 καὶ ἰδοὺ ἄνθρωπος χεῖρα ἔχων ξηράν· καὶ ἐπηρώτησαν | καὶ ἦν ἐκεῖ ἄνθρωπος ἐξηραμμένην ἔχων τὴν χεῖρα· 2 καὶ παρετήρουν | καὶ ἦν ἄνθρωπος ἐκεῖ καὶ ἡ χεὶρ αὐτοῦ ἡ δεξιὰ ἦν ξηρά· 7 παρετηροῦντο δὲ οἱ γραμματεῖς καὶ οἱ Φαρισαῖοι |
| αὐτὸν λέγοντες· εἰ ἔξεστιν τοῖς σάββασιν θεραπεῦσαι; ἵνα κατηγορήσωσιν αὐτοῦ. | αὐτὸν εἰ ἐν τοῖς σάββασιν θεραπεύει αὐτόν, ἵνα κατηγορήσωσιν αὐτοῦ. | εἰ ἐν τῷ σαββάτῳ θεραπεύει, ἵνα εὕρωσιν κατηγορεῖν αὐτοῦ. αὐτὸς δὲ 8 ἤδει τοὺς διαλογισμοὺς αὐτῶν· εἶπεν δὲ |
| — | 3 καὶ λέγει τῷ ἀνθρώπῳ τῷ τὴν ξηρὰν χεῖρα ἔχοντι· ἔγειρε εἰς τὸ μέσον. | τῷ ἀνδρὶ ξηρὰν ἔχοντι τὴν χεῖρα· ἔγειρε καὶ στῆθι εἰς τὸ μέσον. καὶ ἀναστὰς ἔστη. |
| 11 ὁ δὲ εἶπεν αὐτοῖς· τίς ἔσται ἐξ ὑμῶν ἄνθρωπος ὃς ἕξει πρόβατον ἕν, καὶ ἐὰν ἐμπέσῃ τοῦτο τοῖς σάββασιν εἰς βόθυνον, οὐχὶ κρατήσει αὐτὸ καὶ ἐγερεῖ; 12 πόσῳ οὖν διαφέρει ἄνθρωπος προβάτου· ὥστε ἔξεστιν τοῖς σάββασιν καλῶς ποιεῖν. | 4 καὶ λέγει αὐτοῖς· — | 9 εἶπεν δὲ ὁ Ἰησοῦς πρὸς αὐτούς· |
| — | ἔξεστιν τοῖς σάββασιν ἀγαθὸν ποιῆσαι ἢ κακοποιῆσαι, ψυχὴν σῶσαι ἢ ἀποκτεῖναι; 5 οἱ δὲ ἐσιώπων. καὶ περιβλεψάμενος αὐτοὺς μετ' ὀργῆς, συλλυπούμενος ἐπὶ τῇ πωρώσει τῆς καρδίας αὐτῶν, | ἐπερωτῶ ὑμᾶς εἰ ἔξεστιν τῷ σαββάτῳ ἀγαθοποιῆσαι ἢ κακοποιῆσαι, ψυχὴν σῶσαι ἢ ἀπολέσαι. 10 καὶ περιβλεψάμενος πάντας αὐτούς, εἶπεν αὐτῷ· |
| 13 τότε λέγει τῷ ἀνθρώπῳ· ἔκτεινόν σου τὴν χεῖρα. καὶ ἐξέτεινεν, καὶ ἀπεκατεστάθη ὑγιὴς ὡς ἡ χεὶρ ἄλλη. 14 ἐξελθόντες δὲ οἱ Φαρισαῖοι συμβούλιον ἔλαβον κατ' αὐτοῦ, | λέγει τῷ ἀνθρώπῳ· ἔκτεινον τὴν χεῖρα. καὶ ἐξέτεινεν, καὶ ἀπεκατεστάθη ἡ χεὶρ αὐτοῦ. 6 καὶ ἐξελθόντες οἱ Φαρισαῖοι εὐθὺς μετὰ τῶν Ἡρωδιανῶν συμβούλιον ἐποίησαν κατ' αὐτοῦ, | ἔκτεινον τὴν χεῖρά σου. ὁ δὲ ἐποίησεν, καὶ ἀπεκατεστάθη ἡ χεὶρ αὐτου. 11 αὐτοὶ δὲ ἐπλήσθησαν ἀνοίας |

| | | |
|---|---|---|
| ὅπως αὐτὸν ἀπο-<br>λέσωσιν. | ὅπως αὐτον ἀπο-<br>λέσωσιν. | καὶ διελάλουν πρὸς<br>ἀλλήλους, τί ἂν<br>ποιήσαιεν τῷ Ἰησοῦ. |

### § 61. Further Progress of the Messianic Work: Selection of Twelve Apostles.

| | | |
|---|---|---|
| 15 Ὁ δὲ Ἰησοῦς<br>γνοὺς<br>ἀνεχώρησεν ἐκεῖθεν<br><br><br><br>καὶ ἠκολούθη-<br>σαν αὐτῷ<br><br><br>πολλοί, | 7 Καὶ ὁ Ἰησοῦς μετὰ<br>τῶν μαθητῶν αὐτοῦ<br>ἀνεχώρησεν εἰς τὴν<br>θάλασσαν, καὶ πολὺ<br>πλῆθος ἀπὸ τῆς Γαλι-<br>λαίας καὶ ἀπὸ τῆς<br>Ἰουδαίας ἠκολούθη-<br>8 σαν, καὶ ἀπὸ Ἱεροσο-<br>λύμων καὶ ἀπὸ τῆς<br>Ἰδουμαίας καὶ πέραν<br>τοῦ Ἰορδάνου καὶ περὶ<br>Τύρον καὶ Σιδῶνα,<br>πλῆθος πολύ, ἀκούον-<br>τες ὅσα ἐποίει, ἦλθον<br>9 πρὸς αὐτόν. καὶ εἶπεν<br>τοῖς μαθηταῖς αὐτοῦ<br>ἵνα πλοιάριον προσ-<br>καρτερῇ αὐτῷ διὰ τὸν<br>ὄχλον, ἵνα μὴ θλίβω-<br>10 σιν αὐτόν· πολλοὺς<br>γὰρ ἐθεράπευσεν,<br>ὥστε ἐπιπίπτειν<br>αὐτῷ, ἵνα αὐτοῦ ἅψων-<br>ται, ὅσοι εἶχον μάσ-<br>11 τιγας. καὶ τὰ πνεύ-<br>ματα τὰ ἀκάθαρτα,<br>ὅταν αὐτον ἐθεώρουν,<br>προσέπιπτον<br>αὐτῷ καὶ ἔκραζον<br>λέγοντες ὅτι σὺ εἶ ὁ<br>υἱὸς τοῦ θεοῦ. | —<br><br><br><br><br><br><br>[Cf. vv. 17–19.]<br><br><br><br><br><br><br>—<br><br><br><br><br><br><br><br><br><br><br><br><br>[Cf. iv. 41.] |
| καὶ ἐθεράπευσεν αὐ-<br>τους πάντας. | | |
| 16 καὶ ἐπετίμησεν<br>αὐτοῖς ἵνα μὴ<br>φανερὸν αὐτὸν ποιή-<br>17 σωσιν· ἵνα πληρωθῇ<br>τὸ ῥηθὲν διὰ Ἡσαΐου<br>τοῦ προφήτου λέγον-<br>18 τος· ἰδοὺ ὁ παῖς μου<br>ὃν ᾑρέτισα, ὁ ἀγαπη-<br>τός μου εἰς ὃν ηὐ-<br>δόκησεν ἡ ψυχή μου·<br>θήσω τὸ πνεῦμά μου<br>ἐπ' αὐτόν, καὶ κρίσιν | 12 καὶ πολλὰ ἐπετίμα<br>αὐτοῖς ἵνα μὴ<br>αὐτὸν φανερὸν ποι-<br>ῶσιν.<br><br>—<br><br>— | —<br><br><br><br>—<br><br>— |

| | | |
|---|---|---|
| τοῖς ἔθνεσιν ἀπαγ- 19 γελεῖ. οὐκ ἐρίσει οὐδὲ κραυγάσει, οὐδὲ ἀκούσει τις ἐν ταῖς πλατείαις τὴν φωνὴν 20 αὐτοῦ. κάλαμον συντετριμμένον οὐ κατεάξει καὶ λίνον τυφόμενον οὐ σβέσει, ἕως ἂν ἐκβάλῃ εἰς 21 νῖκος τὴν κρίσιν. καὶ τῷ ὀνόματι αὐτοῦ ἔθνη ἐλπιοῦσιν. | — — — | — — — |
| [*Cf.* v. 1; viii. 1.] — | 13 Καὶ ἀναβαίνει εἰς τὸ ὄρος, — | 12 Ἐγένετο δὲ ἐν ταῖς ἡμέραις ταύταις ἐξελθεῖν αὐτὸν εἰς τὸ ὄρος προσεύξασ- θαι, καὶ ἦν διανυκ- τερεύων ἐν τῇ προ- |
| [*Cf.* x. 1.] — | καὶ προσκαλεῖται οὓς ἤθελεν αὐτός, καὶ ἀπῆλθον πρὸς αὐτόν. | 13 σευχῇ τοῦ θεοῦ. καὶ ὅτε ἐγένετο ἡμέρα, προσεφώνησεν τοὺς μαθητὰς αὐτοῦ, καὶ ἐκλεξάμενος ἀπ᾽ αὐ- |
| | 14 καὶ ἐποίησεν δώδεκα ἵνα ὦσιν μετ᾽ αὐτοῦ, καὶ ἵνα ἀποστέλλῃ 15 αὐτοὺς κηρύσσειν, καὶ ἔχειν ἐξουσίαν ἐκ- βάλλειν τὰ δαιμόνια. | τῶν δώδεκα, οὓς καὶ ἀποστόλους |
| [*Cf.* x. 2–4.] [πρῶτος Σίμων ὁ λεγόμενος Πέτρος καὶ Ἀνδρέας ὁ ἀδελφὸς αὐτοῦ καὶ Ἰάκωβος ὁ τοῦ Ζεβεδαίου καὶ Ἰωάν- νης ὁ ἀδελφὸς αὐτοῦ, | 16 καὶ ἐποίησεν τοὺς δώδεκα, καὶ ἐπέθηκεν ὄνομα τῷ Σίμωνι Πέτρον· 17 καὶ Ἰάκωβον τὸν τοῦ Ζεβεδαίου καὶ Ἰωάν- νην τὸν ἀδελφὸν τοῦ Ἰακώβου, καὶ ἐπέ- θηκεν αὐτοῖς ὀνόματα Βοανηργές, ὅ ἐστιν υἱοὶ βροντῆς· | ὠνόμασεν, 14 Σίμωνα, ὃν καὶ ὠνόμασεν Πέτρον, καὶ Ἀνδρέαν τὸν ἀδελφὸν αὐτοῦ, καὶ Ἰάκωβον καὶ Ἰωάν- νην |
| 3 Φίλιππος καὶ Βαρ- θολομαῖος, Θωμᾶς καὶ Μαθθαῖος ὁ τε- λώνης Ἰάκωβος ὁ τοῦ | 18 καὶ Ἀνδρέαν καὶ Φίλιππον καὶ Βαρ- θολομαῖον καὶ Μαθ- θαῖον καὶ Θωμᾶν καὶ Ἰάκωβον τὸν τοῦ | καὶ Φίλιππον καὶ Βαρ- θολομαῖον καὶ Μαθ- θαῖον καὶ Θωμᾶν καὶ Ἰάκωβον |

|  |  |  |
|---|---|---|
| Ἀλφαίου καὶ Λεβ- 4 βαῖος Σίμων ὁ Καναναῖος | Ἀλφαίου καὶ Θαδ- δαῖον καὶ Σίμωνα τον Καναναῖον | Ἀλφαίου καὶ Σίμωνα τον καλούμενον ζηλωτέν, 16 καὶ Ἰούδαν Ἰακώβου, |
| καὶ Ἰούδας ὁ Ἰσκα- ριώτης ὁ καὶ παραδοὺς αὐτόν.] | 19 καὶ Ἰούδαν Ἰσκα- ριώθ, ὃς καὶ παρέδω- κεν αὐτόν. | καὶ Ἰούδαν Ἰσκα- ριώθ, ὃς ἐγένετο προ- δότης. |

§ 62. *The Sermon on the Plain.* [*Cf.* § 32.]

[*Cf.* iv. 24, 25.]  — 17 Καὶ καταβὰς μετ' αὐτῶν ἔστη ἐπὶ τόπου πεδινοῦ, καὶ ὄχλος πολὺς μαθητῶν αὐτοῦ, καὶ πλῆθος πολὺ τοῦ λαοῦ ἀπὸ πάσης τῆς Ἰουδαίας καὶ

[*Cf.* iii. 7, 8.]  Ἰερουσαλὴμ καὶ τῆς παραλίου Τύρου καὶ Σιδῶνος, οἳ ἦλθον ἀκοῦσαι αὐτοῦ καὶ ἰαθῆναι ἀπὸ τῶν 18 νόσων αὐτῶν, καὶ οἱ ἐνοχλούμενοι ἀπὸ πνευμάτων

[*Cf.* iii. 10.]  19 ἀκαθάρτων ἐθεραπεύοντο· καὶ πᾶς ὁ ὄχλος ἐζήτουν ἅπτεσθαι αὐτοῦ, ὅτι δύναμις παρ' αὐτοῦ ἐξήρχετο

[*Cf.* v. 1, 3, 5, 6, 11.]  — 20 καὶ ἰᾶτο πάντας. Καὶ αὐτὸς ἐπάρας τοὺς ὀφθαλ- μοὺς αὐτοῦ εἰς τοὺς μαθητὰς αὐτοῦ ἔλεγεν· μα- κάριοι οἱ πτωχοί, ὅτι ὑμετέρα ἐστὶν ἡ βασιλεία

 — 21 τοῦ θεοῦ. μακάριοι οἱ πεινῶντες νῦν, ὅτι χορτασ- θήσεσθε. μακάριοι οἱ κλαίοντες νῦν, ὅτι γελά-

 — 22 σετε. μακάριοί ἐστε ὅταν μισήσωσιν ὑμᾶς οἱ ἄνθρωποι, καὶ ὅταν ἀφορίσωσιν ὑμᾶς καὶ ὀνειδί- σωσιν καὶ ἐκβάλωσιν τὸ ὄνομα ὑμῶν ὡς πονηρὸν

[*Cf.* v. 12.]  — 23 ἕνεκα τοῦ υἱοῦ τοῦ ἀνθρώπου. χάρητε ἐν ἐκείνῃ τῇ ἡμέρᾳ καὶ σκιρτήσατε· ἰδοὺ γὰρ ὁ μισθὸς ὑμῶν πολὺς ἐν τῷ οὐρανῷ· κατὰ τὰ αὐτὰ γὰρ

 — 24 ἐποίουν τοῖς προφήταις οἱ πατέρες αὐτῶν. πλὴν οὐαὶ ὑμῖν τοῖς πλουσίοις, ὅτι ἀπέχετε τὴν παράκ-

 — 25 λησιν ὑμῶν.* οὐαὶ ὑμῖν οἱ ἐμπεπλησμένοι νῦν, ὅτι πεινάσετε. οὐαὶ οἱ γελῶντες νῦν, ὅτι πεν-

 — 26 θήσετε καὶ κλαύσετε. οὐαὶ ὅταν καλῶς εἴπωσιν ὑμᾶς πάντες οἱ ἄνθρωποι· κατὰ τὰ αὐτὰ γὰρ ἐποίουν τοῖς ψευδοπροφήταις οἱ πατέρες αὐτῶν.

[*Cf.* v. 39–48.]  — 27 ἀλλὰ ὑμῖν λέγω τοῖς ἀκούουσιν· ἀγαπᾶτε τοὺς ἐχθροὺς ὑμῶν, καλῶς ποιεῖτε τοῖς μισοῦσιν ὑμᾶς,

 — 28 εὐλογεῖτε τοὺς καταρωμένους ὑμᾶς, προσεύχεσθε

 — 29 περὶ τῶν ἐπηρεαζόντων ὑμᾶς. τῷ τύπτοντί σε εἰς τὴν σιαγόνα πάρεχε καὶ τὴν ἄλλην, καὶ ἀπὸ τοῦ αἴροντός σου τὸ ἱμάτιον καὶ τὸν χιτῶνα μὴ

 — 30 κωλύσῃς. παντὶ αἰτοῦντί σε δίδου, καὶ ἀπὸ τοῦ αἴροντος τὰ σὰ μὴ ἀπαίτει.

[*Cf.* vii. 12.]  — 31 καὶ καθὼς θέλετε ἵνα ποιῶσιν ὑμῖν οἱ ἄνθρωποι, καὶ ὑμεῖς ποιεῖτε αὐτοῖς ὁμοίως.

[*Cf.* v. 39–48.]  — 32 καὶ εἰ ἀγαπᾶτε τοὺς ἀγαπῶντας ὑμᾶς, ποία ὑμῖν χάρις ἐστίν; καὶ γὰρ οἱ ἁμαρτωλοὶ τοὺς ἀγαπῶν-

\* *Cf.* xvi. 25.

|  |  |  |
|---|---|---|
|  | — | 33 τας αὐτοὺς ἀγαπῶσιν. καὶ γὰρ ἐὰν ἀγαθοποιῆτε τοὺς ἀγαθοποιοῦντας ὑμᾶς, ποία ὑμῖν χάρις |
|  | — | 34 ἐστίν; καὶ οἱ ἀμαρτωλοὶ τὸ αὐτὸ ποιοῦσιν. καὶ ἐὰν δανίσητε παρ' ὧν ἐλπίζετε λαβεῖν, ποία ὑμῖν χάρις ἐστίν; καὶ ἁμαρτωλοὶ ἁμαρτωλοῖς |
|  | — | 35 δανίζουσιν ἵνα ἀπολάβωσιν τὰ ἴσα. πλὴν ἀγαπᾶτε τοὺς ἐχθροὺς ὑμῶν καὶ ἀγαθοποιεῖτε καὶ δανίζετε μηδένα ἀπελπίζοντες· καὶ ἔσται ὁ μισθὸς ὑμῶν πολύς, καὶ ἔσεσθε υἱοὶ ὑψίστου, ὅτι αὐτὸς χρηστός ἐστιν ἐπὶ τοὺς ἀχαρίστους καὶ πονηρούς. |
| [Cf. v. 48.] | — | 36 γίνεσθε οἰκτίρμονες, καθὼς ὁ πατὴρ ὑμῶν οἰκτίρμων ἐστίν. |
| [Cf. vii. 1, 2.] | — | 37 καὶ μὴ κρίνετε, καὶ οὐ μὴ κριθῆτε· καὶ μὴ καταδικάζετε, καὶ οὐ μὴ καταδικασθῆτε. ἀπολύετε, |
| — | | 38 καὶ ἀπολυθήσεσθε· δίδοτε, καὶ δοθήσεται ὑμῖν· μέτρον καλὸν πεπιεσμένον σεσαλευμένον ὑπερεκχυννόμενον δώσουσιν εἰς τὸν κόλπον ὑμῶν· ᾧ γὰρ |
| | [Cf. iv. 24.] | μέτρῳ μετρεῖτε ἀντιμετρηθήσεται ὑμῖν. |
| [Cf. xv. 14.] | — | 39 εἶπεν δὲ καὶ παραβολὴν αὐτοῖς· μήτι δύναται τυφλὸς τυφλὸν ὁδηγεῖν; οὐχὶ ἀμφότεροι εἰς βόθυνον ἐμπεσοῦνται; |
| [Cf. x. 24, 25.] | — | 40 οὐκ ἔστιν μαθητὴς ὑπὲρ τὸν διδάσκαλον· κατηρτισμένος δὲ πᾶς ἔσται ὡς ὁ διδάσκαλος αὐτοῦ. |
|  | — | 41 τί δὲ βλέπεις τὸ κάρφος τὸ ἐν τῷ ὀφθαλμῷ τοῦ ἀδελφοῦ σου, τὴν δὲ δοκὸν τὴν ἐν τῷ ἰδίῳ |
|  | — | 42 ὀφθαλμῷ οὐ κατανοεῖς; πῶς δύνασαι λέγειν τῷ ἀδελφῷ σου· ἀδελφέ, ἄφες ἐκβάλω τὸ κάρφος τὸ ἐν τῷ ὀφθαλμῷ σου, αὐτὸς τὴν ἐν τῷ ὀφθαλμῷ σου δοκὸν οὐ βλέπων; ὑποκριτά, ἔκβαλε πρῶτον τὴν δοκὸν ἐκ τοῦ ὀφθαλμοῦ σοῦ, καὶ τότε διαβλέψεις τὸ κάρφος τὸ ἐν τῷ ὀφθαλμῷ τοῦ ἀδελφοῦ σου ἐκβαλεῖν. |
| [Cf. vii. 16–20.] [xii. 33–37.] | — — | 43 οὐ γάρ ἐστιν δένδρον καλὸν ποιοῦν καρπὸν σαπρόν, οὐδὲ πάλιν δένδρον σαπρὸν ποιοῦν καρπὸν καλόν. |
|  | — | 44 ἕκαστον γὰρ δένδρον ἐκ τοῦ ἰδίου καρποῦ γινώσκεται· οὐ γὰρ ἐξ ἀκανθῶν συλλέγουσιν σῦκα, |
|  | — | 45 οὐδὲ ἐκ βάτου σταφυλὴν τρυγῶσιν. ὁ ἀγαθὸς ἄνθρωπος ἐκ τοῦ ἀγαθοῦ θησαυροῦ τῆς καρδίας προφέρει τὸ ἀγαθόν, καὶ ὁ πονηρὸς ἐκ τοῦ πονηροῦ προφέρει τὸ πονηρόν· ἐκ γὰρ περισσεύ- |
| [Cf. vii. 21.] [Cf. vii. 24–27.] | — — | 46 ματος καρδίας λαλεῖ τὸ στόμα αὐτοῦ. τί δέ με 47 καλεῖτε· κύριε κύριε, καὶ οὐ ποιεῖτε ἃ λέγω; πᾶς ὁ ἐρχόμενος πρός με καὶ ἀκούων μου τῶν λόγων καὶ ποιῶν αὐτούς, ὑποδείξω ὑμῖν τίνι ἐστὶν ὅμοιος. |
|  | — | 48 ὅμοιός ἐστιν ἀνθρώπῳ οἰκοδομοῦντι οἰκίαν, ὃς ἔσκαψεν καὶ ἐβάθυνεν καὶ ἔθηκεν θεμέλιον ἐπὶ τὴν πέτραν· πλημμύρης δὲ γενομένης προσέρηξεν ὁ ποταμὸς τῇ οἰκίᾳ ἐκείνῃ, καὶ οὐκ ἴσχυσεν σαλεῦσαι αὐτὴν διὰ τὸ καλῶς οἰκοδομῆσθαι |

<table>
<tr><td>—</td><td>49 αὐτήν. ὁ δὲ ἀκούσας καὶ μὴ ποιήσας ὅμοιός<br>ἐστιν ἀνθρώπῳ οἰκοδομήσαντι οἰκίαν ἐπὶ τὴν γῆν<br>χωρὶς θεμελίου, ᾗ προσέρηξεν ὁ ποταμός, καὶ<br>εὐθὺς συνέπεσεν, καὶ ἐγένετο τὸ ῥῆγμα τῆς<br>οἰκίας ἐκείνης μέγα.</td></tr>
</table>

## § 63. Cure of the Centurion's Servant at Capernaum. [Cf. § 41]

| [Cf. vii. 28; viii. 5-13.] | | VII. |
|---|---|---|
| | — | 1 Ἐπειδὴ ἐπλήρωσεν πάντα τὰ<br>ῥήματα αὐτοῦ εἰς τὰς ἀκοὰς<br>τοῦ λαοῦ,<br>εἰσῆθεν |
| 5 [Εἰσελθόντος δὲ αὐτοῦ<br>      εἰς Καφαρ-<br>ναούμ, προσῆλθεν αὐτῷ<br>ἑκατοντάρχης παρακαλῶν | |       εἰς Καφαρ-<br>ναούμ. |
| | — | 2 ἑκατοντάρχου δέ τινος δοῦλος<br>κακῶς ἔχων ἤμελλεν τελευτᾶν, |
| 6 αὐτὸν καὶ λέγων· κύριε, ὁ παῖς<br>μου βέβληται ἐν τῇ οἰκίᾳ | — | 3 ὃς ἦν αὐτῷ ἔντιμος. ἀκούσας<br>δὲ περὶ τοῦ Ἰησοῦ ἀπέστειλεν<br>πρὸς αὐτὸν πρεσβυτέρους τῶν<br>Ἰουδαίων, ἐρωτῶν αὐτὸν ὅπως<br>ἐλθὼν διασώσῃ τὸν δοῦλον |
|       παραλυτικός,<br>δεινῶς     βασανιζόμενος. | — | 4 αὐτοῦ. οἱ δὲ παραγενόμενοι<br>πρὸς τὸν Ἰησοῦν ἡρώτων αὐτὸν<br>σπουδαίως, λέγοντες ὅτι ἄξιός |
| 7     λέγει αὐτῷ· ἐγὼ | — | 5 ἐστιν ᾧ παρέξῃ τοῦτο· ἀγαπᾷ<br>γὰρ τὸ ἔθνος ἡμῶν, καὶ τὴν<br>συναγωγὴν αὐτὸς ᾠκοδόμησεν |
| ἐλθὼν θεραπεύσω αὐτόν. | | 6 ἡμῖν. ὁ δὲ Ἰησοῦς ἐπορεύετο<br>σὺν αὐτοῖς. ἤδη δὲ αὐτοῦ οὐ<br>μακρὰν ἀπέχοντος τῆς οἰκίας,<br>ἔπεμψεν φίλους ὁ ἑκατον-<br>τάρχης λέγων· κύριε, μὴ σκύλ-<br>λου· οὐ γὰρ ἱκανός εἰμι ἵνα<br>ὑπὸ τὴν στέγην μου |
| 8 ἀποκριθεὶς δὲ ὁ ἑκατον-<br>τάρχης ἔφη· κύριε, οὐκ<br>    εἰμὶ ἱκανὸς ἵνα μου<br>ὑπὸ τὴν στέγην<br>εἰσέλθῃς· | | 7 εἰσέλθῃς· διὸ οὐδὲ ἐμαυτὸν<br>ἠξίωσα πρός σε ἐλθεῖν· ἀλλὰ<br>εἰπὲ λόγῳ, καὶ ἰαθήτω |
|     ἀλλὰ<br>μόνον εἰπὲ λόγῳ καὶ ἰαθήσεται<br>9 ὁ παῖς μου. καὶ γὰρ ἐγὼ<br>ἄνθρωπός εἰμι ὑπὸ ἐξουσίαν,<br>    ἔχων ὑπ᾿ ἐμαυτὸν<br>στρατιώτας, καὶ λέγω τούτῳ·<br>πορεύθητι, καὶ πορεύεται, καὶ<br>ἄλλῳ· ἔρχου, καὶ ἔρχεται, καὶ<br>τῷ δούλῳ μου· ποίησον τοῦτο,<br>10 καὶ ποιεῖ. ἀκούσας δὲ<br>ὁ Ἰησοῦς ἐθαύμασεν<br>καὶ εἶπεν<br>τοῖς ἀκολουθοῦσιν· | — | 8 ὁ παῖς μου. καὶ γὰρ ἐγὼ<br>ἄνθρωπός εἰμι ὑπὸ ἐξουσίαν<br>τασσόμενος, ἔχων ὑπ᾿ ἐμαυτὸν<br>στρατιώτας, καὶ λέγω τούτῳ·<br>πορεύθητι, καὶ πορεύεται, καὶ<br>ἄλλῳ· ἔρχου, καὶ ἔρχεται, καὶ<br>τῷ δούλῳ μου· ποίησον τοῦτο,<br>9 καὶ ποιεῖ. ἀκούσας δὲ ταῦτα<br>ὁ Ἰησοῦς ἐθαύμασεν αὐτόν,<br>καὶ στραφεὶς<br>τῷ ἀκολουθοῦντι αὐτῷ ὄχλῳ |

|  |  |
|---|---|
| ἀμὴν λέγω ὑμῖν, οὐδὲ ἐν τῷ Ἰσραὴλ το- 11 σαύτην πίστιν εὗρον. λέγω δὲ ὑμῖν ὅτι πολλοὶ ἀπὸ ἀνατολῶν καὶ δυσμῶν ἥξουσιν καὶ ἀνακ- λιθήσονται μετὰ Ἀβραὰμ καὶ Ἰσαὰκ καὶ Ἰακὼβ ἐν τῇ 12 βασιλείᾳ τῶν οὐρανῶν· οἱ δὲ υἱοὶ τῆς βασιλείας ἐξελεύ- σονται εἰς τὸ σκότος τὸ ἐξώ- τερον· ἐκεῖ ἔσται ὁ κλαυθμὸς καὶ ὁ βρυγμὸς τῶν ὀδόντων. 13 καὶ εἶπεν ὁ Ἰησοῦς τῷ ἑκατον- τάρχῃ· ὕπαγε, ὡς ἐπίστευσας γενηθήτω σοι. καὶ ἰάθη ὁ παῖς ἐν τῇ ὥρᾳ ἐκείνῃ.] | εἶπεν· λέγω ὑμῖν, οὐδὲ ἐν τῷ Ἰσραὴλ το- σαύτην πίστιν εὗρον.<br><br>[Cf. xiii. 28. sq.]<br><br><br><br><br><br>10 καὶ ὑποστρέψαντες εἰς τὸν οἶκον οἱ πεμφθέντες εὗρον τὸν δοῦλον ὑγιαίνοντα. |

## § 64. Jesus raises the Widow's Son at Nain.

11 Καὶ ἐγένετο ἐν τῇ ἑξῆς ἐπορεύθη εἰς πόλιν καλουμένην Ναΐν, καὶ συνεπορεύοντο αὐτῷ οἱ
12 μαθηταὶ αὐτοῦ ἱκανοὶ καὶ ὄχλος πολύς. ὡς δὲ ἤγγισεν τῇ πύλῃ τῆς πόλεως, καὶ ἰδοὺ ἐξεκομίζετο τεθνηκὼς μονογενὴς υἱὸς τῇ μητρὶ αὐτοῦ, καὶ αὕτη ἦν χήρα, καὶ ὄχλος τῆς
13 πόλεως ἱκανὸς ἦν σὺν αὐτῇ. καὶ ἰδὼν αὐτὴν ὁ κύριος ἐσπλαγχνίσθη ἐπʼ αὐτὴν καὶ εἶπεν
14 αὐτῇ· μὴ κλαῖε. καὶ προσελθὼν ἥψατο τῆς σοροῦ, οἱ δὲ βαστάζοντες ἔστησαν, καὶ εἶπεν·
15 νεανίσκε, σοὶ λέγω, ἐγέρθητι. καὶ ἀνεκάθι- σεν ὁ νεκρὸς καὶ ἤρξατο λαλεῖν, καὶ ἔδωκεν
16 αὐτὸν τῇ μητρὶ αὐτοῦ. ἔλαβεν δὲ φόβος ἅπαντας, καὶ ἐδόξαζον τὸν θεὸν λέγοντες ὅτι προφήτης μέγας ἠγέρθη ἐν ἡμῖν, καὶ ὅτι
17 ἐπεσκέψατο ὁ θεὸς τὸν λαὸν αὐτοῦ. καὶ ἐξῆλθεν ὁ λόγος οὗτος ἐν ὅλῃ τῇ Ἰουδαίᾳ περὶ αὐτοῦ καὶ πάσῃ τῇ περιχώρῳ.

## § 65. John's Message to Jesus. [Cf. § 55.]

| [Cf. xi. 2ᵇ-6.] |  |  |
|---|---|---|
|  | — | 18 Καὶ ἀπήγγειλαν Ἰωάννει οἱ μαθηταὶ αὐτοῦ περὶ πάντων |
|  | — | 19 τούτων. καὶ προσκαλεσά- μενος δύο τινὰς τῶν μαθητῶν |
| [2ᵇ Πέμψας διὰ τῶν μαθητῶν 3 αὐτοῦ εἶπεν αὐτῷ· σὺ εἶ ὁ ἐρχόμενος ἢ ἕτερον προσ- δοκῶμεν; |  | αὐτοῦ ὁ Ἰωάννης ἔπεμψεν πρὸς τὸν κύριον λέγων· σὺ εἶ ὁ ἐρχόμενος, ἢ ἄλλον προσ- |
|  | — | 20 δοκῶμεν; παραγενόμενοι δὲ πρὸς αὐτὸν οἱ ἄνδρες εἶπαν· Ἰωάννης ὁ βαπτιστὴς ἀπέσ- |

|  | MATT. XII. | MARK III. | LUKE VII. |
|---|---|---|---|

— | — |
τάλκεν ἡμᾶς πρός σε λέγων·
σὺ εἶ ὁ ἐρχόμενος, ἢ ἄλλον
21 προσδοκῶμεν; ἐν ἐκείνῃ τῇ
ὥρᾳ ἐθεράπευσεν πολλοὺς ἀπὸ
νόσων καὶ μαστίγων καὶ πνευ-
μάτων πονηρῶν, καὶ τυφλοῖς
πολλοῖς ἐχαρίσατο βλέπειν.

4 καὶ — 22 καὶ
ἀποκριθεὶς ὁ Ἰησοῦς εἶπεν αὐ-
τοῖς· πορευθέντες ἀπαγγείλατε
Ἰωάννῃ ἃ ἀκούετε καὶ βλέπετε·

ἀποκριθεὶς εἶπεν αὐ-
τοῖς· πορευθέντες ἀπαγγείλατε
Ἰωάννει ἃ εἴδετε καὶ ἠκού-
σατε, ὅτι

5 τυφλοὶ ἀναβλέπουσιν καὶ
χωλοὶ περιπατοῦσιν, λεπροὶ
καθαρίζονται καὶ κωφοὶ ἀκού-
ουσιν καὶ νεκροὶ ἐγείρονται,
6 καὶ πτωχοὶ εὐαγγελίζονται,
καὶ μακάριός ἐστιν ὃς ἐὰν μὴ
σκανδαλισθῇ ἐν ἐμοί.]

τυφλοὶ ἀναβλέπουσιν,
χωλοὶ περιπατοῦσιν, λεπροὶ
καθαρίζονται, κωφοὶ ἀκού-
ουσιν, νεκροὶ ἐγείρονται,
πτωχοὶ εὐαγγελίζονται·
23 καὶ μακάριός ἐστιν ὃς ἐὰν μὴ
σκανδαλισθῇ ἐν ἐμοί.

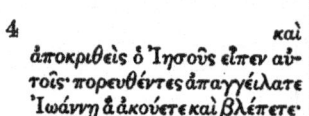

## § 66. The Testimony of Jesus concerning John. [Cf. § 56.]

[Cf. xi. 7-19.]

[7 Τούτων δὲ πορευομένων
ἤρξατο ὁ Ἰησοῦς λέγειν
τοῖς ὄχλοις περὶ Ἰωάννου·
τί ἐξελήλύθατε εἰς τὴν ἔρημον
θεάσασθαι; κάλαμον ὑπὸ
8 ἀνέμου σαλευόμενον; ἀλλὰ
τί ἐξήλθατε; ἄνθρω-
πον ἰδεῖν ἐν μαλακοῖς
ἠμφιε. ενον; ἰδοὺ οἱ τὰ

μαλακὰ φοροῦντες ἐν τοῖς
οἴκοις τῶν βασιλέων.
9 ἀλλὰ τί ἐξήλθατε; προφήτην
ἰδεῖν; ναὶ λέγω ὑμῖν, καὶ
περισσότερον προφήτου.
10 οὗτός ἐστιν περὶ οὗ γέγραπται·
ἰδοὺ ἐγὼ ἀποστέλλω τὸν ἄγγε-
λόν μου πρὸ προσώπου σου,
ὃς κατασκευάσει τὴν ὁδόν
σου ἔμπροσθέν σου.
11 ἀμὴν λέγω ὑμῖν, οὐκ ἐγήγερ-
ται ἐν γεννητοῖς γυναικῶν
μείζων Ἰωάννου τοῦ βαπτισ-
τοῦ· ὁ δὲ μικρότερος ἐν τῇ
βασιλείᾳ τῶν οὐρανῶν μείζων
αὐτοῦ ἐστίν.

24 Ἀπελθόντων δὲ τῶν ἀγγέλων
Ἰωάννου ἤρξατο λέγειν πρὸς
τοὺς ὄχλους περὶ Ἰωάννου·
τί ἐξελήλύθατε εἰς τὴν ἔρημον
θεάσασθαι; κάλαμον ὑπὸ
25 ἀνέμου σαλευόμενον; ἀλλα
τί ἐξελήλύθατε ἰδεῖν; ἄνθρω-
πον ἐν μαλακοῖς ἱματίοις
ἠμφιεσμένον; ἰδοὺ οἱ ἐν ἱμα-
τισμῷ ἐνδόξῳ καὶ τρυφῇ
ὑπάρχοντες ἐν τοῖς
βασιλείοις εἰσίν.
26 ἀλλὰ τί ἐξελήλύθατε ἰδεῖν;
προφήτην; ναὶ λέγω ὑμῖν, καὶ
περισσότερον προφήτου.

[Cf. i. 2.]

27 οὗτός ἐστιν περὶ οὗ γέγραπται·
ἰδοὺ ἀποστέλλω τὸν ἄγγε-
λόν μου πρὸ προσώπου σου,
ὃς κατασκευάσει τὴν ὁδόν
σου ἔμπροσθέν σου.
28 λέγω ὑμῖν, μείζων
ἐν γεννητοῖς γυναικῶν
προφήτης Ἰωάννου οὐδείς
ἐστιν· ὁ δὲ μικρότερος ἐν τῇ
βασιλείᾳ τοῦ θεοῦ μείζων
αὐτοῦ ἐστίν.

| | | |
|---|---|---|
| 12 ἀπὸ δὲ τῶν ἡμερῶν Ἰωάννου τοῦ βαπτιστοῦ ἕως ἄρτι ἡ βασιλεία τῶν οὐρανῶν βιάζεται, καὶ βιασταὶ ἁρπάζουσιν 13 αὐτήν. πάντες γὰρ οἱ προφῆται καὶ ὁ νόμος ἕως Ἰωάν 14 νου ἐπροφήτευσαν, καὶ εἰ θέλετε δέξασθαι, αὐτός ἐστιν Ἡλείας ὁ μέλλων ἔρχεσθαι. 15 ὁ ἔχων ὦτα ἀκουέτω. | — | ⌊Cf. xvi. 16.⌋ |
| | — | |
| | — | 29 καὶ πᾶς ὁ λαὸς ἀκούσας καὶ οἱ τελῶναι ἐδικαίωσαν τὸν θεόν, βαπτισθέντες τὸ βάπτισμα |
| | — | 30 Ἰωάννου· οἱ δὲ Φαρισαῖοι καὶ οἱ νομικοὶ τὴν βουλὴν τοῦ θεοῦ ἠθέτησαν εἰς ἑαυτούς, μὴ βαπτισθέντες ὑπ᾽ αὐτοῦ· |
| 16 τίνι δὲ ὁμοιώσω τὴν γενεὰν ταύτην ; | — | 31 τίνι οὖν ὁμοιώσω τοὺς ἀνθρώπους τῆς γενεᾶς ταύτης, καὶ τίνι εἰσὶν ὅμοιοι ; |
| ὁμοία ἐστὶν παιδίοις καθημένοις ἐν ταῖς ἀγοραῖς, ἃ προσ 17 φωνοῦντα τοῖς ἑτέροις λέγουσιν· ηὐλήσαμεν ὑμῖν, καὶ οὐκ ὠρχήσασθε· ἐθρηνήσαμεν, καὶ οὐκ ἐκόψασθε. | | 32 ὅμοιοί εἰσιν παιδίοις τοῖς ἐν ἀγορᾷ καθημένοις καὶ προσφωνοῦσιν ἀλλήλοις λέγοντες· ηὐλήσαμεν ὑμῖν καὶ οὐκ ὠρχήσασθε, ἐθρηνήσαμεν καὶ οὐκ ἐκλαύσατε. |
| 18 ἦλθεν γὰρ Ἰωάννης μήτε ἐσθίων μήτε πίνων, καὶ λέγουσιν· δαιμόνιον ἔχει. | — | 33 ἐλήλυθεν γὰρ Ἰωάννης ὁ βαπτιστὴς μὴ ἐσθίων ἄρτον μηδὲ πίνων οἶνον, καὶ λέγετε· δαιμόνιον ἔχει. |
| 19 ἦλθεν ὁ υἱὸς τοῦ ἀνθρώπου ἐσθίων καὶ πίνων, καὶ λέγουσιν· ἰδοὺ ἄνθρωπος φάγος καὶ οἰνοπότης, τελωνῶν φίλος καὶ ἁμαρτωλῶν. καὶ ἐδικαιώθη ἡ σοφία ἀπὸ τῶν ἔργων αὐτῆς.] | — | 34 ἐλήλυθεν ὁ υἱὸς τοῦ ἀνθρώπου ἐσθίων καὶ πίνων, καὶ λέγετε· ἰδοὺ ἄνθρωπος φάγος καὶ οἰνοπότης, φίλος τελωνῶν καὶ 35 ἁμαρτωλῶν. καὶ ἐδικαιώθη ἡ σοφία ἀπὸ τῶν τέκνων αὐτῆς πάντων. |

§ 67. *Jesus and the Woman that was a Sinner at Simon the Pharisee's :
Parable of The Two Debtors.*

| | | |
|---|---|---|
| — | — | 36 Ἠρώτα δέ τις αὐτὸν τῶν Φαρισαίων ἵνα φάγῃ μετ᾽ αὐτοῦ· καὶ εἰσελθὼν εἰς τὸν |
| | 19ᵇ Καὶ ἔρχεται εἰς οἶκον· | οἶκον τοῦ Φαρισαίου κατεκλίθη. καὶ ἰδοὺ γυνὴ 37 ἥτις ἦν ἐν τῇ πόλει ἁμαρτωλός, καὶ ἐπιγνοῦσα ὅτι κατάκειται ἐν τῇ οἰκίᾳ τοῦ Φαρι |
| — | — | 38 σαίου, κομίσασα ἀλάβαστρον μύρου, καὶ στᾶσα ὀπίσω παρὰ τοὺς πόδας αὐτοῦ κλαίουσα τοῖς δάκρυσιν ἤρξατο βρέχειν τοὺς πόδας αὐτοῦ, καὶ ταῖς θριξὶν τῆς κεφαλῆς |

|   |   |    |
|---|---|----|
| — | — | αὐτῆς ἐξέμαξεν, καὶ κατεφίλει τοὺς πόδας |
| — | — | 39 αὐτοῦ καὶ ἤλειφεν τῷ μύρῳ. ἰδὼν δὲ ὁ Φαρισαῖος ὁ καλέσας αὐτὸν εἶπεν ἐν ἑαυτῷ λέγων· οὗτος εἰ ἦν προφήτης, ἐγίνωσκεν ἂν τίς καὶ ποταπὴ ἡ γυνὴ ἥτις ἅπτεται αὐτοῦ, |
| — | —. | 40 ὅτι ἁμαρτωλός ἐστιν. καὶ ἀποκριθεὶς ὁ Ἰησοῦς εἶπεν πρὸς αὐτόν· Σίμων, ἔχω σοί |
| — | — | 41 τι εἰπεῖν. ὁ δέ· διδάσκαλε εἰπέ, φησίν. δύο χρεοφειλέται ἦσαν δανιστῇ τινί· ὁ εἷς ὤφειλεν δηνάρια πεντακόσια, ὁ δὲ ἕτερος |
| | | 42 πεντήκοντα. μὴ ἐχόντων αὐτῶν ἀποδοῦναι, ἀμφοτέροις ἐχαρίσατο. τίς οὖν αὐτῶν |
| | | 43 πλεῖον ἀγαπήσει αὐτόν; ἀποκριθεὶς Σίμων εἶπεν ὑπολαμβάνω ὅτι ᾧ τὸ πλεῖον ἐχαρίσατο. ὁ δὲ εἶπεν αὐτῷ· ὀρθῶς ἔκρινας. |
| | | 44 καὶ στραφεὶς πρὸς τὴν γυναῖκα τῷ Σίμωνι ἔφη· βλέπεις ταύτην τὴν γυναῖκα; εἰσῆλθόν σου εἰς τὴν οἰκίαν, ὕδωρ μου ἐπὶ τοὺς πόδας οὐκ ἔδωκας· αὕτη δὲ τοῖς δάκρυσιν ἔβρεξέν μου τοὺς πόδας καὶ ταῖς θριξὶν |
| — | — | 45 αὐτῆς ἐξέμαξεν. φίλημά μοι οὐκ ἔδωκας· αὕτη δὲ ἀφ᾽ ἧς εἰσῆλθον οὐ διέλειπεν κατα- |
| | | 46 φιλοῦσά μου τοὺς πόδας. ἐλαίῳ τὴν κεφαλήν μου οὐκ ἤλειψας· αὕτη δὲ μύρῳ |
| — | — | 47 ἤλειψέν μου τοὺς πόδας. οὗ χάριν, λέγω σοι, ἀφέωνται αὐτῆς αἱ ἁμαρτίαι αἱ πολλαί, ὅτι ἠγάπησεν πολύ· ᾧ δὲ ὀλίγον ἀφίεται, |
| — | — | 48 ὀλίγον ἀγαπᾷ. εἶπεν δὲ αὐτῇ· ἀφέωνταί |
| — | — | 49 σου αἱ ἁμαρτίαι. καὶ ἤρξαντο οἱ συνανακείμενοι λέγειν ἐν ἑαυτοῖς· τίς οὗτός ἐστιν, ὃς καὶ ἁμαρτίας ἀφίησιν; εἶπεν δὲ πρὸς τὴν γυναῖκα· ἡ πίστις σου σέσωκέν σε, πορεύου εἰς εἰρήνην. |

§ 68. *Cure of a Blind and Dumb Demoniac.*   [*Cf.* §§ 52, 123.]

| | | |
|---|---|---|
| 22 Τότε προσηνέχθη αὐτῷ δαιμονιζόμενος τυφλὸς καὶ κωφός· καὶ ἐθεράπευσεν αὐτὸν, | — | [*Cf.* xi. 14.] |
| 23 ὥστε τὸν κωφὸν λαλεῖν καὶ βλέπειν. καὶ ἐξίσταντο πάντες οἱ ὄχλοι καὶ ἔλεγον· μήτι οὗτός ἐστιν ὁ υἱὸς Δαυείδ; | — | — |

§ 69. *Jesus refutes the Accusations of the Pharisees: The Blasphemy against the Holy Spirit.*   [*Cf.* §§ 125, 130.]

| | | |
|---|---|---|
| — | 20 καὶ συνέρχεται πάλιν ὄχλος, ὥστε μὴ δύνασθαι αὐτοὺς 21 μήτε ἄρτον φαγεῖν. [vi. 31.] καὶ ἀκούσαντες οἱ παρ᾽ αὐτοῦ | — |

|  |  |  |
|---|---|---|
| [ver. 23 ἐξίσταντο] | ἐξῆλθον κρατῆσαι αὐτόν. |  |
| 24 Οἱ δὲ Φαρισαῖοι | ἔλεγον γὰρ ὅτι ἐξέστη. | — |
|  | 22 Καὶ οἱ γραμματεῖς οἱ ἀπὸ | [Cf. xi. |
| ἀκούσαντες εἶπον· | Ἱεροσολύμων καταβάντες | 15–23.] |
| οὗτος οὐκ ἐκβάλλει τὰ δαι- | ἔλεγον |  |
| μόνια εἰ μὴ ἐν τῷ Βεελζεβοὺλ |  |  |
| — ἄρχοντι | ὅτι Βεελζεβοὺλ | — |
| τῶν δαιμονίων. | ἔχει, καὶ ὅτι ἐν τῷ ἄρχοντι |  |
|  | τῶν δαιμονίων ἐκβάλλει τὰ |  |
| 25 εἰδὼς δὲ τὰς ἐνθυμήσεις αὐτῶν | δαιμόνια. |  |
|  | 23 καὶ προσκαλεσάμενος αὐτοὺς |  |
| εἶπεν αὐτοῖς· | ἐν παραβολαῖς ἔλεγεν αὐτοῖς· |  |
| [ver. 26.] | πῶς δύναται σατανᾶς σατανᾶν |  |
| πᾶσα βασιλεία | 24 ἐκβαλλειν ; καὶ ἐὰν βασιλεία |  |
| μερισθεῖσα καθ' | ἐφ' ἑαυτὴν μερισθῇ, |  |
| ἑαυτῆς ἐρημοῦται, | οὐ δύναται |  |
|  | σταθῆναι ἡ βασιλεία ἐκείνη. |  |
| καὶ πᾶσα πόλις ἢ οἰκία | 25 καὶ ἐὰν οἰκία ἐφ' |  |
| μερισθεῖσα καθ' ἑαυτῆς οὐ | ἑαυτὴν μερισθῇ, οὐ δυνήσεται |  |
| σταθήσεται. | ἡ οἰκία ἐκείνη σταθῆναι. |  |
| 26 καὶ εἰ ὁ σατανᾶς τὸν σατ- | 26 καὶ εἰ ὁ σατανᾶς | [xi. 18] |
| ανᾶν ἐκβάλλει, ἐφ' ἑαυτὸν | ἀνέστη ἐφ' ἑαυτὸν, |  |
| ἐμερίσθη· πῶς οὖν σταθήσεται | ἐμερίσθη, |  |
| ἡ βασιλεία αὐτοῦ ; | καὶ οὐ δύ- |  |
|  | ναται στῆναι ἀλλὰ τέλος ἔχει. |  |
| 27 καὶ εἰ ἐγὼ ἐν βεελζεβοὺλ | — |  |
| ἐκβάλλω τὰ δαιμόνια, οἱ υἱοὶ |  |  |
| ὑμῶν ἐν τίνι ἐκβάλλουσιν ; |  |  |
| διὰ τοῦτο αὐτοὶ κριταὶ ἔσονται |  |  |
| 28 ὑμῶν. εἰ δὲ ἐν πνεύματι θεοῦ |  |  |
| ἐγὼ ἐκβάλλω τὰ δαιμόνια, |  |  |
| ἄρα ἔφθασεν ἐφ' ὑμᾶς ἡ |  |  |
| 29 βασιλεία τοῦ θεοῦ. ἡ πῶς | 27 ἀλλ' οὐ |  |
| δύναταί τις εἰσελθεῖν εἰς τὴν | δύναται οὐδεὶς εἰς τὴν |  |
| οἰκίαν τοῦ ἰσχυροῦ καὶ | οἰκίαν τοῦ ἰσχυροῦ εἰσελθὼν |  |
| τὰ σκεύη αὐτοῦ ἁρπάσαι, ἐὰν | τὰ σκεύη αὐτοῦ διαρπάσαι, ἐαν |  |
| μὴ πρῶτον δήσῃ τὸν ἰσχυρόν, | μὴ πρῶτον τὸν ἰσχυρόν δήσῃ, |  |
| καὶ τότε τὴν οἰκίαν αὐτοῦ | καὶ τότε τὴν οἰκίαν αὐτοῦ |  |
| διαρπάσῃ ; | διαρπάσει. |  |
| 30 ὁ μὴ ὢν μετ' ἐμοῦ κατ' ἐμοῦ | — |  |
| ἐστίν, καὶ ὁ μὴ συνάγων μετ' |  |  |
| 31 ἐμοῦ σκορπίζει. διὰ τοῦτο | 28 ἀμὴν |  |
| λέγω ὑμῖν πᾶσα ἁμαρτια καὶ | λέγω ὑμῖν ὅτι πάντα |  |
| βλασφημία ἀφεθήσεται τοῖς | ἀφεθήσεται τοῖς |  |
| ἀνθρώποις, | υἱοῖς τῶν ἀνθρώπων τὰ ἁμαρ- |  |
|  | τήματα καὶ αἱ βλασφημίαι, |  |
|  | ὅσα ἂν βλασφημήσωσιν· |  |
| ἡ δὲ τοῦ πνεύματος βλασφη- |  |  |

| MATT. XII. | MARK III. |
|---|---|
| 32 μίαοὐκἀφεθήσεται. καὶ ὃς ἐὰν εἴπῃ λόγον κατὰ τοῦ υἱοῦ τοῦ ἀνθρώπου, ἀφεθήσεται αὐτῷ· ὃς δ᾽ ἂν εἴπῃ κατὰ τοῦ πνεύματος τοῦ ἁγίου, οὐκ ἀφεθήσεται αὐτῷ οὔτε ἐν τούτῳ τῷ αἰῶνι οὔτε ἐν τῷ μέλλοντι. | 29 ὃς δ᾽ ἂν βλασφημήσῃ εἰς τὸ πνεῦμα τὸ ἅγιον, οὐκ ἔχει ἄφεσιν εἰς τὸν αἰῶνα, ἀλλὰ ἔνοχος ἔσται αἰω- |
|  | 30 νίου ἁμαρτήματος. ὅτι ἔλε- |
| [xi. 18.] | γον· πνεῦμα ἀκάθαρτον ἔχει. [vii.33.] [Cf. vi. 43–45.] |
| 33 ἢ ποιήσατε τὸ δένδρον καλὸν καὶ τὸν καρπὸν αὐτοῦ καλὸν, ἢ ποιήσατε τὸ δένδρον σαπρὸν καὶ καρπὸν αὐτοῦ σαπρόν. ἐκ γὰρ τοῦ καρποῦ τὸ δένδρον | [43 οὐ γάρ ἐστιν δένδρον καλὸν ποιοῦν καρπὸν σαπρόν, οὐδὲ πάλιν δένδρον σαπρὸν ποιοῦν καρπὸν καλόν. 44 ἕκαστον γὰρ δένδρον ἐκ τοῦ ἰδίου καρποῦ |
| 34 γινώσκεται. γεννήματα ἐχιδ- νῶν, πῶς δύνασθε ἀγαθὰ λα- λεῖν πονηροὶ ὄντες; ἐκ γὰρ τοῦ περισσεύματος τῆς καρ- δίας τὸ στόμα λαλεῖ. [Cf. vii. 16.] | γινώσκεται· οὐ γὰρ ἐξ ἀκανθῶν συλλέ- γουσιν σῦκα, οὐδὲ ἐκ βάτου σταφυλὴν τρυγῶσιν. |
| 35 ὁ ἀγαθὸς ἄνθρωπος ἐκ τοῦ ἀγαθοῦ θησαυροῦ ἐκβάλλει τὰ ἀγαθά, καὶ ὁ πονηρὸς ἄνθρωπος ἐκ τοῦ πονηροῦ θησαυροῦ ἐκβάλλει πονηρά. | 45 ὁ ἀγαθὸς ἄνθρωπος ἐκ τοῦ ἀγαθοῦ θησαυροῦ τῆς καρδίας προφέρει τὸ ἀγαθόν, καὶ ὁ πονηρὸς ἐκ τοῦ πονηροῦ προφέρει τὸ πονηρόν· ἐκ γαρ περισσεύ- ματος καρδίας λαλεῖ τὸ στόμα αὐτοῦ.] |
| 36 λέγω δὲ ὑμῖν ὅτι πᾶν ῥῆμα ἀργὸν ὃ λαλήσουσιν οἱ ἄνθ- ρωποι, ἀποδώσουσιν περὶ αὐ- τοῦ λόγον ἐν ἡμέρᾳ κρίσεως. |  |
| 37 ἐκ γὰρ τῶν λόγων σου δικαι- ωθήσῃ, καὶ ἐκ τῶν λόγων σου καταδικασθήσῃ. |  |

§ 70. Certain Scribes and Pharisees desire a Sign.  [Cf. § 101.]

| MATT. XII. | MARK III. |
|---|---|
|  | [Cf. xi. 16.] |
| 38 Τότε ἀπεκρίθησαν αὐτῷ τινὲς τῶν γραμματέων καὶ Φαρι- σαίων λέγοντες· διδάσκαλε, θέλομεν ἀπὸ σοῦ σημεῖον ἰδεῖν. | [16 Ἕτεροι δὲ πειράζοντες σημεῖον ἐξ οὐρανοῦ ἐζήτουν παρ᾽ αὐ- τοῦ.] |

| | | |
|---|---|---|
| 39 ὁ δὲ ἀποκριθεὶς εἶπεν αὐτοῖς· γενεὰ πονηρὰ καὶ μοιχαλὶς σημεῖον ἐπιζητεῖ, καὶ σημεῖον οὐ δοθήσεται αὐτῇ εἰ μὴ τὸ σημεῖον Ἰωνᾶ τοῦ [xvi. 4.] 40 προφήτου. ὥσπερ γὰρ ἦν Ἰωνᾶς ἐν τῇ κοιλίᾳ τοῦ κήτους τρεῖς ἡμέρας καὶ τρεῖς νύκτας, οὕτως ἔσται ὁ υἱὸς τοῦ ἀνθρώπου ἐν τῇ καρδίᾳ τῆς γῆς τρεῖς ἡμέρας καὶ τρεῖς νύκτας. — | [viii. 12.] | [*Cf.* xi. 29–32.] [29 τῶν δὲ ὄχλων ἐπαθροιζομένων ἤρξατο λέγειν· ἡ γενεὰ αὕτη γενεὰ πονηρά ἐστιν· σημεῖον ζητεῖ, καὶ σημεῖον οὐ δοθήσεται αὐτῇ εἰ μὴ τὸ σημεῖον Ἰωνᾶ. 30 καθὼς γὰρ ἐγένετο Ἰωνᾶς τοῖς Νινευείταις σημεῖον, οὕτως ἔσται καὶ ὁ υἱὸς τοῦ ἀνθρώπου τῇ γενεᾷ ταύτῃ. |
| 41 ἄνδρες Νινευεῖται ἀναστήσονται ἐν τῇ κρίσει μετὰ τῆς γενεᾶς ταύτης καὶ κατακρινοῦσιν αὐτήν· ὅτι μετενόησαν εἰς τὸ κήρυγμα Ἰωνᾶ, καὶ 42 ἰδοὺ πλεῖον Ἰωνᾶ ὧδε. βασίλισσα νότου ἐγερθήσεται ἐν τῇ κρίσει μετὰ τῆς γενεᾶς ταύτης καὶ κατακρινεῖ αὐτήν· ὅτι ἦλθεν ἐκ τῶν περάτων τῆς γῆς ἀκοῦσαι τὴν σοφίαν Σολομῶνος, καὶ ἰδοὺ πλεῖον Σολομῶνος ὧδε. | — | 31 βασίλισσα νότου ἐγερθήσεται ἐν τῇ κρίσει μετὰ τῶν ἀνδρῶν τῆς γενεᾶς ταύτης καὶ κατακρινεῖ αὐτούς· ὅτι ἦλθεν ἐκ τῶν περάτων τῆς γῆς ἀκοῦσαι τὴν σοφίαν Σολομῶνος. καὶ ἰδοὺ πλεῖον Σολομῶνος ὧδε. 32 ἄνδρες Νινευεῖται ἀναστήσονται ἐν τῇ κρίσει μετὰ τῆς γενεᾶς ταύτης καὶ κατακρινοῦσιν αὐτήν· ὅτι μετενόησαν εἰς τὸ κήρυγμα Ἰωνᾶ, καὶ ἰδοὺ πλεῖον Ἰωνᾶ ὧδε.] [*Cf.* xi. 24–26.] |
| 43 ὅταν δὲ τὸ ἀκάθαρτον πνεῦμα ἐξέλθῃ ἀπὸ τοῦ ἀνθρώπου, διέρχεται δι᾽ ἀνύδρων τόπων ζητοῦν ἀνάπαυσιν, καὶ οὐχ 44 εὑρίσκει. τότε λέγει· εἰς τὸν οἶκόν μου ἐπιστρέψω ὅθεν ἐξῆλθον. καὶ ἐλθὸν εὑρίσκει σχολάζοντα καὶ σεσαρωμένον καὶ κεκοσμημένον. 45 τότε πορεύεται καὶ παραλαμβάνει μεθ᾽ ἑαυτοῦ ἑπτὰ ἕτερα | — — — | [24 ὅταν τὸ ἀκάθαρτον πνεῦμα ἐξέλθῃ ἀπὸ τοῦ ἀνθρώπου, διέρχεται δι᾽ ἀνύδρων τόπων ζητοῦν ἀνάπαυσιν, καὶ μὴ εὑρίσκον λέγει· ὑποστρέψω εἰς τὸν οἶκόν μου ὅθεν 25 ἐξῆλθον. καὶ ἐλθὸν εὑρίσκει σεσαρωμένον καὶ κεκοσμημένον. 26 τότε πορεύεται καὶ παραλαμβάνει ἕτερα |

| | |
|---|---|
| πνεύματα πονηρότερα ἑαυτοῦ, καὶ εἰσελθόντα κατοικεῖ ἐκεῖ, καὶ γίνεται τὰ ἔσχατα τοῦ ἀνθρώπου ἐκείνου χείρονα τῶν πρώτων. οὕτως ἔσται καὶ τῇ γενεᾷ ταύτῃ τῇ πονηρᾷ. | πνεύματα πονηρότερα ἑαυτοῦ, καὶ εἰσελθόντα κατοικεῖ ἐκεῖ, καὶ γίνεται τὰ ἔσχατα τοῦ ἀνθρώπου ἐκείνου χείρονα τῶν πρώτων.] ― |

## § 71. The Women that ministered to Jesus and the Twelve. [Cf. § 220.]

|   |   |   |
|---|---|---|
| | | VIII. |
| [Cf. xxvii. 55, 56.] | ― | 1 Καὶ ἐγένετο ἐν τῷ καθεξῆς καὶ αὐτὸς διώδευεν κατὰ πόλιν καὶ κώμην κηρύσσων καὶ εὐαγγελιζόμενος τὴν βασιλείαν τοῦ θεοῦ, καὶ |
| | | 2 οἱ δώδεκα σὺν αὐτῷ, καὶ γυναῖκές τινες αἳ ἦσαν τεθεραπευμέναι ἀπὸ πνευμάτων πονηρῶν καὶ ἀσθενειῶν, Μαρία ἡ καλουμένη Μαγδαληνή, ἀφ' ἧς δαιμόνια ἑπτὰ ἐξεληλύ- |
| [Ibid. 61.] | [Cf. xv. 40, 41, 47.] | 3 θει, καὶ Ἰωάννα γυνὴ Χουζᾶ ἐπιτρόπου Ἡρώδου καὶ Σουσάννα καὶ ἕτεραι πολλαί, αἵτινες διηκόνουν αὐτοῖς ἐκ τῶν ὑπαρχόντων αὐταῖς. |

## § 72. The True Relationship. [§ 77.]

|   |   |   |
|---|---|---|
| | | [Cf. viii. 19-21.] |
| 46 Ἔτι αὐτοῦ λαλοῦντος τοῖς ὄχλοις, ἰδοὺ ἡ μήτηρ καὶ οἱ ἀδελφοὶ αὐτοῦ, εἱστήκεισαν ἔξω ζητοῦντες αὐτῷ λαλῆσαι· | 31 Καὶ ἔρχεται ἡ μήτηρ αὐτοῦ καὶ οἱ ἀδελφοὶ αὐτοῦ, καὶ ἔξω στήκοντες ἀπέστειλαν πρὸς αὐτὸν καλοῦντες | [19 Παρεγένετο δὲ πρὸς αὐτὸν ἡ μήτηρ αὐτοῦ, καὶ οἱ ἀδελφοὶ αὐτοῦ, καὶ οὐκ ἠδύναντο συντυχεῖν αὐτῷ διὰ τὸν 20 ὄχλον. ἀπηγγέλη δὲ αὐτῷ |
| 47 εἶπεν δέ τις αὐτῷ· ἰδοὺ ἡ μήτηρ σου καὶ οἱ ἀδελφοί σου ἔξω ἑστήκασιν ζητοῦντές σοι λαλῆσαι. | 32 αὐτόν. καὶ ἐκάθητο περὶ αὐτὸν ὄχλος καὶ λέγουσιν αὐτῷ· ἰδοὺ ἡ μήτηρ σου καὶ οἱ ἀδελφοί σου καὶ ἀδελφαί σου ἔξω ζητοῦσίν σε | ὅτι ἡ μήτηρ σου καὶ οἱ ἀδελφοί σου ἑστήκασιν ἔξω ἰδεῖν σε θέλοντες· |
| 48 ὁ δὲ ἀποκριθεὶς εἶπεν τῷ λέγοντι αὐτῷ· τίς ἐστιν ἡ μήτηρ μου, καὶ τίνες εἰσὶν οἱ ἀδελφοί 49 μου; καὶ ἐκτείνας τὴν χεῖρα ἐπὶ τοὺς μαθη- | 33 καὶ ἀποκριθεὶς αὐτοῖς λέγει· τίς ἐστιν ἡ μήτηρ μου, καὶ οἱ ἀδελφοί 34 μου; καὶ | 21 ὁ δὲ ἀποκριθεὶς εἶπεν πρὸς αὐτούς· ― |

| | | |
|---|---|---|
| τὰς αὐτοῦ εἶπεν· ἰδοὺ ἡ μήτηρ μου καὶ οἱ ἀδελ- 50 φοί μου. οστις γὰρ ἂν ποιήσῃ τὸ θέλημα τοῦ πατρός μου τοῦ ἐν οὐρανοῖς, αὐτός μου ἀδελφὸς καὶ ἀδελ- φὴ καὶ μήτηρ ἐστίν. | περιβλεψάμενος τοὺς περὶ αὐτὸν κύκλῳ κα- θημένους λέγει· ἴδε ἡ μήτηρ μου καὶ οἱ ἀδελ- 35 φοὶ μου. ὃς ἂν ποιήσῃ τὸ θέλημα τοῦ θεοῦ, οὗτος ἀδελφός μου καὶ ἀδελ- φὴ καὶ μήτηρ ἐστίν. | μήτηρ μου καὶ ἀδελφοί μου οὗτοι εἰσιν οἱ τὸν λόγον τοῦ θεοῦ ἀκούοντες καὶ ποιοῦντες.] |

## § 73. Parable of the Sower.

| XIII. | IV | |
|---|---|---|
| 1 Ἐν τῇ ἡμέρᾳ ἐκείνῃ ἐξελθὼν ὁ Ἰησοῦς ἐκ τῆς οἰκίας ἐκάθητο παρὰ τὴν θάλασσαν. | 1 Και πάλιν [ii. 13.] ἤρξατο διδάσκειν παρὰ τὴν θάλασσαν. | |
| 2 καὶ συνήχθησαν πρὸς ᾽αὐτὸν ὄχλοι πολλοί, | καὶ συνάγεται πρὸς αὐτὸν ὄχλος | 4 Συνιόντος δὲ ὄχλου πολλοῦ καὶ τῶν κατὰ πόλιν ἐπιπορευομένων πρὸς αυτὸν |
| ὥστε αὐτὸν εἰς πλοῖον ἐμβάντα καθῆσθαι, | πλεῖστος, [iii. 9.] ὥστε αὐτὸν εἰς πλοῖον ἐμβάντα καθῆσθαι ἐν τῇ θαλάσσῃ, | |
| καὶ πᾶς ὁ ὄχλος ἐπὶ τὸν αἰγιαλὸν εἰστήκει. | καὶ πᾶς ὁ ὄχλος πρὸς τὴν θάλασσαν ἐπὶ τῆς γῆς ἦσαν. | |
| 3 καὶ ἐλάλησεν αὐτοῖς πολλὰ ἐν παρα- βολαῖς λέγων· | 2 καὶ ἐδίδασκεν αὐτοὺς ἐν παρα- βολαῖς πολλὰ, καὶ ἔλεγεν αὐτοῖς ἐν τῇ διδαχῇ αὐτοῦ· | εἶπεν διὰ παρα- βολῆς· — |
| ἰδοὺ ἐξῆλ- θεν ὁ σπείρων τοῦ σπείρειν. | 3 ἀκούετε. ἰδοὺ ἐξῆλ- θεν ὁ σπείρων σπεῖραι. | 5 ἐξῆλ- θεν ὁ σπείρων τοῦ σπεῖραι τὸν σπόρον αὐτοῦ. καὶ |
| 4 καὶ ἐν τῷ σπείρειν αὐτὸν ἃ μὲν ἔπεσεν παρὰ τὴν ὁδόν, | καὶ ἐγένετο ἐν τῷ σπείρειν ὃ μὲν ἔπεσεν παρὰ τὴν ὁδόν, | ἐν τῷ σπείρειν αὐτὸν ὃ μὲν ἔπεσεν παρὰ τὴν ὁδόν, καὶ κατεπα- τήθη, καὶ τὰ |
| καὶ ἦλθεν τὰ πετεινὰ καὶ κατέφαγεν αὐτά. | καὶ ἦλθεν τὰ πετεινὰ καὶ κατέφαγεν αὐτό. καὶ | πετεινὰ τοῦ οὐρανοῦ 6 κατέφαγεν αὐτό· καὶ |
| 5 ἄλλα δὲ ἔπεσεν ἐπὶ | ἄλλο ἔπεσεν ἐπὶ | ἕτερον κατέπεσεν ἐπὶ |

τὰ πετρώδη ὅπου οὐκ
εἶχεν γῆν πολλήν, καὶ
εὐθέως ἐξανέτειλεν
διὰ τὸ μὴ ἔχειν βάθος
γῆς·
6 ἡλίου δὲ ἀνετείλαντος
ἐκαυματίσθη, καὶ διὰ
τὸ μὴ ἔχειν ῥίζαν
ἐξηράνθη.

7 ἄλλα δὲ ἔπεσεν ἐπὶ
τὰς ἀκάνθας, καὶ
ἀνέβησαν αἱ ἄκανθαι
καὶ ἔπνιξαν αὐτα.
—

8 ἄλλα δὲ ἔπεσεν ἐπὶ
τὴν γῆν τὴν καλὴν
καὶ ἐδίδου
καρπὸν,
ὃ μὲν ἑκατόν,
ὃ δε
ἐξήκοντα, ὃ δὲ τριά-
κοντα.

9 ὁ ἔχων ὦτα
ἀκουέτω.

τὸ πετρῶδες, ὅπου οὐκ
εἶχεν γῆν πολλήν, καὶ
εὐθὺς ἐξανέτειλεν
διὰ τὸ μὴ ἔχειν βάθος
6 γῆς·      καὶ ὅτε
ἀνέτειλεν ὁ ἥλιος
ἐκαυματίσθη, καὶ διὰ
τὸ μὴ ἔχειν ῥίζαν
ἐξηράνθη.
7           καὶ
ἄλλο ἔπεσεν εἰς
τὰς ἀκάνθας,

καὶ συνέπνιξαν αὐτό,
καὶ καρπὸν οὐκ ἔδω-
κεν

8 καὶ ἄλλα ἔπεσεν εἰς
τὴν γῆν τὴν καλὴν
καὶ ἐδίδου
καρπὸν ἀναβαίνοντα
καὶ αὐξανόμενον,
καὶ ἔφερει εἰς
τριά-
κοντα καὶ εἰς ἑξήκοντα
9 καὶ εἰς ἑκατόν. καὶ
ἔλεγεν·
ὃς ἔχει ὦτα ἀκούειν
ἀκουέτω.

τὴν πέτραν,

φυὲν

ἐξηράνθη διὰ τὸ μὴ
7 ἔχειν ἰκμάδα· καὶ
ἕτερον ἔπεσεν ἐν μέσῳ
τῶν ἀκανθῶν καὶ συν-
φυεῖσαι αἱ ἄκανθαι
ἀπέπνιξαν αὐτό.

8 καὶ ἕτερον ἔπεσεν εἰς
τὴν γῆν τὴν ἀγαθήν
καὶ φυὲν ἐποίησεν
καρπὸν
ἑκατοντα-
πλασίονα.

ταῦτα λέγων ἐφώνει.
ὁ ἔχων ὦτα ἀκούειν
ἀκουέτω.

§ 74. The Mysteries of the Kingdom.

10 Καὶ
—
προσελθόντες
οἱ μαθηταὶ εἶπαν
αὐτῷ· διατί ἐν
παραβολαῖς λαλεῖς
11 αὐτοῖς; ὁ δὲ ἀπο-
κριθεὶς εἶπεν ὅτι
ὑμῖν δέδοται γνῶναι
τὰ μυστήρια
τῆς βασιλείας τῶν
οὐρανῶν, ἐκείνοις δὲ

οὐ δέδοται.
12    ὅστις γὰρ ἔχει,
δοθήσεται αὐτῷ, καὶ
περισσευθήσεται·
ὅστις δὲ οὐκ ἔχει,

10 Καὶ ὅτε ἐγένετο κατὰ
μόνας, ἠρώτουν
αὐτὸν οἱ περὶ αὐτὸν
σὺν τοῖς δώδεκα
τὰς
παραβολάς.
11    καὶ
ἔλεγεν αὐτοῖς·
ὑμῖν
τὸ μυστήριον δέδοται
τῆς βασιλείας τοῦ
θεοῦ· ἐκείνοις δὲ
τοῖς ἔξω
ἐν παραβολαῖς
πάντα γίνεται,
[ver. 25.]
—

—
9     Ἐπηρώτουν δε
αὐτὸν
οἱ μαθηταὶ
αὐτοῦ τίς αὕτη εἴη ἡ
παραβολή.
ὁ δὲ
10 εἶπεν·
ὑμῖν δέδοται γνῶναι
τὰ μυστήρια
τῆς βασιλείας τοῦ
θεοῦ,
τοῖς δὲ λοιποῖς
ἐν παραβολαῖς,
[ver. 18.]
—

| MATT. XIII. | MARK IV. | LUKE VIII. |
|---|---|---|
| καὶ ὃ ἔχει ἀρθή- σεται ἀπ᾽ αὐτοῦ. | | |
| 13 διὰ τοῦτο ἐν παρα- βολαῖς αὐτοῖς λαλῶ, ὅτι βλέποντες οὐ βλέπουσιν | — 12 ἵνα βλέποντες βλέπωσιν καὶ μὴ ἴδωσιν, | — ἵνα βλέποντες μὴ βλέπωσιν |
| καὶ ἀκούοντες οὐκ ἀκούουσιν οὐδὲ συνιοῦσιν. | καὶ ἀκούοντες ἀκούωσιν καὶ μὴ συνιῶσιν, | καὶ ἀκούοντες μὴ συνιῶσιν. |
| 14 καὶ ἀναπληροῦται αὐτοῖς ἡ προφητεία Ἡσαΐου ἡ λέγουσα· ἀκοῇ ἀκούσετε καὶ οὐ μὴ συνῆτε, καὶ βλέποντες βλέψετε καὶ οὐ μὴ ἴδητε. | — | — [Acts xxviii. 27.] |
| 15 ἐπαχύνθη γὰρ ἡ καρ- δία τοῦ λαοῦ τούτου, καὶ τοῖς ὠσὶν βαρέως ἤκουσαν, καὶ τοὺς ὀφθαλμοὺς αὐτῶν ἐκάμμυσαν, μήποτε ἴδωσιν τοῖς ὀφθαλ- μοῖς καὶ τοῖς ὠσὶν ἀκούσωσιν καὶ τῇ καρδίᾳ συνῶσιν καὶ ἐπιστρέψωσιν, καὶ ἰάσομαι αὐτούς. | [Cf. viii. 17, 18.] μήποτε ἐπιστρέψωσιν καὶ ἀφεθῇ αὐτοῖς. | — |
| 16 ὑμῶν δὲ μακάριοι οἱ ὀφ- θαλμοὶ ὅτι βλέπου- σιν, καὶ τὰ ὦτα ὑμῶν | [Cf. viii. 18.] [Cf. ver. 13.] [viii. 18.] | [Cf. x. 23, 24.] [ μακάριοι οἱ ὀφ- θαλμοὶ οἱ βλέποντες ἃ βλέπετε. |
| 17 ὅτι ἀκούουσιν. ἀμὴν λέγω ὑμῖν ὅτι πολλοὶ προφῆται καὶ δίκαιοι ἐπεθύμησαν ἰδεῖν ἃ βλέ- πετε, καὶ οὐκ ἴδαν, καὶ ἀκοῦσαι ἃ ἀκού- ετε, καὶ οὐκ ἤκουσαν. | — [Cf. ver. 13.] | λέγω γὰρ ὑμῖν ὅτι πολλοὶ προφῆται καὶ βασιλεῖς ἠθέλησαν ἰδεῖν ἃ ὑμεῖς βλέ- πετε, καὶ οὐκ ἴδαν, καὶ ἀκοῦσαι ἃ ἀκού- ετε, καὶ οὐκ ἤκουσαν.] |

§ 75. *Exposition of the Parable of the Sower.*

| | | |
|---|---|---|
| 18 Ὑμεῖς οὖν ἀκούσατε τὴν παραβολὴν τοῦ 19 σπείραντος. παντὸς ἀκούοντος τὸν λόγον τῆς βασιλείας καὶ μὴ | | |

| MATT. XIII. | MARK IV. | LUKE VIII. |
|---|---|---|
| συνιέντος, — <br> [Cf. vv. 16, 17.] <br> — <br> — | 13  καὶ λέγει αὐτοῖς· οὐκ οἴδατε τὴν παραβολὴν ταύτην, καὶ πῶς πάσας τὰς παραβολὰς γνώσεσθε; | — <br> — |
| | 14 ὁ σπείρων τὸν λόγον σπείρει. | 11  Ἔστιν δὲ αὕτη ἡ παραβολή. ὁ σπόρος ἐστὶν ὁ λόγος τοῦ θεοῦ. |
| ἔρχεται ὁ πονηρὸς καὶ ἁρπάζει τὸ ἐσπαρμένον ἐν τῇ καρδίᾳ αὐτοῦ· οὗτός ἐστιν ὁ παρὰ τὴν ὁδὸν σπαρείς. | 15 οὗτοι δέ εἰσιν οἱ παρὰ τὴν ὁδὸν ὅπου σπείρεται ὁ λογος, καὶ ὅταν ἀκούσωσιν, εὐθὺς ἔρχεται ὁ σατανᾶς καὶ αἴρει τὸν λόγον τὸν ἐσπαρμένον ἐν αὐτοῖς | 12 οἱ δὲ παρὰ τὴν ὁδὸν εἰσιν <br> οἱ ἀκούσαντες εἶτα ἔρχεται ὁ διάβολος καὶ αἴρει τὸν λόγον ἀπο τῆς καρδίας αὐτῶν, ἵνα μὴ πιστεύσαντες σωθῶσιν. |
| 20 ὁ δὲ ἐπὶ τὰ πετρώδη σπαρείς, οὗτός ἐστιν ὁ τὸν λόγον ἀκούων καὶ εὐθὺς μετὰ χαρᾶς λαμβάνων 21 αὐτόν· οὐκ ἔχει δὲ ῥίζαν ἐν ἑαυτῷ ἀλλὰ πρόσκαιρός ἐστιν, γενομένης δὲ θλίψεως ἢ διωγμοῦ διὰ τὸν λόγον εὐθὺς σκανδαλίζεται. | 16 Καὶ οὗτοι ὁμοίως εἰσὶν οἱ ἐπὶ τὰ πετρώδη σπειρόμενοι, οἳ ὅταν ἀκούσωσιν τὸν λόγον εὐθὺς μετὰ χαρᾶς λαμβάνουσιν 17 αὐτόν, καὶ οὐκ ἔχουσιν ῥίζαν ἐν ἑαυτοῖς ἀλλὰ πρόσκαιροί εἰσιν, εἶτα γενομένης θλίψεως ἢ διωγμοῦ διὰ τὸν λόγον εὐθὺς. σκαδαλίζονται. | 13 οἱ δὲ ἐπὶ τὴν πέτραν οἳ ὅταν ἀκούσωσιν μετὰ χαρᾶς δέχονται τὸν λόγον, καὶ οὗτοι ῥίζαν οὐκ ἔχουσιν, οἳ πρὸς καιρὸν πιστεύουσιν καὶ ἐν καιρῷ πειρασμοῦ ἀφίστανται. |
| 22 ὁ δὲ εἰς τὰς ἀκάνθας σπαρείς, οὗτός ἐστιν ὁ τὸν λόγον ἀκούων καὶ ἡ μέριμνα τοῦ αἰῶνος καὶ ἡ ἀπάτη τοῦ πλούτου συνπνίγει τὸν λόγον, καὶ ἄκαρπος γίνεται. | 18 καὶ ἄλλοι εἰσὶν οἱ ἐπὶ τὰς ἀκάνθας σπεφόμενοι· οὗτοί εἰσιν οἱ τὸν λόγον ἀκούσαντες καὶ αἱ μερίμναι τοῦ αἰῶνος καὶ ἡ ἀπάτη τοῦ πλούτου καὶ περὶ τὰ λοιπὰ ἐπιθυμίαι εἰσκορευόμενοι συνπνίγουσιν τὸν λόγον, καὶ ἄκαρπος γίνεται. | 14 τὸ δὲ εἰς τὰς ἀκάνθας πεσόν, οὗτοί εἰσιν οἱ ἀκούσαντες, καὶ ὑπὸ μεριμνῶν καὶ πλούτου καὶ ἡδονῶν τοῦ βίου πορευόμενοι συνπνίγονται καὶ οὐ τελεσφοροῦσιν. |

| | | |
|---|---|---|
| 23 ὁ δὲ ἐπὶ τὴν καλὴν γῆν σπαρείς, οὗτός ἐστιν ὁ | 20 καὶ ἐκεῖνοί εἰσιν οἱ ἐπὶ τὴν γῆν τὴν καλὴν σπαρέντες, οἵτινες | 15 τὸ δὲ ἐν τῇ καλῇ γῇ οὗτοί εἰσιν οἵτινες ἐν καρδίᾳ καλῇ καὶ ἀγα- |
| τὸν λόγον ἀκούων καὶ συνιείς, ὃς δὴ καρποφορεῖ καὶ ποιεῖ ὃ μὲν ἑκατόν, ὃ δὲ ἑξήκοντα, — ὃ δὲ τριάκοντα. | ἀκούσουσιν τὸν λόγον καὶ παρέδεχον- ται καὶ καρποφοροῦ- σιν ἐν — τριάκοντα καὶ ἐν ἑξήκοντα καὶ ἐν ἑκατόν. | θῇ ἀκούσαντες τὸν λόγον κατέχουσιν καὶ καρποφοροῦ- σιν ἐν ὑπομονῇ. — |

## § 76. The Light must not be quenched: The Law of Giving.

| | 21 καὶ ἔλεγεν αὐτοῖς ὅτι | |
|---|---|---|
| — [Cf. v. 15.] [15 οὐδὲ καίουσιν λύχνον | μήτι ἔρχεται ὁ λύχνος | — 16 οὐδεὶς δὲ λύχνον ἅψας καλύπτει αὐτὸν σκεύει |
| καὶ τιθέασιν αὐτὸν ὑπὸ τὸν μόδιον, ἀλλ᾽ ἐπὶ τὴν λυχνίαν, καὶ λάμπει πᾶσιν τοῖς ἐν τῇ οἰκίᾳ.] [Cf. x. 26.] | ἵνα ὑπὸ τὸν μόδιον τεθῇ ἢ ὑπὸ τὴν κλίνην οὐχ ἵνα ἐπὶ τὴν λυχνίαν τεθῇ; — | ἢ ὑποκάτω κλίνης τί- θησιν, ἀλλ᾽ ἐπὶ λυχνίας τίθησιν, ἵνα οἱ εἰσπορευόμενοι βλέπωσιν τὸ φῶς. |
| | 22 οὐ γὰρ ἔστίν τι κρυπ- τόν, ἐὰν μὴ ἵνα φανε- ρωθῇ· οὐδὲ ἐγένετο ἀπόκρυ- φον, ἀλλ᾽ ἵνα ἔλθη | 17 οὐ γὰρ ἔστιν κρυπ- τὸν ὃ οὐ φανε- ρὸν γενήσεται, οὐδὲ ἀπόκρυ- φον ὃ οὐ μὴ γνωσθῇ καὶ εἰς φανερὸν ἔλθη. |
| [Cf. ver. 9.] | 23 εἰς φανερόν. εἴ τις ἔχει ὦτα ἀκούειν, ἀκουέτω. | [Cf. ver. 8.] |
| —[Cf. vii. 2.] [ἐν ᾧ μέτρῳ μετρεῖτε μετρηθή- σεται ὑμῖν.] [Cf. xiii. 12.] | 24 καὶ ἔλεγεν αὐτοῖς· βλέπετε τί ἀκούετε. ἐν ᾧ μέτρῳ μετρεῖτε μετρηθή- σεται ὑμῖν, | 18 βλέπετε οὖν πῶς ἀκούετε· [Cf. vi. 38.] [μέτρον καλὸν πεπιεσμένον σεσαλε- υμένον ὑπερεκχυννό- μενον δώσουσιν εἰς τὸν κόλπον ὑμῶν· ᾧ γὰρ μέτρῳ μετρεῖτε ἀντιμετρηθήσεται ὑμῖν.] |
| | καὶ προσ- τεθήσεται ὑμῖν. | |
| [Cf. xxv. 29.] | 25 ὃς γὰρ ἔχει δοθή- | ὃς ἂν γὰρ ἔχη δοθή- |

|  |  |
|---|---|
| σεται αὐτῷ· καὶ ὃς οὐκ ἔχει καὶ ὃ ἔχει ἀρθήσεται αὐτοῦ. | σεται αὐτῷ, καὶ ὃς ἂν μὴ ἔχῃ, καὶ ὃ δοκεῖ ἔχειν ἀρθήσεται ἀπ᾽ αὐτοῦ. [Cf. xix. 26.] |

### § 77. The True Relationship. [Cf. § 72.]

[Cf. xii. 46-50.]    [Cf. iii. 31-35.]

19 Παρεγένετο δὲ πρὸς αὐτὸν ἡ μήτηρ αὐτοῦ καὶ οἱ ἀδελφοὶ αὐτοῦ, καὶ οὐκ ἠδύναντο
20 συντυχεῖν αὐτῷ διὰ τὸν ὄχλον. ἀπηγγέλη δὲ αὐτῷ ὅτι ἡ μήτηρ σου καὶ οἱ ἀδελφοί σου
21 ἑστήκασιν ἔξω ἰδεῖν σε θέλοντες. ὁ δὲ ἀποκριθεὶς εἶπεν πρὸς αὐτούς· μήτηρ μου καὶ ἀδελφοί μου οὗτοί εἰσιν οἱ τὸν λόγον τοῦ θεοῦ ἀκούοντες καὶ ποιοῦντες.

### § 78. Parable of the Tares and the Wheat.

24 Ἄλλην παραβολὴν παρέθηκεν αὐτοῖς λέγων· ὡμοιώθη ἡ βασιλεία τῶν οὐρανῶν ἀνθρώπῳ σπείραντι καλὸν σπέρμα ἐν τῷ
25 ἀγρῷ αὐτοῦ. ἐν δὲ τῷ καθεύδειν τοὺς ἀνθρώπους ἦλθεν αὐτοῦ ὁ ἐχθρὸς καὶ ἐπέσπειρεν ζιζάνια ἀνὰ μέσον τοῦ σίτου καὶ
26 ἀπῆλθεν. ὅτε δὲ ἐβλάστησεν ὁ χόρτος καὶ καρπὸν ἐποίησεν, τότε ἐφάνη καὶ τὰ
27 ζιζάνια. προσελθόντες δὲ οἱ δοῦλοι τοῦ οἰκοδεσπότου εἶπον αὐτῷ· κύριε, οὐχὶ καλὸν
28 σπέρμα ἔσπειρας ἐν τῷ σῷ ἀγρῷ; πόθεν οὖν ἔχει ζιζάνια; ὁ δὲ ἔφη αὐτοῖς· ἐχθρὸς ἄνθρωπος τοῦτο ἐποίησεν. οἱ δὲ δοῦλοι λέγουσιν αὐτῷ· θέλεις οὖν ἀπελθόντες συλ-
29 λέξωμεν αὐτά; ὁ δὲ φησίν· οὔ, μήποτε συλλέγοντες τὰ ζιζάνια ἐκριζώσητε ἅμα
30 αὐτοῖς τὸν σῖτον. ἄφετε συναυξάνεσθαι ἀμφότερα μέχρι τοῦ θερισμοῦ, καὶ ἐν καιρῷ τοῦ θερισμοῦ ἐρῶ τοῖς θερισταῖς· συλλέξατε πρῶτον τὰ ζιζάνια καὶ δήσατε αὐτὰ εἰς δεσμὰς πρὸς τὸ κατακαῦσαι αὐτά, τὸν δὲ σῖτον συναγάγετε εἰς τὴν ἀποθήκην μου.

[Cf. the spaced words in Mark's parable of the Seed growing in Secret, next section.]

—

### § 79. Parable of the Seed growing in Secret.

—

26 Καὶ ἔλεγεν· οὕτως ἐστὶν ἡ βασιλεία τοῦ θεοῦ, ὡς ἄνθρωπος βάλῃ τὸν σπόρον ἐπὶ
27 τῆς γῆς, καὶ καθεύδῃ καὶ ἐγείρηται νύκτα καὶ ἡμέραν, καὶ ὁ σπόρος βλαστᾷ καὶ

—

— 28 μηκύνηται, ὡς οὐκ οἶδεν αὐτός. αὐτομάτη
ἡ γῆ καρποφορεῖ, πρῶτον χόρτον, εἶτεν
στάχυν, εἶτεν πλήρης σῖτος ἐν τῷ στάχυϊ.
29 ὅταν δὲ παραδοῖ ὁ καρπός, εὐθὺς ἀποσ-
τέλλει τὸ δρέπανον, ὅτι παρέστηκεν ὁ
θερισμός.

## § 80. Parable of the Mustard Seed. [Cf. § 142.]

| | | [Cf. xiii. 18, 19.] |
|---|---|---|
| 31 Ἄλλην παραβολὴν παρέθηκεν αὐτοῖς λέγων· ὁμοία ἐστὶν ἡ βασιλεία τῶν οὐρανῶν | 30 Καὶ ἔλεγεν· πῶς ὁμοιώσωμεν τὴν βασιλείαν τοῦ θεοῦ, ἢ ἐν τίνι αὐτὴν παραβολῇ θῶμεν; | [18 ἔλεγεν οὖν· τίνι ὁμοία ἐστιν ἡ βασιλεία τοῦ θεοῦ, καὶ τίνι ὁμοιώσω αὐτήν; |
| κόκκῳ σινάπεως, ὃν λαβὼν ἄνθρωπος ἔσπειρεν ἐν τῷ ἀγρῷ αὐ- 32 τοῦ· ὃ μικρότερον μὲν πάντων τῶν σπερμάτων, | 31 ὡς κόκκῳ σινάπεως, ὃς ὅταν σπαρῇ ἐπὶ τῆς γῆς, μικρότερον ὂν πάντων τῶν σπερμάτων τῶν ἐπὶ | 19 ὁμοία ἐστιν κόκκῳ σινάπεως, ὃν λαβὼν ἄνθρωπος ἔβαλεν εἰς κῆπον ἑαυ- τοῦ, |
| ὅταν δὲ αὐξηθῇ, μεῖζον τῶν λαχάνων ἐστὶν καὶ γίνεται | 32 τῆς γῆς, καὶ ὅταν σπαρῇ, ἀναβαίνει καὶ γίνεται μεῖζον πάντων τῶν λαχάνων, καὶ | καὶ ηὔξησεν |
| δένδρον | ποιεῖ κλάδους μεγά- λους, ὥσπε | καὶ ἐγένετο εἰς δένδρον, καὶ |
| ὥστε ἐλθεῖν τὰ πε- τεινὰ τοῦ οὐρανοῦ καὶ κατασκηνοῖν ἐν τοῖς κλάδοις αὐτοῦ. | δύνασθαι ὑπὸ τὴν σκιὰν αὐτοῦ τὰ πε- τεινὰ τοῦ οὐρανοῦ κατασκηνοῦν. | τὰ πε- τεινὰ τοῦ οὐρανοῦ κατασκήνωσεν ἐν τοῖς κλάδοις αὐτοῦ.] |

## § 81. Parable of the Leaven. [Cf. § 143.]

| | | |
|---|---|---|
| 33 Ἄλλην παραβολὴν ἐλάλησεν αὐτοῖς· ὁμοία ἐστὶν ἡ βασιλεία τῶν οὐρανῶν ζύμῃ, ἣν λαβοῦσα γυνὴ ἐνέκρυψεν εἰς ἀλεύρου σάτα τρία, ἕως οὗ ἐζυμώθη ὅλον. | — | [Cf. xiii. 20, 21.] [20 Καὶ πάλιν εἶπεν· τίνι ὁμοιώσω τὴν βασιλείαν τοῦ θεοῦ; ὁμοία ἐστιν ζύμῃ, ἣν λαβοῦσα γυνὴ ἔκρυψεν εἰς ἀλεύρου σάτα τρία, ἕως οὗ ἐζυμώθη ὅλον.] |

### § 82. *The Custom of Jesus in addressing the People.*

| | | |
|---|---|---|
| 34 Ταῦτα πάντα ἐλάλησεν ὁ Ἰησοῦς ἐν παραβολαῖς τοῖς ὄχλοις, καὶ χωρὶς παραβολῆς | [See vv. 33, 34ᵃ infra.] | — |
| 35 οὐδὲν ἐλάλει αὐτοῖς, ὅπως πληρωθῇ τὸ ῥηθὲν διὰ τοῦ προφήτου Ἡσαΐου λέγοντος· ἀνοίξω ἐν παραβολαῖς τὸ στόμα μου, ἐρεύξομαι κεκρυμμένα ἀπο καταβολῆς. | — | |

### § 83. *Exposition of the Parable of the Tares and the Wheat.*

| | | |
|---|---|---|
| 36 Τότε ἀφεὶς τοὺς ὄχλους ἦλθεν εἰς τὴν οἰκίαν. καὶ προσῆλθον αὐτῷ οἱ μαθηταὶ αὐτοῦ λέγοντες· φράσον ἡμῖν τὴν παραβολὴν τῶν ζιζα | [See 34ᵇ infra.] | — |
| 37 νίων τοῦ ἀγροῦ. ὁ δὲ ἀποκριθεὶς εἶπεν· ὁ σπείρων τὸ καλὸν σπέρμα ἐστὶν ὁ υἱὸς τοῦ | | |
| 38 ἀνθρώπου, ὁ δὲ ἀγρός ἐστιν ὁ κόσμος· τὸ δὲ καλὸν σπέρμα, οὗτοί εἰσιν οἱ υἱοὶ τῆς βασι | — | |
| 39 λείας· τὰ δὲ ζιζάνιά εἰσιν οἱ υἱοὶ τοῦ πονηροῦ, ὁ δὲ ἐχθρὸς ὁ σπείρας αὐτά ἐστιν ὁ διάβολος· ὁ δὲ θερισμὸς συντέλεια αἰῶνός ἐστιν, οἱ δὲ | — | |
| 40 θερισταὶ ἄγγελοί εἰσιν. ὥσπερ οὖν συλλέγεται τὰ ζιζάνια καὶ πυρὶ κατακαίεται, οὕτως | — | |
| 41 ἔσται ἐν τῇ συντελείᾳ τοῦ αἰῶνος. ἀποστελεῖ ὁ υἱὸς τοῦ ἀνθρώπου τοὺς ἀγγέλους αὐτοῦ, καὶ συλλέξουσιν ἐκ τῆς βασιλείας αὐτοῦ πάντα τὰ σκάνδαλα καὶ τοὺς ποιοῦντας τὴν ἀνομίαν, | | |
| 42 καὶ βαλοῦσιν αὐτοὺς εἰς τὴν κάμινον τοῦ πυρός· ἐκεῖ ἔσται ὁ κλαυθμὸς καὶ ὁ βρυγμὸς | — | — |
| 43 τῶν ὀδόντων. τότε οἱ δίκαιοι ἐκλάμψουσιν ὡς ὁ ἥλιος ἐν τῇ βασιλείᾳ τοῦ πατρὸς αὐτῶν. ὁ ἔχων ὦτα ἀκουέτω. | | |

### § 84. *Parable of the Hidden Treasure.*

| | | |
|---|---|---|
| 44 Ὁμοία ἐστὶν ἡ βασιλεία τῶν οὐρανῶν θησαυρῷ κεκρυμμένῳ ἐν τῷ ἀγρῷ, ὃν εὑρὼν ἄνθρωπος ἔκρυψεν, καὶ ἀπὸ τῆς χαρᾶς αὐτοῦ ὑπάγει καὶ πωλεῖ πάντα ὅσα ἔχει καὶ ἀγοράζει τὸν ἀγρὸν ἐκεῖνον. | — | — |

### § 85. *Parable of the Pearl of Great Price.*

| | | |
|---|---|---|
| 45 Πάλιν ὁμοία ἐστὶν ἡ βασιλεία τῶν οὐρανῶν ἀνθρώπῳ ἐμπόρῳ ζητοῦντι καλοὺς μαργαρί | — | — |
| 46 τας· εὑρὼν δὲ ἕνα πολύτιμον μαργαρίτην ἀπελθὼν πέπρακεν πάντα ὅσα εἶχεν καὶ ἠγόρασεν αὐτόν. | | |

## § 86. Parable of the Draw-Net.

47 Πάλιν ὁμοία ἐστὶν ἡ βασιλεία τῶν οὐρανῶν   —    —
σαγήνῃ βληθείσῃ εἰς τὴν θάλασσαν καὶ ἐκ
48 παντὸς γένους συναγαγούσῃ· ἣν ὅτε ἐπλη-   —    —
ρώθη ἀναβιβάσαντες ἐπὶ τὸν αἰγιαλὸν καὶ
καθίσαντες συνέλεξαν τὰ καλὰ εἰς ἄγγη, τὰ
49 δὲ σαπρὰ ἔξω ἔβαλον. οὕτως ἔσται ἐν τῇ   —    —
συντελείᾳ τοῦ αἰῶνος· ἐξελεύσονται οἱ
ἄγγελοι καὶ ἀφοριοῦσιν τοὺς πονηροὺς ἐκ
50 μέσου τῶν δικαίων, καὶ βαλοῦσιν αὐτοὺς εἰς   —    —
τὴν κάμινον τοῦ πυρός· ἐκεῖ ἔσται ὁ κλαυθ-
51 μὸς καὶ ὁ βρυγμὸς τῶν ὀδόντων. συνήκατε   —    —
52 ταῦτα πάντα; λέγουσιν αὐτῷ· ναί. ὁ δὲ   —    —
εἶπεν αὐτοῖς· διὰ τοῦτο πᾶς γραμματεὺς μα-
θητευθεὶς τῇ βασιλείᾳ τῶν οὐρανῶν ὅμοιός
ἐστιν ἀνθρώπῳ οἰκοδεσπότῃ, ὅστις ἐκβάλλει
ἐκ τοῦ θησαυροῦ αὐτοῦ καινὰ καὶ παλαιά.
    [Cf. vv. 34, 36.].

[34 Ταῦτα πάντα    33 Καὶ τοιαύταις παραβολαῖς   —
    ἐλάλησεν ὁ Ἰησοῦς    πολλαῖς ἐλάλει
ἐν παραβολαῖς τοῖς ὄχλοις,    αὐτοῖς τὸν λόγον,
    καθὼς ἠδύναντο ἀκούειν·
καὶ χωρὶς παραβολῆς οὐδὲν  34ᵃ    χωρὶς δὲ παραβολῆς οὐκ
ἐλάλει αὐτοῖς, . . . . .    ἐλάλει αὐτοῖς,
36 Τότε ἀφεὶς τοὺς ὄχλους ἦλ-
θεν εἰς τὴν οἰκίαν. . καὶ  34ᵇ    κατ᾽ ἰδίαν δὲ   —
προσῆλθον αὐτῷ οἱ μαθηταὶ    τοῖς ἰδίοις μαθηταῖς
αὐτοῦ λέγοντες· φράσον ἡμῖν
τὴν παραβολὴν τῶν ζιζανίων
τοῦ ἀγροῦ. ὁ δὲ ἀποκριθεὶς
εἶπεν κ.τ.λ.
[Cf. ver. 51. συνήκατε ταῦτα    ἐπέλυεν
πάντα; λέγουσιν αὐτῷ· ναί.]    πάντα.

## § 87. Jesus stills a Storm on the Lake.    [Cf. § 45.]

        35 Καὶ λέγει αὐτοῖς  22    Ἐγένετο δὲ
        ἐν ἐκείνῃ τῇ ἡμέρᾳ    ἐν μιᾷ τῶν ἡμερῶν
[Cf. viii. 18.]    ὀψίας γενομένης·    —
[18 ἰδὼν δὲ ὁ Ἰησοῦς
πολλοὺς ὄχλους περὶ
αὐτὸν ἐκέλευσεν ἀπ-
ελθεῖν εἰς τὸ πέραν.]
[viii. 23–27.]
[23 καὶ ἐμβάντι αὐτῷ    καὶ αὐτὸς ἐνέβη
εἰς τὸ πλοῖον, ἠκολού-    εἰς πλοῖον
θησαν αὐτῷ οἱ μαθη-    καὶ οἱ μαθη-
ταὶ αὐτοῦ.    ταὶ αὐτοῦ, καὶ εἶπεν

73

| [MATT. XIII.] | MARK IV. | LUKE VIII. [§ 87. |
|---|---|---|
| [viii. 18.] | διέλθω-<br>μεν εἰς τὸ πέραν.<br>36 καὶ ἀφέντες τὸν<br>ὄχλον παραλαμβάν-<br>ουσιν αὐτὸν ὡς ἦν ἐν<br>τῷ πλοίῳ, καὶ ἄλλα<br>δὲ πλοῖα ἦσαν μετ᾽<br>αὐτοῦ. | πρὸς αὐτούς· διέλθω-<br>μεν εἰς τὸ πέραν τῆς<br>λίμνης· |
| 24 καὶ ἰδοὺ<br>σεισμὸς μέγας<br>ἐγένετο ἐν<br>τῇ θαλάσσῃ, | 37 καὶ γίνεται<br>λαῖλαψ μεγάλη<br>ἀνέμου,<br>καὶ<br>τὰ κύματα ἐπέ-<br>βαλλεν εἰς τὸ πλοῖον, | καὶ ἀνήχθησαν. πλε-<br>όντων δὲ αὐτῶν ἀφύπ-<br>23 νωσεν· καὶ κατέβη<br>λαῖλαψ<br>ἀνέμου εἰς<br>τὴν λίμνην, καὶ συνε-<br>πληροῦντο |
| ὥστε τὸ πλοῖον καλ-<br>ύπτεσθαι ὑπὸ τῶν<br>κυμάτων<br>αὐτὸς δὲ | ὥστε<br>γεμίζεσθαι<br>τὸ πλοῖον.<br>38 καὶ ἦν αὐτὸς ἐν τῇ<br>πρύμνῃ ἐπὶ τὸ προσ-<br>κεφάλαιον καθεύδων· | καὶ ἐκινδύνευον. |
| ἐκάθευδεν·<br>25 καὶ προσελθόντες<br>ἤγειραν αὐτὸν<br>λέγοντες· κύριε,<br>σῶσον<br>26 ἀπολλύμεθα. καὶ<br>λέγει αὐτοῖς· τί δειλοί<br>ἐστε, ὀλιγόπιστοι;<br>τότε ἐγερθεὶς ἐπετί-<br>μησεν τοῖς ἀνέμοις<br>καὶ τῇ θαλάσσῃ, | καὶ<br>ἐγείρουσιν αὐτὸν καὶ<br>λέγουσιν αὐτῷ· διδ-<br>άσκαλε οὐ μέλει σοι<br>39 ὅτι ἀπολλύμεθα; καὶ<br><br>διεγερθεὶς ἐπετί-<br>μησεν τῷ ἀνέμῳ<br>καὶ εἶπεν τῇ θαλάσσῃ | 24 προσελθόντες δὲ<br>διήγειραν αὐτὸν<br>λέγοντες· ἐπιστάτα<br>ἐπιστάτα<br>ἀπολλύμεθα.<br>—<br>ὁ δὲ διεγερθεὶς ἐπετί-<br>μησεν τῷ ἀνέμῳ<br>καὶ τῷ κλύδωνι<br>τοῦ ὕδατος· |
| —<br>[Cf. xiv. 32.]<br>καὶ ἐγένετο<br>γαλήνη μεγάλη. | σιώπα, πεφίμωσο.<br>καὶ ἐκόπασεν ὁ ἄνε-<br>μος, καὶ ἐγένετο<br>γαλήνη μεγάλη. | [Cf. iv. 35.]<br><br>καὶ ἐγένετο<br>γαλήνη. |
| οἱ δὲ<br>ἄνθρωποι<br>ἐθαύμασαν λέ-<br>γοντες·<br>ποταπός<br>ἐστιν οὗτος, ὅτι καὶ<br>οἱ ἄνεμοι<br>καὶ ἡ θάλασσα αὐτῷ<br>ὑπακούουσιν;] | 40 καὶ εἶπεν αὐτοῖς·<br>τί δειλοί ἐστε<br>οὕτως; πῶς οὐκ<br>41 ἔχετε πίστιν; καὶ<br>ἐφοβήθησαν φόβον<br>μέγαν, καὶ ἔλε-<br>γον πρὸς ἀλλή-<br>λους· τίς ἄρα<br>οὗτός ἐστιν, ὅτι καὶ<br>ὁ ἄνεμος<br>καὶ ἡ θάλασσα αὐτῷ<br>ὑπακούει; | 25 εἶπεν δὲ αὐτοῖς·<br>ποῦ<br>ἡ πίστις ὑμῶν;<br>φοβηθέντες δὲ<br>ἐθαύμασαν, λέ-<br>γοντες πρὸς ἀλλή-<br>λους· τίς ἄρα<br>οὗτός ἐστιν, ὅτι καὶ<br>τοῖς ἀνέμοις ἐπιτάσ-<br>σει καὶ τῷ ὕδατι, καὶ<br>ὑπακούουσιν αὐτῷ; |

§ 88. *Cure of a Demoniac at Gadara.* [*Cf.* § 46.]

[*Cf.* viii. 28–34.]

[28 Καὶ ἐλθόντος αὐτοῦ εἰς τὸ πέραν εἰς τὴν χώραν τῶν Γαδαρηνῶν,

ὑπήντησαν αὐτῷ δύο δαιμονιζόμενοι ἐκ τῶν μνημείων ἐξερχόμενοι, χαλιποὶ λίαν,

ὥστε μὴ ἰσχύειν τινὰ παρελθεῖν διὰ τῆς ὁδοῦ ἐκείνης.

29     καὶ ἰδοὺ ἔκραξαν

λέγοντες· τί ἡμῖν καὶ σοί, υἱὲ τοῦ θεοῦ;

ἦλθες ὧδε πρὸ καιροῦ

---

**V.**

1 Καὶ ἦλθον εἰς τὸ πέραν τῆς θαλάσσης εἰς τὴν χώραν τῶν Γερασηνῶν,

2 καὶ ἐξελθόντος αὐτοῦ ἐκ τοῦ πλοίου εὐθὺς ὑπήντησεν αὐτῷ ἐκ τῶν μνημείων ἄνθρωπος ἐν πνεύματι ἀκαθάρτῳ,

3 ὃς τὴν κατοίκησεν εἶχεν ἐν τοῖς μνήμασιν, καὶ οὐδὲ ἁλύσει οὐκέτι οὐδεὶς ἐδύνατο

4 αὐτὸν δῆσαι, διὰ τὸ αὐτὸν πολλάκις πέδαις καὶ ἁλύσεσιν δεδέσθαι, καὶ διεσπάσθαι ὑπ᾽ αὐτοῦ τὰς ἁλύσεις καὶ τὰς πέδας συντετρῖφθαι, καὶ οὐδεις ἴσχυεν αὐτὸν δαμάσαι,

5 καὶ διαπαντὸς νυκτὸς καὶ ἡμέρας ἐν τοῖς μνήμασιν καὶ ἐν τοῖς ὄρεσιν ἦν κράζων καὶ κατακόπτων ἑαυτὸν

6 λίθοις. καὶ ἰδὼν τὸν Ἰησοῦν ἀπὸ μακ-

7 ρόθεν ἔδραμεν καὶ προσεκύνησεν αὐτῷ καὶ κράξας φωνῇ μεγάλη λέγει· τί ἐμοὶ καὶ σοί, Ἰησοῦ υἱὲ τοῦ θεοῦ τοῦ ὑψίστου;

---

26 Καὶ κατέπλευσαν εἰς τὴν χώραν τῶν Γεργεσηνῶν, ἥτις ἀντίπερα τῆς Γαλιλαίας.

27 ἐξελθόντι δὲ αὐτῷ ἐπὶ τὴν γῆν ὑπήντησεν ἀνήρ τις ἐκ τῆς πόλεως ἔχων δαιμόνια, καὶ χρόνῳ ἱκανῷ οὐκ ἐνεδύσατο ἱμάτιον, καὶ ἐν οἰκίᾳ οὐκ ἔμενεν ἀλλ᾽ ἐν τοῖς μνήμασιν.

28 ἰδὼν δὲ τὸν Ἰησοῦν ἀνακράξας προσέπεσεν αὐτῷ καὶ φωνῇ μεγάλη εἶπεν· τί ἐμοὶ καὶ σοί, Ἰησου υἱὲ τοῦ θεοῦ τοῦ ὑψίστου;

| MATT. XIII. | MARK V. | LUKE VIII. |
|---|---|---|
| βασανίσαι ἡμᾶς; | ὁρκίζω σε τὸνθεόν μή με βασανίσῃς. 8 ἔλεγεν γὰρ αὐτῷ· ἔξελθε τὸ πνεῦμα τὸ ἀκάθαρτον ἐκ τοῦ ἀνθρώπου | δέομαί σου μή με βασανίσῃς. 29 παρήγγελλεν γὰρ τῷ πνεύματι τῷ ἀκαθάρτῳ ἐξελθεῖν ἀπο τοῦ ἀνθρώπου. πολλοῖς γὰρ χρόνοις συνηρπάκει αὐτόν, καὶ ἐδεσμεύετο ἁλύσεσιν καὶ πέδαις φυλασσόμενος, καὶ διαρήσσων τὰ δεσμὰ ἠλαύνετο ὑπὸ τοῦ δαιμονίου εἰς τὰς |
|  | 9 καὶ ἐπηρώτα αὐτόν· τί ὄνομά σοι; λέγει αὐτῷ· λεγιὼν ὄνομά μοι, ὅτι πολλοί ἐσμεν. 10 καὶ παρεκάλει αὐτὸν πολλὰ ἵνα μὴ αὐτὰ ἀποστείλῃ ἔξω τῆς χώρας. | 30 ἐρήμους. ἐπηρώτησεν δὲ αὐτὸν ὁ Ἰησοῦς λέγων· τί σοι ὄνομά ἐστιν; ὁ δὲ εἶπεν· λεγιών, ὅτι εἰσῆλθεν δαιμόνια πολλὰ εἰς 31 αὐτόν. καὶ παρεκάλουν αὐτὸν ἵνα μὴ ἐπιτάξῃ αὐτοῖς εἰς τὴν ἄβυσσον ἀπελθεῖν. |
| 80 ἦν δὲ μακρὰν ἀπ' αὐτῶν ἀγέλη χοίρων πολλῶν βοσκομένη. 81 οἱ δὲ δαίμονες παρεκάλουν αὐτὸν λέγοντες· εἰ ἐκβάλλεις ἡμᾶς, ἀπόστειλον ἡμᾶς εἰς τὴν ἀγέλην τῶν χοίρων. | 11 ἦν δὲ ἐκεῖ πρὸς τῷ ὄρει ἀγέλη χοίρων μεγάλη βοσκομένη. καὶ παρεκάλεσαν αὐτὸν λέγοντες· πέμψον ἡμᾶς εἰς τοὺς χοίρους, ἵνα εἰς αὐτοὺς | 32 ἦν δὲ ἀγέλη χοίρων ἱκανῶν βοσκομένων ἐν τῷ ὄρει, καὶ παρεκάλεσαν αὐτὸν ἵνα ἐπιτρέψῃ αὐτοῖς εἰς ἐκείνους εἰσελθεῖν· καὶ ἐπέτρεψεν αὐτοῖς· |
| 32 καὶ εἶπεν αὐτοῖς·ὑπάγετε. οἱ δὲ ἐξελθόντες ἀπῆλθον εἰς τοὺς χοίρους· καὶ ἰδοὺ ὥρμησεν πᾶσα ἡ ἀγέλη κατὰ τοῦ κρημνοῦ εἰς τὴν θάλασσαν καὶ ἀπέ- | 13 εἰσέλθωμεν. καὶ ἐπέτρεψεν αὐτοῖς. καὶ ἐξελθόντα τὰ πνεύματα τὰ ἀκάθαρτα εἰσῆλθον εἰς τοὺς χοίρους, καὶ ὥρμησεν ἡ ἀγέλη κατὰ τοῦ κρημνοῦ εἰς τὴν θαλασσαν, ὡς δισχίλιοι, καὶ ἐπνί- | 33 ἐξελθόντα δὲ τὰ δαιμόνια ἀπὸ τοῦ ἀνθρώπου εἰσῆλθον εἰς τοὺς χοίρους, καὶ ὥρμησεν ἡ ἀγέλη κατὰ τοῦ κρημνοῦ εἰς τὴν λίμνην καὶ ἀπεπνί- |

| [MATT. XIII.] | MARK V. | LUKE VIII. |
|---|---|---|
| θανον ἐν τοῖς ὕδασιν. | γοντο ἐν τῇ θαλάσσῃ. | γῇ. |
| 33 οἱ δὲ βόσκοντες ἔφυγον καὶ ἀπελθόντες εἰς τὴν πόλιν ἀπήγγειλαν | 14 καὶ οἱ βόσκοντες αὐτοὺς ἔφυγον | 34 ἰδόντες δὲ οἱ βόσκοντες τὸ γεγονὸς ἔφυγον |
| πάντα καὶ τὰ τῶν δαιμονιζομένων. | ἀπήγγειλαν εἰς τὴν πόλιν καὶ εἰς τοὺς ἀγρούς· καὶ ἦλθον ἰδεῖν τί ἐστιν | ἀπήγγειλαν εἰς τὴν πόλιν καὶ εἰς τοὺς ἀγρούς. |
| 34 καὶ ἰδοὺ πᾶσα ἡ πόλις ἐξῆλθεν εἰς ὑπάντησιν τοῦ Ἰησοῦ, | 15 τὸ γεγονός. καὶ ἔρχονται πρὸς τὸν Ἰησοῦν, καὶ θεωροῦσιν τὸν δαιμονιζόμενον καθήμενον | 35 ἐξῆλθον δὲ ἰδεῖν τὸ γεγονός, καὶ ἦλθον πρὸς τὸν Ἰησοῦν, καὶ εὗρον καθήμενον τὸν ἄνθρωπον, ἀφ' οὗ τὰ δαιμόνια ἐξῆλθεν ἱματισμένον καὶ σωφρονοῦντα |
| | ἱματισμένον καὶ σωφρονοῦντα, τὸν ἐσχηκότα τὸν λεγιῶνα, καὶ | |
| | 16 ἐφοβήθησαν. καὶ διηγήσαντο αὐτοῖς οἱ ἰδόντες πῶς ἐγένετο τῷ δαιμονιζομένῳ, καὶ περὶ τῶν χοίρων. | παρὰ τοὺς πόδας τοῦ Ἰησοῦ, καὶ ἐφοβήθησαν. 36 ἀπήγγειλαν δὲ αὐτοῖς οἱ ἰδόντες πῶς ἐσώθη ὁ δαιμονισθείς. |
| καὶ ἰδόντες αὐτὸν παρεκάλεσαν | 17 καὶ ἤρξαντο παρακαλεῖν αὐτὸν | 37 καὶ ἠρώτησαν αὐτὸν ἅπαν τὸ πλῆθος τῆς περιχώρου τῶν Γεργεσηνῶν ἀπελθεῖν ἀπ' αὐτῶν, ὅτι φόβῳ μεγάλῳ συνείχοντο· |
| ὅπως μεταβῇ ἀπὸ τῶν ὁρίων αὐτῶν.] [Cf. ix. 1ª.] [1ª Καὶ ἐμβὰς εἰς πλοῖον διεπέρασεν,] | ἀπελθεῖν ἀπὸ τῶν ὁρίων αὐτῶν. 18 καὶ ἐμβαίνοντος αὐτοῦ εἰς τὸ πλοῖον | αὐτὸς δὲ ἐμβὰς εἰς πλοῖον ὑπέστρεψεν. |
| | παρεκάλει αὐτὸν ὁ δαιμονσθεὶς ἵνα μετ' 19 αὐτοῦ ᾖ. καὶ οὐκ ἀφῆκεν αὐτόν, ἀλλὰ λέγει αὐτῷ· ὕπαγε εἰς τὸν οἶκόν σου προς τοὺς σούς, καὶ ἀπάγγειλον αὐτοῖς ὅσα ὁ κύριός σοι πεποίηκεν καὶ ἠλέησέν σε. | 38 ἐδέετο δὲ αὐτοῦ ὁ ἀνὴρ ἀφ' οὗ ἐξεληλύθει τὰ δαιμόνια, εἶναι σὺν αὐτῷ· ἀπέλυσεν δὲ αὐτὸν 39 λέγων· ὑπόστρεφε εἰς τὸν οἶκόν σου, καὶ διηγοῦ ὅσα σοι ἐποίησεν ὁ θεός. — |

| [MATT. XIII.] | MARK V. | LUKE VIII. |
|---|---|---|
| | 20 καὶ ἀπῆλθεν, καὶ ἤρξατο | καὶ ἀπῆλθεν, |
| | | καθ᾽ ὅλην τὴν |
| | κηρύσσειν ἐν | πόλιν κηρύσσων |
| | τῇ Δεκαπόλει ὅσα | ὅσα |
| | ἐποίησεν αὐτῷ ὁ | ἐποίησεν αὐτῷ ὁ |
| | Ἰησοῦς, καὶ πάντες | Ἰησοῦς. |
| | ἐθαύμαζον. | |

§ 89. *Jesus raises the twelve-year-old Daughter of Jaïrus, and heals the Woman with an issue for twelve years.* [Cf. § 50.]

| MATT. | MARK | LUKE |
|---|---|---|
| [Cf. ix. 1ª.] | | |
| [1ª Καὶ ἐμβὰς | 21 Καὶ | 40 Ἐγένετο δὲ ἐν τῷ |
| εἰς πλοῖον | | ὑποστρέφειν |
| διεπέρασεν,] | διαπεράσαντος τοῦ | τὸν |
| | Ἰησοῦ ἐν τῷ πλοίῳ | Ἰησοῦν, |
| | εἰς τὸ πέραν πάλιν, | |
| | συνήχθη | ἀπεδέξατο αὐτον ὁ |
| | ὄχλος πολὺς ἐπ᾽ | ὄχλος· ἦσαν γὰρ |
| | αὐτόν, | πάντες προσδοκῶν- |
| | καὶ ἦν | τες αὐτόν. |
| [Cf. ix. 18–26.] | παρὰ τὴν θάλασσαν. | |
| [18 Ταῦτα αὐτοῦ λα- | | |
| λοῦντος αὐτοῖς | | |
| (Scribes and Phari- | | |
| sees, § 50.) | 22 καὶ | 41 καὶ |
| ἰδοὺ ἄρχων εἰσελθὼν | ἔρχεται εἰς | ἰδοὺ ἦλθεν ἀνὴρ |
| | τῶν | ᾧ ὄνομα Ἰάειρος, καὶ |
| | ἀρχισυ- | αὐτὸς ἄρχων τῆς συ- |
| | ναγώγων, ὀνόματι | ναγωγῆς |
| | Ἰάειρος, καὶ | ὑπῆρχεν· καὶ |
| | ἰδὼν αὐτὸν πίπτει | πεσὼν |
| προσεκύνει αὐτῷ, | πρὸς τοὺς πόδας | παρὰ τοὺς πόδας |
| | 23 αὐτοῦ, καὶ παρακα- | Ἰησοῦ, παρεκά- |
| | λεῖ αὐτὸν πολλά, | λει αὐτὸν εἰσελθεῖν |
| | | εἰς τόν οἶκον αὐτοῦ |
| λέγων ἡ θυγά- | λέγων ὅτι τὸ θυγά- | 42 ὅτι θυγά- |
| τηρ μου | τριόν μου | τηρ μονογενὴς ἦν |
| ——— | [ver. 42.] | αὐτῷ ὡς ἐτῶν δώδεκα, |
| ἄρτι ἐτελεύτησεν, | ἐσχάτως ἔχει | καὶ αὕτη ἀπέθνησκεν. |
| ἀλλὰ ἐλθὼν ἐπίθες | ἵνα ἐλθὼν ἐπιθῇς | |
| τὴν χεῖρά σου ἐπ᾽ | τὰς χεῖρας | |
| 19 αὐτήν, καὶ | αὐτῇ ἵνα σωθῇ καὶ | |
| ζήσεται. καὶ ἐγερθεὶς | 24 ζήσῃ. καὶ ἀπῆλθεν | ἐν δὲ τῷ ὑπά- |
| ὁ Ἰησοῦς ἠκο- | μετ᾽ αὐτοῦ καὶ ἠκο- | γειν αὐτὸν |
| λούθει αὐτῷ | λούθει αὐτῷ ὄχλυς | οἱ ὄχλοι |
| | πολύς, καὶ συνέ- | συνέ- |

| | | |
|---|---|---|
| καὶ οἱ μα- | θλιβον αὐτόν. | πνιγον αὐτόν |
| 20 θηταὶ αὐτοῦ. καὶ | 25            καὶ | 43            καὶ |
| ἰδοὺ γυνὴ αἱμορ- | γυνὴ οὖσα ἐν | γυνὴ οὖσα ἐν |
| ροοῦσα | ῥύσει αἵματος | ῥύσει αἵματος ἀπὸ |
| δώδεκα ἔτη | δώδεκα ἔτη, | ἐτῶν δώδεκα, ἥτις |
| — | 26 καὶ πολλὰ παθοῦσα | |
| | ὑπὸ πολλῶν ἰατρῶν, | |
| | καὶ δαπανήσασα | ἰατροῖς |
| | τὰ παρ᾽ ἑαυτῆς πάντα, | προσαναλώσασα |
| | | ὅλον τὸν βίον |
| | | οὐκ ἴσχυσεν ἀπ᾽ οὐδε- |
| | | νὸς θεραπευθῆναι |
| | καὶ μηδὲν ὠφελη- | |
| | θεῖσα ἀλλὰ μᾶλλον | |
| | εἰς τὸ χεῖρον ἐλθοῦσα, | — |
| | 27 ἀκούσασα τὰ περὶ | |
| προσελθοῦσα | τοῦ Ἰησοῦ, ἐλθοῦσα | 44        προσελθοῦσα |
| | ἐν τῷ ὄχ- | |
| ὄπισθεν ἥψατο | λῳ ὄπισθεν ἥψατο | ὄπισθεν ἥψατο |
| τοῦ κρασπέδου τοῦ | τοῦ | τοῦ κρασπέδου τοῦ |
| 21 ἱματίου αὐτοῦ· ἔλε- | 28 ἱματίου αὐτοῦ· ἔλε- | ἱματίου αὐτοῦ, |
| γεν γὰρ ἐν ἑαυτῇ | γεν γὰρ ὅτι | |
| ἐὰν μόνον ἅψωμαι | ἐὰν ἅψωμαι κἂν | — |
| τοῦ ἱματίου αὐτοῦ, | τῶν ἱματίων αὐτοῦ, | |
| σωθήσομαι. | 29 σωθήσομαι. καὶ | καὶ |
| — | εὐθὺς ἐξηράνθη | παραχρῆμα ἔστη |
| | ἡ πηγὴ τοῦ αἵματος | ἡ ῥύσις τοῦ αἵματος |
| | αὐτῆς. καὶ ἔγνω τῷ | αὐτῆς. |
| | σώματι ὅτι ἴαται ἀπὸ | |
| | 30 τῆς μάστιγος. καὶ | [ver. 46.] |
| | εὐθὺς ὁ Ἰησοῦς ἐπι- | |
| | γνοὺς ἐν ἑαυτῷ τὴν | |
| | ἐξ αὐτοῦ δύναμιν | |
| 22            ὁ δὲ | ἐξελθοῦσαν, ἐπι- | |
| στραφεὶς — | στραφεὶς ἐν τῷ ὄχλῳ | 45            καὶ |
| | ἔλεγεν·        τίς | εἶπεν ὁ Ἰησοῦς· τίς |
| | μου ἥψατο | ὁ ἁψάμενός μου; |
| | τῶν ἱματίων; | ἀρνου- |
| — | 31            καὶ | μένων δὲ πάντων |
| | ἔλεγον αὐτῷ | εἶπεν ὁ Πέτρος καὶ |
| | οἱ μαθηταὶ αὐτοῦ· | οἱ σὺν αὐτῷ· |
| | βλέπεις τὸν | ἐπιστάτα,        οἱ |
| | ὄχλον συνθλίβοντά | ὄχλοι συνέχουσίν |
| | σε, | σε, καὶ ἀποθλίβου- |
| — | καὶ | 46 σιν. ὁ δὲ Ἰησοῦς |
| | λέγεις·    τίς μου | εἶπεν· ἥψατό μου |
| | ἥψατο; | τίς· ἐγὼ γὰρ |
| | [ver. 30.] | ἔγνων δύναμιν ἐξελη- |
| | | λυθυῖαν ἀπ᾽ ἐμοῦ. |
| καὶ | 32 καὶ περιεβλέπετο | |

| | | |
|---|---|---|
| ἰδὼν αὐτήν | ἰδεῖν τὴν τοῦτο ποιήσασαν. | |
| — | 33   ἡ δὲ γυνὴ | 47   ἰδοῦσα δὲ ἡ γυνὴ ὅτι οὐκ ἔλαθεν, |
| | φοβηθεῖσα καὶ τρέμουσα, εἰδυῖα ὃ γέγονεν αὐτῇ, ἦλθεν καὶ προσέπεσεν αὐτῷ       καὶ εἶπεν | τρέμουσα      ἦλθεν καὶ προσπεσοῦσα αὐτῷ δι᾿ ἣν αἰτίαν ἥψατο αὐτοῦ ἀπήγγειλεν ἐνώπιον παντὸς τοῦ λαοῦ, καὶ ὡς ἰάθη παραχρῆμα. |
| | αὐτῷ πᾶσαν τὴν ἀλήθειαν. | |
| εἶπεν· θάρσει, θύγατερ, ἡ πίστις σου σέσωκέν σε. | 34   ὁ δὲ εἶπεν αὐτῇ· θύγατερ, ἡ πίστις σου σέσωκέν σε· ὕπαγε εἰς εἰρήνην, | 48   ὁ δὲ εἶπεν αὐτῇ· θύγατερ, ἡ πίστις σου σέσωκέν σε· πορεύου εἰς εἰρήνην. |
| καὶ ἐσώθη ἡ γυνὴ ἀπὸ τῆς ὥρας ἐκείνης. | καὶ ἴσθι ὑγιὴς ἀπὸ τῆς μάστιγός σου. | — |
| — | 35   ἔτι αὐτοῦ λαλοῦντος ἔρχονται ἀπὸ τοῦ ἀρχισυναγώγου λέγοντες ὅτι ἡ θυγάτηρ σου ἀπέθανεν, τί ἔτι σκύλλεις τὸν διδάσ | 49   ἔτι αὐτοῦ λαλοῦντος ἔρχεταί τις παρὰ τοῦ ἀρχισυναγώγου λέγων ὅτι τέθνηκεν ἡ θυγάτηρ σου, μηκέτι σκύλλε τὸν διδάσ |
| — | 36   καλον; ὁ δὲ Ἰησοῦς παρακούσας τὸν λόγον λαλούμενον λέγει τῷ ἀρχισυναγώγῳ· μὴ φοβοῦ· μόνον πίστευε. | 50   καλον. ὁ δὲ Ἰησοῦς ἀκούσας ἀπεκρίθη αὐτῷ· μὴ φοβοῦ· μόνον πίστευσον, 51   καὶ σωθήσεται. ἐλθὼν δὲ εἰς τὴν οἰκίαν οὐκ ἀφῆκεν εἰσελθεῖν τινὰ σὺν αὐτῷ |
| — | 37   καὶ οὐκ ἀφῆκεν οὐδένα μετ᾿ αὐτῷ συνακολουθῆσαι εἰ μὴ τὸν Πέτρον καὶ Ἰάκωβον καὶ Ἰωάννην τὸν ἀδελφὸν Ἰακώβου. | εἰ μὴ Πέτρον καὶ Ἰωάννην καὶ Ἰάκωβον καὶ τὸν πατέρα τῆς παιδὸς καὶ τὴν μητέρα. |
| — | [ver. 40.] | |
| 23   καὶ ἐλθὼν ὁ Ἰησοῦς εἰς τὴν οἰκίαν τοῦ | 38   καὶ ἔρχονται εἰς τὸν οἶκον τοῦ | |

| | | |
|---|---|---|
| ἄρχοντος<br>καὶ ἰδὼν καὶ τὸν<br>ὄχλον θορυβούμενον | ἀρχισυναγώγων,<br>καὶ θεωρεῖ<br>θόρυβον<br>καὶ κλαίοντας καί | 52 ἔκλαιον δὲ πάντες<br>καὶ<br>ἐκόπτοντο αὐτήν. |
| ἔλεγεν· | 39 ἀλαλάζοντας πολλά,<br>καὶ εἰσελθὼν λέγει<br>αὐτοῖς· τί θορυ-<br>βεῖσθε καὶ κλαίετε; | ὁ δὲ εἶπεν·<br>μὴ κλαίετε· |
| 24 ἀναχωρεῖτε·<br>οὐ γὰρ ἀπέθανεν τὸ<br>κοράσιον<br>ἀλλὰ καθεύδει. καὶ<br>κατεγέλων αὐτοῦ. | τὸ<br>παιδίον οὐκ ἀπέθανεν<br>40 ἀλλὰ καθεύδει. καὶ<br>κατεγέλων αὐτοῦ. | οὐκ ἀπέθανεν<br>53 ἀλλὰ καθεύδει. καὶ<br>κατεγέλων αὐτοῦ,<br>εἰδότες ὅτι ἀπέθανεν. |
| 25 ὅτε δὲ ἐξεβλήθη<br>ὁ ὄχλος, | αὐτὸς δὲ ἐκβαλὼν<br>πάντας παραλαμβά-<br>νει τὸν πατέρα τοῦ<br>παιδίου καὶ τὴν μητέ-<br>ρα καὶ τοὺς μετ᾽ αὐ-<br>τοῦ, καὶ εἰσπορεύεται<br>ὅπου ἦν τὸ παιδίον. | [ver. 51.] |
| εἰσελθὼν | | |
| ἐκρά-<br>τησεν τῆς χειρὸς αὐ-<br>τῆς, | 41 καὶ κρα-<br>τήσας τῆς χειρὸς<br>τοῦ παιδίου λέγει<br>αὐτῇ· ταλιθὰ<br>κούμ, ὅ ἐστιν μεθερ-<br>μηνευόμενον· τὸ<br>κοράσιον, σοὶ λέγω, | 54 αὐτὸς δὲ κρα-<br>τήσας τῆς χειρὸς αὐ-<br>τῆς ἐφώνησεν λέγων· |
| καὶ | | ἡ<br>παῖς, |
| ἠγέρ-<br>θη τὸ κοράσιον. | 42 ἔγειρε. καὶ εὐθὺς<br>ἀνέσ-<br>τη τὸ κοράσιον. | 55 ἐγείρου. καὶ<br>ἐπέστρεψεν τὸ πνεῦ-<br>μα αὐτῆς, καὶ ἀνέσ-<br>τη παρα-<br>χρῆμα, καὶ διέταξεν<br>αὐτῇ δοθῆναι φαγεῖν. |
| — | καὶ περιεπάτει· ἦν<br>γὰρ ἐτῶν δώδεκα·<br>καὶ ἐξέστησαν εὐθὺς | 56 [ver. 42.]<br>καὶ ἐξέστησαν<br>οἱ γονεῖς αὐτῆς· |
| — | ἐξστάσει<br>43 μεγάλῃ. καὶ διε-<br>στείλατο αὐτοῖς<br>πολλὰ ἵνα μηδεὶς<br>γνοῖ τοῦτο, καὶ<br>εἶπεν δοθῆναι αὐτῇ<br>φαγεῖν. | ὁ δὲ παρ-<br>ήγγειλεν αὐτοῖς<br>μηδενὶ<br>εἰπεῖν τὸ γεγονός.<br>[ver. 55.] |
| 26 καὶ ἐξῆλθεν ἡ φήμη<br>αὕτη εἰς ὅλην τὴν<br>γῆν ἐκείνην.] | | |

## § 90. *Jesus teaches in the Synagogue at Home.* [*Cf.* § 31.]

VI.

53 Καὶ ἐγένετο ὅτε ἐτέλεσεν ὁ
Ἰησοῦς τὰς παραβολὰς ταύ-
54 τας, μετῆρεν ἐκεῖθεν. καὶ
ἐλθὼν εἰς τὴν πατρίδα αὐ-
τοῦ
—

ἐδίδασκεν αὐτοὺς ἐν τῇ συνα-
γωγῇ αὐτῶν,       ὥστε
ἐκπλήσσεσθαι αὐτοὺς καί
λέγειν πόθεν τούτῳ
ἡ σοφία αὕτη ;
καὶ αἱ δυνάμεις ;
[*Cf* ix. 29.]
55 οὐχ οὗτός ἐστιν ὁ τοῦ
τέκτονος  υἱός ; οὐχ ἡ μήτηρ
αὐτοῦ λέγεται Μαριὰμ καὶ
οἱ ἀδελφοὶ αὐτοῦ Ἰάκωβος
καὶ Ἰωσὴφ καὶ
56 Σίμων καὶ Ἰούδας ; καὶ
αἱ ἀδελφαὶ αὐτοῦ
οὐχὶ πᾶσαι πρὸς ἡμᾶς εἰσίν ;
57 καὶ ἐσκανδαλίζοντο ἐν αὐτῷ·
ὁ δὲ Ἰησοῦς εἶπεν αὐτοῖς·
οὐκ ἔστιν προφήτης ἄτιμος
εἰ μὴ ἐν τῇ ἰδίᾳ πατρίδι

            καὶ ἐν τῇ οἰκίᾳ
58 αὐτοῦ. καὶ οὐκ
ἐποίησεν ἐκεῖ δυνάμεις πολ-
λὰς [ix. 28.]

[ix. 33ᶜ.]     διὰ τὴν ἀπισ-
τίαν αὐτῶν.
[ix. 35ᵃ.]

1 Καὶ

ἐξῆλθεν ἐκεῖθεν, καὶ
ἔρχεται εἰς τὴν πατρίδα αὐ-
τοῦ, καὶ ἀκολουθοῦσιν αὐτῷ
2 οἱ μαθηταὶ αὐτοῦ.  καὶ γενο-
μένου σαββάτου ἤρξατο
διδάσκειν       ἐν τῇ συνα-
γωγῇ· καὶ οἱ πολλοὶ ἀκούον-
τες ἐξηπλήσσοντο,
λέγοντες πόθεν τούτῳ ταῦτα,
καὶ τίς ἡ σοφία ἡ δοθεῖσα τού-
τῳ ; καὶ  δυνάμεις τοιαῦται
διὰ τῶν χειρῶν αὐτοῦ γίνον-
3 ται ; οὐχ οὗτός ἐστιν ὁ
τέκτων, ὁ υἱὸς
        τῆς Μαρίας καὶ
ἀδελφὸς     Ἰακώβου
καὶ Ἰωσῆτος καὶ Ἰούδα καὶ
Σίμωνος ;       καὶ
οὐκ εἰσὶν αἱ ἀδελφαὶ αὐτοῦ
ὧδε πρὸς ἡμᾶς ;
4 καὶ ἐσκανδαλίζοντο ἐν αὐτῷ·
καὶ ἔλεγεν ὁ Ἰησοῦς ὅτι
οὐκ ἔστιν προφήτης ἄτιμος
εἰ μὴ ἐν τῇ       πατρίδι
ἑαυτοῦ καὶ ἐν τοῖς συγγεν-
εῦσιν αὐτοῦ, καὶ ἐν τῇ οἰκίᾳ
5 αὐτοῦ.  καὶ οὐκ ἐδύνατο ἐκεῖ
ποιῆσαι οὐδεμίαν δύναμιν,
εἰ μὴ ὀλίγοις ἀρρώστοις ἐπι-
θεὶς τὰς χεῖρας ἐθεράπευσεν.
6 καὶ ἐθαύμασεν διὰ τὴν ἀπισ-
τίαν αὐτῶν.  καὶ περιῆγεν
τὰς κώμας κύκλῳ διδάσκων.
[i. 38.]

[*Cf.* iv.
16-30.]

[iv. 16.]

—

[*Cf.* xi.
20.]

—

[iv. 24.]

## § 91. *The Mission of the Twelve.* [*Cf.* § 54.]

[*Cf.* x.
1-15.]

7 Καὶ προσκαλεῖται τοὺς δώ-
δεκα καὶ ἤρξατο αὐτοὺς ἀπο-
στέλλειν δύο δύο, καὶ ἐδίδου
αὐτοῖς ἐξουσίαν τῶν πνευμά-
των τῶν ἀκαθάρτων.

IX.

1 Συνκαλεσάμενος δὲ τοὺς δώ-
δεκα
[x. 1.]        ἔδωκεν
αὐτοῖς δύναμιν καὶ ἐξουσίαν
ἐπὶ πάντα τὰ δαιμόνια καὶ

| MATT. XIV. | MARK VI. | LUKE IX. |
|---|---|---|
| | — | 2 νόσους θεραπεύειν. καὶ ἀπέστειλεν αὐτοὺς κηρύσσειν τὴν βασιλείαν τοῦ θεοῦ καὶ ἰᾶσθαι, |
| [Cf. x. 5.] | — | |
| | 8 καὶ παρήγγειλεν αὐτοῖς ἵνα μηδὲν αἴρωσιν εἰς ὁδὸν εἰ μὴ ῥάβδον μόνον, μὴ ἄρτον, μὴ πήραν, μὴ εἰς τὴν ζώνην χαλκόν, | 3 καὶ εἶπεν πρὸς αὐτούς· μηδὲν αἴρετε εἰς τὴν ὁδόν, μήτε ῥάβδον μήτε πήραν μήτε ἄρτον μήτε ἀργύριον, μήτε ἀνὰ δύο χιτῶνας ἔχειν. |
| | 9 ἀλλὰ ὑποδεδεμένους σανδάλια, καὶ μὴ ἐνδύσησθε δύο | |
| | 10 χιτῶνας. καὶ ἔλεγεν αὐτοῖς· ὅπου ἐὰν εἰσέλθητε εἰς οἰκίαν, ἐκεῖ μένετε ἕως ἂν ἐξέλθητε ἐκεῖθεν. | 4 καὶ εἰς ἣν ἂν οἰκίαν εἰσέλθητε, ἐκεῖ μένετε καὶ ἐκεῖθεν ἐξέρχεσθε. |
| | 11 καὶ ὃς ἂν τόπος μὴ δέξηται ὑμᾶς μηδὲ ἀκούσωσιν ὑμῶν, ἐκπορευόμενοι ἐκεῖθεν ἐκτινάξατε τὸν χοῦν τὸν ὑποκάτω τῶν ποδῶν ὑμῶν εἰς μαρτύριον αὐτοῖς. | 5 καὶ ὅσοι ἂν μὴ δέχωνται ὑμᾶς, ἐξερχόμενοι ἀπὸ τῆς πόλεως ἐκείνης καὶ τὸν κονιορτὸν ἀπὸ τῶν ποδῶν ὑμῶν ἀποτινάσσετε εἰς μαρτύριον ἐπ᾽ αὐτούς. |
| [Cf. xi. 1.] | 12 καὶ ἐξελθόντες ἐκήρυξαν ἵνα μετανοῶσιν, | 6 ἐξερχόμενοι δὲ διήρχοντο κατὰ τὰς κώμας εὐαγγελιζόμενοι |
| | 13 καὶ δαιμόνια πολλὰ ἐξέβαλλον, καὶ ἤλειφον ἐλαίῳ πολλοὺς ἀρρώστους καὶ ἐθεράπευον. [Cf. James v. 15.] | — καὶ θεραπεύοντες πανταχοῦ. |

## § 92. Death of John the Baptist.

| MATT. XIV. | MARK VI. | LUKE IX. |
|---|---|---|
| 1 Ἐν ἐκείνῳ τῳ καιρῷ ἤκουσεν Ἡρώδης ὁ τετραάρχης τὴν ἀκοὴν Ἰησοῦ, | 14 Καὶ ἤκουσεν ὁ βασιλεὺς Ἡρώδης, φανερὸν γὰρ ἐγένετο τὸ ὄνομα αὐτοῦ, | 7 Ἤκουσεν δὲ Ἡρώδης ὁ τετραάρχης τὰ γινόμενα πάντα, |
| 2 καὶ | καὶ [ver. 20.] | καὶ διηπόρει διὰ τὸ λέγεσθαι ὑπό τινων ὅτι |
| εἶπεν τοῖς παισὶν αὐτοῦ· οὗτός ἐστιν Ἰωάννης ὁ βαπτιστής· αὐτὸς ἠγέρθη ἀπὸ τῶν νεκρῶν, καὶ διὰ τοῦτο αἱ δυνάμεις ἐνεργοῦσιν ἐν αὐτῷ. | ἔλεγεν ὅτι Ἰωάννης ὁ βαπτίζων ἐγήγερται ἐκ νεκρῶν, καὶ διὰ τοῦτο ἐνεργοῦσιν αἱ δυνάμεις ἐν αὐτῷ. | Ἰωάννης ἠγέρθη ἐκ νεκρῶν, — 8 ὑπό |

| MATT. XIV. | MARK VI. | LUKE IX. |
|---|---|---|
| — | 15 ἄλλοι δὲ ἔλεγον ὅτι Ἡλείας ἐστίν· ἄλλοι δὲ ἔλεγον ὅτι προφήτης ὡς εἷς τῶν προφητῶν. | τινων δὲ ὅτι Ἡλείας ἐφάνη, ἄλλων δὲ ὅτι προφήτης τις τῶν· ἀρχαίων ἀνέστη. |
| — | 16 ἀκούσας δὲ ὁ Ἡρώδης ἔλεγεν· ὃν ἐγὼ ἀπεκεφάλισα Ἰωάννην οὗτος ἠγέρθη. [ver. 14.] | 9 εἶπεν δὲ Ἡρώδης· Ἰωάννην ἐγὼ ἀπεκεφάλισα· τίς δέ ἐστιν οὗτος περι οὗ ἀκούω τοιαῦτα; [Cf. iii. 19, 20.] |
| 8 ὁ γὰρ Ἡρώδης κρατήσας τὸν Ἰωάννην ἔδησεν καὶ ἐν φυλακῇ ἀπέθετο | 17 αὐτὸς γὰρ ὁ Ἡρώδης ἀποστείλας ἐκράτησεν τὸν Ἰωάννην καὶ ἔδησεν αὐτὸν ἐν φυλακῇ | — |
|  |  | καὶ ἐξήτει ἰδεῖν αὐτόν. |
| διὰ Ἡρωδιάδα τὴν γυναῖκα [Φιλίππου] τοῦ ἀδελφοῦ αὐ-4 τοῦ. ἔλεγεν γὰρ Ἰωάννης αὐτῷ· οὐκ ἔξεστίν σοι ἔχειν αὐτήν. | διὰ Ἡρωδιάδα τὴν γυναῖκα Φιλίππου τοῦ ἀδελφοῦ αὐτοῦ, ὅτι αὐτὴν ἐγάμησεν· ἔλε-18 γεν γὰρ ὁ Ἰωάννης τῷ Ἡρώδη ὅτι οὐκ ἔξεστίν σοι ἔχειν τὴν γυναῖκα τοῦ ἀδελφοῦ σου. | — |
|  | 19 ἡ δὲ Ἡρωδιὰς ἐνεῖχεν αὐτῷ καὶ ἤθελεν αὐτὸν ἀποκτεῖναι, | — |
| καὶ θέλων αὐτὸν ἀποκτεῖναι ἐφοβήθη τὸν ὄχλον, ὅτι ὡς προφήτην αὐτὸν εἶχον. | 20 καὶ οὐκ ἠδύνατο· ὁ γὰρ Ἡρώδης ἐφοβεῖτο τὸν Ἰωάννην, | — |
| — | εἰδὼς αὐτὸν ἄνδρα δίκαιον καὶ ἅγιον, καὶ συνετήρει αὐτόν, καὶ ἀκούσας αὐτοῦ πολλα ἠπορει, καὶ ἡδέως αὐτοῦ ἤκουεν. [xii. 37ᵇ.] | [ver. 7.] |
| — | 21 καὶ γενομένης ἡμέρας εὐκαι- | — |
| 6 γενεσίοις δὲ γενομένοις τοῦ Ἡρώδου | ρου ὅτε Ἡρώδης τοῖς γενεσίοις αὐτοῦ δεῖπνον ἐποίησεν τοῖς μεγιστᾶσιν αὐτου καὶ τοῖς χιλιάρχοις καὶ τοῖς πρώ-22 τοις τῆς Γαλιλαίας, καὶ εἰσελθούσης τῆς θυγατρὸς αὐτῆς τῆς Ἡρωδιάδος καὶ ὀρχησαμένης, | — |
| ὠρχήσατο ἡ θυγάτηρ τῆς Ἡρωδιάδος ἐν τῷ μέσῳ καὶ ἤρεσεν τῷ Ἡρώδη, | ἤρεσεν τῷ Ἡρώδη καὶ τοῖς συνανακειμένοις. ὁ δὲ βασιλεὺς εἶπεν τῷ κορασίῳ· αἴτησόν με ὁ |  |

7   ὅθεν μεθ᾽ ὅρκου ὡμο-
λόγησεν αὐτῇ δοῦναι ὃ ἐαν
αἰτήσηται.

8    ἡ δὲ προβιβασθεῖσα
ὑπὸ τῆς μητρὸς αὐτῆς·

δός μοι, φησίν, ὧδε
ἐπὶ πίνακι τὴν κεφαλὴν
Ἰωάννου τοῦ βαπτιστοῦ.
9 καὶ λυπηθεὶς    ὁ
βασιλεὺς διὰ τοὺς ὅρκους καὶ
τοὺς συνανακειμένους

ἐκέλευ-
σεν δοθῆναι.
10     καὶ πέμψας ἀπεκε
φάλισεν Ἰωάννην ἐν τῇ φυ-
11 λακῇ. καὶ ἠνέχθη ἡ κεφ-
αλὴ αὐτοῦ ἐπὶ πίνακι καὶ
ἐδόθη     τῷ κορασίῳ, καὶ
ἤνεγκεν    τῇ
12 μητρὶ αὐτῆς. καὶ
προσελθόντες οἱ μαθηταὶ
αὐτοῦ     ἦραν τὸ
πτῶμα    καὶ ἔθαψαν
αὐτόν,    καὶ ἐλθόντες
ἀπήγγειλαν τῷ Ἰησοῦ.

23 ἐὰν θέλῃς, καὶ δώσω σοι.
    καὶ ὤμο-
σεν αὐτῇ ὅτι ὃ ἐάν
με αἰτήσῃς δώσω σοι ἕως
ἡμίσους τῆς βασιλείας μου.
24    καὶ ἐξελθοῦσα
εἶπεν τῇ μητρὶ αὐτῆς· τί
αἰτήσωμαι; ἡ δὲ εἶπεν· τὴν
κεφαλὴν Ἰωάννου τοῦ βαπ-
25 τίζοντος. καὶ εἰσελθοῦσα
εὐθὺς μετὰ σπουδῆς πρὸς τὸν
βασιλέα ᾐτήσατο λέγουσα·
θέλω ἵνα ἐξαυτῆς δῷς μοι
ἐπὶ πίνακι τὴν κεφαλὴν
Ἰωάννου τοῦ βαπτιστοῦ.
26 καὶ περίλυπος γενόμενος ὁ
βασιλεὺς διὰ τοὺς ὅρκους καὶ
τοὺς ἀνακειμένους οὐκ ἠθέλη-
27 σεν ἀθετῆσαι αὐτήν. καί
εὐθὺς ἀποστείλας ὁ βασ-
ιλεὺς σπεκουλάτορα ἐπέτα-
ξεν ἐνέγκαι τὴν κεφαλὴν αὐ-
28 τοῦ. καὶ ἀπελθὼν ἀπεκε-
φάλισεν αὐτὸν ἐν τῇ φυ-
λακῇ, καὶ ἤνεγκεν τὴν κεφ-
αλὴν αὐτοῦ ἐπὶ πίνακι καὶ
ἔδωκεν αὐτὴν τῷ κορασίῳ, καὶ
τὸ κοράσιον ἔδωκεν αὐτὴν τῇ
29 μητρὶ αὐτῆς. καὶ ἀκούσαντες
    οἱ μαθηταὶ
αὐτοῦ ἦλθαν καὶ ἦραν τὸ
πτῶμα αὐτοῦ, καὶ ἔθηκαν
αὐτὸ ἐν μνημείῳ.

— (×各)

## § 93. Return of the Apostles: Five Thousand Men (besides Women and Children) Fed. [Cf. § 100.]

13 Ἀκούσας δὲ ὁ Ἰησοῦς
—

[Cf. xi. 28.]

ἀνεχώρησεν

30 Καὶ συνάγονται οἱ
ἀπόστολοι πρὸς τὸν
Ἰησοῦν,     καὶ
ἀπήγγειλαν αὐτῷ
πάντα ὅσα ἐποίησαν
31 καὶ ἐδίδαξαν. καὶ λέγει
αὐτοῖς· δεῦτε ὑμεῖς
αὐτοὶ

10 Καὶ ὑποστρέψαντες οἱ
ἀπόστολοι

διηγήσαντο αὐτῷ
ὅσα ἐποίησαν.
καὶ

παραλαβὼν αὐ-
τοὺς ὑπεχώρησεν

| MATT. XIV. | MARK VI. | LUKE IX. |
|---|---|---|
| ἐκεῖθεν ἐν πλοίῳ εἰς ἔρημον τόπον κατ᾽ ἰδίαν· | [ver. 32.] κατ᾽ ἰδίαν εἰς ἔρημον τόπον | κατ᾽ ἰδίαν εἰς — πόλιν καλουμένην Βηθσαϊδά. |
| [Cf. xi. 28.] | καὶ ἀναπαύσασθε ὀλίγον. ἦσαν γὰρ οἱ ἐρχόμενοι καὶ οἱ ὑπάγοντες πολλοί, καὶ οὐδὲ φαγεῖν εὐκαίρουν. [iii. 20.] | |
| | 32 καὶ ἀπῆλθον εἰς ἔρημον τόπον τῷ πλοίῳ κατ᾽ ἰδίαν. | |
| [ver. 13.] καὶ ἀκούσαντες οἱ ὄχλοι | 33 καὶ εἶδον αὐτοὺς ὑπάγοντας καὶ ἐπέγνωσαν αὐτοὺς πολλοί, | 11 οἱ δὲ ὄχλοι γνόντες |
| ἠκολούθησαν αὐτῷ πεζοὶ ἀπὸ τῶν πόλεων. | καὶ πεζῇ ἀπὸ πασῶν τῶν πόλεων συνέδραμον ἐκεῖ καὶ προῆλθον αὐτούς. | ἠκολούθησαν αὐτῷ, |
| 14 καὶ ἐξελθὼν εἶδεν πολὺν ὄχλον, καὶ ἐσπλαγχνίσθη ἐπ᾽ αὐτοῖς | 34 καὶ ἐξελθὼν εἶδεν πολὺν ὄχλον, καὶ ἐσπλαγχνίσθη ἐπ᾽ αὐτούς· ὅτι ἦσαν ὡς πρόβατα μὴ ἔχοντα ποιμένα καὶ | καὶ ἀποδεξάμενος αὐτοὺς |
| [Cf. ix. 36.] | | ἐλάλει αὐτοῖς περὶ τῆς βασιλείας τοῦ θεου, καὶ τοὺς χρείαν ἔχον- τας θεραπείας ἰᾶτο. |
| καὶ ἐθεράπευσεν τοὺς ἀρρώστους αὐτῶν. | [Cf. vi. 5, 13 ; xvi. 18.] ἤρξατο διδάσκειν αὐτοὺς πολλά. | |
| 15 ὀψίας δὲ γενομένης προσῆλθον αὐτῷ οἱ μαθηταὶ λέγοντες· ἐρημός ἐστιν ὁ τόπος, καὶ ἡ ὥρα παρῆλθεν ἤδη· ἀπόλυσον οὖν τοὺς ὄχλους, ἵνα ἀπελθόντες εἰς τὰς κώμας | 35 καὶ ἤδη ὥρας πολλῆς γενομένης προσελθόντες οἱ μαθηταὶ αὐτοῦ ἔλεγον ὅτι ἐρημός ἐστιν ὁ τόπος, καὶ ἤδη ὥρα πολλή. 36 ἀπόλυσον αὐτούς, ἵνα ἀπελθόντες εἰς τοὺς κύκλῳ ἀγροὺς καὶ κώμας | 12 ἡ δὲ ἡμέρα ἤρξατο κλίνειν· προσελθόντες δὲ οἱ δώδεκα εἶπον αὐτῷ· ἀπόλυσον τὸν ὄχλον, ἵνα πορευθέντες εἰς τὰς κύκλῳ κώμας καὶ ἀγροὺς |

| | | |
|---|---|---|
| ἀγοράσωσιν ἑαυτοῖς | ἀγοράσωσιν ἑαυτοῖς | καταλύσωσιν καὶ |
| | | εὕρωσιν ἐπισιτισ- |
| βρώματα. | τί φάγωσιν. | μόν, ὅτι |
| | | ὧδε ἐν ἐρήμῳ τόπῳ* |
| 16              ὁ δὲ | 37              ὁ δὲ | 13 ἐσμέν. εἶπεν δὲ |
| εἶπεν | ἀποκριθεὶς εἶπεν | πρὸς |
| αὐτοῖς· οὐ χρείαν | αὐτοῖς· | αὐτούς· |
| ἔχουσιν ἀπελθεῖν· | | |
| δότε αὐτοῖς ὑμεῖς | δότε αὐτοῖς ὑμεῖς | δότε αὐτοῖς |
| 17 φαγεῖν.      οἱ δὲ | φαγεῖν.      καὶ | φαγεῖν ὑμεις. οἱ δὲ |
| λέγουσιν αὐτῷ· | λέγουσιν αὐτῷ· | εἶπαν· |
| οὐκ ἔχομεν ὧδε | | οὐκ εἰσὶν ἡμῖν |
| εἰ μὴ πέντε ἄρτους | [ver. 38.] | πλεῖον ἢ ἄρτοι πέντε |
| καὶ δυο ἰχθύας. | | καὶ ἰχθύες δύο, εἰ |
| | ἀπελθόντες | μήτι πορευθέντες |
| | ἀγοράσωμεν | ἡμεῖς ἀγοράσωμεν |
| | | εἰς πάντα τὸν λαὸν |
| — | δηναρίων δια- | τοῦτον |
| | κοσίων ἄρτους, | βρώματα. |
| | καὶ δώσω- | |
| | μεν αὐτοῖς φαγεῖν; | |
| [ver. 21.] | [ver. 44.] | 14         ἦσαν δὲ |
| 18        •       ὁ δὲ | 38              ὁ δὲ | ὡσεὶ ἄνδρες πεν- |
| εἶπεν | λέγει αὐτοῖς· πόσους | τακισχίλιοι. |
| | ἄρτους ἔχετε; ὑπά- | |
| — | γετε ἴδετε. καὶ | — |
| | γνόντες λέγουσιν· | |
| [ver. 17.] | πέντε, καὶ δύο ἰχθύας. | [ver. 13.] |
| φέρετέ μοι ὧδε αὐ- | | |
| 19 τούς. καὶ κελεύσας | 39           καὶ | εἶπεν δὲ πρὸς |
| τοὺς ὄχλους | ἐπέταξεν | τοὺς μαθητὰς |
| ἀνακλιθῆναι | αὐτοῖς ἀνακλῖναι | αὐτοῦ· κατακλίνατε |
| | πάντας συμπόσια | αὐτοὺς κλισίας |
| — | συμπόσια ἐπὶ τῷ | |
| ἐπὶ τοῦ | χλωρῷ χόρτῳ. | ἀνὰ |
| χόρτου, | | πεντήκοντα. καὶ |
| — | 40           καὶ | 15 |
| | ἀνέπεσαν πρασιαὶ | ἐποίησαν |
| | πρασιαί, κατὰ ἑκατὸν | οὕτως — |
| | καὶ κατὰ πεντή- | |
| λαβὼν | 41 κοντα. καὶ λαβὼν | λαβὼν |
| τοὺς πέντε ἄρτους, | τοὺς πέντε ἄρτους | δὲ τοὺς πέντε ἄρτους |
| καὶ τοὺς δύο ἰχθύας | καὶ τοὺς δύο ἰχθύας | καὶ τοὺς δύο ἰχθύας |
| ἀναβλέψας εἰς τὸν | ἀναβλέψας εἰς τὸν | ἀναβλέψας εἰς τὸν |
| οὐρανὸν εὐλόγησεν, | οὐρανὸν εὐλόγησεν, | οὐρανὸν εὐλόγησεν |
| καὶ κλάσας | καὶ κατέκλασεν | καὶ κατέκλασεν |
| | τοὺς ἄρτους, καὶ | καὶ |
| ἔδωκεν τοῖς μαθηταῖς | ἐδίδου τοῖς μαθηταῖς | ἐδίδου τοῖς μαθηταῖς |
| | | * Cf. ver. 10. |

| τοὺς ἄρτους,<br>οἱ δὲ<br>μαθηταὶ τοῖς ὄχλοις. | ἵνα<br>παρατιθῶσιν<br>αὐτοῖς<br>καὶ τοὺς δύο<br>ἰχθύας ἐμέρισεν | παραθεῖναι<br>τῷ ὄχλῳ. |
|---|---|---|
| 20    καὶ ἔφαγον<br>πάντες καὶ ἐχορτάσ-<br>θησαν,    καὶ<br>ἦραν τὸ περισσεῦον<br>τῶν κλασμάτων<br>δώδεκα    κοφίνους<br>πλήρεις. | 42 πᾶσιν.  καὶ ἔφαγον<br>πάντες καὶ ἐχορτάσ-<br>43 θησαν·    καὶ<br>ἦραν<br>κλασμάτων<br>δώδεκα    κοφίνων<br>πληρώματα, καὶ ἀπὸ<br>44 τῶν ἰχθύων.  καὶ | 17    καὶ ἔφαγον<br>καὶ ἐχορτάσ-<br>θησαν πάντες, καὶ<br>ἤρθη τὸ περισσεῦσαν<br>αὐτοῖς κλασμάτων<br>κόφινοι    δώδεκα. |
| 21    οἱ δὲ ἐσθίοντες<br>ἦσαν    ἄνδρες<br>ὡσεὶ πεν-<br>τακισχίλιοι   χωρὶς<br>γυναικῶν καὶ παιδίων. | ἦσαν οἱ φαγόντες<br>τοὺς ἄρτους πεν-<br>τακισχίλιοι ἄνδρες. | [ver. 14.] |

## § 94. Jesus walks on the Sea: Peter goes to meet Him.

| 22 Καὶ    ἠνάγκασεν τοὺς<br>μαθητὰς    ἐμβῆναι εἰς<br>τὸ πλοῖον καὶ προάγειν αὐτὸν<br>εἰς τὸ περαν,<br>ἕως    οὗ ἀπολύσῃ τοὺς<br>23 ὄχλους.  καὶ ἀπολύσας<br>τοὺς ὄχλους<br>ἀνέβη εἰς τὸ ὄρος κατ᾽ ἰδίαν<br>προσεύξασθαι.  ὀψίας δὲ<br>24 γενομένης μόνος ἦν ἐκεῖ.  τὸ δὲ<br>πλοῖον μέσον τῆς θαλάσσης<br>ἦν<br>βασανιζό-<br>μενον ὑπὸ τῶν κυμάτων.  ἦν<br>γὰρ ἐναντίος ὁ ἄνεμος.<br>25    τετάρτῃ δὲ φυλακῇ<br>τῆς νυκτὸς ἦλθεν πρὸς<br>αὐτοὺς περιπατῶν ἐπὶ τὴν<br>θάλασσαν.<br><br>26 ἰδόντες δὲ αὐτὸν ἐπὶ τῆς<br>θαλάσσης    περιπατοῦντα<br>ἐταράχθησαν λέγοντες ὅτι<br>φάντασμά ἐστιν,    καὶ<br>ἀπὸ τοῦ φόβου ἔκραξαν.<br><br>27    εὐθὺς δὲ ἐλάλησεν<br>αὐτοῖς    λέγων· | 45 Καὶ εὐθὺς ἠνάγκασεν τοὺς<br>μαθητὰς αὐτοῦ ἐμβῆναι εἰς<br>τὸ πλοῖον καὶ προάγειν<br>εἰς τὸ πέραν πρὸς Βηθσαϊδάν,<br>ἕως αὐτὸς ἀπολύει τὸν<br>46 ὄχλον.  καὶ ἀποταξάμενος<br>αὐτοῖς<br>ἀπῆλθεν εἰς τὸ ὄρος<br>47 προσεύξασθαι.  καὶ ὀψίας<br>γενομένης    ἦν τὸ<br>πλοῖον ἐν μέσῳ τῆς θαλάσσης,<br>καὶ αὐτὸς μόνος ἐπὶ τῆς γῆς.<br>48 καὶ ἰδὼν αὐτοὺς βασανιζο-<br>μένους ἐν τῷ ἐλαύνειν, ἦν<br>γὰρ ὁ ἄνεμος ἐναντίος<br>αὐτοῖς, περὶ τετάρτην φυλακὴν<br>τῆς νυκτὸς ἔρχεται πρὸς<br>αὐτοὺς περιπατῶν ἐπὶ τῆς<br>θαλάσσης,    καὶ    ἤθελεν<br>49 παρελθεῖν αὐτούς· οἱ δὲ<br>ἰδόντες αὐτὸν ἐπὶ τῆς<br>θαλάσσης    περιπατοῦντα<br>ἔδοξαν ὅτι<br>φάντασμά ἐστιν,    καὶ<br>50    ἀνέκραξαν· πάντες<br>γὰρ αὐτὸν εἶδαν καὶ ἐταράχ-<br>θησαν.  ὁ δὲ εὐθὺς ἐλάλησεν<br>μετ᾽ αὐτῶν, καὶ λέγει αὐτοῖς· | —<br><br>[ver.<br>10.]<br><br>—<br><br>[Cf. v.<br>16.]<br><br>—<br><br>—<br><br>— |

88

θαρσεῖτε, ἐγώ εἰμι· μὴ
φοβεῖσθε.

28 ἀποκριθεὶς δὲ αὐτῷ ὁ Πέτρος
εἶπεν· κύριε, εἰ σὺ εἶ, κέλευσόν
με ἐλθεῖν πρός σε ἐπὶ τὰ ὕδα-
29 τα. ὁ δὲ εἶπεν ἐλθέ. καὶ κατα-
βὰς ἀπὸ τοῦ πλοίου Πέτρος
περιεπάτησεν ἐπὶ τὰ ὕδατα
καὶ ἦλθεν πρὸς τὸν Ἰησοῦν.
30 βλέπων δὲ τὸν ἄνεμον ἐφο-
βήθη, καὶ ἀρξάμενος κατα-
ποντίζεσθαι ἔκραξεν λέγων·
31 κύριε, σῶσόν με. εὐθέως δὲ ὁ
Ἰησοῦς ἐκτείνας τὴν χεῖρα ἐπε-
λάβετο αὐτοῦ καὶ λέγει αὐτῷ·
ὀλιγόπιστε, εἰς τί ἐδίστασας;
32 καὶ ἀναβάντων αὐτῶν
εἰς τὸ πλοῖον    ἐκόπασεν
33 ὁ ἄνεμος. οἱ δὲ ἐν τῷ πλοίῳ
προσεκύνησαν αὐτῷ λέγον-
τες· ἀληθῶς θεοῦ υἱὸς εἶ.

—

θαρσεῖτε, ἐγώ εἰμι, μὴ
φοβεῖσθε.  [Cf. iv. 41.]

—

—

—

—

51 καὶ ἀνέβη    πρὸς αὐτοὺς
εἰς τὸ πλοῖον, καὶ ἐκόπασεν
ὁ ἄνεμος    [iv. 39.]

καὶ λίαν ἐκ περισσοῦ
52 ἐν ἑαυτοῖς ἐξίσταντο.  οὐ
γὰρ συνῆκαν ἐπὶ τοῖς ἄρτοις,
ἀλλ' ἦν αὐτῶν ἡ καρδία πε-
πωρωμένη.*  [viii. 17.]

—

—

—

—

—

—

§ 95. *Jesus cures many Sick in the Land of Gennesaret.*

34 Καὶ διαπεράσαντες ἦλθον
ἐπὶ τὴν γῆν    εἰς Γεννη-
σαρέτ.

35    καὶ ἐπιγνόντες αὐ-
τὸν οἱ ἄνδρες τοῦ τόπου ἐκεί-
νου ἀπέστειλαν εἰς ὅλην τὴν
περίχωρον ἐκείνην, καὶ

προσήνεγκαν αὐτῷ πάντας
τοὺς κακῶς ἔχοντας,

—

36    καὶ
παρεκάλουν αὐτὸν ἵνα μόνον
ἅψωνται τοῦ κρασπέδου τοῦ
ἱματίου αὐτοῦ· καὶ
ὅσοι ἂν ἥψαντο    διε-
σώθησαν.

53 Καὶ διαπεράσαντες
ἐπὶ τὴν γῆν ἦλθον εἰς Γεννη-
σαρὲτ καὶ προσωρμίσθησαν.
54 καὶ ἐξελθόντων αὐτῶν ἐκ τοῦ
πλοίου εὐθὺς ἐπιγνόντες αὐ-
τὸν
55    περιέδραμον ὅλην τὴν
χώραν ἐκείνην, καὶ ἤρ-
ξαντο ἐπὶ τοῖς κραββάτοις
τοὺς κακῶς ἔχοντας περιφέ-
ρειν, ὅπου ἤκουον ὅτι ἐστίν.
56 καὶ ὅπου ἐὰν εἰσεπορεύετο
εἰς κώμας ἢ εἰς πόλεις ἢ εἰς
ἀγρούς, ἐν ταῖς ἀγοραῖς ἐτί-
θεσαν τοὺς ἀσθενοῦντας, καὶ
παρεκάλουν αὐτὸν ἵνα κἂν
τοῦ κρασπέδου τοῦ
ἱματίου αὐτοῦ ἅψωνται· καὶ
ὅσοι ἂν ἥψαντο αὐτοῦ ἐσώ-
ζοντο.

—

—

—

—

—

* *Cf.* John xii. 40.
89

§ 96. *Discussion with Pharisees and Scribes on Washing of Hands and other Ceremonies.*

| XV. | VII. | |
|---|---|---|
| 1 Τότε προσέρχονται τῷ Ιησοῦ ἀπὸ Ἱεροσολύμων Φαρισαῖοι καὶ γραμματεῖς | 1 Καὶ συνάγονται πρὸς αὐτὸν οἱ Φαρισαῖοι καί τινες τῶν γραμματέων ἐλθόντες ἀπο Ἱεροσολύμων. | — |
| — | 2 καὶ ἰδόντες τινὰς τῶν μαθητῶν αὐτοῦ ὅτι κοιναῖς χερσίν, τοῦτ᾽ ἔστιν ἀνίπτοις, ἐσθίου- | — |
| | 3 σιν τοὺς ἄρτους,—οἱ γὰρ Φαρισαῖοι καὶ πάντες οἱ Ἰουδαῖοι ἐὰν μὴ πυκνὰ νίψωνται τὰς χεῖρας οὐκ ἐσθίουσιν, κρατοῦντες τὴν παράδοσιν | |
| — | 4 τῶν πρεσβυτέρων, καὶ ἀπὸ ἀγορᾶς ἐὰν μὴ βαπτίσωνται οὐκ ἐσθίουσιν, καὶ ἄλλα πολλά ἐστιν ἃ παρέλαβον κρατεῖν, βαπτισμοὺς ποτηρίων | — |
| λέγοντες· | 5 καὶ ξεστῶν καὶ χαλκίων· καὶ ἐπερωτῶσιν αὐτὸν οἱ Φαρι- | — |
| 2 διατί οἱ μαθηταί σου παραβαίνουσίν τὴν παράδοσιν τῶν πρεσβυτέρων; οὐ γὰρ νίπτονται τὰς χεῖρας, ὅταν ἄρτον ἐσθίωσιν. | σαῖοι καὶ οἱ γραμματεῖς· διατί οὐ περιπατοῦσιν οἱ μαθηταί σου κατὰ τὴν παράδοσιν τῶν πρεσβυτέρων, | |
| | ἀλλὰ κοιναῖς χερσὶν ἐσθίουσιν τὸν | |
| 3 ὁ δὲ ἀποκριθεὶς εἶπεν αὐτοῖς· [vv. 7–9.] | 6 ἄρτον; ὁ δὲ εἶπεν αὐτοῖς· καλῶς ἐπροφήτευσεν Ἡσαΐας περὶ ὑμῶν τῶν ὑποκριτῶν, ὡς γέγραπται ὅτι οὗτος ὁ λαὸς τοῖς χείλεσίν με τιμᾷ, ἡ δὲ καρδία αὐτῶν πόρρω | — |
| | 7 ἀπέχει ἀπ᾽ ἐμοῦ· μάτην δὲ σέβονταί με διδάσκοντες διδασκαλίας ἐντάλματα ἀνθρώπων· | — |
| διατὶ καὶ ὑμεῖς παραβαίνετε τὴν ἐντολὴν τοῦ θεοῦ δια τὴν παράδοσιν ὑμῶν; | 8 ἀφέντες τὴν ἐντολὴν τοῦ θεοῦ κρατεῖτε τὴν παράδοσιν τῶν ἀνθρώπων. καὶ | — |
| — | 9 ἔλεγεν αὐτοῖς· καλῶς ἀθετεῖτε τὴν ἐντολὴν τοῦ θεοῦ, ἵνα τὴν παράδοσιν ὑμῶν | — |
| 4 ὁ γὰρ θεὸς ἐνετείλατο λέγων· τίμα τὸν πατέρα καὶ τὴν μητέρα, | 10 τηρήσητε. Μωϋσῆς γὰρ εἶπεν· τίμα τὸν πατέρα σου καὶ τὴν μητέρα | |

καὶ· ὁ κακολογῶν πατέρα
ἢ μητέρα θανάτῳ· τελευτάτω·
5 ὑμεῖς δὲ λέγετε· ὃς ἂν εἴπῃ
τῷ πατρὶ ἢ τῇ
μητρί· δῶρον
ὃ ἐὰν ἐξ ἐμοῦ ὠφεληθῇς, οὐ
μὴ τιμήσει
τὸν πατέρα αὐτοῦ ἢ τὴν
6 μητέρα αὐτοῦ. καὶ ἠκυρώ-
σατε τὸν νόμον τοῦ θεοῦ διὰ
τὴν παράδοσιν ὑμῶν.

7 ὑποκριταί, καλῶς
ἐπροφήτευσεν περὶ ὑμῶν
8 Ἡσαΐας λέγων· ὁ λαὸς οὗτος
τοῖς χείλεσίν με τιμᾷ, ἡ δὲ
καρδία αὐτῶν πόρρω ἀπέχει
9 ἀπ᾽ ἐμοῦ· μάτην δὲ σέβονταί
με διδάσκοντες διδασκαλίας
10 ἐντάλματα ἀνθρώπων. καὶ
προσκαλεσάμενος τὸν
ὄχλον εἶπεν αὐτοῖς· ἀκούετε
11 καὶ συνίετε· οὐ τὸ

εἰσερχόμενον εἰς τὸ στόμα
κοινοῖ τὸν ἄνθρωπον, ἀλλὰ τὸ
ἐκπορευόμενον ἐκ τοῦ στόμα-
τος, τοῦτο κοινοῖ τὸν ἄν-
θρωπον.

12 τότε προσελθόντες —

οἱ μαθηταὶ λέγουσιν
αὐτῷ· οἶδας ὅτι οἱ Φαρισαῖοι
ἀκούσαντες τὸν λόγον ἐσκαν-
13 δαλίσθησαν; ὁ δὲ ἀποκριθεὶς
εἶπεν· πᾶσα φυτεία ἣν οὐκ
ἐφύτευσεν ὁ πατήρ μου ὁ
οὐράνιος ἐκριζωθήσεται.
14 ἄφετε αὐτούς· ὁδηγοί εἰσιν
τυφλοὶ τυφλῶν· τυφλὸς δὲ
τυφλὸν ἐὰν ὁδηγῇ, ἀμφότεροι
15 εἰς βόθυνον πεσοῦνται. ἀπο-
κριθεὶς δὲ ὁ Πέτρος εἶπεν
αὐτῷ· φράσον ἡμῖν τὴν παρα-
16 βολήν. ὁ δὲ εἶμεν· ἀκμὴν
17 καὶ ὑμεῖς ἀσύνετοί ἐστε; οὐ
νοεῖτε ὅτι πᾶν τὸ
εἰσπορευόμενον εἰς τὸ στόμα

σου, καὶ· ὁ κακολογῶν πατέρα
ἢ μητέρα θανατῳ τελευτάτω·
ὑμεῖς δὲ λέγετε· ἐὰν εἴπῃ
ἄνθρωπος τῷ πατρὶ ἢ τῇ
μητρί· κορβᾶν, ὅ ἐστιν δῶρον,
12 ὃ ἐὰν ἐξ ἐμοῦ ὠφεληθῇς, οὐκ-
έτι ἀφίετε αὐτὸν οὐδὲν ποιῆ-
σαι τῷ πατρὶ ἢ τῇ
13 μητρί, ἀκυροῦν-
τες τὸν λόγον τοῦ θεοῦ
τῇ παραδόσει ὑμῶν ᾗ παρεδώ-
κατε. καὶ παρόμοια τοιαῦτα
πολλὰ ποιεῖτε. —
[vv. 6, 7.]

14 καὶ
προσκαλεσάμενος πάλιν τὸν
ὄχλον ἔλεγεν αὐτοῖς· ἀκούσατέ
15 μου πάντες καί σύνετε. οὐδέν
ἐστιν ἔξωθεν τοῦ ἀνθρώπου
εἰσπορευόμενον εἰς αὐτὸν ὃ δύ-
ναται κοινῶσαι αὐτόν· ἀλλὰ τὰ
ἐκ τοῦ ἀνθρώπου ἐκπορευόμενά
ἐστιν τὰ κοινοῦντα τὸν ἄν-
θρωπον.
16 — —
17 καὶ ὅτε εἰσῆλθεν εἰς τὸν οἶκον —
ἀπὸ τοῦ ὄχλου, ἐπηρώτων
αὐτὸν οἱ μαθηταὶ
αὐτοῦ

—

[Cf. vi.
39.]

τὴν παρα-
18 βολήν. καὶ λέγει αὐτοῖς· οὕτως —
καὶ ὑμεῖς ἀσύνετοί ἐστε; οὐ
νοεῖτε ὅτι πᾶν τὸ ἔξωθεν
εἰσπορευόμενον εἰς τὸν ἄνθρω-

|  |  |  |
|---|---|---|
|  | πον οὐ δύναται αὐτὸν κοινῶ- | — |
|  | 19 σαι, ὅτι οὐκ εἰσπορεύεται |  |
|  | αὐτοῦ εἰς τὴν καρδίαν ἀλλ᾿ |  |
| εἰς τὴν κοιλίαν χωρεῖ καὶ εἰς | εἰς τὴν κοιλίαν, καὶ εἰς |  |
| ἀφεδρῶνα ἐκβάλλεται ; | τὸν ἀφεδρῶνα ἐκπορεύεται, κα- |  |
| — | θαρίζων πάντα τὰ βρώματα ; |  |
| 18 τὰ δὲ ἐκπορευ- | 20 ἔλεγεν δὲ ὅτι τὸ | — |
| όμενα ἐκ τοῦ στόματος ἐκ | ἐκ τοῦ ἀνθρώπου ἐκ- |  |
| τῆς καρδίας ἐξέρ- | πορευόμενον, |  |
| χεται, κἀκεῖνα κοινοῖ τὸν ἄν- | ἐκεῖνο κοινοῖ τὸν ἄν- |  |
| θρωπον. ἐκ γὰρ τῆς | 21 θρωπον. ἔσωθεν γὰρ ἐκ τῆς |  |
| καρδίας ἐξέρχονται δια- | καρδίας τῶν ἀνθρώπων οἱ δια- |  |
| λογισμοὶ πονηροί, | λογισμοὶ οἱ κακοὶ ἐκπορεύον- |  |
| φόνοι, μοιχεῖαι, πορνεῖαι, | 22 ται, πορνεῖαι, |  |
| κλοπαί, | κλοπαί, φόνοι, μοιχεῖαι, |  |
|  | πλεονεξίαι, πονηρίαι, δόλος, | [Cf. xii. |
| — [Cf. vi. 23] ψευδο- | ἀσέλγεια, ὀφθαλμὸς πονηρός, | 15.] |
| μαρτυρίαι, |  |  |
|  |  | — |
| βλασφημίαι. | βλασφημία, |  |
|  | ὑπερηφανία,* ἀφροσύνη† |  |
| 20 ταῦτά ἐστιν τὰ | 23 πάντα ταῦτα τὰ πονηρὰ | — |
| κοινοῦντα | ἔσωθεν ἐκπορεύεται καὶ κοινοῖ |  |
| τὸν ἄνθρωπον· τὸ δὲ ἀνίπτοις | τὸν ἄνθρωπον. — |  |
| χερσὶν φαγεῖν οὐ κοινοῖ τὸν |  |  |
| ἄνθρωπον. |  |  |

### § 97. Cure of Canaanitish (Syrophænician) Woman's Demoniac Daughter.

|  |  |  |
|---|---|---|
| 21 Καὶ ἐξελθὼν ἐκεῖθεν ὁ Ἰησοῦς | 24 Ἐκεῖθεν δὲ | — |
| ἀνεχώρησεν εἰς τὰ μέρη | ἀναστὰς ἀπῆλθεν εἰς τὰ ὅρια |  |
| Τύρου καὶ Σιδῶνος. | Τύρου. καὶ εἰσελ- |  |
|  | θὼν εἰς οἰκίαν οὐδένα ἠθέλησεν |  |
|  | γνῶναι, καὶ οὐκ ἠδυνάσθη |  |
| 22 καὶ ἰδοὺ | 25 λαθεῖν. ἀλλὰ εὐθὺς ἀκού- | — |
| γυνὴ | σασα γυνὴ περὶ αὐτοῦ, |  |
|  | ἧς εἶχεν τὸ θυγάτριον αὐτῆς |  |
|  | πνεῦμα ἀκάθαρτον, |  |
| Χαναναία ἀπὸ τῶν ὁρίων |  |  |
| ἐκείνων ἐξελθοῦσα | εἰσελθοῦσα |  |
|  | προσέπεσεν πρὸς τοὺς πόδας |  |
|  | 26 αὐτοῦ· ἡ δὲ γυνὴ ἦν Ἑλληνίς, | — |
|  | Συροφοινίκισσα τῷ γένει· |  |
| ἔκραξεν λέγουσα· | καὶ ἠρώτα |  |
| ἐλέησόν με, κύριε υἱὸς | αὐτὸν |  |
| Δαυείδ· ἡ θυγάτηρ μου κακῶς |  |  |
| δαιμονίζεται. | [ver. 25.] |  |
| — | ἵνα τὸ δαιμόνιον ἐκβάλῃ ἐκ |  |
| 23 ὁ δὲ οὐκ | τῆς θυγατρὸς αὐτῆς. |  |

\* Only here in N.T. ; adj. Luke i. 51, etc.    † Cf. Romans i. 29.

| | | |
|---|---|---|
| ἀπεκρίθη αὐτῇ λόγον. καὶ προσελθόντες οἱ μαθηταὶ αὐτοῦ ἠρώτουν αὐτὸν λέγοντες· ἀπόλυσον αὐτήν, ὅτι κράζει 24 ὄπισθεν ἡμῶν. ὁ δὲ ἀποκριθεὶς εἶπεν· οὐκ ἀπεστάλην εἰ μὴ εἰς τὰ πρόβατα τὰ 25 ἀπολωλότα τοῦ Ἰσραήλ. ἡ δὲ ἐλθοῦσα προσεκύνει αὐτῷ 26 λέγουσα· κύριε, βοήθει μοι· ὁ δὲ ἀποκριθεὶς εἶπεν· οὐκ ἔξεστιν λαβεῖν τὸν ἄρτον τῶν τέκνων καὶ βαλεῖν τοῖς κυναρίοις. 27 ἡ δὲ εἶπεν· ναί, κύριε· καὶ γὰρ τὰ κυνάρια ἐσθίει ἀπὸ τῶν ψιχίων τῶν πιπτόντων ἀπὸ τῆς τραπέζης τῶν κυρίων αὐτῶν. 28 τότε ἀποκριθεὶς ὁ Ἰησοῦς εἶπεν αὐτῇ· ὦ γύναι, μεγάλη σου ἡ πίστις· γενηθήτω σοι ὡς θέλεις. καὶ ἰάθη ἡ θυγάτηρ αὐτῆς ἀπὸ τῆς ὥρας ἐκείνης. — [*Cf.* ix. 2ª.] | — [ver. 25.] 27 καὶ ἔλεγεν αὐτῇ· ἄφες πρῶτον χορτασθῆναι τὰ τέκνα· οὐ γὰρ ἐστιν καλὸν λαβεῖν τὸν ἄρτον τῶν τέκνων καὶ τοῖς κυναρίοις βαλεῖν. 28 ἡ δὲ ἀπεκρίθη καὶ λέγει αὐτῷ· ναί, κύριε· καὶ τὰ κυνάρια ὑποκάτω τῆς τραπέζης ἐσθίουσιν ἀπὸ τῶν ψιχίων τῶν παιδίων. 29 καὶ εἶπεν αὐτῇ· διὰ τοῦτον τὸν λόγον ὕπαγε, ἐξελήλυθεν ἐκ τῆς θυγατρός σου τὸ δαιμόνιον. 30 καὶ ἀπελθοῦσα εἰς τὸν οἶκον αὐτῆς εὗρον τὸ παιδίον βεβλημένον ἐπὶ τὴν κλίνην καὶ τὸ δαιμόνιον ἐξεληλυθός. | — — — — · |

## § 98. *Cure of Divers Sick.*

| | | |
|---|---|---|
| 29 Καὶ μεταβὰς ἐκεῖθεν ὁ Ἰησοῦς ἦλθεν [ver. 21.] παρὰ τὴν θάλασσαν τῆς Γαλιλαίας, καὶ ἀναβὰς εἰς τὸ ὄρος 30 ἐκάθητο ἐκεῖ. καὶ προσῆλθον αὐτῷ ὄχλοι πολλοὶ ἔχοντες μεθ' ἑαυτῶν χωλοὺς τυφλοὺς κωφοὺς κυλλοὺς καὶ ἑτέρους πολλούς, καὶ ἔριψαν αὐτοὺς παρὰ τοὺς πόδας αὐ- | 31 Καὶ πάλιν ἐξελθὼν ἐκ τῶν ὁρίων Τύρου ἦλθεν διὰ Σιδῶνος εἰς τὴν θάλασσαν τῆς Γαλιλαίας, ἀνὰ μέσον τῶν ὁρίων Δεκαπόλεως. | — · ' |

|  |  |  |
|---|---|---|
| τοῦ· καὶ ἐθεράπευσεν αὐ-<br>31 τούς, ὥστε τὸν ὄχλον θαυ-<br>μάσαι βλέποντας κωφοὺς<br>λαλοῦντας, κυλλοὺς ὑγιεῖς<br>καὶ χωλοὺς περιπατοῦντας<br>καὶ τυφλοὺς βλέποντας· καὶ<br>ἐδόξαζον τὸν θεὸν Ἰσραήλ. | [vv. 32–37.]<br><br>[viii. 22–26.] | — |

§ 99.* *Cure of a Deaf Man with a Difficulty of Utterance.* [*Cf.* §§ 103, 106.]

|  |  |  |
|---|---|---|
| — | 32 Καὶ φέρουσιν αὐτῷ κωφὸν καὶ μογιλάλον,<br>καὶ παρακαλοῦσιν αὐτὸν ἵνα ἐπιθῇ αὐτῷ τὴν | — |
| — | 33 χεῖρα. καὶ ἀπολαβόμενος αὐτὸν ἀπὸ τοῦ<br>ὄχλου κατ᾽ ἰδίαν ἔβαλεν τοὺς δακτύλους εἰς<br>τὰ ὦτα αὐτοῦ καὶ πτύσας ἥψατο τῆς γλώσ- | — |
| — | 34 σης αὐτοῦ, καὶ ἀναβλέψας εἰς τὸν οὐρανὸν<br>ἐστέναξεν, καὶ λέγει αὐτῷ· ἐφφαθά, ὅ ἐστιν | |
| — | 35 διανοίχθητι. καὶ ἠνοίγησαν αὐτοῦ αἱ<br>ἀκοαί, καὶ εὐθὺς ἐλύθη ὁ δεσμὸς τῆς γλώσ- | |
| — | 36 σης αὐτοῦ, καὶ ἐλάλει ὀρθῶς. καὶ διε-<br>στείλατο αὐτοῖς ἵνα μηδενὶ λέγωσιν· ὅσον<br>δὲ αὐτοῖς διεστέλλετο, αὐτοὶ μᾶλλον περισ- | — |
| — | 37 σότερον ἐκήρυσσον· καὶ ὑπερπερισσῶς<br>ἐξεπλήσσοντο λέγοντες· καλῶς πάντα<br>πεποίηκεν, καὶ τοὺς κωφοὺς ποιεῖ ἀκούειν καὶ<br>ἀλάλους λαλεῖν. [*Cf.* Isaiah xxxv. 5, 6.] | — |

§ 100. *Four Thousand Men (besides Women and Children) Fed.* [*Cf.* § 93.]

|  | VIII. |  |
|---|---|---|
| [vv. 30, 31.] [ver. 32.] | 1 Ἐν ἐκείναις ταῖς ἡμέραις<br>πάλιν πολλοῦ ὄχλου ὄντος<br>καὶ μὴ ἐχόντων τί φάγωσιν,<br>προσκαλε- | — |
| 32 ὁ δὲ Ἰησοῦς προσκαλε-<br>σάμενος τοὺς μαθητὰς αὐτοῦ<br>εἶπεν· σπλαγχνίζομαι<br>ἐπὶ τὸν ὄχλον, ὅτι ἤδη ἡμέραι<br>τρεῖς προσμένουσίν μοι καὶ<br>οὐκ ἔχουσιν τί φάγωσιν· καὶ<br>ἀπολῦσαι αὐτοὺς νήστεις<br>οὐ θέλω        μήποτε<br>ἐκλυθῶσιν ἐν τῇ ὁδῷ. | σάμενος τοὺς μαθητὰς<br>2 λέγει αὐτοῖς· σπλαγχνίζομαι<br>ἐπὶ τὸν ὄχλον, ὅτι ἤδη ἡμέραι<br>τρεῖς προσμένουσίν μοι καὶ<br>3 οὐκ ἔχουσιν τί φάγωσιν· καὶ<br>ἐὰν ἀπολύσω αὐτοὺς νήστις<br>εἰς οἶκον αὐτῶν,<br>ἐκλυθήσονται ἐν τῇ ὁδῷ· καί<br>τινες αὐτῶν ἀπὸ μακρόθεν | — |
| 33        καὶ λέγουσιν<br>αὐτῷ οἱ μαθηταί·<br>πόθεν ἡμῖν ἐν ἐρημίᾳ ἄρτοι<br>τοσοῦτοι<br>χορτάσαι | 4 ἥκασιν. καὶ ἀπεκρίθησαν<br>αὐτῷ οἱ μαθηταὶ αὐτοῦ ὅτι<br>πόθεν<br>τούτους δυνήσεταί<br>τις ὧδε χορτάσαι ἄρτων | — |

* § 106 affords the climax of this cure : the boy healed after the Transfigura‑
tion is a *demoniac* as well as deaf and dumb.

ὄχλον τοσοῦτον ;
34 καὶ λέγει αὐτοῖς ὁ Ἰησοῦς·
πόσους ἄρτους ἔχετε ; οἱ δὲ
εἶπον· ἑπτά, καὶ ὀλίγα ἰχθύδια.
35 καὶ παραγγείλας τῷ ὄχλῳ
ἀναπεσεῖν ἐπὶ τὴν γῆν
36 ἔλαβεν τοὺς ἑπτὰ ἄρτους καὶ
τοὺς ἰχθύας καὶ εὐχαριστήσας
ἔκλασεν καὶ ἐδίδου τοῖς
μαθηταῖς, [xxvi. 26, 27.]
οἱ δὲ μαθηταὶ τοῖς ὄχλοις

[ver. 34.]　[Cf. xxvi. 26.]

37 　　　　καὶ ἔφαγον
πάντες καὶ ἐχορτάσθησαν καὶ
τὸ περισσεῦον τῶν κλασ-
μάτων ἦραν ἑπτὰ σπυρίδας
38 πλήρεις. οἱ δὲ ἐσθίοντες
ἦσαν τετρακισχίλιοι
ἄνδρες χωρὶς παιδίων καὶ
γυναικῶν. [Cf. xiv. 21.]
39 　　　　καὶ ἀπολύσας
τοὺς ὄχλους
ἐνέβη εἰς τὸ πλοῖον
　　　　καὶ ἦλθεν εἰς
τὰ ὅρια Μαγαδάν.

ἐπ᾽ ἐρημίας ;
5 καὶ ἠρώτα αὐτούς·　　—
πόσους ἔχετε ἄρτους ; οἱ δὲ
εἶπαν· ἑπτά.
6 καὶ παραγγέλλει τῷ ὄχλῳ　—
ἀναπεσεῖν ἐπὶ τῆς γῆς· καὶ
λαβὼν τοὺς ἑπτὰ ἄρτους
εὐχαριστήσας
ἔκλασεν καὶ ἐδίδου τοῖς　　[xxii.
μαθηταῖς αὐτοῦ [xiv. 22, 23.]　19.]

7 ἵνα παρατιθῶσιν· καὶ εἶχαν　—
ἰχθύδια ὀλίγα· καὶ εὐλογήσας
αὐτὰ παρέθηκεν. [xiv. 22.]
8 　　　　καὶ ἔφαγον
καὶ ἐχορτάσθησαν, καὶ
ἦραν περισσεύματα κλασ-
μάτων ἑπτὰ σπυρίδας.

9 ἦσαν δὲ ὡς τετρακισχίλιοι·
　　—

10 　　　　καὶ ἀπέλυσεν
αὐτούς.　　καὶ εὐθὺς
ἐμβὰς εἰς τὸ πλοῖον μετὰ τῶν
μαθητῶν αὐτοῦ　ἦλθεν εἰς
τὰ μέρη Δαλμανουθά.

§ 101. Pharisees (and Sadducees) desire a Sign.　[Cf. §§ 70, 127, 138.]

XVI.
1 Καὶ προσελθόντες οἱ Φαρι-
σαῖοι καὶ Σαδδουκαῖοι

πειράζοντες ἐπηρώτων αὐτὸν
σημεῖον ἐκ τοῦ οὐρανοῦ ἐπι-
δεῖξαι αὐτοῖς.
2 ὁ δὲ ἀποκριθεὶς εἶπεν αὐτοῖς·
ὀψίας γενομένης λέγετε· εὐδία,
πυρράζει γὰρ ὁ οὐρανός·
3 καὶ πρωΐ· σήμερον χειμών,
πυρράζει γὰρ στυγνάζων ὁ
οὐρανός. τὸ μὲν πρόσωπον
τοῦ οὐρανοῦ γινώσκετε δια-
κρίνειν, τὰ δὲ σημεῖα τῶν και-
ρῶν οὐ δύνασθε ;　　—
4 　　　　γενεὰ πονηρὰ
καὶ μοιχαλὶς

11 Καὶ ἐξῆλθον οἱ Φαρι-　[Cf. xi.
σαῖοι καὶ　　　　　16.]
ἤρξαντο συζητεῖν αὐτῷ,
ζητοῦντες παρ᾽ αὐτοῦ
σημεῖον ἀπὸ τοῦ οὐρανοῦ
πειράζοντες αὐτόν.

　　—　　　　　[Cf. xii.
　　　　　　　　54–57.]
.

12 　　καὶ ἀναστενάξας τῷ
πνεύματι αὐτοῦ λέγει·　[Cf. xi.
τί ἡ γενεὰ αὕτη　　29.]

σημεῖον ἐπιζητεῖ,        ζητεῖ σημεῖον ;
      καὶ σημεῖον     ἀμὴν λέγω ὑμῖν
οὐ δοθήσεται αὐτῇ     εἰ δοθήσεται τῇ γενεᾷ ταύτῃ
    εἰ μὴ τὸ σημεῖον        σημεῖον.
Ἰωνᾶ. [xii. 39.]    καὶ   13      καὶ
καταλιπὼν αὐτοὺς     ἀφεὶς αὐτοὺς πάλιν ἐμβὰς
ἀπῆλθεν.     ἀπῆλθεν εἰς τὸ πέραν.

§ 102. *Warning against the Leaven of the Pharisees, and the Sadducees (and of Herod).*

5 Καὶ ἐλθόντες οἱ μαθηταὶ εἰς τὸ   14 Καὶ       [ver. 13.]    —
πέραν ἐπελάθοντο ἄρτους λα-     ἐπελάθοντο λαβεῖν ἄρ-
βεῖν.    —     τους, καὶ εἰ μὴ ἕνα ἄρτον οὐκ
      εἶχον μεθ᾽ ἑαυτῶν ἐν τῷ πλοίῳ.

6 ὁ δὲ Ἰησοῦς εἶπεν αὐτοῖς·   15 καὶ      διεστέλλετο αὐτοῖς
    ὁρᾶτε καὶ προσέχετε     λέγων· ὁρᾶτε, βλέπετε   [*Cf.* xii.
ἀπὸ τῆς ζύμης τῶν Φαρισαίων     ἀπὸ τῆς ζύμης τῶν Φαρισαίων   1ᵇ.]
καὶ Σαδδουκαίων.     καὶ      τῆς ζύμης
7    —   οἱ δὲ διελογίζοντο   16 Ἡρώδου. καὶ διελογίζοντο
ἐν ἑαυτοῖς λέγοντες ὅτι     πρὸς ἀλλήλους ὅτι
ἄρτους οὐκ ἐλάβομεν.     ἄρτους οὐκ ἔχομεν.
8 γνοὺς δὲ ὁ Ἰησοῦς εἶπεν·   17 καὶ γνοὺς     λέγει αὐτοῖς·
τί διαλογίζεσθε ἐν ἑαυτοῖς,     τί
ὀλιγόπιστοι, ὅτι ἄρτους οὐκ       ὅτι ἄρτους οὐκ
9 ἐλάβετε; οὔπω νοεῖτε, οὐδὲ     ἔχετε ; οὔπω νοεῖτε οὐδὲ
    συνίετε ; πεπωρωμένην
    [vi. 52.] ἔχετε τὴν καρδίαν
    [*Cf.* xiii. 15, 16.]   18 ὑμῶν ; ὀφθαλμοὺς ἔχοντες   [*Cf.* x.
    οὐ βλέπετε, καὶ ὦτα ἔχοντες   23, 24.]
    μνημο-   19 οὐκ ἀκούετε, καὶ οὐ μνημο-
νεύετε τοὺς πέντε ἄρτους     νεύετε, ὅτε τοὺς πέντε ἄρτους
τῶν        πεντα-     ἔκλασα εἰς τοὺς πεντα-
κισχιλίων καὶ πόσους κοφί-     κισχιλίους, καὶ πόσους κοφί-
νους     νους κλασμάτων πλήρεις
ἐλάβετε ;     ἤρατε ; λέγουσιν αὐτῷ· δώ-
10     οὐδὲ    τοὺς ἑπτὰ ἄρ-   20 δεκα. ὅτε καὶ τοὺς ἑπτὰ    —
τους τῶν τετρακισχιλίων,     εἰς τοὺς τετρακισχιλίους
καὶ πόσας σπυρίδας     πόσων σπυρίδων πληρώ-
    ἐλάβετε ;   21 ματα κλασμάτων ἤρατε ; καὶ
    λέγουσιν· ἑπτά. καὶ ἔλεγεν
11     πῶς οὐ νοεῖτε     αὐτοῖς· οὔπω συνίετε ;
ὅτι οὐ περὶ ἄρτων εἶπον ὑμῖν ;
προσέχετε δὲ ἀπὸ τῆς ζύμης
τῶν Φαρισαίων καὶ Σαδδου-
12 καίων. τότε συνῆκαν ὅτι     —       —
οὐκ εἶπεν προσέχειν ἀπὸ τῆς
ζύμης τῶν Φαρισαίων καὶ
Σαδδουκαίων ἀλλὰ ἀπὸ τῆς
διδαχῆς τῶν Φαρισαίων καὶ
Σαδδουκαίων.

## § 103. *Jesus cures a Blind Man at Bethsaida.* [*Cf.* § 99.]

[*Cf.* xv. 31.]

22 Καὶ ἔρχονται εἰς Βηθσαϊδάν.  καὶ φέρουσιν αὐτῷ τυφλόν, καὶ παρακαλοῦσιν αὐτὸν ἵνα
23 αὐτοῦ ἅψηται. καὶ ἐπιλαβόμενος τῆς χειρὸς τοῦ τυφλοῦ ἐξήνεγκεν αὐτὸν ἔξω τῆς κώμης, καὶ πτύσας εἰς τὰ ὄμματα αὐτοῦ, ἐπιθεὶς τὰς χεῖρας αὐτῷ, ἐπηρώτα αὐτὸν εἰ τι βλέπει.
24 καὶ ἀναβλέψας ἔλεγεν· βλέπω τοὺς ἀνθρώπους, ὅτι ὡς δένδρα ὁρῶ περιπατοῦντας.
25 εἶτα πάλιν ἐπέθηκεν τὰς χεῖρας ἐπὶ τοὺς ὀφθαλμοὺς αὐτοῦ, καὶ διέβλεψεν καὶ ἀπεκατέστη, καὶ ἐνέβλεπεν δηλαυγῶς ἅπαντα.
26 καὶ ἀπέστειλεν αὐτὸν εἰς οἶκον αὐτοῦ λέγων· μὴ εἰς τὴν κώμην εἰσέλθῃς. [Is. xxxv. 5.]

## § 104. *The Confession of Peter: First Announcement of the Passion.*

| | | |
|---|---|---|
| 13 Ἐλθὼν δὲ ὁ Ἰησοῦς | 27 Καὶ ἐξῆλθεν ὁ Ἰησοῦς | 18 Καὶ ἐγένετο ἐν τῷ εἶναι αὐτὸν προσευχόμενον κατὰ μόνας συνῆσαν αὐτῷ οἱ μαθηταί |
| εἰς τὰ μέρη Καισαρείας τῆς Φιλίππου ἠρώτα τοὺς μαθητὰς αὐτοῦ λέγων· τίνα λέγουσιν οἱ ἄνθρωποι εἶναι τὸν υἱὸν τοῦ 14 ἀνθρώπου; οἱ δὲ εἶπαν· οἱ μὲν Ἰωάννην τὸν βαπτιστήν, ἄλλοι δὲ Ἠλείαν, ἕτεροι δὲ Ἰερεμίαν ἢ ἕνα τῶν προφητῶν. | καὶ οἱ μαθηταί αὐτοῦ εἰς τὰς κώμας Καισαρείας τῆς Φιλίππου· καὶ ἐν τῇ ὁδῷ ἐπηρώτα μαθητὰς αὐτοῦ λέγων αὐτοῖς· τίνα με λέγουσιν οἱ ἄνθρωποι εἶναι; 28 οἱ δὲ εἶπαν αὐτῷ λέγοντες ὅτι Ἰωάννην τὸν βαπτιστήν, καὶ ἄλλοι Ἠλείαν, ἄλλοι δὲ ὅτι εἷς τῶν προφητῶν. | καὶ ἐπηρώτησεν αὐτοὺς λέγων· τίνα με οἱ ὄχλοι λέγουσιν εἶναι; 19 οἱ δὲ ἀποκριθέντες εἶπαν· Ἰωάννην τὸν βαπτιστήν, ἄλλοι δὲ Ἠλείαν, ἄλλοι δὲ ὅτι προφήτης τις τῶν ἀρχαίων ἀνέστη. εἶπεν δὲ |
| 15 λέγει αὐτοῖς· ὑμεῖς δὲ τίνα με λέγετε εἶναι; 16 ἀποκριθεὶς δὲ Σίμων Πέτρος εἶπεν· σὺ εἶ ὁ χριστὸς ὁ υἱὸς τοῦ θεοῦ τοῦ ζῶντος. 17 ἀποκριθεὶς δὲ ὁ | καὶ αὐτὸς ἐπηρώτα αὐτούς· ὑμεῖς δὲ τίνα με λέγετε εἶναι; ἀποκριθεὶς ὁ Πέτρος λέγει αὐτῷ· σὺ εἶ ὁ χριστός — | ὑμεῖς δὲ τίνα με λέγετε εἶναι; Πέτρος δὲ ἀποκριθεὶς εἶπεν· τὸν χριστὸν τοῦ θεοῦ. |

| | | |
|---|---|---|
| Ἰησοῦς εἶπεν αὐτῷ· μακάριος εἶ, Σίμων Βαριωνᾶ, ὅτι σὰρξ καὶ αἷμα οὐκ ἀπεκάλυψέν σοι ἀλλ' ὁ πατήρ μου ὁ ἐν τοῖς 18 οὐρανοῖς. κἀγὼ δέ σοι λέγω ὅτι σὺ εἶ Πέτρος, καὶ ἐπὶ ταύτῃ τῇ πέτρᾳ οἰκοδομήσω μου τὴν ἐκκλησίαν, καὶ πύλαι ᾅδου οὐ κατισχύσουσιν αὐ- 19 τῆς· δώσω σοι τὰς κλεῖδας τῆς βασιλείας τῶν οὐρανῶν, καὶ ὃ ἐὰν δήσῃς ἐπὶ τῆς γῆς ἔσται δεδεμένον ἐν τοῖς οὐρανοῖς, καὶ ὃ ἐὰν λύσῃς ἐπὶ τῆς γῆς ἔσται λελυμένον ἐν τοῖς οὐρανοῖς. | — | — |
| 20 τότε διεστείλατο τοῖς μαθηταῖς ἵνα μηδενὶ εἴπωσιν ὅτι αὐτός ἐστιν ὁ χριστός. | 30 καὶ ἐπετίμησεν αὐτοῖς ἵνα μηδενὶ λέγωσιν περί αὐτοῦ. | 21 ὁ δὲ ἐπιτιμήσας αὐτοῖς παρήγγειλεν μηδενί λέγειν τοῦτο, |
| 21 ἀπὸ τότε ἤρξατο ὁ Ἰησοῦς δεικνύειν τοῖς μαθηταῖς αὐτοῦ ὅτι δεῖ αὐτὸν εἰς Ἱεροσόλυμα ἀπελθεῖν καὶ πολλὰ παθεῖν ἀπὸ τῶν πρεσβυτέρων καὶ ἀρχιερέων καὶ γραμματέων καὶ ἀποκτανθῆναι καὶ τῇ τρίτῃ ἡμέρᾳ ἐγερθῆναι. | 31 καὶ ἤρξατο διδάσκειν αὐτοὺς ὅτι δεῖ τὸν υἱὸν τοῦ ἀνθρώπου πολλὰ παθεῖν, καὶ ἀποδοκιμασθῆναι ὑπὸ τῶν πρεσβυτέρων καὶ τῶν ἀρχιερέων καὶ τῶν γραμματέων καὶ ἀποκτανθῆναι καὶ μετὰ τρεῖς ἡμέρας ἀναστῆναι. | 22 εἰπὼν ὅτι δεῖ τὸν υἱὸν τοῦ ἀνθρώπου πολλὰ παθεῖν, καὶ ἀποδοκιμασθῆναι ἀπὸ τῶν πρεσβυτέρων καὶ ἀρχιερέων καὶ γραμματέων καὶ ἀποκτανθῆναι καὶ τῇ τρίτῃ ἡμέρᾳ ἐγερθῆναι. |
| | 32 καὶ παρρησίᾳ τὸν λόγον ἐλάλει. | — |
| 22 καὶ προσλαβόμενος αὐτὸν ὁ Πέτρος ἤρξατο ἐπιτιμᾶν αὐτῷ λέγων· ἵλεώς | καὶ προσλαβόμενος ὁ Πέτρος αὐτὸν ἤρξατο ἐπιτιμᾶν αὐτῷ | |

| MATT. XVI. | MARK VIII. | LUKE IX. |
|---|---|---|
| σοι, κύριε· οὐ μὴ ἔσται σοι τοῦτο. | — | — |
| 23 ὁ δὲ στραφεὶς εἶπεν τῷ Πέτρῳ. ὕπαγε ὀπίσω μου, σατανᾶ· σκάνδαλον εἶ ἐμοῦ, ὅτι οὐ φρονεῖς τὰ τοῦ θεοῦ ἀλλὰ τὰ τῶν | 33 ὁ δὲ ἐπιστραφεὶς καὶ ἰδὼν τοὺς μαθητὰς αὐτοῦ ἐπετίμησεν Πέτρῳ καὶ λέγει· ὕπαγε ὀπίσω μου, σατανᾶ, ὅτι οὐ φρονεῖς τὰ τοῦ θεοῦ ἀλλὰ τὰ τῶν | |
| 24 ἀνθρώπων. τότε ὁ Ἰησοῦς εἶπεν τοῖς μαθηταῖς αὐτοῦ· εἴ τις θέλει ὀπίσω μου ἐλθεῖν ἀπαρνησάσθω ἑαυτὸν καὶ ἀράτω τὸν σταυρὸν αὐτοῦ καὶ ἀκολουθείτω | 34 ἀνθρώπων. καὶ προσκαλεσάμενος τὸν ὄχλον σὺν τοῖς μαθηταῖς αὐτοῦ εἶπεν αὐτοῖς· ὅστις θέλει ὀπίσω μου ἀκολουθεῖν, ἀπαρνησάσθω ἑαυτὸν καὶ ἀράτω τὸν σταυρὸν αὐτοῦ καὶ ἀκολουθείτω | 23 ἔλεγεν δὲ πρὸς πάντας· εἴ τις θέλει ὀπίσω μου ἔρχεσθαι ἀρνησάσθω ἑαυτὸν καὶ ἀράτω τὸν σταυρὸν αὐτοῦ καθ᾽ ἡμέραν καὶ ἀκολουθείτω |
| 25 μοι. ὃς γὰρ ἐὰν θέλῃ τὴν ψυχὴν αὐτοῦ σῶσαι, ἀπολέσει αὐτήν· ὃς δ᾽ ἂν ἀπολέσῃ τὴν ψυχὴν αὐτοῦ ἕνεκεν ἐμοῦ εὑρήσει | 35 μοι. ὃς γὰρ ἐὰν θέλῃ τὴν ψυχὴν αὐτοῦ σῶσαι, ἀπολέσει αὐτήν· ὃς δ᾽ ἂν ἀπολέσει τὴν ἑαυτοῦ ψυχὴν ἕνεκεν ἐμοῦ καὶ τοῦ εὐαγγελίου,* σώσει | 24 μοι. ὃς γὰρ ἐὰν θέλῃ τὴν ψυχὴν αὐτοῦ σωσαι, ἀπολέσει αὐτήν· ὃς δ᾽ ἂν ἀπολέσῃ τὴν ψυχὴν αὐτοῦ ἕνεκεν ἐμοῦ, οὗτος σώσει |
| 26 αὐτήν. τί γὰρ ὠφεληθήσεται ἄνθρωπος, ἐὰν τὸν κόσμον ὅλον κερδήσῃ τὴν δὲ ψυχὴν αὐτοῦ ζημιωθῇ ; ἢ τί δώσει ἄνθρωπος ἀντάλλαγμα τῆς ψυχῆς αὐτοῦ ; | 36 αὐτήν. τί γὰρ ὠφελεῖ ἄνθρωπον κερδῆσαι τὸν κόσμον ὅλον καὶ ζημιωθῆναι τὴν 37 ψυχὴν αὐτοῦ ; τί γὰρ δοῖ ἄνθρωπος ἀντάλλαγμα τῆς ψυ- 38 χῆς αὐτοῦ ; ὃς γὰρ ἐὰν ἐπαισχυνθῇ με καὶ τοὺς ἐμοὺς λόγους | 25 αὐτήν. τί γὰρ ὠφελεῖται ἄνθρωπος κερδήσας τὸν κόσμον ὅλον, ἑαυτὸν δὲ ἀπολέσας ἢ ζημιωθείς ; 26 ὃς γὰρ ἂν ἐπαισχυνθῇ με καὶ τοὺς ἐμοὺς λόγους [Cf. Rom. i. 16.] |
| [xii. 39; xvi. 4.] | ἐν τῇ γενεᾷ ταύτῃ τῇ μοιχαλίδι καὶ ἁμαρτωλῷ, καὶ ὁ υἱὸς τοῦ ἀνθρώπου | [xi. 29.] τοῦτον ὁ υἱὸς τοῦ ἀνθρώπου |

\* Ver. 38.

| MATT. XVI. XVII. | MARK VIII. IX. | LUKE IX. |
|---|---|---|
| 27 μέλλει γὰρ ὁ υἱὸς τοῦ ἀνθρώπου ἔρχεσθαι ἐν τῇ δόξῃ τοῦ πατρὸς αὐτοῦ [xxv. 31] μετὰ τῶν ἀγγέλων αὐτοῦ, καὶ τότε ἀποδώσει ἑκάστῳ κατὰ [Rom. ii. 6.] τὴν πρᾶξιν αὐτοῦ. | ἐπαισχυνθήσεται αὐτόν, ὅταν ἔλθῃ ἐν τῇ δόξῃ τοῦ πατρὸς αὐτοῦ [xiii. 27.] μετὰ τῶν ἀγγέλων τῶν ἁγίων. | ἐπαισχυνθήσεται ὅταν ἔλθῃ ἐν τῇ δόξῃ αὐτοῦ καὶ τοῦ πατρὸς καὶ τῶν ἁγίων ἀγγέλων. |
| 28 ἀμὴν λέγω ὑμῖν ὅτι εἰσίν τινες τῶν ὧδε ἑστώτων οἵτινες οὐ μὴ γεύσωνται θανάτου ἕως ἂν ἴδωσιν τὸν υἱὸν τοῦ ἀνθρώπου ἐρχόμενον ἐν τῇ βασιλείᾳ αὐτοῦ. [Cf. xxiv. 30.] | IX. 1 Καὶ ἔλεγεν αὐτοῖς· ἀμὴν λέγω ὑμῖν ὅτι εἰσίν τινες ὧδε τῶν ἑστηκότων οἵτινες οὐ μὴ γεύσωνται θανάτου ἕως ἂν ἴδωσιν τὴν βασιλείαν τοῦ θεοῦ ἐληλυθυῖαν ἐν [viii. 38] δυνάμει. [Cf. xiii. 26.] | 27 λέγω δὲ ὑμῖν ἀληθῶς, εἰσίν τινες τῶν αὐτοῦ ἑστηκότων οἳ οὐ μὴ γεύσωνται θανάτου ἕως ἂν ἴδωσιν τὴν βασιλείαν τοῦ θεοῦ. — [Cf. xxi. 27.] |

## § 105. Transfiguration of Jesus.

| XVII. 1 Καὶ μεθ᾽ ἡμέρας ἓξ παραλαμβάνει ὁ Ἰησοῦς τὸν Πέτρον καὶ Ἰάκωβον καὶ Ἰωάννην τὸν ἀδελφὸν αὐτοῦ, καὶ ἀναφέρει αὐτοὺς εἰς ὄρος ὑψηλὸν κατ᾽ ἰδίαν — 2 καὶ μετεμορφώθη ἔμπροσθεν αὐτῶν, καὶ ἔλαμψεν τὸ πρόσωπον αὐτοῦ ὡς ὁ ἥλιος, τὰ δὲ ἱμάτια αὐτοῦ ἐγένετο λευκὰ ὡς τὸ φῶς. — | 2 Καὶ μετὰ ἡμέρας ἓξ παραλαμβάνει ὁ Ἰησοῦς τὸν Πέτρον καὶ τὸν Ἰάκωβον καὶ τὸν Ἰωάννην, καὶ ἀναφέρει αὐτοὺς εἰς ὄρος ὑψηλὸν κατ᾽ ἰδίαν μόνους — καὶ μετεμορφώθη ἔμπροσθεν αὐτῶν, καὶ τὰ ἱμάτια αὐτοῦ ἐγένετο στίλβοντα λευκὰ λίαν οἷα γναφεὺς ἐπὶ τῆς γῆς οὐ δύναται | 28 Ἐγένετο δὲ μετὰ τοὺς λόγους τούτους ὡσεὶ ἡμέραι ὀκτώ, καὶ παραλαβὼν Πέτρον καὶ Ἰωάννην καὶ Ἰάκωβον ἀνέβη εἰς τὸ ὄρος προσεύξασθαι. 29 καὶ ἐγένετο ἐν τῷ προσεύχεσθαι αὐτὸν τὸ εἶδος τοῦ προσώπου αὐτοῦ ἕτερον καὶ ὁ ἱματισμὸς αὐτοῦ λευκὸς ἐξαστράπτων· — |

100

| | | |
|---|---|---|
| 3 　　　　　καὶ ἰδοὺ ὤφθη αὐτοῖς <br><br> Μωϋσῆς καὶ Ἡλείας <br>　　　συνλα- λοῦντες μετ' αὐτοῦ <br> — <br><br> — <br><br><br><br><br><br><br><br><br><br><br> — | 4 οὕτως λευκᾶναι. καὶ ὤφθη αὐτοῖς <br><br> Ἡλείας σὺν Μωϋσεῖ καὶ ἦσαν συνλα- λοῦντες τῷ Ἰη- σοῦ. <br> — <br><br> — - <br><br><br><br><br><br><br><br><br><br><br> — | 30 　　　　　　καὶ ἰδοὺ ἄνδρες δύο συνελά- λουν αὐτῷ, οἵτινες ἦσαν Μωϋσῆς καὶ Ἡλείας, <br><br> 31　　οἱ ὀφθέντες ἐν δόξῃ ἔλεγον τὴν ἔξοδον αὐτοῦ, ἣν ἤμελλεν πληροῦν ἐν <br> 32 Ἰερουσαλήμ. ὁ δὲ Πέτρος καὶ οἱ σὺν αὐ- τῷ ἦσαν βεβαρη- μένοι ὕπνῳ· διαγρη- γορήσαντες δὲ εἶδαν τὴν δόξαν αὐτοῦ καὶ τοὺς δύο ἄνδρας τοὺς συνεστῶτας αὐτῷ. <br> 33 καὶ ἐγένετο ἐν τῷ δια- χωρίζεσθαι αὐτοὺς ἀπ' αὐτοῦ |
| 4　　ἀποκριθεὶς δὲ ὁ Πέτρος εἶπεν τῷ Ἰησοῦ· κύριε, 　　καλόν ἐστιν ἡμᾶς ὧδε εἶναι· εἰ θέλεις, ποιήσω ὧδε τρεῖς σκηνάς, σοὶ μίαν καὶ Μωϋσεῖ μίαν καὶ Ἡλείᾳ μίαν. <br> — <br> [vv. 6, 7.] | 5 καὶ ἀποκριθεὶς ὁ Πέτρος λέγει τῷ Ἰησοῦ· ῥάββεί, 　　καλόν ἐστιν ἡμᾶς ὧδε εἶναι, καὶ ποιήσω- μεν τρεῖς σκηνάς, σοὶ μίαν καὶ Μωϋσει μίαν καὶ 6 Ἡλείᾳ μίαν. οὐ γὰρ ᾔδει τί ἀποκριθῇ· ἔκφοβοι γὰρ ἐγέ- νοντο. | 　　　εἶπεν ὁ Πέτρος πρὸς τὸν Ἰησοῦν· ἐπιστάτα, καλόν ἐστιν ἡμᾶς ὧδε εἶναι, καὶ ποιήσω- μεν σκηνὰς τρεῖς μίαν σοὶ καὶ μίαν Μωϋσεῖ ·καὶ μίαν Ἡλείᾳ, μὴ εἰδὼς ὃ λέγει. <br> [ver. 34.] |
| 5 ἔτι αὐτοῦ λα- λοῦντος, ἰδοὺ νεφέλη φωτεινὴ ἐπεσκίασεν αὐτούς, <br> — <br><br> καὶ ἰδού, φωνὴ ἐκ τῆς νεφέλης λέγουσα· οὗτός ἐστιν ὁ υἱός μου ὁ ἀγαπητός ἐν ᾧ εὐδόκησα· 6 ἀκούετε αὐτοῦ· καὶ | 7　　καὶ ἐγένετο νεφέλη ἐπισκιάζουσα αὐτοῖς, [ver. 6.] <br> 　　　　καὶ ἐγένετο φωνὴ ἐκ τῆς νεφέλης· οὗτός ἐστιν ὁ υἱός μου ὁ ἀγαπητός <br><br> ἀκούετε αὐτοῦ. | 34 ταῦτα δὲ αὐτοῦ λέ- γοντος ἐγένετο νεφέλη ἐπεσκίαζεν αὐτούς· ἐφοβήθησαν δὲ ἐν τῷ εἰσελθεῖν αὐτοὺς εἰς 35 τὴν νεφέλην. καὶ φωνὴ ἐγένετο ἐκ τῆς νεφέλης λέγουσα· οὗτός ἐστιν ὁ υἱός μου ὁ ἐκλελαγμένος, <br> αὐτοῦ ἀκούετε. |

101

| MATT. XVII. | MARK IX. | LUKE IX. |
|---|---|---|
| ἀκούσαντες οἱ μαθηταὶ ἔπεσαν ἐπὶ πρόσωπον αὐτῶν καὶ ἐφοβήθησαν σφόδρα· 7 καὶ προσῆλθεν ὁ Ἰησοῦς καὶ ἁψάμενος αὐτῶν εἶπεν· ἐγέρθητε καὶ μὴ φοβεῖσθε. | [ver. 6.] — | [ver. 34.] — |
| 8 ἐπάραντες δὲ τοὺς ὀφθαλμοὺς αὐτῶν | 8 καὶ | 36 καὶ ἐν τῷ γενέσθαι τὴν φωνὴν |
| οὐδένα εἶδον εἰ μὴ τὸν Ἰησοῦν μόνον | ἐξάπινα περιβλεψάμενοι οὐκέτι οὐδένα εἶδον ἀλλὰ τὸν Ἰησοῦν μόνον μεθ' | εὑρέθη Ἰησοῦς μόνος. |
| 9 καὶ καταβαινόντων αὐτῶν ἐκ τοῦ ὄρους ἐνετείλατο αὐτοῖς ὁ Ἰησοῦς λέγων μηδενὶ εἴπητε τὸ ὅραμα ἕως οὗ ὁ υἱὸς τοῦ ἀνθρώπου ἐκ νεκρῶν ἐγερθῇ. — | 9 ἑαυτῶν. καὶ καταβαινόντων αὐτῶν ἀπὸ τοῦ ὄρους διεστείλατο αὐτοῖς ἵνα μηδενί ἃ εἶδον διηγήσωνται, ὅταν ὁ υἱὸς τοῦ ἀνθρώπου ἐκ νεκρῶν ἀναστῇ. | καὶ αὐτοὶ ἐσίγησαν |
| | 10 καὶ τὸν λογον ἐκράτησαν πρὸς ἑαυτοὺς συζητοῦντες τί ἐστιν τὸ ἐκ νεκρῶν ἀναστῆναι. | καὶ οὐδενὶ ἀπήγγειλαν ἐν ἐκείναις ταῖς ἡμέραις οὐδὲν ὧν ἑώρακαν. — |
| 10· καὶ ἐπηρώτησαν αὐτὸν οἱ μαθηταὶ λέγοντες· τί οὖν οἱ γραμματεῖς λέγουσιν ὅτι Ἠλείαν δεῖ ἐλθεῖν 11 πρῶτον; ὁ δὲ ἀποκριθεὶς εἶπεν· Ἠλείας μὲν ἔρχεται καὶ ἀποκαταστήσει πάντα. | 11 καὶ ἐπηρώτων αὐτὸν λέγοντες ὅτι λέγουσιν οἱ Φαρισαῖοι καὶ οἱ γραμματεῖς ὅτι Ἠλείαν δεῖ ἐλθεῖν 12 πρῶτον; ὁ δὲ ἔφη αὐτοῖς· Ἠλείας ἐλθὼν πρῶτον ἀποκαθιστάνει πάντα. καὶ πῶς γέγραπται ἐπὶ τὸν υἱὸν τοῦ ἀνθρώπου; ἵνα πολλὰ πάθῃ καὶ ἐξουθενωθῇ. | — — |
| [ver. 12.] 12 λέγω δὲ ὑμῖν ὅτι Ἠλείας ἤδη | 13 ἀλλὰ λέγω ὑμῖν ὅτι καὶ Ἠλείας | — |

| MATT. XVII. | MARK IX. | LUKE IX. |
|---|---|---|
| ἦλθεν, καὶ οὐκ ἐπέγνωσαν αὐτόν, ἀλλ᾿ ἐποίησαν ἐν αὐτῷ ὅσα ἠθέλησαν· <br><br> οὕτως καὶ ὁ υἱὸς τοῦ ἀνθρώπου μέλλει πάσχειν ὑπ᾽ αὐτῶν. <br> 18 τότε συνῆκαν οἱ μαθηταὶ ὅτι περὶ Ἰωάννου βαπτιστοῦ εἶπεν αὐτοῖς. | ἐλήλυθεν, <br>    καὶ ἐποίησαν αὐτῷ ὅσα ἤθελον, καθὼς γέγραπται ἐπ᾽ αὐτόν. <br><br> — | — |

§ 106.* *Cure of a Demoniac (and Deaf and Dumb) Boy.* [*Cf.* § 99.]

| MATT. XVII. | MARK IX. | LUKE IX. |
|---|---|---|
| 14 Καὶ ἐλθόντων πρὸς <br><br><br><br> τὸν ὄχλον, <br><br><br><br>    προσῆλθεν αὐτῷ ἄνθρωπος <br><br> γονυπετῶν αὐτόν <br><br> 15    καὶ λέγων· κύριε, ἐλέησόν μου τὸν υἱόν, [ver. 16] ὅτι —    σεληνιάζεται καὶ κακῶς πάσχει· πολλάκις γὰρ πίπτει εἰς τὸ πῦρ καὶ πολλάκις εἰς τὸ ὕδωρ. | 14 Καὶ ἐλθόντες πρὸς <br><br> τοὺς μαθητὰς εἶδον ὄχλον πολὺν περὶ αὐτοὺς καὶ γραμματεῖς συζητοῦντας πρὸς αὐτούς. <br> 15 καὶ εὐθὺς πᾶς ὁ ὄχλος ἰδόντες αὐτὸν ἐξεθαμβήθησαν, καὶ προστρέχοντες <br><br> ἠσπάζοντο <br> 16 αὐτόν. καὶ ἐπηρώτησεν αὐτούς· τί συζητεῖτε πρὸς αὐτούς· καὶ ἀπεκρίθη αὐτῷ εἷς ἐκ τοῦ ὄχλου· διδάσκαλε, <br><br> ἤνεγκα τὸν υἱόν πρός σε, <br> — <br><br> ἔχοντα πνεῦμα ἄλαλον, <br><br> 18 καὶ ὅπου ἐὰν αὐτὸν | 37    Ἐγένετο δὲ τῇ ἐξῆς ἡμέρᾳ κατελθόντων αὐτῶν ἀπὸ τοῦ ὄρους συνήντησεν αὐτῷ ὄχλος πολύς. <br><br><br><br><br><br> 38 καὶ ἰδοὺ <br><br>    ἀνήρ ἀπὸ τοῦ ὄχλου ἐβόησεν λέγων. διδάσκαλε, δέομαί σου, ἐπίβλεψαι ἐπὶ τὸν υἱόν μου, <br> 39 ὅτι μονογενής μοι ἐστίν, καὶ ἰδοὺ πνεῦμα |

* This narrative is the climax of § 99 from Mark's point of view.

| MATT. XVII. | MARK IX. | LUKE IX. |
|---|---|---|
| | καταλάβῃ | λαμβάνει αὐτὸν καὶ ἐξαίφνης κράζει καὶ σπαράσσει αὐτὸν μετὰ ἀφροῦ |
| | ῥήσσει, ἀφρίζει καὶ τρίζει τοὺς ὀδόντας καὶ ξηραίνεται· | |
| | | μόγις ἀποχωρεῖ ἀπ᾽ αὐτοῦ |
| 16 καὶ προσήνεγκα αὐτὸν τοῖς μαθηταῖς σου, καὶ οὐκ ἠδυνήθησαν αὐτὸν θεραπεῦσαι. | [ver. 16.] καὶ εἶπα τοῖς μαθηταῖς σου ἵνα αὐτὸ ἐκβάλωσιν, καὶ οὐκ ἴσχυσαν. | 40 συντρῖβον αὐτόν. καὶ ἐδεήθην τῶν μαθητῶν σου ἵνα ἐκβάλωσιν, αὐτο, καὶ οὐκ ἠδυνήθησαν. |
| 17 ἀποκριθεὶς δὲ ὁ Ἰησοῦς εἶπεν· ὦ γενεὰ ἄπιστος καὶ διεστραμμένη, ἕως πότε μεθ᾽ ὑμῶν ἔσομαι; ἕως πότε ἀνέξομαι ὑμῶν; φέρετέ μοι αὐτὸν ὧδε. | 19 ὁ δὲ ἀποκριθεὶς αὐτοῖς λεγει· ὦ γενεὰ — ἕως πότε πρὸς ὑμᾶς ἔσομαι; ἕως πότε ἀνέξομαι ὑμῶν; φέρετέ αὐτὸν πρός με. | 41 ἀποκριθεὶς δὲ ὁ Ἰησοῦς εἶπεν· ὦ γενεὰ ἄπιστος καὶ διεστραμμένη, ἕως πότε ἔσομαι πρὸς ὑμᾶς καὶ ἀνέξομαι ὑμῶν; προσάγαγε ὧδε τὸν υἱόν σου. |
| | 20 καὶ ἤνεγκαν αὐτὸν πρὸς αὐτόν. καὶ ἰδὼν αὐτὸν, [ver. 18.] τὸ πνεῦμα εὐθὺς συνεσπάραξεν αὐτόν, καὶ πεσὼν ἐπὶ τῆς γῆς ἐκυλίετο ἀφρίζων. | 42 ἔτι δὲ προσερχομένου αὐτοῦ ἔρρηξεν αὐτὸν τὸ δαιμόνιον καὶ συνεσπάραξεν· |
| | 21 καὶ ἐπηρώτησεν τὸν πατέρα αὐτοῦ· πόσος χρόνος ἐστὶν ὡς τοῦτο γέγονεν αὐτῷ; ὁ δὲ εἶπεν· ἐκ παιδιόθεν. | — |
| [ver. 15.] | 22 καὶ πολλάκις καὶ εἰς πῦρ αὐτὸν ἔβαλεν καὶ εἰς ὕδατα, ἵνα ἀπολέσῃ αὐτόν· ἀλλὰ εἴ τι δύνῃ, βοήθησον ἡμῖν σπλαγχνισθεὶς ἐφ᾽ | — |
| — | 23 ἡμᾶς. ὁ δὲ Ἰησοῦς εἶπεν αὐτῷ τὸ εἰ δύνῃ; πάντα δυνατὰ τῷ | — |
| — | 24 πιστεύοντι. εὐθὺς κράξας ὁ πατὴρ τοῦ παιδίου ἔλεγεν· πισ- | — |

| | | |
|---|---|---|
| — | τεύω· βοήθει μου τῇ<br>25 ἀπιστίᾳ. ἰδὼν δὲ<br>ὁ Ἰησοῦς ὅτι ἐπι-<br>συντρέχει ὁ ὄχλος, | — |
| 18 καὶ ἐπετίμησεν<br>αὐτῷ ὁ Ἰησοῦς, | ἐπετίμησεν<br>τῷ<br>πνεύματι τῷ ἀκαθάρ-<br>τῳ λέγων αὐτῷ· τὸ | ἐπετίμησεν δε<br>ὁ Ἰησοῦς τῷ<br>πνεύματι τῷ ἀκαθάρ-<br>τῳ, |
| — | ἄλαλον καὶ κωφὸν<br>πνεῦμα, ἐγὼ ἐπι-<br>τάσσω σοι, ἔξελθε<br>ἐξ αὐτοῦ καὶ μηκέτι<br>εἰσέλθῃς εἰς αὐτόν. | — |
| καὶ ἐξῆλ-<br>θεν ἀπ᾽ αὐτοῦ τὸ<br>δαιμόνιον, | 26 καὶ κράξας καὶ πολλὰ<br>σπαράξας ἐξῆλ-<br>θεν | — |
| καὶ ἐθεραπεύθη ὁ<br>παῖς ἀπὸ τῆς ὥρας<br>ἐκείνης. | καὶ ἐγέ-<br>νετο ὡσεὶ νεκρός,<br>ὥστε τοὺς πολλοὺς<br>λέγειν ὅτι ἀπέθανεν.<br>27 ὁ δὲ Ἰησοῦς κρατήσας<br>τῆς χειρὸς αὐτοῦ<br>ἤγειρεν αὐτόν, καὶ<br>ἀνέστη. | καὶ ἰάσατο τὸν παῖδα<br>καὶ ἀπέδωκεν αὐτὸν<br>τῷ πατρὶ αὐτοῦ. |
| 19 τότε προσελθόντες<br>οἱ μα-<br>θηταὶ τῷ<br>Ἰησοῦ κατ᾽ ἰδίαν<br>εἶπον· διατί<br>ἡμεῖς οὐκ ἠδυνή-<br>θημεν ἐκβαλεῖν αὐτό;<br>20 ὁ δὲ λέγει αὐτοῖς· διὰ<br>τὴν ὀλιγοπιστίαν<br>ὑμῶν· ἀμὴν γὰρ λέγω<br>ὑμῖν, ἐὰν ἔχητε πίσ-<br>τιν ὡς κόκκον σινά-<br>πεως, ἐρεῖτε τῷ ὄρει<br>τούτῳ· μετάβα ἔνθεν<br>ἐκεῖ, καὶ μεταβή-<br>σεται, καὶ οὐδὲν ἀδυ-<br>νατήσει ὑμῖν. | 28 καὶ εἰσελθόντος αὐ-<br>τοῦ εἰς οἶκον οἱ μα-<br>θηταὶ αὐτοῦ<br>κατ᾽ ἰδίαν<br>ἐπηρώτων αὐτόν·<br>ὅτι ἡμεῖς οὐκ ἠδυνή-<br>θημεν ἐκβαλεῖν αὐτό;<br>καὶ εἶπεν αὐτοῖς· | —<br><br><br><br><br>—<br><br>[Cf. xvii. 6.] |
| 21 — | τοῦτο<br>τὸ γένος ἐν οὐδενὶ<br>δύναται ἐξελθεῖν εἰ<br>μὴ ἐν προσευχῇ.<br>[Cf. ver. 23.] | —<br><br><br><br>43ᵃ ἐξε-<br>πλήσσοντο δὲ πάντες<br>ἐπὶ τῇ μεγαλειότητι<br>τοῦ θεοῦ. |
| — | | |

§ 107. *Second Announcement of the Passion.*

| | | 43ᵇ Πάντων δὲ θαυμαζόντων ἐπὶ πᾶσιν οἷς ἐποίει, |
|---|---|---|
| 22 Συστρεφομένων δὲ αὐτῶν ἐν τῇ Γαλιλαίᾳ | 30 Κἀκειθεν ἐξελθόντες παρεπορεύοντο διὰ τῆς Γαλιλαίας, καὶ οὐκ ἤθελεν ἵνα τις γνοῖ· ἐδίδασκεν γὰρ τοὺς μαθητὰς αὐτοῦ, καὶ ἔλεγεν αὐτοῖς ὅτι— | |
| εἶπεν αὐτοῖς ὁ Ἰησοῦς· | | εἶπεν πρὸς τοὺς μαθητὰς αὐτοῦ· |
| μέλλει ὁ υἱὸς τοῦ ἀνθρώπου παραδίδοσθαι εἰς χεῖρας ἀνθρώπων, 23 καὶ ἀποκτενοῦσιν αὐτόν, καὶ τῇ τρίτῃ ἡμέρᾳ ἐγερθήσεται. ἐλυπήθησαν σφόδρα. | ὁ υἱὸς τοῦ ἀνθρώπου παραδίδοται εἰς χεῖρας ἀνθρώπων, καὶ ἀποκτενοῦσιν αὐτόν, καὶ ἀποκτανθεὶς μετὰ τρεῖς ἡμέρας ἀναστήσεται. | 44 θέσθε ὑμεῖς εἰς τὰ ὦτα ὑμῶν τοὺς λόγους τούτους· ὁ γὰρ υἱὸς τοῦ ἀνθρώπου μέλλει παραδίδοσθαι εἰς χεῖρας ἀνθρώπων. |
| | 32 οἱ δὲ ἠγνόουν τὸ ῥῆμα, | 45 οἱ δὲ ἠγνόουν τὸ ῥῆμα τοῦτο, καὶ ἦν παρακεκαλυμμένον ἀπ᾿ αὐτῶν ἵνα μὴ αἴσθωνται αὐτό, καὶ ἐφοβοῦντο ἐρωτῆσαι αὐτὸν περὶ τοῦ ῥήματος τούτου. |
| | καὶ ἐφοβοῦντο αὐτὸν ἐπερωτῆσαι. | |

§ 108. *The Piece of Tribute Money.* [*Cf.* § 136.]

| | |
|---|---|
| 24 Ἐλθόντων δὲ αὐτῶν εἰς Καφαρναοὺμ προσῆλθον οἱ τὰ δίδραχμα λαμβάνοντες τῷ Πέτρῳ καὶ εἶπαν· ὁ διδάσκαλος ὑμῶν 25 οὐ τελεῖ δίδραχμα; λέγει· ναί, καὶ εἰσελθόντα εἰς τὴν οἰκίαν προέφθασεν αὐτὸν ὁ Ἰησοῦς λέγων· τί σοι δοκεῖ, Σίμων; οἱ βασιλεῖς τῆς γῆς ἀπὸ τίνων λαμβάνουσιν τέλη ἢ κῆνσον; ἀπὸ τῶν υἱῶν αὐτῶν ἢ ἀπὸ 26 τῶν ἀλλοτρίων; εἰπόντος δέ· ἀπὸ τῶν ἀλλοτρίων, ἔφη αὐτῷ ὁ Ἰησοῦς· ἄραγε 27 ἐλεύθεροί εἰσιν οἱ υἱοί. ἵνα δὲ μὴ σκανδαλίζωμεν αὐτούς, πορευθεὶς εἰς θάλασσαν βάλε ἄγκιστρον καὶ τὸν ἀναβάντα πρῶτον ἰχθὺν ἆρον, καὶ ἀνοίξας τὸ στόμα αὐτοῦ εὑρήσεις στατῆρα· ἐκεῖνον λαβὼν δὸς αὐτοῖς ἀντὶ ἐμοῦ καὶ σοῦ. | 33ᵃ Καὶ ἦλθον εἰς Καφαρναούμ. |

§ 109. *Who is the Greatest (in the Kingdom of Heaven)?* [*Cf.* § 201.]

| | | |
|---|---|---|
| XVIII.<br>1     Ἐν ἐκείνῃ τῇ ὥρᾳ προσῆλθον οἱ μαθηταὶ τῷ Ἰησοῦ<br><br>λέγοντες· τίς ἄρα μείζων ἐστὶν ἐν βασιλείᾳ τῶν οὐρανῶν; | | 46 Εἰσῆλθεν δὲ διαλογισμενὸς ἐν αὐτοῖς, τὸ τίς ἂν εἴη μείζων αὐτῶν. |
| | — | 47   ὁ δὲ Ἰησοῦς εἰδὼς τὸν διαλογισμὸν τῆς καρδίας αὐτῶν, |
| [xvii. 25.] | 33ᵇ καὶ ἐν τῇ οἰκίᾳ γενόμενος ἐπηρώτα αὐτούς· τί ἐν τῇ ὁδῷ | |
| — | 34 διελογίζεσθε; οἱ δὲ ἐσιώπων· πρὸς ἀλλήλους γὰρ διελέχθησαν ἐν τῇ ὁδῷ τίς μείζων. | — |
| | 35 καὶ καθίσας ἐφώνησεν τοὺς δώδεκα καὶ λέγει αὐτοῖς· εἴ τις | [ver. 46.]<br>— |
| [xx. 26.] | θέλει πρῶτος εἶναι, ἔσται πάντων ἔσχατος καὶ πάντων διά- | [xvii. 7–10; xxii. 26, 27.] |
| 2     καὶ προσκαλεσάμενος παιδίον ἔστησεν αὐτὸ ἐν μέσῳ αὐτῶν | 36 κονος.   καὶ λαβὼν     παιδίον ἔστησεν αὐτὸ ἐν μέσῳ αὐτῶν, καὶ ἐναγκαλισάμενος αὐ- | ἐπιλαβόμενος παιδίον ἔστησεν αὐτὸ παρ᾽ ἑαυτῷ, |
| 8     καὶ εἶπεν·<br>ἀμὴν λέγω ὑμῖν, ἐὰν μὴ στραφῆτε καὶ γένησθε ὡς τὰ παιδία, οὐ μὴ εἰσέλθητε εἰς τὴν βασιλείαν τῶν | τὸ [x. 16] εἶπεν αὐτοῖς·<br>— | —<br>καὶ εἶπεν αὐτοῖς· |
| 4 οὐρανῶν. ὅστις οὖν ταπεινώσει ἑαυτὸν ὡς τὸ παιδίον τοῦτο, οὗτός ἐστιν ὁ μείζων ἐν τῇ βασιλείᾳ τῶν | — | — |
| 5 οὐρανῶν. καὶ ὃς ἐὰν δέξηται ἓν παιδίον τοιοῦτο ἐπὶ τῷ ὀνόματί μου, ἐμὲ δέχεται. | 37     ὃς ἂν ἓν τῶν παιδίων τούτων δέξηται ἐπὶ τῷ ὀνόματί μου, ἐμὲ δέχεται· καὶ | ὃς ἐὰν δέξηται τοῦτο τὸ παιδίον ἐπὶ τῷ ὀνόματί μου, ἐμὲ δέχεται· καὶ |

| [*Cf.* x. 40.]<br><br>[*Cf.* xi. 11.] | ὃς ἂν ἐμὲ δέχηται, οὐκ ἐμὲ δέχεται ἀλλὰ τὸν ἀποστείλαντά με. <br> — | ὃς ἂν ἐμὲ δέξηται δέχεται τὸν ἀποστείλαντά με· [*Cf.* x. 16.] ὁ γὰρ μικρότερος ἐν πᾶσιν ὑμῖν ὑπάρχων οὗτός ἐστιν μέγας. [*Cf.* vii. 28.] |

## § 110. *Toleration.*

| — | 38 Ἔφη αὐτῷ ὁ Ἰωάννης· διδάσκαλε, εἴδομέν τινα ἐν τῷ ὀνόματί σου ἐκβάλλοντα δαιμόνια, ὃς οὐκ ἀκολουθεῖ ἡμῖν, καὶ ἐκωλύομεν αὐτόν, ὅτι οὐκ ἠκολούθει | 49 Ἀποκριθεὶς δὲ ὁ Ἰωάννης εἶπεν· ἐπιστάτα, εἴδομέν τινα ἐπὶ τῷ ὀνόματί σου ἐκβάλλοντα δαιμόνια, καὶ ἐκωλύσαμεν αὐτόν, ὅτι οὐκ ἀκολουθεῖ μεθ' |
| — | 39 ἡμῖν. ὁ δὲ Ἰησοῦς εἶπεν· μὴ κωλύετε αὐτόν· οὐδεὶς γάρ ἐστιν ὃς ποιήσει δύναμιν ἐπὶ τῷ ὀνόματί μου καὶ δυνήσεται ταχὺ κακο- | 50 ἡμῶν. εἶπεν δὲ πρὸς αὐτὸν Ἰησοῦς· μὴ κωλύετε· — |
| — | 40 λογῆσαί με· ὃς γὰρ οὐκ ἔστιν καθ' ἡμῶν, ὑπὲρ ἡμῶν ἐστίν. | — <br> ὃς γὰρ οὐκ ἔστιν καθ' ὑμῶν, ὑπὲρ ὑμῶν ἐστίν. |
| [x. 42.] | 41 ὃς γὰρ ἂν ποτίσῃ ὑμᾶς ποτήριον ὕδατος ἐν ὀνόματί μου, ὅτι χριστοῦ ἐστέ, ἀμὴν λέγω ὑμῖν ὅτι οὐ μὴ ἀπολέσῃ τὸν μεσθὸν αὐτοῦ. | — [xi. 23.] |

## § 111. *The Doctrine of Offences.*

| 6 Ὃς δ' ἂν σκανδαλίσῃ ἕνα τῶν μικρῶν τούτων τῶν πιστευόντων εἰς ἐμέ, συμφέρει αὐτῷ ἵνα κρεμασθῇ <br><br> μύλος ὀνικὸς περὶ τὸν τράχηλον αὐτοῦ καὶ καταποντισθῇ ἐν τῷ πελάγει τῆς θαλάσσης. <br><br> 7 οὐαὶ τῷ κόσμῳ ἀπὸ | 42 Καὶ ὃς ἂν σκανδαλίσῃ ἕνα τῶν μικρῶν τούτων τῶν πιστευόντων, καλόν ἐστιν αὐτῷ μᾶλλον εἰ περίκειται μύλος ὀνικὸς περὶ τὸν τράχηλον αὐτοῦ καὶ βέβληται εἰς τὴν θάλασσαν. <br><br> — | [*Cf.* xvii. 2.] <br><br> [λυσιτελεῖ αὐτῷ <br><br> εἰ λίθος μυλικὸς περίκειται περὶ τὸν τράχηλον αὐτοῦ καὶ ἔρριπται εἰς τὴν θάλασσαν, ἢ ἵνα σκανδαλίσῃ τῶν μικρῶν τούτων ἕνα.] |

τῶν σκανδάλων·
ἀνάγκη γὰρ ἐστιν
ἐλθεῖν τὰ σκάνδαλα,
πλὴν οὐαὶ τῷ ἀν-
θρώπῳ δἰ οὗ τὸ σκάν-
δαλον ἔρχεται.
[*Cf.* v. 29, 30.]

8 εἰ δὲ ἡ χείρ σου ἢ ὁ
πούς σου σκανδαλίζει
σε,          ἔκκο-
ψον αὐτὸν καὶ βάλε
ἀπὸ σοῦ· καλόν σοί
ἐστίν     εἰσελθεῖν
εἰς τὴν ζωὴν κυλλὸν

ἢ χωλόν, ἢ
δύο χεῖρας ἢ δύο
πόδας ἔχοντα βλη-
θῆναι
          εἰς τὸ πῦρ
τὸ αἰώνιον.

[ver. 8.]

[ver. 8.]

9 καὶ εἰ ὁ ὀφθαλμός
σου σκανδαλίζει σε,
ἔξελε αὐτὸν καὶ βάλε
ἀπὸ σοῦ· καλόν σοί
ἐστιν μονόφθαλμον
εἰς τὴν ζωὴν εἰσελθεῖν,

ἢ δύο ὀφθαλμοὺς
ἔχοντα βληθῆναι εἰς
τὴν γέενναν τοῦ
πυρός.
          —

10 ὁρᾶτε μὴ κατα-
φρονήσητε ἑνὸς τῶν
μικρῶν τούτων· λέγω

---

48 καὶ ἐαν
          σκανδαλίσῃ
σε ἡ χείρ σου ἀπόκο-
ψον αὐτήν·
          καλόν
ἐστίν σε

          κυλλὸν
εἰσελθεῖν εἰς τὴν
ζωὴν     ἢ τὰς
δύο χεῖρας
          ἔχοντα
ἀπελθεῖν εἰς
τὴν γέεναν εἰς τὸ πύρ
τὸ ἄσβεστον.

44
45 καὶ ἐὰν ὁ πούς σου
σκανδαλίζῃ σε, ἀπό-
κοψον αὐτόν· καλόν
ἐστίν σε εἰσελθεῖν
εἰς τὴν ζωὴν χωλόν,
ἢ τοὺς δύο πόδας
ἔχοντα βληθῆναι εἰς
τὴν γέενναν.

46
47 καὶ ἐὰν ὁ ὀφθαλμός
σου σκανδαλίζῃ σε,
ἔκβαλε αὐτόν·
          καλόν σε
ἐστὶν μονόφθαλμον
εἰσελθεῖν εἰς τὴν
βασιλείαν τοῦ θεοῦ,
ἢ δύο ὀφθαλμοὺς
ἔχοντα βληθῆναι εἰς
τὴν γέενναν,
          ὅπου ὁ σκώληξ
αὐτῶν οὐ τελευτᾷ
καὶ τὸ πῦρ οὐ σβέν-
νυται.
[*Cf.* Isai. lxvi. 24.]

---

[*Cf.* xvii. 1ᵇ.]

—

—

—

—

—

—

—

109

γὰρ ὑμῖν ὅτι οἱ
ἄγγελοι αὐτῶν ἐν
οὐρανοῖς διὰ παντὸς
βλέπουσιν τὸ πρόσ-
ωπον τοῦ πατρός μου
τοῦ ἐν οὐρανοῖς.

11      —               —                 —

## § 112. An Inhospitable Samaritan Village spared.

—          —          51 Ἐγένετο δὲ ἐν τῷ συμπληροῦσθαι τὰς ἡμέρας
                           τῆς ἀναλήμψεως αὐτοῦ, καὶ αὐτὸς τὸ πρόσω-
                           πον αὐτοῦ ἐστήρισεν τοῦ πορεύεσθαι εἰς
—          —          52 Ἰερουσαλήμ, καὶ ἀπέστειλεν ἀγγέλους πρὸ
                           προσώπου αὐτοῦ. καὶ πορευθέντες εἰσῆλθον
[Cf. x. 5.]               εἰς πόλιν Σαμαριτῶν, ὥστε ἑτοιμάσαι αὐτῷ·
[Cf. x. 14.]           53 καὶ οὐκ ἐδέξαντο αὐτόν, ὅτι τὸ πρόσωπον
                           αὐτοῦ ἦν πορευόμενον εἰς Ἰερουσαλήμ.
                       54 ἰδόντες δὲ οἱ μαθηταὶ Ἰάκωβος καὶ Ἰωάννης
                           εἶπαν· κύριε, θέλεις εἴπωμεν πῦρ καταβῆναι
—          —          55 ἀπὸ τοῦ οὐρανοῦ καὶ ἀναλῶσαι αὐτούς;
—          —          56 στραφεὶς δὲ ἐπετίμησεν αὐτοῖς. καὶ ἐπο-
                           ρεύθησαν εἰς ἑτέραν κώμην.

## § 113. Conditions of Discipleship: (A.) The Enthusiastic Disciple.
[Cf. § 44.]

[Cf. viii. 19, 20.]    —          57 Καὶ πορευομένων αὐτῶν ἐν τῇ ὁδῷ εἶπέν τις
                           πρὸς αὐτόν· ἀκολουθήσω σοι ὅπου ἂν ἀπέρχῃ.
            —          58 καὶ εἶπεν αὐτῷ ὁ Ἰησοῦς· αἱ ἀλώπεκες φωλε-
                           οὺς ἔχουσιν καὶ τὰ πετεινὰ τοῦ οὐρανοῦ
                           κατασκηνώσεις, ὁ δὲ υἱὸς τοῦ ἀνθρώπου οὐκ
                           ἔχει ποῦ τὴν κεφαλὴν κλίνῃ.

## § 114. (B.) The Preoccupied Disciple. [Cf. § 44.]

[Cf. viii. 21, 22.]    —          59 Εἶπεν δὲ πρὸς ἕτερον· ἀκολούθει μοι. ὁ
                           δὲ εἶπεν· ἐπίτρεψόν μοι πρῶτον ἀπελθόντι
            —          60 θάψαι τὸν πατέρα μου. εἶπεν δὲ αὐτῷ· ἄφες
                           τοὺς νεκροὺς θάψαι τοὺς ἑαυτῶν νεκρούς, σὺ
                           δὲ ἀπελθὼν διάγγελλε τὴν βασιλείαν τοῦ
                           θεοῦ.

## § 115. (C.) The Halting Disciple. [Cf. Lk. v. 27-29.]

—          —          61 Εἶπεν δὲ καὶ ἕτερος· ἀκολουθήσω σοι, κύριε·
                           πρῶτον δὲ ἐπίτρεψόν μοι ἀποτάξασθαι τοῖς
—          —          62 εἰς τὸν οἶκόν μου. εἶπεν δὲ πρὸς αὐτὸν ὁ
                           Ἰησοῦς· οὐδεὶς ἐπιβαλὼν τὴν χεῖρα αὐτοῦ
                           ἐπ᾽ ἄροτρον καὶ βλέπων εἰς τὰ ὀπίσω εὔθετός
                           ἐστιν τῇ βασιλείᾳ τοῦ θεοῦ.

## § 116. The Mission of the Seventy.

X.

|  |  |  |
|---|---|---|
| — | — | 1 Μετὰ δὲ ταῦτα ἀνέδειξεν ὁ κύριος καὶ ἑτέρους ἑβδομήκοντα, καὶ ἀπέστειλεν αὐτοὺς ἀνὰ δύο πρὸ προσώπου αὐτοῦ εἰς πᾶσαν πόλιν καὶ |
| [Cf. ix. 37, 38.] |  | 2 τόπον οὗ ἤμελλεν αὐτὸς ἔρχεσθαι. ἔλεγεν δὲ πρὸς αὐτούς· ὁ μὲν θερισμὸς πολύς, οἱ δὲ ἐργάται ὀλίγοι· δεήθητε οὖν τοῦ κυρίου τοῦ θερισμοῦ ὅπως ἐργάτας ἐκβάλῃ εἰς τὸν θερ- |
| [Cf. x. 16.] | — | 3 ισμὸν αὐτοῦ. ὑπάγετε· ἰδοὺ ἀποστέλλω ὑμᾶς |
| [Cf. x. 9 sqq.] | [Cf. vi. 8 sqq.] | 4 ὡς ἄρνας ἐν μέσῳ λύκων. μὴ βαστάζετε βαλ- λάντιον, μὴ πήραν, μὴ ὑποδήματα· μηδένα |
|  |  | 5 κατὰ τὴν ὁδὸν ἀσπάσησθε. εἰς ἣν δ᾽ ἂν εἰσέλ- θητε οἰκίαν, πρῶτον λέγετε· εἰρήνη τῷ οἴκῳ |
|  |  | 6 τούτῳ. καὶ ἐὰν ᾖ ἐκεῖ υἱὸς εἰρήνης, ἐπαναπαή- σεται ἐπ᾽ αὐτὸν ἡ εἰρήνη ὑμῶν· εἰ δὲ μήγε, |
|  |  | 7 ἐφ᾽ ὑμᾶς ἀνακάμψει. ἐν αὐτῇ δὲ τῇ οἰκίᾳ μένετε, ἔσθοντες καὶ πίνοντες τὰ παρ᾽ αὐτῶν· ἄξιος γὰρ ὁ ἐργάτης τοῦ μισθοῦ αὐτοῦ. μὴ |
|  |  | 8 μεταβαίνετε ἐξ οἰκίας εἰς οἰκίαν. καὶ εἰς ἣν ἂν πόλιν εἰσέρχησθε καὶ δέχωνται ὑμᾶς, |
| — | — | 9 ἐσθίετε τὰ παρατιθέμενα ὑμῖν, καὶ θεραπε- ύετε τοὺς ἐν αὐτῇ ἀσθενεῖς, καὶ λέγετε αὐτοῖς· |
| — | — | 10 ἤγγικεν ἐφ᾽ ὑμᾶς ἡ βασιλεία τοῦ θεοῦ. εἰς ἣν δ᾽ ἂν πόλιν εἰσέλθητε καὶ μὴ δέχωνται ὑμᾶς, ἐξελθόντες εἰς τὰς πλατείας αὐτῆς |
| — | — | 11 εἴπατε· καὶ τὸν κονιορτὸν τὸν κολληθέντα ἡμῖν ἐκ τῆς πόλεως ὑμῶν εἰς τοὺς πόδας ἀπομασσόμεθα ὑμῖν· πλὴν τοῦτο γινώσ- κετε ὅτι ἤγγικεν ἡ βασιλεία τοῦ θεοῦ. |
| [Cf. x. 15.] | — | 12 λέγω δὲ ὑμῖν ὅτι Σοδόμοις ἐν τῇ ἡμέρᾳ ἐκείνῃ ἀνεκτότερον ἔσται ἢ τῇ πόλει ἐκείνῃ. |
| [Cf. xi. 21- 23.] | — | 13 οὐαί σοι Χοραζείν, οὐαί σοι Βηθσαϊδά· ὅτι εἰ ἐν Τύρῳ καὶ Σιδῶνι ἐγενήθησαν αἱ δυνάμεις αἱ γενόμεναι ἐν ὑμῖν, πάλαι ἂν ἐν σάκκῳ καὶ |
|  |  | 14 σποδῷ καθήμενοι μετενόησαν. πλὴν Τύρῳ καὶ Σιδῶνι ἀνεκτότερον ἔσται ἐν τῇ κρίσει ἢ |
|  |  | 15 ὑμῖν. καὶ σὺ Καφαρναούμ, μὴ ἕως οὐρανοῦ |
| [Cf. x. 40.] | — | 16 ὑψωθήσῃ; ἕως ᾅδου καταβιβασθήσῃ. ὁ ἀκούων ὑμῶν ἐμοῦ ἀκούει, καὶ ὁ ἀθετῶν ὑμᾶς ἐμὲ ἀθετεῖ· ὁ δὲ ἐμὲ ἀθετῶν ἀθετεῖ τὸν ἀποσ- τείλαντά με. |

## § 117. The Return of the Seventy.

|  |  |  |
|---|---|---|
| — | — | 17 Ὑπέστρεψαν δὲ οἱ ἑβδομήκοντα μετὰ χαρᾶς λέγοντες· κύριε, καὶ τὰ δαιμόνια ὑποτάσσεται |
| — | — | 18 ἡμῖν ἐν τῷ ὀνόματί σου. εἶπεν δὲ αὐτοῖς· ἐθεώρουν τὸν σατανᾶν ὡς ἀστραπὴν ἐκ τοῦ |

111

| — | — | 19 οὐρανοῦ πεσόντα. ἰδοὺ δέδωκα ὑμῖν τὴν ἐξουσίαν τοῦ πατεῖν ἐπάνω ὄφεων καὶ σκορπίων, καὶ ἐπὶ πᾶσαν τὴν δύναμιν τοῦ ἐχθροῦ, καὶ οὐδὲν ὑμᾶς οὐ μὴ ἀδικήσει. |
| | [Cf. xvi. 18.] | |
| — | — | 20 πλὴν ἐν τούτῳ μὴ χαίρετε ὅτι τὰ πνεύματα ὑμῖν ὑποτάσσεται, χαίρετε δὲ ὅτι τὰ ὀνόματα ὑμῶν ἐνγέγραπται ἐν τοῖς οὐρανοῖς. |

### § 118. The Mysteries of the Kingdom. [Cf. § 58.]

| [Cf. xi. 25-30.] | — | 21 Ἐν αὐτῇ τῇ ὥρᾳ ἠγαλλιάσατο ἐν τῷ πνεύματι τῷ ἁγίῳ καὶ εἶπεν· ἐξομολογοῦμαί σοι πάτερ, κύριε τοῦ οὐρανοῦ καὶ τῆς γῆς, ὅτι ἀπέκρυψας ταῦτα ἀπὸ σοφῶν καὶ συνετῶν, καὶ ἀπεκάλυψας αὐτὰ νηπίοις· ναὶ ὁ πατήρ, ὅτι οὕτως ἐγένετο εὐδοκία ἔμπροσθέν σου. |
| | — | 22 καὶ στραφεὶς πρὸς τοὺς μαθητὰς εἶπεν· πάντα μοι παρεδόθη ὑπὸ τοῦ πατρός μου, καὶ οὐδεὶς γινώσκει τίς ἐστιν ὁ υἱὸς εἰ μὴ ὁ πατήρ, καὶ τίς ἐστιν ὁ πατὴρ εἰ μὴ ὁ υἱὸς καὶ ᾧ ἐὰν βούληται ὁ υἱὸς ἀποκαλύψαι. |
| [Cf. xiii. 16, 17.] | — | 23 καὶ στραφεὶς πρὸς τοὺς μαθητὰς κατ᾽ ἰδίαν εἶπεν· μακάριοι οἱ ὀφθαλμοὶ οἱ βλέποντες |
| | | 24 ἃ βλέπετε. λέγω γὰρ ὑμῖν ὅτι πολλοὶ προφῆται καὶ βασιλεῖς ἠθέλησαν ἰδεῖν ἃ ὑμεῖς βλέπετε, καὶ οὐκ ἴδαν, καὶ ἀκοῦσαι ἃ ἀκούετε, καὶ οὐκ ἤκουσαν. |

### § 119. The Lawyer's Question: [Cf. § 188.] Parable of the Good Samaritan.

| [Cf. xix. 16-22 and xxii. 35-39.] | [Cf. x. 17-22.] | 25 Καὶ ἰδοὺ νομικός τις ἀνέστη ἐκπειράζων αὐτόν, λέγων· διδάσκαλε, τί ποιήσας ζωὴν αἰώνιον κληρονομήσω; ὁ δὲ εἶπεν πρὸς |
| | — | 26 αὐτόν· ἐν τῷ νόμῳ τὶ γέγραπται· πῶς ἀνα- |
| | — | 27 γινώσκεις; ὁ δὲ ἀποκριθεὶς εἶπεν· ἀγαπήσεις κύριον τὸν θεόν σου ἐξ ὅλης τῆς καρδίας σου καὶ ἐν ὅλῃ τῇ ψυχῇ σου καὶ ἐν ὅλῃ τῇ ἰσχύϊ σου καὶ ἐν ὅλῃ τῇ διανοίᾳ σου, καὶ τὸν |
| | — | 28 πλησίον σου ὡς σεαυτόν. εἶπεν δὲ αὐτῷ· ὀρθῶς ἀπεκρίθης· τοῦτο ποίει, καὶ ζήσῃ. |
| — | — | 29 ὁ δὲ θέλων δικαιῶσαι ἑαυτὸν εἶπεν πρὸς τὸν Ἰησοῦν· καὶ τίς ἐστίν μου πλησίον; ὑπολα- |
| — | — | 30 βὼν ὁ Ἰησοῦς εἶπεν· ἄνθρωπός τις κατέβαινεν ἀπὸ Ἰερουσαλὴμ εἰς Ἰερειχώ, καὶ λῃσταῖς περιέπεσεν, οἳ καὶ ἐκδύσαντες αὐτὸν καὶ πληγὰς ἐπιθέντες ἀπῆλθον, ἀφέντες ἡμιθανῆ. |
| — | — | 31 κατὰ συγκυρίαν δὲ ἱερεύς τις κατέβαινεν ἐν τῇ ὁδῷ ἐκείνῃ, καὶ ἰδὼν αὐτὸν ἀντιπαρῆλθεν. |

—    —    32 ὁμοίως δὲ καὶ Λευείτης γενόμενος κατὰ τὸν τόπον, ἐλθὼν καὶ ἰδὼν ἀντιπαρῆλθεν.

—    —    33 Σαμαρίτης δέ τις ὁδεύων ἦλθεν κατ᾽ αὐτὸν

—    —    34 καὶ ἰδὼν ἐσπλαγχνίσθη, καὶ προσελθὼν κατέδησεν τὰ τραύματα αὐτοῦ ἐπιχέων ἔλαιον καὶ οἶνον, ἐπιβιβάσας δὲ αὐτὸν ἐπὶ τὸ ἴδιον κτῆνος ἤγαγεν αὐτὸν εἰς πανδοκίον

—    —    35 καὶ ἐπεμελήθη αὐτοῦ. καὶ ἐπὶ τὴν αὔριον ἐκβαλὼν δύο δηνάρια ἔδωκεν τῷ πανδοκεῖ καὶ εἶπεν· ἐπιμελήθητι αὐτοῦ, καὶ ὅ τι ἂν προσδαπανήσῃς ἐγὼ ἐν τῷ ἐπανέρχεσθαί με ἀπο-

—    —    36 δώσω σοι. τίς τούτων τῶν τριῶν πλησίον δοκεῖ σοι γεγονέναι τοῦ ἐμπεσόντος εἰς τοὺς

—    —    37 λῃστάς; ὁ δὲ εἶπεν· ὁ ποιήσας τὸ ἔλεος μετ᾽ αὐτοῦ. εἶπεν δὲ αὐτῷ ὁ Ἰησοῦς· πορεύου καὶ σὺ ποίει ὁμοίως.

## § 120. *Jesus entertained by Martha.*

—    —    38 Ἐγένετο δὲ ἐν τῷ πορεύεσθαι αὐτοὺς καὶ αὐτὸς εἰσῆλθεν εἰς κώμην τινά· γυνὴ δέ τις ὀνόματι Μάρθα ὑπεδέξατο αὐτὸν εἰς τὴν

—    —    39 οἰκίαν. καὶ τῇδε ἦν ἀδελφὴ καλουμένη Μαριάμ, ἣ καὶ παρακαθεσθεῖσα πρὸς τοὺς

—    —    40 πόδας τοῦ κυρίου ἤκουεν τὸν λόγον αὐτοῦ· ἡ δὲ Μάρθα περιεσπᾶτο περὶ πολλὴν διακονίαν. ἐπιστᾶσα δὲ εἶπεν· κύριε, οὐ μέλει σοι ὅτι ἡ ἀδελφή μου μόνην με κατέλιπεν διακονεῖν; εἰπὸν οὖν αὐτῇ ἵνα μοι συναντι-

—    —    41 λάβηται. ἀποκριθεὶς δὲ εἶπεν αὐτῇ ὁ κύριος· Μάρθα Μάρθα, μεριμνᾷς καὶ θορυβάζῃ περὶ πολλά, ἑνὸς δέ ἐστιν χρεία·

—    —    42 Μαρία γὰρ τὴν ἀγαθὴν μερίδα ἐξελέξατο, ἥτις οὐκ ἀφαιρεθήσεται αὐτῆς.

## § 121. *The Lord's Prayer.* [*Cf.* § 32.]

### XI.

[*Cf.* vi. 9 -    —    1 Καὶ ἐγένετο ἐν τῷ εἶναι αὐτὸν ἐν τόπῳ τινὶ
13.]                   προσευχόμενον, ὡς ἐπαύσατο, εἶπέν τις τῶν μαθητῶν αὐτοῦ πρὸς αὐτόν· κύριε, δίδαξον ἡμᾶς προσεύχεσθαι, καθὼς καὶ Ἰωάννης ἐδί-

—    2 δαξεν τοὺς μαθητὰς αὐτοῦ. εἶπεν δὲ αὐτοῖς· ὅταν προσεύχησθε, λέγετε· πάτερ, ἁγιασ-

—    3 θήτω τὸ ὄνομά σου· ἐλθάτω ἡ βασιλεία σου· τὸν ἄρτον ἡμῶν τὸν ἐπιούσιον δίδου

—    4 ἡμῖν τὸ καθ᾽ ἡμέραν· καὶ ἄφες ἡμῖν τὰς ἁμαρτίας ἡμῶν, καὶ γὰρ αὐτοὶ ἀφίομεν παντὶ ὀφείλοντι ἡμῖν· καὶ μὴ εἰσενέγκῃς εἰς πειρασμόν.

### § 122. The Importunate Friend : Encouragement to Prayer.

| | | |
|---|---|---|
| — | — | 5 Καὶ εἶπεν πρὸς αὐτούς· τίς ἐξ ὑμῶν ἕξει φίλον, καὶ πορεύσεται πρὸς αὐτὸν μεσονυκτίου καὶ εἴπῃ αὐτῷ· φίλε, χρῆσόν μοι τρεῖς |
| — | — | 6 ἄρτους, ἐπειδὴ φίλος μου παρεγένετο ἐξ ὁδοῦ πρός με καὶ οὐκ ἔχω ὃ παραθήσω αὐ- |
| — | — | 7 τῷ. κἀκεῖνος ἔσωθεν ἀποκριθεὶς εἴπῃ· μή μοι κόπους πάρεχε· ἤδη ἡ θύρα κέκλεισται, καὶ τὰ παιδία μου μετ' ἐμοῦ εἰς τὴν κοίτην εἰσίν· οὐ δύναμαι ἀναστὰς δοῦναί σοι. |
| | | 8 λέγω ὑμῖν, εἰ καὶ οὐ δώσει αὐτῷ ἀναστὰς διὰ τὸ εἶναι φίλον αὐτοῦ, διά γε τὴν ἀναιδίαν αὐτοῦ ἐγερθεὶς δώσει αὐτῷ ὅσων χρῄζει. |
| [Cf. vii. 7–11.] | — | 9 κἀγὼ ὑμῖν λέγω, αἰτεῖτε, καὶ δοθήσεται ὑμῖν· ζητεῖτε, καὶ εὑρήσετε· κρούετε, καὶ |
| | — | 10 ἀνοιχθήσεται ὑμῖν. πᾶς γὰρ ὁ αἰτῶν λαμβάνει, καὶ ὁ ζητῶν εὑρίσκει, καὶ τῷ κρούοντι |
| | — | 11 ἀνοιχθήσεται. τίνα δὲ ἐξ ὑμῶν τὸν πατέρα αἰτήσει ὁ υἱὸς ἄρτον, μὴ λίθον ἐπιδώσει αὐτῷ; ἢ καὶ ἰχθύν, μὴ ἀντὶ ἰχθύος ὄφιν |
| — | — | 12 αὐτῷ ἐπιδώσει; ἢ καὶ αἰτήσει ᾠόν, μὴ ἐπι- |
| [vii. 11.] | — | 13 δώσει αὐτῷ σκορπίον; εἰ οὖν ὑμεῖς πονηροὶ ὑπάρχοντες οἴδατε δόματα ἀγαθὰ διδόναι τοῖς τέκνοις ὑμῶν, πόσῳ μᾶλλον ὁ πατὴρ ὁ ἐξ οὐρανοῦ δώσει πνεῦμα ἅγιον τοῖς αἰτοῦσιν αὐτόν. |

### § 123. Cure of a Dumb Demoniac.*   [Cf. §§ 52, 68.]

| | | |
|---|---|---|
| [Cf. ix. 32–34.] | — | 14 Καὶ ἦν ἐκβάλλων δαιμόνιον, καὶ αὐτὸ ἦν κωφόν· ἐγένετο δὲ τοῦ δαιμονίου ἐξελθόντος |
| | — | 15 ἐλάλησεν ὁ κωφός. καὶ ἐθαύμασαν οἱ |
| [xii. 22–24.] | [iii. 22.] | ὄχλοι· τινὲς δὲ ἐξ αὐτῶν εἶπον· ἐν Βεελζεβοὺλ τῷ ἄρχοντι τῶν δαιμονίων ἐκβάλλει τὰ δαιμόνια. |

### § 124. Some desire a Sign.   [Cf. § 101.]

| | | |
|---|---|---|
| [Cf. xii. 38.] | [Cf. viii. 11–14.] | 16 Ἕτεροι δὲ πειράζοντες σημεῖον ἐξ οὐρανοῦ ἐζήτουν παρ' αὐτοῦ. |

### § 125. Jesus refutes their Accusations.   [Cf. § 69.]

| | | |
|---|---|---|
| [Cf. xii. 25–30.] | [Cf. iii. 23–27.] | 17 Αὐτὸς δὲ εἰδὼς αὐτῶν τὰ διανοήματα εἶπεν αὐτοῖς· πᾶσα βασιλεία διαμερισθεῖσα ἐφ' ἑαυτὴν ἐρημοῦται, καὶ οἶκος ἐπὶ οἶκον πίπτει· |
| | | 18 εἰ δὲ καὶ ὁ σατανᾶς ἐφ' ἑαυτὸν διεμερίσθη, πῶς σταθήσεται ἡ βασιλεία αὐτοῦ; ὅτι |

\* The climax of such cures, from Luke's standpoint.

|  |  |  |
|---|---|---|
| | | λέγετε ἐν Βεελζεβοὺλ ἐκβάλλειν με τὰ |
| | | 19 δαιμόνια. εἰ δὲ ἐγὼ ἐν Βεελζεβοὺλ ἐκ- |
| | | βάλλω τὰ δαιμόνια, οἱ υἱοὶ ὑμῶν ἐν τίνι |
| | | ἐκβάλλουσιν; διὰ τοῦτο αὐτοὶ κριταὶ ἔσον- |
| | | 20 ται ὑμῶν. εἰ δὲ ἐν δακτύλῳ θεοῦ ἐκβάλλω |
| | | τὰ δαιμόνια, ἄρα ἔφθασεν ἐφ᾽ ὑμᾶς ἡ βασι- |
| | | 21 λεία τοῦ θεοῦ. ὅταν ὁ ἰσχυρὸς καθωπλισ- |
| | | μένος φυλάσσῃ τὴν ἑαυτοῦ αὐλήν, ἐν εἰρήνῃ |
| | | 22 ἐστὶν τὰ ὑπάρχοντα αὐτοῦ· ἐπὰν δὲ ἰσχυρό- |
| | | τερος αὐτοῦ ἐπελθὼν νικήσῃ αὐτόν, τὴν |
| | | πανοπλίαν αὐτοῦ αἴρει ἐφ᾽ ᾗ ἐπιποίθει, καὶ |
| | — | 23 τὰ σκῦλα αὐτοῦ διαδίδωσιν. ὁ μὴ ὢν μετ᾽ |
| | | ἐμοῦ κατ᾽ ἐμοῦ ἐστίν, καὶ ὁ μὴ συνάγων |
| | | μετ᾽ ἐμοῦ σκορπίζει. [Cf. ix. 50.] |
| [Cf. xii. | — | 24 ὅταν τὸ ἀκάθαρτον πνεῦμα ἐξέλθῃ ἀπὸ τοῦ |
| 43–45.] | | ἀνθρώπου, διέρχεται δι᾽ ἀνύδρων τόπων |
| | | ζητοῦν ἀνάπαυσιν, καὶ μὴ εὑρίσκον λέγει· |
| | • | ὑποστρέψω εἰς τὸν οἶκόν μου ὅθεν ἐξῆλθον. |
| | — | 25 καὶ ἐλθὸν εὑρίσκει σεσαρωμένον καὶ κεκοσ- |
| | — | 26 μημένον. τότε πορεύεται καὶ παραλαμ- |
| | | βάνει ἕτερα πνεύματα πονηρότερα ἑαυτοῦ |
| | | ἑπτά, καὶ εἰσελθόντα κατοικεῖ ἐκεῖ, καὶ |
| | | γίνεται τὰ ἔσχατα τοῦ ἀνθρώπου ἐκείνου |
| | | χείρονα τῶν πρώτων. |

§ 126. *The True Relationship.* [Cf. § 217.]

|  |  |  |
|---|---|---|
| — | — | 27 Ἐγένετο δὲ ἐν τῷ λέγειν αὐτὸν ταῦτα ἐπά- |
| | | ρασά τις φωνὴν γυνὴ ἐκ τοῦ ὄχλου εἶπεν |
| | | αὐτῷ· μακαρία ἡ κοιλία ἡ βαστάσασά σε |
| — | — | 28 καὶ μαστοὶ οὓς ἐθήλασας. αὐτὸς δὲ εἶπεν |
| | | μενοῦν μακάριοι οἱ ἀκούοντες τὸν λόγον |
| | | τοῦ θεοῦ καὶ φυλάσσοντες. |

§ 127. *The only Sign given.* [Cf. § 101.]

|  |  |  |
|---|---|---|
| [Cf. xii. | [Cf. viii. | 29 Τῶν δὲ ὄχλων ἐπαθροιζομένων ἤρξατο |
| 39–42.] | 11, 12.] | λέγειν· ἡ γενεὰ αὕτη γενεὰ πονηρά ἐστιν· |
| | | σημεῖον ζητεῖ, καὶ σημεῖον οὐ δοθήσεται |
| | — | 30 αὐτῇ εἰ μὴ τὸ σημεῖον Ἰωνᾶ. καθὼς γὰρ |
| | | ἐγένετο Ἰωνᾶς τοῖς Νινευείταις σημεῖον, |
| | | οὕτως ἔσται καὶ ὁ υἱὸς τοῦ ἀνθρώπου τῇ |
| | — | 31 γενεᾷ ταύτῃ. βασίλισσα νότου ἐγερθή- |
| | | σεται ἐν τῇ κρίσει μετὰ τῶν ἀνδρῶν τῆς |
| | | γενεᾶς ταύτης καὶ κατακρινεῖ αὐτούς· ὅτι |
| | | ἦλθεν ἐκ τῶν περάτων τῆς γῆς ἀκοῦσαι τὴν |
| | | σοφίαν Σολομῶνος, καὶ ἰδοὺ πλεῖον Σολο- |
| | — | 32 μῶνος ὧδε. ἄνδρες Νινευεῖται ἀναστή- |

σονται ἐν τῇ κρίσει μετὰ τῆς γενεᾶς ταύτης καὶ κατακρινοῦσιν αὐτήν· ὅτι μετενόησαν εἰς τὸ κήρυγμα Ἰωνᾶ, καὶ ἰδοὺ πλεῖον Ἰωνᾶ ὧδε.

## § 128. *The Light must not be quenched.*

|  |  | [*Cf.* viii. 16.] |
|---|---|---|
| [*Cf.* v. 15, 16.] | [*Cf.* iv. 21.] | 33 Οὐδεὶς λύχνον ἅψας εἰς κρυπτὴν τίθησιν οὐδὲ ὑπὸ τὸν μόδιον, ἀλλ᾽ ἐπὶ τὴν λυχνίαν, ἵνα οἱ εἰσπορευόμενοι τὸ φέγγος βλέπωσιν. |
| [*Cf.* vi. 22, 23.] | — | 34 ὁ λύχνος τοῦ σώματός ἐστιν ὁ ὀφθαλμός σου. ὅταν ὁ ὀφθαλμός σου ἁπλοῦς ᾖ, καὶ ὅλον τὸ σῶμά σου φωτεινόν ἐστιν· ἐπὰν δὲ πονηρὸς ᾖ, καὶ τὸ σῶμά σου σκοτεινόν. |
|  | — | 35 σκόπει οὖν μὴ τὸ φῶς τὸ ἐν σοὶ σκότος |
|  | — | 36 ἐστίν. εἰ οὖν τὸ σῶμά σου ὅλον φωτεινόν, μὴ ἔχον τι μέρος σκοτεινόν, ἔσται φωτεινὸν ὅλον ὡς ὅταν ὁ λύχνος τῇ ἀστραπῇ φωτίζῃ σε. |

## § 129. *Jesus dines with a Pharisee: Accused of eating with Unwashed Hands, He denounces the Pharisees.*

| — | — | 37 Ἐν δὲ τῷ λαλῆσαι ἐρωτᾷ αὐτὸν Φαρισαῖος ὅπως ἀριστήσῃ παρ᾽ αὐτῷ· εἰσελθὼν |
|---|---|---|
| — | — | 38 δὲ ἀνέπεσεν· ὁ δὲ Φαρισαῖος ἰδὼν ἐθαύμασεν ὅτι οὐ πρῶτον ἐβαπτίσθη πρὸ τοῦ |
| [*Cf.* xxiii. 25, 26.] [25 Οὐαὶ ὑμῖν, γραμματεῖς καὶ Φαρισαῖοι ὑποκριταί, ὅτι καθαρίζετε τὸ ἔξωθεν τοῦ ποτηρίου καὶ τῆς παροψίδος, ἔσωθεν δὲ γέμουσιν ἐξ ἁρ26 παγῆς καὶ ἀκρασίας. Φαρισαῖε τυφλέ, καθάρισον πρῶτον τὸ ἐντὸς τοῦ ποτηρίου, ἵνα γένηται καὶ τὸ ἐκτὸς αὐτοῦ καθαρόν.] | — | 39 ἀρίστου. εἶπεν δὲ ὁ κύριος πρὸς αὐτόν· νῦν ὑμεῖς οἱ Φαρισαῖοι τὸ ἔξωθεν τοῦ ποτηρίου καὶ τοῦ πίνακος καθαρίζετε, τὸ δὲ ἔσωθεν ὑμῶν γέμει ἁρπαγῆς καὶ πονηρίας. |
|  | — | 40 ἄφρονες, οὐχ ὁ ποιήσας τὸ ἔξωθεν καὶ τὸ ἔσωθεν ἐποίησεν; |
| — | [vii. 19.] | 41 πλὴν τὰ ἐνόντα δότε ἐλεημοσύνην, καὶ ἰδοὺ πάντα καθαρὰ ὑμῖν ἐστίν. |
| [*Cf.* xxiii. 23.] [23 οὐαὶ ὑμῖν, γραμματεῖς καὶ Φαρισαῖοι ὑποκριταί, ὅτι ἀποδεκατοῦτε τὸ ἡδύοσμον καὶ τὸ ἄνηθον καὶ τὸ κύμινον, καὶ ἀφήκατε τὰ βαρύτερα | — | 42 ἀλλὰ οὐαὶ ὑμῖν τοῖς Φαρισαίοις ὅτι ἀποδεκατοῦτε τὸ ἡδύοσμον καὶ τὸ πήγανον καὶ πᾶν λάχανον, καὶ παρέρχεσθε |

τοῦ νόμου, τὴν κρίσιν καὶ
τὸ ἔλεος καὶ τὴν πίστιν·
ταῦτα ἔδει ποιῆσαι κἀκεῖνα
μὴ ἀφεῖναι.]
[Cf. xxiii. 6, 7.]
[6 φιλοῦσιν δὲ τὴν πρωτοκλισ-
ίαν ἐν τοῖς δείπνοις καὶ τὰς
πρωτοκαθεδρίας ἐν ταῖς
7 συναγωγαῖς καὶ τοὺς ἀσπασ-
μοὺς ἐν ταῖς ἀγοραῖς καὶ
καλεῖσθαι ὑπὸ τῶν ἀνθρώπων
ῥαββεί.]
[Cf. xxiii. 27, 28.]

[Cf. xxiii. 4.]
[4
δεσμεύουσιν δὲ
φορτία βαρέα καὶ ἐπιτιθέασιν
ἐπὶ τοὺς ὤμους τῶν ἀνθρώπων,
αὐτοὶ δὲ τῷ δακτύλῳ
αὐτῶν οὐ θέλουσιν κινῆσαι
αὐτά.]
[Cf. xxiii. 29-31.]
29 οὐαὶ ὑμῖν, γραμματεῖς καὶ
Φαρισαῖοι ὑποκριταί, ὅτι
οἰκοδομεῖτε τοὺς τάφους τῶν
προφητῶν καὶ κοσμεῖτε τὰ
μνημεῖα τῶν δικαίων, καὶ
30 λέγετε· εἰ ἤμεθα ἐν ταῖς
ἡμέραις τῶν πατέρων ἡμῶν,
οὐκ ἂν ἤμεθα κοινωνοὶ αὐτῶν
ἐν τῷ αἵματι τῶν προφητῶν.
31 ὥστε μαρτυρεῖτε ἑαυτοῖς ὅτι
υἱοί ἐστε τῶν φονευσάντων
τοὺς προφήτας.]

[Cf. xxiii. 34-36.]
[34
διὰ τοῦτο
ἰδοὺ ἐγὼ ἀποστέλλω πρὸς
ὑμᾶς προφήτας καὶ σοφοὺς
καὶ γραμματεῖς· ἐξ αὐτῶν
ἀποκτενεῖτε καὶ σταυρώσετε,
καὶ ἐξ αὐτῶν μαστιγώσετε

[Cf. xii. 38, 39.]

τὴν κρίσιν καὶ
τὴν ἀγάπην τοῦ θεοῦ·
ταῦτα ἔδει ποιῆσαι κἀκεῖνα
μὴ παρεῖναι.
43 οὐαὶ ὑμῖν τοῖς Φαρισαίοις, ὅτι
ἀγαπᾶτε
τὴν
πρωτοκαθεδρίαν ἐν ταῖς
συναγωγαῖς καὶ τοὺς ἀσπασ-
μοὺς ἐν ταῖς ἀγοραῖς.

44 οὐαὶ ὑμῖν, ὅτι ἐστὲ ὡς τὰ
μνημεῖα τὰ ἄδηλα, καὶ οἱ
ἄνθρωποι οἱ περιπατοῦντες
45 ἐπάνω οὐκ οἴδασιν. ἀποκρι-
θεὶς δέ τις τῶν νομικῶν λέγει
αὐτῷ· διδάσκαλε, ταῦτα
λέγων καὶ ἡμᾶς ὑβρίζεις.
46 ὁ δὲ εἶπεν· καὶ ὑμῖν τοῖς
νομικοῖς οὐαί, ὅτι φορτίζετε
τοὺς ἀνθρώπους φορτία δυσ-
βάστακτα,
καὶ αὐτοὶ ἑνὶ τῶν δακτύλων
ὑμῶν οὐ προσψαύετε τοῖς
φορτίοις.

47 οὐαὶ ὑμῖν
ὅτι
οἰκοδομεῖτε τὰ μνημεῖα τῶν
προφητῶν

καὶ οἱ
πατέρες ὑμῶν ἀπέκτειναν
48 αὐτούς. ἄρα μάρτυρές ἐστε
καὶ συνευδοκεῖτε τοῖς ἔργοις
τῶν πατέρων ὑμῶν, ὅτι αὐτοὶ
μὲν ἀπέκτειναν αὐτούς, ὑμεῖς
49 δὲ οἰκοδομεῖτε. διὰ τοῦτο
καὶ ἡ σοφία τοῦ θεοῦ εἶπεν·
ἀποστελῶ εἰς
αὐτοὺς προφήτας καὶ ἀποσ-
τόλους, καὶ ἐξ αὐτῶν
ἀποκτενοῦσιν καὶ

ἐν ταῖς συναγωγαῖς ὑμῶν καὶ
διώξετε ἀπὸ πόλεως εἰς
35 πόλιν· ὅπως ἔλθῃ ἐφ᾽ ὑμᾶς
πᾶν αἷμα δίκαιον
ἐκχυννόμενον ἐπὶ τῆς
γῆς
ἀπὸ τοῦ αἵματος Ἄβελ
τοῦ δικαίου ἕως τοῦ αἵματος
Ζαχαρίου υἱοῦ Βαραχίου,
ὃν ἐφονεύσατε μεταξὺ τοῦ
ναοῦ καὶ τοῦ θυσιαστηρίου.
36 ἀμὴν λέγω ὑμῖν, ἥξει ταῦτα
πάντα ἐπὶ τὴν γενεὰν ταύτην.]
[Cf. xxiii. 13.]
[13 οὐαὶ δὲ ὑμῖν, γραμματεῖς
καὶ Φαρισαῖοι ὑποκριταί, ὅτι
κλείετε τὴν βασιλείαν τῶν
οὐρανῶν ἔμπροσθεν τῶν
ἀνθρώπων· ὑμεῖς γὰρ οὐκ
εἰσέρχεσθε, οὐδὲ τοὺς εἰσερ-
χομένους ἀφίετε εἰσελθεῖν.]

—

—

[x. 1.]

—

—

50 ἐκδιώξουσιν,
ἵνα ἐκζητηθῇ
τὸ αἷμα πάντων τῶν προφητῶν
τὸ ἐκχυννόμενον ἀπὸ κατα-
βολῆς κόσμου ἀπὸ τῆς γενεᾶς
51 ταύτης, ἀπὸ αἵματος Ἄβελ
ἕως αἵματος
Ζαχαρίου
τοῦ ἀπολομένου μεταξὺ τοῦ
θυσιαστηρίου καὶ τοῦ οἴκου·
ναὶ λέγω ὑμῖν, ἐκζητηθήσεται
ἀπὸ τῆς γενεᾶς ταύτης.

52 οὐαὶ ὑμῖν τοῖς νομικοῖς,
ὅτι
ἤρατε τὴν κλεῖδα τῆς
γνώσεως·
αὐτοὶ οὐκ
εἰσήλθατε καὶ τοὺς εἰσερ-
χομένους ἐκωλύσατε.
53 κἀκεῖθεν ἐξελθόντος αὐτοῦ
ἤρξαντο οἱ γραμματεῖς καὶ
οἱ Φαρισαῖοι δεινῶς ἐνέχειν
καὶ ἀποστοματίζειν αὐτὸν
54 περὶ πλειόνων, ἐνεδρεύοντες,
θηρεῦσαί τι ἐκ τοῦ στόματος
αὐτοῦ.

§ 130. *Hypocrisy shall be unveiled : The Blasphemy against the Holy Spirit.* [Cf. § 69.]

XII.

—

—

1 Ἐν οἷς ἐπισυναχθεισῶν τῶν
μυριάδων τοῦ ὄχλου, ὥστε
καταπατεῖν ἀλλήλους, ἤρξατο
λέγειν πρὸς τοὺς μαθητὰς
αὐτοῦ πρῶτον· προσέχετε
ἑαυτοῖς ἀπὸ τῆς ζύμης
τῶν Φαρισαίων, ἥτις ἐστὶν
ὑπόκρισις. οὐδὲν δὲ
συγκεκαλυμμένον ἐστὶν ὃ
οὐκ ἀποκαλυφθήσεται,
καὶ κρυπτὸν ὃ οὐ γνωσ-
θήσεται. ἀνθ᾽ ὧν ὅσα ἐν
τῇ σκοτίᾳ εἴπατε, ἐν τῷ φωτὶ
ἀκουσθήσεται, καὶ ὃ πρὸς τὸ
οὖς ἐλαλήσατε ἐν τοῖς τα-
μείοις, κηρυχθήσεται ἐπὶ τῶν

[Cf. xvi. 6.]
[Cf. x. 26ᵇ–33.]
[26ᵇ οὐδὲν γὰρ
ἔστιν κεκαλυμμένον ὃ
οὐκ ἀποκαλυφθήσεται,
καὶ κρυπτὸν ὃ οὐ γνωσ-
θήσεται. ὃ λέγω ὑμῖν
ἐν τῇ σκοτίᾳ, εἴπατε ἐν τῷ φωτί·
καὶ ὃ εἰς τὸ οὖς ἀκούετε,

κηρύξατε ἐπὶ τῶν

[viii.
15.]
[Cf. iv.
22.]

—

28 δωμάτων. καὶ
μὴ φοβεῖσθε ἀπὸ
τῶν ἀποκτεννόντων τὸ σῶμα,
τὴν δὲ ψυχὴν μὴ δυναμένων
ἀποκτεῖναι·
φο-
βεῖσθε δὲ μᾶλλον τὸν δυνά-
μενον καὶ ψυχὴν καὶ σῶμα
ἀπολέσαι ἐν γεέννῃ·

29 οὐχὶ δύο στρουθία ἀσσα-
ρίου πωλεῖται; καὶ ἐν ἐξ
αὐτῶν οὐ πεσεῖται ἐπὶ τὴν
γῆν ἄνευ τοῦ πατρὸς ὑμῶν.
30 ὑμῶν δὲ καὶ αἱ τρίχες τῆς
κεφαλῆς πᾶσαι ἠριθμημέ-
31 ναι εἰσίν. μὴ οὖν φοβεῖσθε·
πολλῶν στρουθίων διαφέρετε
32 ὑμεῖς. πᾶς οὖν
ὅστις ὁμολογήσει ἐν ἐμοὶ
ἔμπροσθεν τῶν ἀνθρώπων,
ὁμολογή-
σω κἀγὼ ἐν αὐτῷ ἔμπροσθεν
τοῦ πατρός μου τοῦ ἐν οὐρανοῖς·
33 ὅστις δ' ἂν ἀρνήσηταί με ἔμ-
προσθεν τῶν ἀνθρώπων, ἀρνή-
σομαι κἀγὼ αὐτὸν ἔμπροσθεν
τοῦ πατρός μου τοῦ ἐν οὐρα-
νοῖς.] [Cf. xii. 32.]
[32 καὶ ὃς ἐὰν εἴπῃ λόγον κατὰ
τοῦ υἱοῦ τοῦ ἀνθρώπου, ἀφε-
θήσεται αὐτῷ· ὃς δ' ἂν εἴπῃ
κατὰ τοῦ πνεύματος τοῦ ἁγίου,
οὐκ ἀφεθήσεται αὐτῷ οὔτε ἐν
τούτῳ τῷ αἰῶνι οὔτε ἐν τῷ
μέλλοντι.]
[Cf. x. 19, 20.]

—

[Cf. iii.
29.]

[xiii.
11.]

—

4 δωμάτων. λέγω δὲ ὑμῖν τοῖς
φίλοις μου, μὴ φοβηθῆτε ἀπὸ
τῶν ἀποκτεννόντων τὸ σῶμα
καὶ μετὰ ταῦτα μὴ ἐχόντων
περισσότερόν τι ποιῆσαι.
5 ὑποδείξω δὲ ὑμῖν τίνα φο-
βηθῆτε· φοβήθητε τὸν μετὰ
τὸ ἀποκτεῖναι ἔχοντα ἐξουσίαν
ἐμβαλεῖν εἰς τὴν γέενναν. ναὶ
λέγω ὑμῖν, τοῦτον φοβήθητε.
6 οὐχὶ πέντε στρουθία πωλοῦν-
ται ἀσσαρίων δύο; καὶ ἐν ἐξ
αὐτῶν οὐκ ἔστιν ἐπιλελησ-
μένον ἐνώπιον τοῦ θεοῦ.
7 ἀλλὰ καὶ αἱ τρίχες τῆς
κεφαλῆς ὑμῶν πᾶσαι ἠρίθ-
μηνται. μὴ φοβεῖσθε·
πολλῶν στρουθίων διαφέρετε.
8 λέγω δὲ ὑμῖν, πᾶς ὃς
ἂν ὁμολογήσῃ ἐν ἐμοὶ
ἔμπροσθεν τῶν ἀνθρώπων, καὶ
ὁ υἱὸς τοῦ ἀνθρώπου ὁμολογή-
σει ἐν αὐτῷ ἔμπροσθεν
τῶν ἀγγέλων τοῦ θεοῦ·
9 ὁ δὲ ἀρνησάμενός με ἐνώπιον
τῶν ἀνθρώπων ἀπαρνηθήσεται
ἐνώπιον τῶν ἀγγέλων τοῦ
θεοῦ.
10 καὶ πᾶς ὃς ἐρεῖ λόγον εἰς
τὸν υἱὸν τοῦ ἀνθρώπου, ἀφε-
θήσεται αὐτῷ· τῷ δὲ εἰς τὸ
ἅγιον πνεῦμα βλασφημή-
σαντι οὐκ ἀφεθήσεται.
11 ὅταν δὲ εἰσφέρωσιν ὑμᾶς ἐπὶ
τὰς συναγωγὰς καὶ τὰς ἀρχὰς
καὶ τὰς ἐξουσίας, μὴ μεριμνή-
σητε πῶς ἢ τί ἀπολογήσησθε
12 ἢ τί εἴπητε· τὸ γὰρ ἅγιον
πνεῦμα διδάξει ὑμᾶς ἐν αὐτῇ
τῇ ὥρᾳ ἃ δεῖ εἰπεῖν.

## § 131. Quarrel about an Inheritance.

—    —

13 Εἶπεν δέ τις ἐκ τοῦ ὄχλου αὐτῷ· διδάσκαλε,
εἰπὲ τῷ ἀδελφῷ μου μερίσασθαι μετ' ἐμοῦ
14 τὴν κληρονομίαν. ὁ δὲ εἶπεν αὐτῷ· ἄνθρωπε,

|   |   | |
|---|---|---|
| — | — | 15 |

τίς με κατέστησεν κριτὴν ἢ μεριστὴν ἐφ'
15 ὑμᾶς; εἶπεν δὲ πρὸς αὐτούς· ὁρᾶτε καὶ
φυλάσσεσθε ἀπὸ πάσης πλεονεξίας, ὅτι οὐκ
ἐν τῷ περισσεύειν τινὶ ἡ ζωὴ αὐτοῦ ἐστιν ἐκ
τῶν ὑπαρχόντων αὐτῷ.

### § 132. Parable of the Rich Fool.

16 Εἶπεν δὲ παραβολὴν πρὸς αὐτοὺς λέγων· ἀν-
θρώπου τινὸς πλουσίου εὐφόρησεν ἡ χώρα.
17 καὶ διελογίζετο ἐν ἑαυτῷ λέγων· τί ποιήσω,
ὅτι οὐκ ἔχω ποῦ συνάξω τοὺς καρπούς μου;
18 καὶ εἶπεν· τοῦτο ποιήσω· καθελῶ μου τὰς
ἀποθήκας καὶ μείζονας οἰκοδομήσω, καὶ
συνάξω ἐκεῖ πάντα τὰ γενήματά μου καὶ τὰ
19 ἀγαθά μου, καὶ ἐρῶ τῇ ψυχῇ μου· ψυχή,
ἔχεις πολλὰ ἀγαθὰ κείμενα εἰς ἔτη πολλά·
20 ἀναπαύου, φάγε, πίε,* εὐφραίνου. εἶπεν δὲ
αὐτῷ ὁ θεός· ἄφρων, ταύτῃ τῇ νυκτὶ τὴν
21 ψυχήν σου ἀπαιτοῦσιν ἀπὸ σοῦ· ἃ δὲ ἡτοί-
μασας, τίνι ἔσται; οὕτως ὁ θησαυρίζων αὐτῷ
καὶ μὴ εἰς θεὸν πλουτῶν.

### § 133. Trust in God for Food and Clothing.

| [Cf. vi. 25–33.] | — | 22 |
|---|---|---|

[25 Διὰ τοῦτο λέγω ὑμῖν, μὴ με-
ριμνᾶτε τῇ ψυχῇ ὑμῶν τί φά-
γητε, μηδὲ τῷ σώματι ὑμῶν τί
ἐνδύσησθε. οὐχὶ ἡ ψυχὴ
πλεῖόν ἐστιν τῆς τροφῆς καὶ
26 τὸ σῶμα τοῦ ἐνδύματος;
ἐμβλέψατε εἰς τὰ πετεινὰ τοῦ
οὐρανοῦ, ὅτι οὐ σπείρουσιν
οὐδὲ θερίζουσιν οὐδὲ συνάγου-
σιν εἰς ἀποθήκας, καὶ ὁ πατὴρ
ὑμῶν ὁ οὐράνιος τρέφει αὐτά·
οὐχ ὑμεῖς μᾶλλον διαφέρετε
27 αὐτῶν; τίς δὲ ἐξ
ὑμῶν μεριμνῶν δύναται προσ-
θεῖναι ἐπὶ τὴν ἡλικίαν αὐτοῦ
28 πῆχυν ἕνα; καὶ περὶ ἐνδύ-
ματος τί μεριμνᾶτε; κατα-
μάθετε τὰ κρίνα τοῦ ἀγροῦ
πῶς αὐξάνουσιν· οὐ κοπιῶσιν
29 οὐδὲ νήθουσιν. λέγω δὲ ὑμῖν
ὅτι οὐδὲ Σολομὼν ἐν πάσῃ τῇ
δόξῃ αὐτοῦ περιεβάλετο ὡς
30 ἓν τούτων. εἰ δὲ τὸν χόρτον

22 Εἶπεν δὲ πρὸς τοὺς μαθητὰς
αὐτοῦ· διὰ τοῦτο ὑμῖν λέγω,
μὴ μεριμνᾶτε τῇ ψυχῇ τί φά-
γητε, μηδὲ τῷ σώματι τί
23 ἐνδύσησθε. ἡ ψυχὴ
πλεῖόν ἐστιν τῆς τροφῆς καὶ
τὸ σῶμα τοῦ ἐνδύματος.
24 κατανοήσατε τοὺς κόρακας,
ὅτι οὔτε σπείρουσιν
οὔτε θερίζουσιν, οἷς οὐκ ἔστιν
ταμεῖον οὐδὲ ἀποθήκη, καὶ ὁ
θεὸς τρέφει αὐτούς·
πόσῳ μᾶλλον ὑμεῖς διαφέρετε
25 τῶν πετεινῶν. τίς δὲ ἐξ
ὑμῶν μεριμνῶν δύναται προσ-
θεῖναι ἐπὶ τὴν ἡλικίαν αὐτοῦ
26 πῆχυν; εἰ οὖν οὐδὲ ἐλάχιστον
δύνασθε, τί περὶ τῶν λοιπῶν
27 μεριμνᾶτε; κατανοήσατε τὰ
κρίνα, πῶς οὔτε νήθει οὔτε·
ὑφαίνει· λέγω δὲ ὑμῖν,
οὐδὲ Σολομὼν ἐν πάσῃ τῇ
δόξῃ αὐτοῦ περιεβάλετο ὡς
28 ἓν τούτων. εἰ δὲ ἐν ἀγρῷ

\* Cf. ver. 29.

τοῦ ἀγροῦ σήμερον ὄντα καὶ
αὔριον εἰς κλίβανον βαλλό-
μενον ὁ θεὸς οὕτως ἀμφίεννυ-
σιν, οὐ πολλῷ μᾶλλον ὑμᾶς,
31 ὀλιγόπιστοι; μὴ οὖν μεριμ-
νήσητε λέγοντες τί φάγωμεν
ἢ τί πίωμεν ἢ τί περιβαλώ-
32 μεθα; πάντα γὰρ ταῦτα τὰ
ἔθνη            ἐπιζητοῦ-
σιν· οἶδεν γὰρ ὁ πατὴρ ὑμῶν
ὁ οὐράνιος ὅτι χρῄζετε τούτων
33 ἁπάντων.        ζητεῖτε δὲ
πρῶτον τὴν βασιλείαν καὶ
τὴν δικαιοσύνην αὐτοῦ, καὶ
ταῦτα πάντα προστεθήσεται
ὑμῖν.]

— 

τὸν χόρτον ὄντα σήμερον καὶ
αὔριον εἰς κλίβανον βαλλό-
μενον ὁ θεὸς οὕτως ἀμφιέζει,
πόσῳ μᾶλλον ὑμᾶς,
29 ὀλιγόπιστοι; καὶ ὑμεῖς μὴ
ζητεῖτε τί φάγητε καὶ
τί πίητε, καὶ μὴ μετεωρί-
30 ζεσθε· ταῦτα γὰρ πάντα τὰ
ἔθνη τοῦ κόσμου ἐπιζητοῦ-
σιν· ὑμῶν δὲ ὁ πατὴρ οἶδεν
ὅτι χρῄζετε τούτων.
31        πλὴν ζητεῖτε
τὴν βασιλείαν
αὐτοῦ, καὶ
ταῦτα        προστεθήσεται
ὑμῖν.

§ 134. *The Kingdom of God the True Treasure.*

—   —   32 Μὴ φοβοῦ, τὸ μικρὸν ποίμ-
νιον· ὅτι εὐδόκησεν ὁ πατὴρ
ὑμῶν δοῦναι ὑμῖν τὴν βασι-
—   —   33 λείαν. Πωλήσατε τὰ ὑπάρ-
χοντα ὑμῶν καὶ δότε ἐλεημο-
σύνην· ποιήσατε ἑαυτοῖς
βαλλάντια μὴ παλαιούμενα,

[20 [vi. 20, 21.] θησαυρίζετε
δὲ ὑμῖν θησαυροὺς ἐν
οὐρανῷ, ὅπου οὔτε σὴς οὔτε
βρῶσις        ἀφανίζει, καὶ
ὅπου κλέπται οὐ διορύσσου-
21 σιν οὐδὲ κλέπτουσιν. ὅπου
γάρ ἐστιν ὁ θησαυρός σου,
ἐκεῖ ἔσται καὶ ἡ καρδία σου.]

θησαυρὸν ἀνέκλειπτον ἐν τοῖς
οὐρανοῖς, ὅπου κλέπτης οὐκ
ἐγγίζει οὐδὲ σὴς διαφθείρει.

—   34        ὅπου
γάρ ἐστιν ὁ θησαυρὸς ὑμῶν,
ἐκεῖ καὶ ἡ καρδία ὑμῶν ἔσται.

§ 135. *Parable of the Blessedness of Watchful Servants.* (A.) [Cf. § 192 G.]

—   —   35 Ἔστωσαν ὑμῶν αἱ ὀσφύες περιεζωσμέναι καὶ
—   —   36 οἱ λύχνοι καιόμενοι· καὶ ὑμεῖς ὅμοιοι ἀν-
θρώποις προσδεχομένοις τὸν κύριον ἑαυτῶν,
πότε ἀναλύσῃ ἐκ τῶν γάμων, ἵνα ἐλθόντος
καὶ κρούσαντος εὐθέως ἀνοίξωσιν αὐτῷ.
[Cf. xxiv.   —   37 μακάριοι οἱ δοῦλοι ἐκεῖνοι, οὓς ἐλθὼν ὁ
46, 47.]   [xiii. 35, 37.]   κύριος εὑρήσει γρηγοροῦντας· ἀμὴν λέγω
ὑμῖν ὅτι περιζώσεται καὶ ἀνακλινεῖ αὐτοὺς
—   —   38 καὶ παρελθὼν διακονήσει αὐτοῖς. κἂν ἐν

τῇ δευτέρᾳ, κἂν ἐν τῇ τρίτῃ
φυλακῇ ἔλθῃ καὶ εὕρῃ οὕτως,
μακάριοί εἰσιν.

[Cf. xxiv. 43–47.]
[43 ἐκεῖνο δὲ γινώσκετε, ὅτι εἰ
ᾔδει ὁ οἰκοδεσπότης ποίᾳ
φυλακῇ ὁ κλέπτης ἔρχεται,
ἐγρηγόρησεν ἂν καὶ οὐκ ἂν
εἴασεν διορυχθῆναι τὴν οἰκίαν
44 αὐτοῦ. διὰ τοῦτο καὶ ὑμεῖς
γίνεσθε ἕτοιμοι, ὅτι ᾗ οὐ
δοκεῖτε ὥρᾳ ὁ υἱὸς τοῦ ἀνθρώ-
που ἔρχεται.

— 39 τοῦτο δὲ γινώσκετε, ὅτι εἰ
ᾔδει ὁ οἰκοδεσπότης ποίᾳ
ὥρᾳ ὁ κλέπτης ἔρχεται,
οὐκ ἂν
ἀφῆκεν διορυχθῆναι τὸν οἶκον
— 40 αὐτοῦ. καὶ ὑμεῖς
γίνεσθε ἕτοιμοι, ὅτι ᾗ ὥρᾳ οὐ
δοκεῖτε ὁ υἱὸς τοῦ ἀνθρώ-
— 41 που ἔρχεται. εἶπεν δὲ αὐτῷ
ὁ Πέτρος· κύριε, πρὸς ἡμᾶς
τὴν παραβολὴν ταύτην λέγεις
— 42 ἢ καὶ πρὸς πάντας; καὶ εἶπεν
ὁ κύριος· τίς ἄρα ἐστὶν ὁ

45 τίς ἄρα ἐστὶν ὁ
πιστὸς δοῦλος καὶ φρόνιμος,
ὃν κατέστησεν ὁ κύριος ἐπὶ
τῆς οἰκετείας αὐτοῦ τοῦ
δοῦναι αὐτοῖς τὴν τροφὴν
46 ἐν καιρῷ; μακάριος ὁ δοῦλος
ἐκεῖνος ὃν ἐλθὼν ὁ κύριος αὐ-
τοῦ εὑρήσει οὕτως ποιοῦντα.
47 ἀμὴν λέγω ὑμῖν ὅτι ἐπὶ πᾶ-
σιν τοῖς ὑπάρχουσιν αὐτοῦ
καταστήσει αὐτόν.]

πιστὸς οἰκονόμος ὁ φρόνιμος,
ὃν καταστήσει ὁ κύριος ἐπὶ
τῆς θεραπείας αὐτοῦ τοῦ
διδόναι ἐν καιρῷ τὸ σιτο-
43 μέτριον; μακάριος ὁ δοῦλος
ἐκεῖνος ὃν ἐλθὼν ὁ κύριος αὐ-
τοῦ εὑρήσει ποιοῦντα οὕτως.
44 ἀληθῶς λέγω ὑμῖν ὅτι ἐπὶ πᾶ-
σιν τοῖς ὑπάρχουσιν αὐτοῦ
καταστήσει αὐτόν.

§ 136. *Doom of False and Ignorant Servants.*   (B.) [Cf. § 192 H.]

[xxiv. 48–51.]
[48 ἐὰν δὲ εἴπῃ ὁ κακὸς δοῦλος
ἐν τῇ καρδίᾳ αὐτοῦ·
χρονίζει μου ὁ κύριος,
49 καὶ ἄρξηται τύπτειν
τοὺς συνδούλους αὐτοῦ,
ἐσθίῃ δὲ καὶ πίνῃ
μετὰ τῶν μεθυόντων·
50 ἥξει ὁ κύριος τοῦ δούλου ἐκεί-
νου ἐν ἡμέρᾳ ᾗ οὐ προσδοκᾷ
51 καὶ ἐν ὥρᾳ ᾗ οὐ γινώσκει, καὶ
διχοτομήσει αὐτόν, καὶ τὸ
μέρος αὐτοῦ μετὰ τῶν ὑποκρι-
τῶν θήσει· ἐκεῖ ἔσται ὁ
κλαυθμὸς καὶ ὁ βρυγμὸς τῶν
ὀδόντων.]

— 45 ἐὰν δὲ εἴπῃ ὁ δοῦλος
ἐκεῖνος ἐν τῇ καρδίᾳ αὐτοῦ·
χρονίζει ὁ κύριός μου ἔρ-
χεσθαι, καὶ ἄρξηται τύπτειν
τοὺς παῖδας καὶ τὰς παιδίσκας,
ἐσθίειν τε καὶ πίνειν
καὶ μεθύσκεσθαι·
— 46 ἥξει ὁ κύριος τοῦ δούλου ἐκεί-
νου ἐν ἡμέρᾳ ᾗ οὐ προσδοκᾷ
καὶ ἐν ὥρᾳ ᾗ οὐ γινώσκει, καὶ
διχοτομήσει αὐτόν, καὶ τὸ
μέρος αὐτοῦ μετὰ τῶν ἀπίσ-
των θήσει.
[xiii. 28.]

— 47 Ἐκεῖνος δὲ ὁ δοῦλος ὁ γνοὺς
τὸ θέλημα τοῦ κυρίου αὐτοῦ
καὶ μὴ ἑτοιμάσας ἢ ποιήσας

|  |  | πρὸς τὸ θέλημα αὐτοῦ δαρή-<br>48 σεται πολλάς· ὁ δὲ μὴ γνούς,<br>ποιήσας δὲ ἄξια πληγῶν,<br>δαρήσεται ὀλίγας. παντὶ δὲ<br>ῷ ἐδόθη πολύ, πολὺ ζητηθή-<br>σεται παρ' αὐτοῦ, καὶ ῷ παρέ-<br>θεντο πολύ, περισσότερον<br>αἰτήσουσιν αὐτόν. |
|---|---|---|
| [Cf. xxv. 29.] |  | |

§ 137. *Division the First Result of the Teaching of Jesus.* [Cf. § 54.]

|  |  | 49 Πῦρ ἦλθον βαλεῖν ἐπὶ τὴν γῆν,<br>καὶ τί θέλω εἰ ἤδη ἀνήφθη. |
|---|---|---|
|  | [x. 38.] | 50 βάπτισμα δὲ ἔχω βαπτισ-<br>θῆναι, καὶ πῶς συνέχομαι ἕως |
| [Cf. x. 34-36.] | | |
| [34 Μὴ νομίσητε ὅτι ἦλθον βαλ-<br>εῖν εἰρήνην ἐπὶ τὴν γῆν· οὐκ ἦλ-<br>θον βαλεῖν εἰρήνην ἀλλὰ<br>μάχαιραν. | — | 51 ὅτου τελεσθῇ. δοκεῖτε ὅτι<br>εἰρήνην παρεγενόμην δοῦναι ἐν<br>τῇ γῇ; οὐχὶ λέγω ὑμῖν ἀλλ' ἢ |
| 35 ἦλθον γὰρ διχάσαι ἄνθρωπον<br>κατὰ τοῦ πατρὸς αὐτοῦ καὶ<br>θυγατέρα κατὰ τῆς μητρὸς<br>αὐτῆς καὶ νύμφην κατὰ τῆς | — | 52 διαμερισμόν. ἔσονται γὰρ ἀπὸ<br>τοῦ νῦν πέντε ἐν ἑνὶ οἴκῳ δια-<br>μεμερισμένοι, τρεῖς ἐπὶ δυσὶν |
| 36 πενθερᾶς αὐτῆς, καὶ ἐχθροὶ<br>τοῦ ἀνθρώπου οἱ οἰκιακοὶ<br>αὐτοῦ.] |  | 53 καὶ δύο ἐπὶ τρισὶν διαμερισ-<br>θήσονται, πατὴρ ἐπὶ υἱῷ καὶ<br>υἱὸς ἐπὶ πατρί, μήτηρ ἐπὶ<br>θυγατέρα καὶ θυγάτηρ ἐπὶ<br>μητέρα, πενθερὰ ἐπὶ τὴν νύμ-<br>φην καὶ νύμφη ἐπὶ τὴν πενθε-<br>ράν. |

§ 138. *The Signs of the Times.* [Cf. §§ 70, 101.]

| [Cf. xvi. 2, 3.] | — | 54 Ἔλεγεν δὲ καὶ τοῖς ὄχλοις·<br>ὅταν ἴδητε νεφέλην ἀνατέλ- |
|---|---|---|
| [2 Ὁ δὲ ἀποκριθεὶς εἶπεν αὐτοῖς·<br>ὀψίας γενομένης λέγετε·<br>εὐδία, πυρράζει γὰρ ὁ | | λουσαν ἐπὶ δυσμῶν, εὐθέως<br>λέγετε ὅτι ὄμβρος ἔρχεται, |
| 3 οὐρανός· καὶ πρωΐ·<br>σήμερον χειμών, πυρράζει<br>γὰρ στυγνάζων ὁ οὐρανός· | — | 55 καὶ γίνεται οὕτως· καὶ ὅταν<br>νότον πνέοντα, λέγετε ὅτι<br>καύσων ἔσται, καὶ γίνεται. |
| τὸ μὲν πρόσωπον<br>τοῦ οὐρανοῦ γινώσκετε<br>διακρίνειν, τὰ δὲ σημεῖα τῶν<br>καιρῶν οὐ δύνασθε ;] | — | 56 ὑποκριταί, τὸ πρόσωπον τῆς<br>γῆς καὶ τοῦ οὐρανοῦ οἴδατε<br>δοκιμάζειν, τὸν δὲ καιρὸν<br>τοῦτον πῶς οὐ δοκιμάζετε; |
| | — | 57 τί δὲ καὶ ἀφ' ἑαυτῶν οὐ |
| [Cf. v. 25, 26.] | — | 58 κρίνετε τὸ δίκαιον ; ὡς γὰρ<br>ὑπάγεις μετὰ τοῦ ἀντιδίκου |
| [25 ἴσθι εὐνοῶν τῷ ἀντιδίκῳ<br>σου ταχὺ ἕως ὅτου εἶ μετ'<br>αὐτοῦ ἐν τῇ ὁδῷ· | | σου ἐπ' ἄρχοντα,<br>ἐν τῇ ὁδῷ δὸς ἐργασίαν<br>ἀπηλλάχθαι ἀπ' αὐτοῦ, |
| μήποτέ σε παραδῷ ὁ ἀντίδικος<br>τῷ κριτῇ καὶ ὁ κριτὴς τῷ | | μήποτε κατασύρῃ σε πρὸς<br>τὸν κριτήν, καὶ ὁ κριτής σε |

ὑπηρέτῃ,      καὶ
εἰς φυλακὴν βληθήσῃ.
26 ἀμὴν λέγω σοι, οὐ μὴ
ἐξέλθῃς ἐκεῖθεν ἕως ἂν ἀποδῷς
τὸν ἔσχατον κοδράντην.]

—   —   59 παραδώσει τῷ πράκτορι, καὶ
ὁ πράκτωρ σε βαλεῖ εἰς
φυλακήν. λέγω σοι, οὐ μὴ
ἐξέλθῃς ἐκεῖθεν ἕως καὶ τὸ
ἔσχατον λεπτὸν ἀποδῷς.

§ 139. *The supposed Judgment on Galilaeans, and people of Jerusalem.*

XIII.

—   —   1 Παρῆσαν δέ τινες ἐν αὐτῷ τῷ καιρῷ ἀπαγ-
γέλλοντες αὐτῷ περὶ τῶν Γαλιλαίων ὧν τὸ
αἷμα Πειλᾶτος ἔμιξεν μετὰ τῶν θυσιῶν

—   —   2 αὐτῶν. καὶ ἀποκριθεὶς εἶπεν αὐτοῖς·
δοκεῖτε ὅτι οἱ Γαλιλαῖοι οὗτοι ἁμαρτωλοὶ
παρὰ πάντας τοὺς Γαλιλαίους ἐγένοντο,

—   —   3 ὅτι ταῦτα πεπόνθασιν; οὐχὶ λέγω ὑμῖν,
ἀλλ᾽ ἐὰν μὴ μετανοῆτε, πάντες ὁμοίως

—   —   4 ἀπολεῖσθε. ἢ ἐκεῖνοι οἱ δεκαοκτώ, ἐφ᾽
οὓς ἔπεσεν ὁ πύργος ἐν τῷ Σιλωὰμ καὶ
ἀπέκτεινεν αὐτούς, δοκεῖτε ὅτι αὐτοὶ
ὀφειλέται ἐγένοντο παρὰ πάντας τοὺς
ἀνθρώπους τοὺς κατοικοῦντας ἐν Ἱερου-

—   —   5 σαλήμ; οὐχὶ λέγω ὑμῖν, ἀλλ᾽ ἐὰν μὴ
μετανοήσητε, πάντες ὡσαύτως ἀπολεῖσθε.

§ 140. *Parable of the Barren Fig Tree.* [*Cf.* § 180.]

—   —   6 Ελεγεν δὲ ταύτην τὴν παραβολήν. συκῆν
εἶχέν τις πεφυτευμένην ἐν τῷ ἀμπελῶνι
αὐτοῦ, καὶ ἦλθεν ζητῶν καρπὸν ἐν αὐτῇ

—   —   7 καὶ οὐχ εὗρεν. εἶπεν δὲ πρὸς τὸν ἀμπε-
λουργόν· ἰδοὺ τρία ἔτη ἀφ᾽ οὗ ἔρχομαι
ζητῶν καρπὸν ἐν τῇ συκῇ ταύτῃ καὶ οὐχ

—   —   8 εὑρίσκω· ἔκκοψον αὐτήν· ἱνατί καὶ τὴν
γῆν καταργεῖ; ὁ δὲ ἀποκριθεὶς λέγει αὐτῷ·
κύριε, ἄφες αὐτὴν καὶ τοῦτο τὸ ἔτος, ἕως
ὅτου σκάψω περὶ αὐτὴν καὶ βάλω κόπρια,

—   —   9 κἂν μὲν ποιήσῃ καρπὸν εἰς τὸ μέλλον· εἰ
δὲ μήγε, ἐκκόψεις αὐτήν.

§ 141. *Loosing of a Woman, whom Satan had bound, on the Sabbath.*

—   —   10 Ἦν δὲ διδάσκων ἐν μιᾷ τῶν συναγωγῶν ἐν

—   —   11 τοῖς σάββασιν. καὶ ἰδοὺ γυνὴ πνεῦμα
ἔχουσα ἀσθενείας ἔτη δεκαοκτώ, καὶ ἦν
συνκύπτουσα καὶ μὴ δυναμένη ἀνακύψαι

—   —   12 εἰς τὸ παντελές. ἰδὼν δὲ αὐτὴν ὁ Ἰησοῦς
προσεφώνησεν καὶ εἶπεν αὐτῇ· γύναι, ἀπο-

—   —   13 λέλυσαι ἀπὸ τῆς ἀσθενείας σου, καὶ ἐπέ-

|  |  |  |
|---|---|---|
|  |  | θηκεν αὐτῇ τὰς χεῖρας· καὶ παραχρῆμα |
| — | — | 14 ἀνωρθώθη, καὶ ἐδόξαζεν τὸν θεόν. ἀποκρι- |
|  |  | θεὶς δὲ ὁ ἀρχισυνάγωγος, ἀγανακτῶν ὅτι τῷ |
|  |  | σαββάτῳ ἐθεράπευσεν ὁ Ἰησοῦς, ἔλεγεν τῷ |
|  |  | ὄχλῳ ὅτι ἓξ ἡμέραι εἰσὶν ἐν αἷς δεῖ ἐργά- |
|  |  | ζεσθαι· ἐν αὐταῖς οὖν ἐρχόμενοι θεραπεύεσθε |
| [Cf. xii. | — | 15 καὶ μὴ τῇ ἡμέρᾳ τοῦ σαββάτου. ἀπεκρίθη |
| 10ᵇ–12.] |  | δὲ αὐτῷ ὁ κύριος καὶ εἶπεν· ὑποκριταί, |
|  |  | ἕκαστος ὑμῶν τῷ σαββάτῳ οὐ λύει τὸν |
|  |  | βοῦν αὐτοῦ ἢ τὸν ὄνον ἀπὸ τῆς φάτνης καὶ |
| — | — | 16 ἀπαγαγὼν ποτίζει; ταύτην δὲ θυγατέρα |
|  |  | Ἀβραὰμ οὖσαν, ἣν ἔδησεν ὁ σατανᾶς ἰδοὺ |
|  |  | δέκα καὶ ὀκτὼ ἔτη, οὐκ ἔδει λυθῆναι ἀπὸ |
|  |  | τοῦ δεσμοῦ τούτου τῇ ἡμέρᾳ τοῦ σαββάτου; |
| — | — | 17 καὶ ταῦτα λέγοντος αὐτοῦ κατῃσχύνοντο |
|  |  | πάντες οἱ ἀντικείμενοι αὐτῷ, καὶ πᾶς ὁ |
|  |  | ὄχλος ἔχαιρεν ἐπὶ πᾶσιν τοῖς ἐνδόξοις τοῖς |
|  |  | γινομένοις ὑπ᾽ αὐτοῦ. |

### § 142. Parable of the Mustard Seed. [Cf. § 80.]

| [Cf. xiii. | [Cf. iv. 30– | 18 Ἔλεγεν οὖν· τίνι ὁμοία ἐστὶν ἡ βασιλεία |
|---|---|---|
| 31, 32.] | 32.] | τοῦ θεοῦ, καὶ τίνι ὁμοιώσω αὐτήν; ὁμοία |
|  |  | 19 ἐστὶν κόκκῳ σινάπεως, ὃν λαβὼν ἄνθρωπος |
|  |  | ἔβαλεν εἰς κῆπον ἑαυτοῦ, καὶ ηὔξησεν καὶ |
|  |  | ἐγένετο εἰς δένδρον, καὶ τὰ πετεινὰ τοῦ |
|  |  | οὐρανοῦ κατεσκήνωσεν ἐν τοῖς κλάδοις |
|  |  | αὐτοῦ. |

### § 143. Parable of the Leaven. [Cf. § 81.]

| [Cf. xiii. | — | 20 Καὶ πάλιν εἶπεν· τίνι ὁμοιώσω τὴν βασι- |
|---|---|---|
| 33.] | — | 21 λείαν τοῦ θεοῦ; ὁμοία ἐστὶν ζύμῃ, ἣν |
|  |  | λαβοῦσα γυνὴ ἔκρυψεν εἰς ἀλεύρου σάτα |
|  |  | τρία, ἕως οὗ ἐζυμώθη ὅλον. |

### § 144. Are they few that be saved? Conditions of Admission to the Kingdom.

| [Cf. iv. 23 and ix. 35.] | [Cf. vi. | 22 Καὶ διεπορεύετο κατὰ πόλεις |
|---|---|---|
|  | 6ᵇ.] | καὶ κώμας διδάσκων καὶ |
|  |  | πορείαν ποιούμενος εἰς |
|  | — | 23 Ἱεροσόλυμα. εἶπεν δέ τις |
|  |  | αὐτῷ· κύριε, εἰ ὀλίγοι οἱ |
| [Cf. vii. 13, 14.] |  | σωζόμενοι; ὁ δὲ εἶπεν πρὸς |
| [13    —    εἰσελ- | — | 24 αὐτούς· ἀγωνίζεσθε εἰσελ- |
| θεῖν διὰ τῆς στενῆς θύρας, |  | θατε διὰ τῆς στενῆς πύλης· |
| ὅτι πλατεῖα [ἡ πύλη] καὶ εὐ- |  | ὅτι |
| ρύχωρος ἡ ὁδὸς ἡ ἀπάγουσα |  |  |
| εἰς τὴν ἀπώλειαν, καὶ πολλοί |  | πολλοί, |
| εἰσιν οἱ εἰσερχόμενοι δι᾽ αὐτῆς· |  | λέγω ὑμῖν, ζητήσουσιν εἰσελ- |

14 ὅτι στενὴ [ἡ πύλη] καὶ τεθ-
λιμμένη ἡ ὁδὸς ἡ ἀπάγουσα
εἰς τὴν ζωήν, καὶ ὀλίγοι εἰσὶν οἱ
εὑρίσκοντες αὐτήν.]
[Cf. xxv. 10–12.]

[Cf. vii. 22, 23.]
[22 πολλοὶ ἐροῦσίν μοι ἐν ἐκείνῃ
τῇ ἡμέρᾳ· κύριε κύριε,

οὐ τῷ σῷ ὀνόματι ἐπροφητεύ-
σαμεν, καὶ τῷ σῷ ὀνόματι
δαιμόνια ἐξεβάλομεν, καὶ τῷ
σῷ ὀνόματι δυνάμεις πολλὰς
ἐποιήσαμεν;
23 καὶ τότε ὁμολογήσω αὐτοῖς
ὅτι οὐδέποτε ἔγνων ὑμᾶς, ἀπο-
χωρεῖτε ἀπ᾽ ἐμοῦ οἱ ἐργαζό-
μενοι τὴν ἀνομίαν.]
[Cf. viii. 11–12.]
[11 λέγω δὲ ὑμῖν ὅτι πολλοὶ ἀπὸ
ἀνατολῶν καὶ δυσμῶν ἥξου-
σιν καὶ ἀνακλιθήσονται μετὰ
Ἀβραὰμ καὶ Ἰσαὰκ καὶ
Ἰακὼβ ἐν τῇ βασιλείᾳ τῶν
12 οὐρανῶν· οἱ δὲ υἱοὶ τῆς βασι-
λείας ἐξελεύσονται εἰς τὸ
σκότος τὸ ἐξώ-

τερον·
ἐκεῖ ἔσται ὁ κλαυθμὸς
καὶ ὁ βρυγμὸς τῶν ὀδόντων.]
[Cf. xix. 30, xx. 16.]

θεῖν

καὶ οὐκ ἰσχύσουσιν.
25 ἀφ᾽ οὗ ἂν ἐγερθῇ ὁ οἰκοδεσ-
πότης καὶ ἀποκλείσῃ τὴν
θύραν, καὶ ἄρξησθε ἔξω ἑσ-
τάναι καὶ κρούειν τὴν θύραν
λέγοντες· κύριε ἄνοιξον ἡμῖν,
καὶ ἀποκριθεὶς ἐρεῖ ὑμῖν· οὐκ
26 οἶδα ὑμᾶς πόθεν ἐστέ.   τότε
ἄρξεσθε λέγειν· ἐφάγομεν
ἐνώπιόν σου καὶ ἐπίομεν, καὶ
ἐν ταῖς πλατείαις ἡμῶν
ἐδίδαξας. —
27 καὶ ἐρεῖ· λέγω ὑμῖν, οὐκ οἶδα
ὑμᾶς πόθεν ἐστέ· ἀπόστητε
ἀπ᾽ ἐμοῦ πάντες ἐργάται ἀδι-
κίας.
28 ἐκεῖ ἔσται ὁ κλαυθμὸς καὶ ὁ
βρυγμὸς τῶν ὀδόντων, ὅταν

ὄψεσθε Ἀβραὰμ καὶ Ἰσαὰκ
καὶ Ἰακὼβ καὶ πάντας τοὺς
προφήτας ἐν τῇ βασιλείᾳ
τοῦ θεοῦ, ὑμᾶς δὲ ἐκβαλλο-
29 μένους ἔξω.  καὶ ἥξουσιν
ἀπὸ ἀνατολῶν καὶ δυσμῶν
καὶ βορρᾶ καὶ νότου, καὶ
ἀνακλιθήσονται ἐν τῇ βασι-
λείᾳ τοῦ θεοῦ.

[Cf. ix. 35, x. 31.]
30 καὶ ἰδοὺ εἰσὶν ἔσχατοι οἳ ἔσον-
ται πρῶτοι, καὶ εἰσὶν πρῶτοι
οἳ ἔσονται ἔσχατοι.

§ 145. *The Message of Jesus to Herod : Lament over Jerusalem.*  [Cf. § 190.]

31 Ἐν αὐτῇ τῇ ὥρᾳ προσῆλθάν
τινες Φαρισαῖοι λέγοντες αὐ-
τῷ· ἔξελθε καὶ πορεύου ἐν-
τεῦθεν, ὅτι Ἡρώδης θέλει σε
32 ἀποκτεῖναι.  καὶ εἶπεν αὐ-
τοῖς· πορευθέντες εἴπατε τῇ
ἀλώπεκι ταύτῃ· ἰδοὺ ἐκ-
βάλλω δαιμόνια καὶ ἰάσεις
ἀποτελῶ σήμερον καὶ αὔριον,
καὶ τῇ τρίτῃ τελειοῦμαι.

|  |  |  |
|---|---|---|
| — | — | 33 πλὴν δεῖ με σήμερον καὶ αὔ- ριον καὶ τῇ ἐχομένῃ πορεύεσ- θαι, ὅτι οὐκ ἐνδέχεται προ- φήτην ἀπολέσθαι ἔξω |
| [Cf. xxiii. 37-39.] [37　　'Ιερουσαλὴμ 'Ιερουσαλήμ, ἡ ἀποκτείνουσα τοὺς προφήτας καὶ λιθοβο- λοῦσα τοὺς ἀπεσταλμέμους πρὸς αὐτήν, ποσάκις ἠθέλησα ἐπισυναγαγεῖν τὰ τέκνα σου, ὃν τρόπον ὄρνις ἐπισυνάγει τὰ νοσσία αὐτῆς ὑπὸ τὰς πτέρυγας, καὶ οὐκ ἠθελήσατε. 38 ἰδοὺ ἀφίεται ὑμῖν ὁ οἶκος 39 ὑμῶν ἔρημος. λέγω γὰρ ὑμῖν, οὐ μή με ἴδητε ἀπ' ἄρτι ἕως ἂν εἴπητε· εὐλογημένος ὁ ἐρχόμενος ἐν ὀνόματι κυρίου.] | — | 34 'Ιερουσαλήμ.　'Ιερουσαλὴμ 'Ιερουσαλήμ, ἡ ἀποκτείνουσα τοὺς προφήτας καὶ λιθοβο- λοῦσα τοὺς ἀπεσταλμένους πρὸς αὐτήν, ποσάκις ἠθέλησα ἐπισυνάξαι τὰ τέκνα σου ὃν τρόπον ὄρνιξ τὴν ἑαυτῆς νοσσιὰν ὑπὸ τὰς πτέρυγας, καὶ οὐκ ἠθελήσατε. 35 ἰδοὺ ἀφίεται ὑμῖν ὁ οἶκος ὑμῶν.　　λέγω ὑμῖν ὅτι οὐ μὴ ἴδητέ με ἕως ἥξει ὅτε εἴπητε· εὐλογημένος ὁ ἐρχόμενος ἐν ὀνόματι κυρίου. |

§ 146. *Jesus at Meat in a Pharisee's House : Cure of Dropsy on the Sabbath.*

**XIV.**

|  |  |  |
|---|---|---|
| — | — | 1 Καὶ ἐγένετο ἐν τῷ ἐλθεῖν αὐτὸν εἰς οἶκόν τινος τῶν ἀρχόντων τῶν Φαρισαίων σαβ- βάτῳ, φαγεῖν ἄρτον, καὶ αὐτοὶ ἦσαν παρα- |
| — | — | 2 τηρούμενοι αὐτόν.　καὶ ἰδοὺ ἄνθρωπός τις |
| [Cf. xii. 10.] | [Cf. iii. 4.] | 3 ἦν ὑδρωπικὸς ἔμπροσθεν αὐτοῦ. καὶ ἀποκ- ριθεὶς ὁ 'Ιησοῦς εἶπεν πρὸς τοὺς νομικοὺς καὶ Φαρισαίους λέγων· ἔξεστιν τῷ σαββάτῳ |
| — | — | 4 θεραπεῦσαι ἢ οὔ; οἱ δὲ ἡσύχασαν.　καὶ ἐπιλαβόμενος ἰάσατο αὐτὸν καὶ ἀπέλυσεν. |
| [Cf. xii. 11.] | | 5 καὶ ἀποκριθεὶς πρὸς αὐτοὺς εἶπεν· τίνος ὑμῶν υἱὸς ἢ βοῦς εἰς φρέαρ πεσεῖται, καὶ οὐκ εὐθέως ἀνασπάσει αὐτὸν ἐν ἡμέρᾳ τοῦ |
| — | — | 6 σαββάτου; καὶ οὐκ ἴσχυσαν ἀνταποκρι- θῆναι πρὸς ταῦτα. |

§ 147. *Parable against taking the Chief Seats at Feasts.*

|  |  |  |
|---|---|---|
| — | | 7 Ἔλεγεν δὲ πρὸς τοὺς κεκλημένους παρα- βολήν, ἐπέχων πῶς τὰς πρωτοκλισίας ἐξε- |
| — | | 8 λέγοντο, λέγων πρὸς αὐτούς· ὅταν κληθῇς ὑπό τινος εἰς γάμους, μὴ κατακλιθῇς εἰς τὴν πρωτοκλισίαν, μήποτε ἐντιμότερός σου ᾖ |
| — | | 9 κεκλημένος ὑπ' αὐτοῦ, καὶ ἐλθὼν ὁ σὲ καὶ αὐτὸν καλέσας ἐρεῖ σοι· δὸς τούτῳ τόπον, καὶ τότε ἄρξῃ μετὰ αἰσχύνης τὸν ἔσχατον |
| — | | 10 τόπον κατέχειν. ἀλλ' ὅταν κληθῇς, πορευ- θεὶς ἀνάπεσε εἰς τὸν ἔσχατον τόπον, ἵνα ὅταν ἔλθῃ ὁ κεκληκώς σε ἐρεῖ σοι· φίλε, |

| [*Cf.* xxiii. 12.] | — | 11 | προσανάβηθι ἀνώτερον· τότε ἔσται σοι δόξα ἐνώπιον πάντων τῶν συνανακειμένων σοι. ὅτι πᾶς ὁ ὑψῶν ἑαυτὸν ταπεινωθήσεται, καὶ ὁ ταπεινῶν ἑαυτὸν ὑψωθήσεται. [*Cf.* xviii. 14.] |

## § 148. Exhortation to Invite the Poor.

| — | — | 12 | Ἔλεγεν δὲ καὶ τῷ κεκληκότι αὐτόν· ὅταν ποιῇς ἄριστον ἢ δεῖπνον, μὴ φώνει τοὺς φίλους σου μηδὲ τοὺς ἀδελφούς σου μηδὲ τοὺς συγγενεῖς σου μηδὲ γείτονας πλουσίους, μήποτε καὶ αὐτοὶ ἀντικαλέσωσίν σε καὶ |
| — | — | 13 | γένηται ἀνταπόδομά σοι.　ἀλλ' ὅταν ποιῇς δοχήν, κάλει πτωχούς, ἀναπήρους, χωλούς, |
| — | — | 14 | τυφλούς, καὶ μακάριος ἔσῃ, ὅτι οὐκ ἔχουσιν ἀνταποδοῦναί σοι· ἀνταποδοθήσεται δέ σοι ἐν τῇ ἀναστάσει τῶν δικαίων. |

## § 149. Parable of the Great Supper. [*Cf.* § 185.]

[*Cf.* xxii. 1–10.]

[1 Καὶ ἀποκριθεὶς ὁ Ἰησοῦς πάλιν εἶπεν ἐν παραβολαῖς αὐτοῖς λέγων·

2 ὡμοιώθη ἡ βασιλεία τῶν οὐρανῶν ἀνθρώπῳ βασιλεῖ, ὅστις ἐποίησεν γάμους τῷ υἱῷ

3 αὐτοῦ.　καὶ ἀπέστειλεν τοὺς δούλους αὐτοῦ καλέσαι τοὺς κεκλημένους εἰς τοὺς γάμους, καὶ οὐκ ἤθελον ἐλθεῖν.

4 πάλιν ἀπέστειλεν ἄλλους δούλους λέγων· εἴπατε τοῖς κεκλημένοις· ἰδοὺ τὸ ἄριστόν μου ἡτοίμακα, οἱ ταῦροί μου καὶ τὰ σιτιστὰ τεθυμένα, καὶ πάντα ἕτοιμα· δεῦτε εἰς τοὺς

5 γάμους.　οἱ δὲ ἀμελήσαντες ἀπῆλθον ὃς μὲν εἰς τὸν ἴδιον ἀγρόν, ὃς δὲ ἐπὶ τὴν ἐμπορίαν αὐτοῦ·

—

15 Ἀκούσας δέ τις τῶν συνανακειμένων ταῦτα εἶπεν αὐτῷ· μακάριος ὅστις φάγεται ἄρτον

16 ἐν τῇ βασιλείᾳ τοῦ θεοῦ.　ὁ δὲ εἶπεν αὐτῷ· ἄνθρωπός τις ἐποίει δεῖπνον μέγα, καὶ ἐκά-

17 λεσεν πολλούς, καὶ ἀπέστειλεν τὸν δοῦλον αὐτοῦ τῇ ὥρᾳ τοῦ δείπνου εἰπεῖν τοῖς κεκλημένοις· ἔρχεσθε, ὅτι ἤδη ἕτοιμά εἰσιν.

18 καὶ ἤρξαντο ἀπὸ μιᾶς πάντες παραιτεῖσθαι.　ὁ πρῶτος εἶπεν αὐτῷ· ἀγρὸν ἠγόρασα καὶ ἔχω ἀνάγκην ἐξελθὼν ἰδεῖν αὐτόν· ἐρωτῶ σε, ἔχε με παρῃτημένον.

19 καὶ ἕτερος εἶπεν· ζεύγη βοῶν ἠγόρασα πέντε καὶ πορεύομαι δοκιμάσαι αὐτά· ἐρωτῶ σε, ἔχε

20 με παρῃτημένον.　καὶ ἕτερος εἶπεν· γυναῖκα ἔγημα καὶ διὰ

21 τοῦτο οὐ δύναμαι ἐλθεῖν.　καὶ

6 οἱ δὲ λοιποὶ κρατήσαντες τοὺς δούλους αὐτοῦ ὕβρισαν καὶ ἀπέκτειναν.

7 ὁ δὲ βασιλεὺς ὠργίσθη, καὶ πέμψας τὰ στρατεύματα αὐτοῦ ἀπώλεσεν τοὺς φονεῖς ἐκείνους καὶ τὴν πόλιν 8 αὐτῶν ἐνέπρησεν. τότε λέγει τοῖς δούλοις αὐτοῦ· ὁ μὲν γάμος ἕτοιμός ἐστιν, οἱ δὲ κεκλημένοι οὐκ ἦσαν ἄξιοι. 9 πορεύεσθε οὖν ἐπὶ τὰς διεξόδους τῶν ὁδῶν, καὶ ὅσους ἐὰν εὕρητε καλέσατε εἰς 10 τοὺς γάμους. καὶ ἐξελθόντες οἱ δοῦλοι ἐκεῖνοι εἰς τὰς ὁδοὺς συνήγαγον πάντας ὅσους εὗρον, πονηρούς τε καὶ ἀγαθούς,

καὶ ἐπλήσθη ὁ νυμφὼν ἀνακειμένων.]

22 — παραγενόμενος ὁ δοῦλος ἀπήγγειλεν τῷ κυρίῳ αὐτοῦ ταῦτα. τότε ὀργισθεὶς ὁ οἰκοδεσπότης εἶπεν τῷ δούλῳ αὐτοῦ· ἔξελθε ταχέως εἰς τὰς πλατείας καὶ ῥύμας τῆς πόλεως, καὶ τοὺς πτωχοὺς καὶ ἀναπήρους, καὶ τυφλοὺς καὶ χωλοὺς εἰσάγαγε ὧδε. καὶ εἶπεν ὁ δοῦλος· κύριε, γέγονεν ὃ ἐπέταξας, καὶ ἔτι τόπος ἐστίν.

23 — καὶ εἶπεν ὁ κύριος πρὸς τὸν δοῦλον· ἔξελθε εἰς τὰς ὁδοὺς καὶ φραγμοὺς καὶ ἀνάγκασον εἰσελθεῖν, ἵνα γε-

24 — μισθῇ μου ὁ οἶκος· λέγω γὰρ ὑμῖν ὅτι οὐδεὶς τῶν ἀνδρῶν ἐκείνων τῶν κεκλημένων γεύσεταί μου τοῦ δείπνου.

§ 150. *Conditions of Discipleship*: (A.) *Jesus to be preferred to Kindred.*
(B.) *The Cross to be borne.* [Cf. § 54.]

— | — | 25 Συνεπορεύοντο δὲ αὐτῷ ὄχλοι πολλοί, καὶ στραφεὶς εἶπεν

[Cf. x. 37, 38.]
[37 ὁ φιλῶν πατέρα ἢ μητέρα ὑπὲρ ἐμὲ οὐκ ἔστιν μου ἄξιος, καὶ ὁ φιλῶν υἱὸν ἢ θυγατέρα

26 πρὸς αὐτούς· εἴ τις ἔρχεται πρός με καὶ οὐ μισεῖ τὸν πατέρα αὐτοῦ καὶ τὴν μητέρα καὶ τὴν γυναῖκα καὶ τὰ τέκνα καὶ τοὺς ἀδελφοὺς καὶ τὰς ἀδελφάς, ἔτι δὲ καὶ τὴν ἑαυτοῦ ψυχήν, οὐ δύναται εἶναί μου μαθητής.

ὑπὲρ ἐμὲ οὐκ ἔστιν μου ἄξιος, 38 καὶ ὃς οὐ λαμβάνει τὸν σταυρόν * αὐτοῦ καὶ ἀκολουθεῖ ὀπίσω μου, οὐκ ἔστιν μου ἄξιος.]

27 ὅστις οὐ βαστάζει τὸν σταυρὸν * ἑαυτοῦ καὶ ἔρχεται ὀπίσω μου, οὐ δύναται εἶναί μου μαθητής.

(C.) *The Cost to be counted: The Improvident Builder: The Improvident King.*

— | — | 28 Τίς γὰρ ἐξ ὑμῶν θέλων πύργον οἰκοδομῆσαι οὐχὶ πρῶτον καθίσας ψηφίζει τὴν δαπάνην,
29 εἰ ἔχει εἰς ἀπαρτισμόν; ἵνα μήποτε θέντος

* § 217.

|  |  |  |
|---|---|---|
| — | — | αὐτοῦ θεμέλιον καὶ μὴ ἰσχύοντος ἐκτελέσαι πάντες οἱ θεωροῦντες ἄρξωνται αὐτῷ ἐμπαί- |
|  |  | 30 ζειν, λέγοντες ὅτι οὗτος ὁ ἄνθρωπος ἤρξατο |
|  |  | 31 οἰκοδομεῖν καὶ οὐκ ἴσχυσεν ἐκτελέσαι. ἢ τίς βασιλεὺς πορευόμενος ἑτέρῳ βασιλεῖ συμβαλεῖν εἰς πόλεμον οὐχὶ καθίσας πρῶ- τον βουλεύσεται εἰ δυνατός ἐστιν ἐν δέκα χιλιάσιν ὑπαντῆσαι τῷ μετὰ εἴκοσι χιλιάδων |
| — |  | 32 ἐρχομένῳ ἐπ᾿ αὐτόν ; εἰ δὲ μήγε, ἔτι αὐτοῦ πόρρω ὄντος πρεσβείαν ἀποστείλας ἐρωτᾷ τὰ πρὸς εἰρήνην. |

(D.) All Possessions to be renounced.

|  |  |  |
|---|---|---|
| — | — | 33 Οὕτως οὖν πᾶς ἐξ ὑμῶν ὃς οὐκ ἀποτάσσεται πᾶσιν τοῖς ἑαυτοῦ ὑπάρχουσιν οὐ δύναται εἶναί μου μαθητής. |

(E.) The Spirit of Sacrifice to be maintained.

| [Cf. v. 13.] | 49 Πᾶς γὰρ πυρὶ ἁλισθή- σεται. [Lev. ii. 13.] | [Cf. xii. 49.] |
|---|---|---|
| [13 Ὑμεῖς ἐστὲ τὸ ἅλας τῆς γῆς· ἐὰν δὲ τὸ ἅλας μωρανθῇ, ἐν τίνι ἁλισθήσεται ; εἰς οὐδὲν ἰσχύει ἔτι εἰ μὴ βληθὲν ἔξω κατα- πατεῖσθαι ὑπὸ τῶν ἀνθρώπων.] | 50 καλὸν τὸ ἅλα· ἐὰν δὲ τὸ ἅλα ἄναλον γένηται, ἐν τίνι αὐτὸ ἀρτύσετε; — | 34 Καλὸν οὖν τὸ ἅλα· ἐὰν δὲ καὶ τὸ ἅλα μωρανθῇ, ἐν τίνι ἀρτυθήσεται ; 35 οὔτε εἰς γῆν οὔτε εἰς κοπρίαν εὔθετόν ἐσ- τιν· ἔξω βάλλουσιν αὐτό. ὁ ἔχων ὦτα ἀκούειν ἀκουέτω. |
|  | ἔχετε ἐν ἑαυτοῖς ἅλα καὶ εἰρηνεύετε ἐν ἀλ- λήλοις. [ix. 34.] [Cf. 1 Th. v. 13.] | — |

§ 151. Parable of the Lost Sheep (One of a Hundred).

|  |  | XV. |
|---|---|---|
| [Cf. ix: 10, 11.] | [Cf. ii. 15, 16.] | 1 Ἦσαν δὲ αὐτῷ ἐγγίζοντες πάντες οἱ τελῶναι καὶ οἱ ἁμαρτωλοὶ ἀκούειν αὐτοῦ. |
|  | — | 2 καὶ διεγόγγυζον οἵ τε Φαρι- σαῖοι καὶ οἱ γραμματεῖς λέ- γοντες ὅτι οὗτος ἁμαρτωλοὺς προσδέχεται καὶ συνεσθίει |
|  | — | 3 αὐτοῖς. εἶπεν δὲ πρὸς αὐτοὺς τὴν παραβολὴν ταύτην λέ- |

12 Τί ὑμῖν δοκεῖ; ἐὰν γένηταί τινι ἀνθρώπῳ ἑκατὸν πρόβατα καὶ πλανηθῇ ἓν ἐξ αὐτῶν, οὐ- χὶ ἀφεὶς τὰ ἐνενήκοντα ἐν- νέα ἐπὶ τὰ ὄρη πορευθεὶς ζητεῖ τὸ πλανώμενον;
13 καὶ ἐὰν γένηται εὑρεῖν αὐτό,

—

—

ἀμὴν λέγω ὑμῖν ὅτι χαίρει ἐπ᾿ αὐτῷ μᾶλλον ἢ ἐπὶ τοῖς ἐνενήκοντα ἐννέα τοῖς μὴ πεπλανημένοις.

14 οὕτως οὐκ ἔστιν θέλημα ἔμ- προσθεν τοῦ πατρὸς ὑμῶν τοῦ ἐν οὐρανοῖς ἵνα ἀπόληται ἓν τῶν μικρῶν τούτων.

4 γων· τίς ἄνθρωπος ἐξ ὑμῶν ἔχων ἑκατὸν πρόβατα καὶ ἀπολέσας ἐξ αὐτῶν ἓν οὐ καταλείπει τὰ ἐνενήκοντα ἐν- νέα ἐν τῇ ἐρήμῳ, καὶ πορεύεται ἐπὶ τὸ ἀπολωλός, ἕως εὕρῃ
5 αὐτό; καὶ εὑρὼν ἐπιτίθησιν ἐπὶ τοὺς ὤμους αὐτοῦ χαίρων,
6 καὶ ἐλθὼν εἰς τὸν οἶκον συν- καλεῖ τοὺς φίλους καὶ τοὺς γείτονας, λέγων αὐτοῖς· συν- χάρητέ μοι, ὅτι εὗρον τὸ πρόβατόν μου τὸ ἀπολωλός.
7 λέγω ὑμῖν ὅτι οὕτως χαρὰ ἐν τῷ οὐρανῷ ἔσται ἐπὶ ἑνὶ ἁμαρτωλῷ μετανοοῦντι ἢ ἐπὶ ἐνενήκοντα ἐννέα δικαίοις οἵτινες οὐ χρείαν ἔχουσιν μετανοίας.

## § 152. Parable of the Lost Drachma (One of Ten).

8 Ἢ τίς γυνὴ δραχμὰς ἔχουσα δέκα, ἐὰν ἀπο- λέσῃ δραχμὴν μίαν, οὐχὶ ἅπτει λύχνον καὶ σαροῖ τὴν οἰκίαν καὶ ζητεῖ ἐπιμελῶς ἕως
9 ὅτου εὕρῃ; καὶ εὑροῦσα συνκαλεῖ τὰς φίλας καὶ γείτονας λέγουσα· συνχάρητέ μοι, ὅτι
10 εὗρον τὴν δραχμὴν ἣν ἀπώλεσα. οὕτως, λέγω ὑμῖν, γίνεται χαρὰ ἐνώπιον τῶν ἀγ- γέλων τοῦ θεοῦ ἐπὶ ἑνὶ ἁμαρτωλῷ μετα- νοοῦντι.

## § 153. Parable of the Lost Son (One of Two).

11 Εἶπεν δέ· ἄνθρωπός τις εἶχεν δύο υἱούς.
12 καὶ εἶπεν ὁ νεώτερος αὐτῶν τῷ πατρί· πάτερ, δός μοι τὸ ἐπιβάλλον μέρος τῆς οὐσίας. καὶ
13 διεῖλεν αὐτοῖς τὸν βίον. καὶ μετ᾿ οὐ πολ- λὰς ἡμέρας συναγαγὼν ἅπαντα ὁ νεώτερος υἱὸς ἀπεδήμησεν εἰς χώραν μακράν, καὶ ἐκεῖ διεσκόρπισεν τὴν οὐσίαν αὐτοῦ ζῶν ἀσώτως.
14 δαπανήσαντος δὲ αὐτοῦ πάντα ἐγένετο λιμὸς ἰσχυρὰ κατὰ τὴν χώραν ἐκείνην, καὶ
15 αὐτὸς ἤρξατο ὑστερεῖσθαι. καὶ πορευθεὶς

|   |   |   |
|---|---|---|
| — | — | ἐκολλήθη ἑνὶ τῶν πολιτῶν τῆς χώρας |
|   |   | ἐκείνης, καὶ ἔπεμψεν αὐτὸν εἰς τοὺς ἀγροὺς |
| — | 16 | αὐτοῦ βόσκειν χοίρους· καὶ ἐπεθύμει γεμί- |
|   |   | σαι τὴν κοιλίαν αὐτοῦ ἀπὸ τῶν κερατίων |
|   |   | ὧν ἤσθιον οἱ χοῖροι, καὶ οὐδεὶς ἐδίδου αὐτῷ. |
| — | 17 | εἰς ἑαυτὸν δὲ ἐλθὼν ἔφη· πόσοι μίσθιοι τοῦ |
|   |   | πατρός μου περισσεύουσιν ἄρτων ἐγὼ δὲ |
| — | 18 | λιμῷ ὧδε ἀπόλλυμαι. ἀναστὰς πορεύσομαι |
|   |   | πρὸς τὸν πατέρα μου καὶ ἐρῶ αὐτῷ· πάτερ, |
|   |   | ἥμαρτον εἰς τὸν οὐρανὸν καὶ ἐνώπιόν σου, |
| — | 19 | οὐκέτι εἰμὶ ἄξιος κληθῆναι υἱός σου· ποίησόν |
| — | 20 | με ὡς ἕνα τῶν μισθίων σου. καὶ ἀναστὰς |
|   |   | ἦλθεν πρὸς τὸν πατέρα αὐτοῦ. ἔτι δὲ |
|   |   | αὐτοῦ μακρὰν ἀπέχοντος εἶδεν αὐτὸν ὁ |
|   |   | πατὴρ αὐτοῦ καὶ ἐσπλαγχνίσθη, καὶ δραμὼν |
|   |   | ἐπέπεσεν ἐπὶ τὸν τράχηλον αὐτοῦ καὶ κατε- |
| — | 21 | φίλησεν αὐτόν. εἶπεν δὲ αὐτῷ ὁ υἱός· |
|   |   | πάτερ, ἥμαρτον εἰς τὸν οὐρανὸν καὶ ἐνώπιόν |
|   |   | σου, οὐκέτι εἰμὶ ἄξιος κληθῆναι υἱός σου. |
| — | 22 | εἶπεν δὲ ὁ πατὴρ πρὸς τοὺς δούλους |
|   |   | αὐτοῦ· ἐξενέγκατε στολὴν τὴν πρώτην |
|   |   | καὶ ἐνδύσατε αὐτόν, καὶ δότε δακτύλιον εἰς |
|   |   | τὴν χεῖρα αὐτοῦ καὶ ὑποδήματα εἰς τοὺς |
| — | 23 | πόδας, καὶ φέρετε τὸν μόσχον τὸν σιτευτόν, |
| — | 24 | θύσατε, καὶ φαγόντες εὐφρανθῶμεν, ὅτι |
|   |   | οὗτος ὁ υἱός μου νεκρὸς ἦν καὶ ἀνέζησεν, ἦν |
|   |   | ἀπολωλὼς καὶ εὑρέθη. καὶ ἤρξαντο εὐ- |
| — | 25 | φραίνεσθαι. ἦν δὲ ὁ υἱὸς αὐτοῦ ὁ πρεσ- |
|   |   | βύτερος ἐν ἀγρῷ· καὶ ὡς ἐρχόμενος ἤγγισεν |
|   |   | τῇ οἰκίᾳ, ἤκουσεν συμφωνίας καὶ χορῶν, |
| — | 26 | καὶ προσκαλεσάμενος ἕνα τῶν παίδων |
| — | 27 | ἐπυνθάνετο τί εἴη ταῦτα. ὁ δὲ εἶπεν αὐτῷ |
|   |   | ὅτι ὁ ἀδελφός σου ἥκει, καὶ ἔθυσεν ὁ πατήρ |
|   |   | σου τὸν μόσχον τὸν σιτευτόν, ὅτι ὑγιαίνοντα |
| — | 28 | αὐτὸν ἀπέλαβεν. ὠργίσθη δὲ καὶ οὐκ |
|   |   | ἤθελεν εἰσελθεῖν· ὁ δὲ πατὴρ αὐτοῦ ἐξελθὼν |
| — | 29 | παρεκάλει αὐτόν. ὁ δὲ ἀποκριθεὶς εἶπεν |
|   |   | τῷ πατρί· ἰδοὺ τοσαῦτα ἔτη δουλεύω σοι |
|   |   | καὶ οὐδέποτε ἐντολήν σου παρῆλθον, καὶ |
|   |   | ἐμοὶ οὐδέποτε ἔδωκας ἔριφον ἵνα μετὰ τῶν |
| — | 30 | φίλων μου εὐφρανθῶ· ὅτε δὲ ὁ υἱός σου οὗτος |
|   |   | ὁ καταφαγών σου τὸν βίον μετὰ πορνῶν |
|   |   | ἦλθεν, ἔθυσας αὐτῷ τὸν σιτευτὸν μόσχον. |
| — | 31 | ὁ δὲ εἶπεν αὐτῷ· τέκνον, σὺ πάντοτε μετ᾽ |
| — | 32 | ἐμοῦ εἶ, καὶ πάντα τὰ ἐμὰ σά ἐστιν· εὐφραν- |
|   |   | θῆναι δὲ καὶ χαρῆναι ἔδει, ὅτι ὁ ἀδελφός |
|   |   | σου οὗτος νεκρὸς ἦν καὶ ἔζησεν, ἀπολωλὼς |
|   |   | καὶ εὑρέθη. |

§ 154. *Parable of the Unjust Steward.*

XVI.

|  |  |  |
|---|---|---|
| — | — | 1 Ἔλεγεν δὲ καὶ πρὸς τοὺς μαθητάς· ἄνθρωπός τις ἦν πλούσιος ὃς εἶχεν οἰκονόμον, καὶ οὗτος διεβλήθη αὐτῷ ὡς διασκορπίζων τὰ ὑπάρ- |
| — | — | 2 χοντα αὐτοῦ. καὶ φωνήσας αὐτὸν εἶπεν αὐτῷ· τί τοῦτο ἀκούω περὶ σοῦ; ἀπόδος τὸν λόγον τῆς οἰκονομίας σου· οὐ γὰρ δύνῃ |
| — | — | 3 ἔτι οἰκονομεῖν. εἶπεν δὲ ἐν ἑαυτῷ ὁ οἰκο- νόμος· τί ποιήσω, ὅτι ὁ κύριός μου ἀφαι- ρεῖται τὴν οἰκονομίαν ἀπ᾽ ἐμοῦ; σκάπτειν |
| — | — | 4 οὐκ ἰσχύω, ἐπαιτεῖν αἰσχύνομαι. ἔγνων τί ποιήσω, ἵνα ὅταν μετασταθῶ ἐκ τῆς οἰκο- νομίας δέξωνταί με εἰς τοὺς οἴκους ἑαυτῶν. |
| | | 5 καὶ προσκαλεσάμενος ἕνα ἕκαστον τῶν χρεοφειλετῶν τοῦ κυρίου ἑαυτοῦ ἔλεγεν τῷ πρώτῳ· πόσον ὀφείλεις τῷ κυρίῳ μου; ὁ δὲ |
| — | — | 6 εἶπεν· ἑκατὸν βάτους ἐλαίου. ὁ δὲ εἶπεν αὐτῷ· δέξαι σου τὰ γράμματα καὶ καθίσας |
| — | — | 7 ταχέως γράψον πεντήκοντα. ἔπειτα ἑτέρῳ εἶπεν· σὺ δὲ πόσον ὀφείλεις; ὁ δὲ εἶπεν· ἑκατὸν κόρους σίτου. λέγει αὐτῷ· δέξαι σου |
| — | — | 8 τὰ γράμματα καὶ γράψον ὀγδοήκοντα. καὶ ἐπῄνεσεν ὁ κύριος τὸν οἰκονόμον τῆς ἀδικίας, ὅτι φρονίμως ἐποίησεν· ὅτι οἱ υἱοὶ τοῦ αἰῶνος τούτου φρονιμώτεροι ὑπὲρ τοὺς υἱοὺς τοῦ |
| — | — | 9 φωτὸς εἰς τὴν γενεὰν τὴν ἑαυτῶν εἰσίν. καὶ ἐγὼ ὑμῖν λέγω, ἑαυτοῖς ποιήσατε φίλους ἐκ τοῦ μαμωνᾶ τῆς ἀδικίας, ἵνα ὅταν ἐκλίπῃ δέξ- |
| — <br> [xxv. 21, 23.] | — | 10 ωνται ὑμᾶς εἰς τὰς αἰωνίους σκηνάς. ὁ πισ- τὸς ἐν ἐλαχίστῳ* καὶ ἐν πολλῷ πιστός ἐστιν, καὶ ὁ ἐν ἐλαχίστῳ ἄδικος καὶ ἐν πολλῷ |
| — | — | 11 ἄδικός ἐστιν. εἰ οὖν ἐν τῷ ἀδίκῳ μαμωνᾷ πιστοὶ οὐκ ἐγένεσθε, τὸ ἀληθινὸν τίς ὑμῖν |
| — | — | 12 πιστεύσει; καὶ εἰ ἐν τῷ ἀλλοτρίῳ πιστοὶ οὐκ ἐγένεσθε, τὸ ὑμέτερον τίς δώσει ὑμῖν; |
| [Cf. vi. 24.] | — | 13 οὐδεὶς οἰκέτης δύναται δυσὶ κυρίοις δου- λεύειν· ἢ γὰρ τὸν ἕνα μισήσει καὶ τὸν ἕτερον ἀγαπήσει, ἢ ἑνὸς ἀνθέξεται καὶ τοῦ ἑτέρου καταφρονήσει. οὐ δύνασθε θεῷ δουλεύειν καὶ μαμωνᾷ. |

§ 155. *Jesus rebukes the Money-loving Pharisees.*

|  |  |  |
|---|---|---|
| — | — | 14 Ἤκουον δὲ ταῦτα πάντα οἱ Φαρισαῖοι φιλάρ- γυροι ὑπάρχοντες, καὶ ἐξεμυκτήριζον αὐτόν· |
| — | — | 15 καὶ εἶπεν αὐτοῖς· ὑμεῖς ἐστε οἱ δικαιοῦντες ἑαυτοὺς ἐνώπιον τῶν ἀνθρώπων, ὁ δὲ θεὸς |

* Cf. xix. 17.

|  |  |  |
|---|---|---|
|  |  | γινώσκει τὰς καρδίας ὑμῶν· ὅτι τὸ ἐν ἀνθρώποις ὑψηλὸν βδέλυγμα ἐνώπιον τοῦ θεοῦ. |
| [Cf. xi. 12, 13.] | — | 16 ὁ νόμος καὶ οἱ προφῆται μέχρι Ἰωάννου· ἀπὸ τότε ἡ βασιλεία τοῦ θεοῦ εὐαγγελίζεται καὶ |
| [Cf. v. 18.] | — | 17 πᾶς εἰς αὐτὴν βιάζεται. εὐκοπώτερον δέ ἐστιν τὸν οὐρανὸν καὶ τὴν γῆν παρελθεῖν ἢ τοῦ νόμου μίαν κεραίαν πεσεῖν. |

## § 156. Pronouncement on Divorce.*    [Cf. § 166.]

|  |  |  |
|---|---|---|
| [Cf. v. 32, xix. 9.] | [Cf. x. 11.] | 18 πᾶς ὁ ἀπολύων τὴν γυναῖκα αὐτοῦ καὶ γαμῶν ἑτέραν μοιχεύει, καὶ ὁ ἀπολελυμένην ἀπὸ ἀνδρὸς γαμῶν μοιχεύει. |

## § 157. Parable of the Rich Man and Lazarus.

|  |  |  |
|---|---|---|
| — | — | 19 Ἄνθρωπος δέ τις ἦν πλούσιος, καὶ ἐνεδιδύσκετο πορφύραν καὶ βύσσον εὐφραινόμενος |
| — | — | 20 καθ᾽ ἡμέραν λαμπρῶς. πτωχὸς δέ τις ὀνόματι Λάζαρος ἐβέβλητο πρὸς τὸν |
| — | — | 21 πυλῶνα αὐτοῦ εἱλκωμένος καὶ ἐπιθυμῶν χορτασθῆναι ἀπὸ τῶν πιπτόντων ἀπὸ τῆς τραπέζης τοῦ πλουσίου· ἀλλὰ καὶ οἱ κύνες ἐρχόμενοι ἐπέλειχον τὰ ἕλκη αὐτοῦ. |
| — | — | 22 ἐγένετο δὲ ἀποθανεῖν τὸν πτωχὸν καὶ ἀπενεχθῆναι αὐτὸν ὑπὸ τῶν ἀγγέλων εἰς τὸν κόλπον Ἀβραάμ· ἀπέθανεν δὲ καὶ ὁ |
| — | — | 23 πλούσιος καὶ ἐτάφη. καὶ ἐν τῷ ᾅδῃ ἐπάρας τοὺς ὀφθαλμοὺς αὐτοῦ, ὑπάρχων ἐν βασάνοις, ὁρᾷ Ἀβραὰμ ἀπὸ μακρόθεν |
| — | — | 24 καὶ Λάζαρον ἐν τοῖς κόλποις αὐτοῦ. καὶ αὐτὸς φωνήσας εἶπεν πάτερ Ἀβραάμ, ἐλέησόν με καὶ πέμψον Λάζαρον ἵνα βάψῃ τὸ ἄκρον τοῦ δακτύλου αὐτοῦ ὕδατος καὶ καταψύξῃ τὴν γλῶσσάν μου, ὅτι ὀδυνῶμαι |
| — | — | 25 ἐν τῇ φλογὶ ταύτῃ. εἶπεν δὲ Ἀβραάμ· τέκνον, μνήσθητι ὅτι ἀπέλαβες τὰ ἀγαθά σου ἐν τῇ ζωῇ σου, καὶ Λάζαρος ὁμοίως τὰ κακά· νῦν δὲ ὧδε παρακαλεῖται, σὺ δὲ |
| — | — | 26 ὀδυνᾶσαι. καὶ ἐν πᾶσι τούτοις μεταξὺ ἡμῶν καὶ ὑμῶν χάσμα μέγα ἐστήρικται, ὅπως οἱ θέλοντες διαβῆναι ἔνθεν πρὸς ὑμᾶς μὴ δύνωνται, μηδὲ οἱ ἐκεῖθεν πρὸς ἡμᾶς |
| — | — | 27 διαπερῶσιν. εἶπεν δέ· ἐρωτῶ οὖν σε, πάτερ, ἵνα πέμψῃς αὐτὸν εἰς τὸν οἶκον τοῦ |
| — | — | 28 πατρός μου· ἔχω γὰρ πέντε ἀδελφούς· ὅπως διαμαρτύρηται αὐτοῖς, ἵνα μὴ καὶ αὐτοὶ ἔλθωσιν εἰς τὸν τόπον τοῦτον τῆς |

\* The only reference to Divorce in Luke.

| | | |
|---|---|---|
| — | — | 29 βασάνου. λέγει δὲ αὐτῷ Ἀβραάμ· ἔχουσι Μωϋσέα καὶ τοὺς προφήτας· ἀκουσά- |
| — | — | 30 τωσαν αὐτῶν. ὁ δὲ εἶπεν οὐχί, πάτερ Ἀβραάμ, ἀλλ' ἐάν τις ἀπὸ νεκρῶν προσευθῇ πρὸς αὐτούς, μετανοήσουσιν. |
| — | — | 31 εἶπεν δὲ αὐτῷ· εἰ Μωϋσέως καὶ τῶν προφητῶν οὐκ ἀκούουσιν, οὐδὲ ἐάν τις ἐκ νεκρῶν ἀναστῇ πεισθήσονται. |

§ 158. *Consideration for the Weak and the Erring : The Law of Supplication and of Forgiveness.* (A.)

| [*Cf.* xviii. 7.] | — | XVII. 1 Εἶπεν δὲ πρὸς τοὺς μαθητὰς αὐτοῦ· ἀνένδεκτόν ἐστιν τοῦ τὰ σκάνδαλα μὴ ἐλθεῖν, οὐαὶ |
|---|---|---|
| [*Cf.* xviii. 6.] | [*Cf.* ix. 42.] | 2 δὲ δι' οὗ ἔρχεται· λυσιτελεῖ αὐτῷ εἰ λίθος μυλικὸς περί- κειται περὶ τὸν τράχηλον αὐτοῦ καὶ ἔρριπται εἰς τὴν θάλασσαν, ἢ ἵνα σκανδαλίσῃ τῶν μικρῶν τούτων ἕνα. |
| 15 Ἐὰν δὲ ἁμαρτήσῃ ὁ ἀδελφός σου, ὕπαγε ἔλεγξον αὐτὸν μεταξὺ σοῦ καὶ αὐτοῦ μόνου· ἐάν σου ἀκούσῃ, ἐκέρδησας τὸν 16 ἀδελφόν σου. ἐὰν δὲ μὴ ἀκούσῃ, παράλαβε μετὰ σεαυτοῦ ἔτι ἕνα ἢ δύο, ἵνα ἐπὶ στόματος δύο μαρτύρων ἢ τριῶν σταθῇ πᾶν ῥῆμα. 17 ἐὰν δὲ παρακούσῃ αὐτῶν, εἰπὸν τῇ ἐκκλησίᾳ· ἐὰν δὲ καὶ τῆς ἐκκλησίας παρα- κούσῃ, ἔστω σοι ὥσπερ ὁ 18 ἐθνικὸς καὶ ὁ τελώνης. ἀμὴν λέγω ὑμῖν, ὅσα ἐὰν δήσητε ἐπὶ τῆς γῆς ἔσται δεδεμένα ἐν οὐρανῷ, καὶ ὅσα ἐὰν λύσητε ἐπὶ τῆς γῆς ἔσται λελυμένα 19 ἐν οὐρανῷ. πάλιν λέγω ὑμῖν ὅτι ἐὰν δύο συμφωνή- σουσιν ἐξ ὑμῶν ἐπὶ τῆς γῆς περὶ παντὸς πράγματος οὗ ἐὰν αἰτήσωνται, γενήσεται αὐτοῖς παρὰ τοῦ πατρός μου 20 τοῦ ἐν οὐρανοῖς. οὐ γάρ εἰσιν δύο ἢ τρεῖς συνηγμένοι | — — — — — | 3 προσέχετε ἑαυτοῖς. ἐὰν ἁμάρτῃ ἐ ἀδελφός σου, ἐπιτίμησον αὐτῷ, καὶ ἐὰν μετανοήσῃ, ἄφες αὐτῷ. |

εἰς τὸ ἐμὸν ὄνομα, ἐκεῖ εἰμὶ
21 ἐν μέσῳ αὐτῶν.  τότε προ-
σελθὼν ὁ Πέτρος εἶπεν
αὐτῷ· κύριε, ποσάκις ἁμαρ-              4 καὶ ἐὰν ἑπτάκις τῆς ἡμέρας
τήσει εἰς ἐμὲ ὁ ἀδελφός μου              ἁμαρτήσῃ εἰς σὲ καὶ
καὶ ἀφήσω αὐτῷ;  ἕως              ἑπτάκις ἐπιστρέψῃ πρός
22 ἑπτάκις;  λέγει αὐτῷ ὁ          —          σε λέγων· μετανοῶ,
Ἰησοῦς· οὐ λέγω σοι ἕως
ἑπτάκις, ἀλλ' ἕως ἑβδομη-
κοντάκις ἑπτά.              ἀφήσεις αὐτῷ.

## § 159. Parable of the Unforgiving Servant (B.).

23 Διὰ τοῦτο ὡμοιώθη ἡ βασιλεία τῶν οὐρανῶν          —          —
ἀνθρώπῳ βασιλεῖ, ὃς ἠθέλησεν συνᾶραι
24 λόγον μετὰ τῶν δούλων αὐτοῦ.  ἀρξαμένου          —          —
δὲ αὐτοῦ συναίρειν, προσηνέχθη εἰς αὐτῷ
25 ὀφειλέτης μυρίων ταλάντων.  μὴ ἔχοντος
δὲ αὐτοῦ ἀποδοῦναι, ἐκέλευσεν αὐτὸν ὁ κύ-
ριος πραθῆναι καὶ τὴν γυναῖκα καὶ τὰ τέκνα
26 καὶ πάντα ὅσα εἶχεν, καὶ ἀποδοθῆναι.  πεσὼν          —          —
οὖν ὁ δοῦλος ἐκεῖνος προσεκύνει αὐτῷ λέ-
γων· μακροθύμησον ἐπ᾽ ἐμοί, καὶ πάντα
27 ἀποδώσω σοι.  σπλαγχνισθεὶς δὲ ὁ κύριος          —          —
τοῦ δούλου ἐκείνου ἀπέλυσεν αὐτόν, καὶ τὸ
28 δάνειον ἀφῆκεν αὐτῷ.  ἐξελθὼν δὲ ὁ δοῦλος          —          —
ἐκεῖνος εὗρεν ἕνα τῶν συνδούλων αὐτοῦ ὃς
ὤφειλεν αὐτῷ ἑκατὸν δηνάρια, καὶ κρατήσας
αὐτὸν ἔπνιγεν λέγων· ἀπόδος εἴ τι ὀφείλεις.
29 πεσὼν οὖν ὁ σύνδουλος αὐτοῦ παρεκάλει          —          —
αὐτὸν λέγων· μακροθύμησον ἐπ᾽ ἐμοί, καὶ
30 ἀποδώσω σοι·  ὁ δὲ οὐκ ἤθελεν, ἀλλὰ ἀπελ-          —          —
θὼν ἔβαλεν αὐτὸν εἰς φυλακὴν ἕως ἀποδῷ
31 τὸ ὀφειλόμενον.  ἰδόντες οὖν οἱ σύνδουλοι          —          —
αὐτοῦ τὰ γινόμενα ἐλυπήθησαν σφόδρα,
καὶ ἐλθόντες διεσάφησαν τῷ κυρίῳ ἑαυτῶν
32 πάντα τὰ γενόμενα.  τότε προσκαλεσάμενος          —          —
αὐτὸν ὁ κύριος αὐτοῦ λέγει αὐτῷ· δοῦλε
πονηρέ, πᾶσαν τὴν ὀφειλὴν ἐκείνην ἀφῆκά
33 σοι, ἐπεὶ παρεκάλεσάς με· οὐκ ἔδει καὶ σὲ
34 ἐλεῆσαι τὸν σύνδουλόν σου, ὡς κἀγώ σε          —          —
ἠλέησα ; καὶ ὀργισθεὶς ὁ κύριος αὐτοῦ παρέ-
δωκεν αὐτὸν τοῖς βασανισταῖς ἕως οὗ ἀποδῷ
35 πᾶν τὸ ὀφειλόμενον αὐτῷ.  οὕτως καὶ ὁ          —          —
πατήρ μου ὁ οὐράνιος ποιήσει ὑμῖν, ἐὰν μὴ
ἀφῆτε ἕκαστος τῷ ἀδελφῷ αὐτοῦ ἀπὸ τῶν
καρδιῶν ὑμῶν.

§ 160. *The Power of Faith.*

| | | |
|---|---|---|
| — | — | 5 Καὶ εἶπαν οἱ ἀπόστολοι τῷ κυρίῳ· πρόσθες |
| [*Cf.* xxi. 21.] | [*Cf.* xi. 22, 23.] | 6 ἡμῖν πίστιν. εἶπεν δὲ ὁ κύριος· εἰ ἔχετε πίστιν ὡς κόκκον σινάπεως, ἐλέγετε ἂν τῇ συκαμίνῳ ταύτῃ· ἐκριζώθητι καὶ φυτεύθητι ἐν τῇ θαλάσσῃ, καὶ ὑπήκουσεν ἂν ὑμῖν. |

§ 161. *Thanks not given for Duty done.*

7 Τίς δὲ ἐξ ὑμῶν δοῦλον ἔχων ἀροτριῶντα ἢ ποιμαίνοντα, ὃς εἰσελθόντι ἐκ τοῦ ἀγροῦ

8 ἐρεῖ αὐτῷ· εὐθέως παρελθὼν ἀνάπεσε; ἀλλ' οὐχὶ ἐρεῖ αὐτῷ· ἐτοίμασον τί δειπνήσω, καὶ περιζωσάμενος διακόνει μοι ἕως φάγω καὶ πίω, καὶ μετὰ ταῦτα φάγεσαι καὶ πίεσαι

9 σύ; μὴ ἔχει χάριν τῷ δούλῳ ὅτι ἐποίησεν

10 τὰ διαταχθέντα; οὕτως καὶ ὑμεῖς, ὅταν ποιήσητε πάντα τὰ διαταχθέντα ὑμῖν, λέγετε ὅτι δοῦλοι ἀχρεῖοί ἐσμεν, ὃ ὠφείλομεν ποιῆσαι πεποιήκαμεν.

§ 162. *The Grateful Samaritan Leper.*

11 Καὶ ἐγένετο ἐν τῷ πορεύεσθαι εἰς Ἱερουσαλήμ, καὶ αὐτὸς διήρχετο διὰ μέσον Σαμα-

12 ρίας καὶ Γαλιλαίας. καὶ εἰσερχομένου αὐτοῦ εἴς τινα κώμην ὑπήντησαν αὐτῷ δέκα

13 λεπροὶ ἄνδρες, οἳ ἔστησαν πόρρωθεν, καὶ αὐτοὶ ἦραν φωνὴν λέγοντες· Ἰησοῦ ἐπισ-

14 τάτα, ἐλέησον ἡμᾶς. καὶ ἰδὼν εἶπεν αὐτοῖς· πορευθέντες ἐπιδείξατε ἑαυτοὺς τοῖς ἱερεῦσιν. καὶ ἐγένετο ἐν τῷ ὑπάγειν αὐτοὺς ἐκαθαρίσ-

15 θησαν. εἷς δὲ ἐξ αὐτῶν, ἰδὼν ὅτι ἰάθη, ὑπέστρεψεν μετὰ φωνῆς μεγάλης δοξάζων

16 τὸν θεόν, καὶ ἔπεσεν ἐπὶ πρόσωπον παρὰ τοὺς πόδας αὐτοῦ εὐχαριστῶν αὐτῷ· καὶ

17 αὐτὸς ἦν Σαμαρίτης. ἀποκριθεὶς δὲ ὁ Ἰησοῦς εἶπεν· οὐχὶ οἱ δέκα ἐκαθαρίσθησαν;

18 οἱ ἐννέα ποῦ; οὐκ εὑρέθησαν ὑποστρέψαντες δοῦναι δόξαν τῷ θεῷ εἰ μὴ ὁ ἀλλογενὴς

19 οὗτος; καὶ εἶπεν αὐτῷ· ἀναστὰς πορεύου· ἡ πίστις σου σέσωκέν σε.

§ 163. *" The Kingdom of God is within (among) you " : The Days of the Son of Man.*

20 Ἐπερωτηθεὶς δὲ ὑπὸ τῶν Φαρισαίων πότε ἔρχεται ἡ βασιλεία τοῦ θεοῦ, ἀπεκρίθη αὐτοῖς καὶ εἶπεν· οὐκ ἔρχεται ἡ βασιλεία τοῦ θεοῦ μετὰ παρατηρήσεως, οὐδὲ ἐροῦσιν·

| | | | |
|---|---|---|---|
| | | 21 | ἰδοὺ ὧδε ἢ ἐκεῖ· ἰδοὺ γὰρ ἡ βασιλεία τοῦ θεοῦ ἐντὸς ὑμῶν ἐστίν. |
| | | 22 | εἶπεν δὲ πρὸς τοὺς μαθητάς· ἐλεύσονται ἡμέραι ὅτε ἐπιθυμήσετε μίαν τῶν ἡμερῶν |
| [*Cf.* xxiv. 23.] | [*Cf.* xiii. 21.] | 23 | τοῦ υἱοῦ τοῦ ἀνθρώπου ἰδεῖν, καὶ οὐκ ὄψεσθε. καὶ ἐροῦσιν ὑμῖν· ἰδοὺ ἐκεῖ, ἰδοὺ ὧδε· μὴ |
| [*Cf.* xxiv. 26, 27.] | | 24 | ἀπέλθητε μηδὲ διώξητε. ὥσπερ γὰρ ἡ ἀστραπὴ ἀστράπτουσα ἐκ τῆς ὑπὸ τὸν οὐρανὸν εἰς τὴν ὑπ᾽ οὐρανὸν λάμπει, οὕτως ἔσται ὁ υἱὸς τοῦ ἀνθρώπου ἐν τῇ ἡμέρα |
| | | 25 | αὑτοῦ. πρῶτον δὲ δεῖ αὐτὸν πολλὰ παθεῖν καὶ ἀποδοκιμασθῆναι ἀπὸ τῆς γενεᾶς ταύτης. |
| [*Cf.* xxiv. 37–39.] | | 26 | καὶ καθὼς ἐγένετο ἐν ταῖς ἡμέραις Νῶε, οὕτως ἔσται καὶ ἐν ταῖς ἡμέραις τοῦ υἱοῦ |
| | | 27 | τοῦ ἀνθρώπου· ἤσθιον, ἔπινον, ἐγάμουν, ἐγαμίζοντο, ἄχρι ἧς ἡμέρας εἰσῆλθεν Νῶε εἰς τὴν κιβωτόν, καὶ ἦλθεν ὁ κατακλυσμὸς |
| | | 28 | καὶ ἀπώλεσεν ἅπαντας. ὁμοίως καθὼς ἐγένετο ἐν ταῖς ἡμέραις Λώτ· ἤσθιον, ἔπινον, ἠγόραζον, ἐπώλουν, ἐφύτευον, ᾠκοδόμουν· |
| | | 29 | ᾗ δὲ ἡμέρα ἐξῆλθεν Λὼτ ἀπὸ Σοδόμων, ἔβρεξεν πῦρ καὶ θεῖον ἀπ᾽ οὐρανοῦ καὶ |
| | | 30 | ἀπώλεσεν ἅπαντας. κατὰ τὰ αὐτὰ ἔσται ᾗ ἡμέρα ὁ υἱὸς τοῦ ἀνθρώπου ἀποκαλύπτεται. |
| [*Cf.* xxiv. 17, 18.] | [*Cf.* xiii. 15, 16.] | 31 | ἐν ἐκείνῃ τῇ ἡμέρα ὃς ἔσται ἐπὶ τοῦ δώματος καὶ τὰ σκεύη αὐτοῦ ἐν τῇ οἰκίᾳ, μὴ καταβάτω ἆραι αὐτά, καὶ ὁ ἐν ἀγρῷ ὁμοίως |
| | | 32 | μὴ ἐπιστρεψάτω εἰς τὰ ὀπίσω. μνημονεύετε τῆς γυναικὸς Λώτ. |
| [*Cf.* x. 39.] [*Cf.* xvi. 25.] | [*Cf.* viii. 35.] | 33 | ὃς ἐὰν ζητήσῃ τὴν ψυχὴν αὐτοῦ περιποιήσασθαι, ἀπολέσει αὐτήν, καὶ ὃς ἐὰν ἀπολέσει, ζωογονήσει αὐτήν. [*Cf.* ix. 24.] |
| | | 34 | λέγω ὑμῖν, ταύτῃ τῇ νυκτὶ ἔσονται δύο ἐπὶ κλίνης μιᾶς, εἷς παραλημφθήσεται καὶ ὁ |
| [*Cf.* xxiv. 41.] | | 35 | ἕτερος ἀφεθήσεται· ἔσονται δύο ἀλήθουσαι ἐπὶ τὸ αὐτό, ἡ μία παραλημφθήσεται, ἡ δὲ ἑτέρα ἀφεθήσεται. |
| | | 36 | |
| [*Cf.* xxiv. 28.] | | 37 | καὶ ἀποκριθέντες λέγουσιν αὐτῷ· ποῦ, κύριε; ὁ δὲ εἶπεν αὐτοῖς· ὅπου τὸ σῶμα, ἐκεῖ καὶ οἱ ἀετοὶ ἐπισυναχθήσονται. |

## § 164. *Parable of the Unjust Judge.*

### XVIII.

| | | | |
|---|---|---|---|
| | | 1 | Ἔλεγεν δὲ παραβολὴν αὐτοῖς πρὸς τὸ δεῖν πάντοτε προσεύχεσθαι αὐτοὺς καὶ μὴ ἐκκακεῖν, |
| | | 2 | λέγων· κριτής τις ἦν ἔν τινι πόλει τὸν θεὸν μὴ φοβούμενος καὶ ἄνθρωπον μὴ |

| | | |
|---|---|---|
| — | — | 3 ἐντρεπόμενος. χήρα δὲ ἦν ἐν τῇ πόλει ἐκείνῃ, καὶ ἤρχετο πρὸς αὐτὸν λέγουσα· |
| — | — | 4 ἐκδίκησόν με ἀπὸ τοῦ ἀντιδίκου μου. καὶ οὐκ ἤθελεν ἐπὶ χρόνον· μετὰ δὲ ταῦτα εἶπεν ἐν ἑαυτῷ· εἰ καὶ τὸν θεὸν οὐ φοβοῦμαι |
| — | — | 5 οὐδὲ ἄνθρωπον ἐντρέπομαι, διά γε τὸ παρέχειν μοι κόπον τὴν χήραν ταύτην, ἐκδικήσω αὐτήν, ἵνα μὴ εἰς τέλος ἐρχομένη ὑπωπιάζῃ |
| — | — | 6 με. εἶπεν δὲ ὁ κύριος· ἀκούσατε τί ὁ |
| | | 7 κριτὴς τῆς ἀδικίας λέγει· ὁ δὲ θεὸς οὐ μὴ ποιήσῃ τὴν ἐκδίκησιν τῶν ἐκλεκτῶν αὐτοῦ τῶν βοώντων αὐτῷ ἡμέρας καὶ νυκτός, καὶ |
| — | — | 8 μακροθυμεῖ ἐπ᾽ αὐτοῖς; λέγω ὑμῖν ὅτι ποιήσει τὴν ἐκδίκησιν αὐτῶν ἐν τάχει. πλὴν ὁ υἱὸς τοῦ ἀνθρώπου ἐλθὼν ἆρα εὑρήσει τὴν πίστιν ἐπὶ τῆς γῆς; |

§ 165. *Parable of the Pharisee and the Publican.*

| | | |
|---|---|---|
| — | — | 9 Εἶπεν δὲ καὶ πρός τινας τοὺς πεποιθότας ἐφ᾽ ἑαυτοῖς ὅτι εἰσὶν δίκαιοι καὶ ἐξουθενοῦντας τοὺς λοιποὺς τὴν παραβολὴν |
| — | — | 10 ταύτην. ἄνθρωποι δύο ἀνέβησαν εἰς τὸ ἱερὸν προσεύξασθαι, ὁ εἷς Φαρισαῖος καὶ ὁ |
| — | — | 11 ἕτερος τελώνης. ὁ Φαρισαῖος σταθεὶς ταῦτα προσηύχετο· ὁ θεός, εὐχαριστῶ σοι ὅτι οὐκ εἰμὶ ὥσπερ οἱ λοιποὶ τῶν ἀνθρώπων, ἅρπαγες, ἄδικοι, μοιχοί, ἢ καὶ ὡς οὗτος |
| — | — | 12 ὁ τελώνης· νηστεύω δὶς τοῦ σαββάτου, |
| | | 13 ἀποδεκατεύω πάντα ὅσα κτῶμαι. ὁ δὲ τελώνης μακρόθεν ἑστὼς οὐκ ἤθελεν οὐδὲ τοὺς ὀφθαλμοὺς ἐπᾶραι εἰς τὸν οὐρανόν, ἀλλ᾽ ἔτυπτεν τὸ στῆθος αὐτοῦ λέγων· ὁ |
| [*Cf.* xxiii. 12.] | — | 14 θεός, ἱλάσθητί μοι τῷ ἁμαρτωλῷ. λέγω ὑμῖν, κατέβη οὗτος δεδικαιωμένος εἰς τὸν οἶκον αὐτοῦ ἢ γὰρ ἐκεῖνος· ὅτι πᾶς ὁ ὑψῶν ἑαυτὸν ταπεινωθήσεται, ὁ δὲ ταπεινῶν ἑαυτὸν ὑψωθήσεται. [*Cf.* xiv. 11.] |

§ 166. *Discourse on Divorce.* [*Cf.* § 156.]

| XIX. | X. | |
|---|---|---|
| 1 Καὶ ἐγένετο ὅτε ἐτέλεσεν ὁ Ἰησοῦς τοὺς λόγους τούτους | 1 Καὶ | [*Cf.* xi. 53ᵃ.] |
| μετῆρεν ἀπὸ τῆς Γαλιλαίας καὶ ἦλθεν εἰς τὰ ὅρια | ἐκεῖθεν ἀναστὰς ἔρχεται εἰς τὰ ὅρια | [53ᵃ Κἀκεῖθεν ἐξελθόντος αὐτοῦ] |

τῆς Ἰουδαίας
πέραν τοῦ Ἰορδάνου.
2 καὶ ἠκολούθησαν
αὐτῷ ὄχλοι
πολλοί, καὶ
ἐθεράπευσεν αὐτοὺς
ἐκεῖ.
[xviii. 15.]

3 καὶ προσῆλθον αὐτῷ
οἱ Φαρισαῖοι
πειράζοντες αὐτὸν
καὶ λέγοντες·
εἰ ἔξεστιν
ἀπολῦσαι τὴν
γυναῖκα αὐτοῦ
κατὰ πᾶσαν αἰτίαν;

4 ὁ δὲ ἀποκριθεὶς
εἶπεν· οὐκ ἀνέγ-
νωτε ὅτι ὁ ποιήσας
ἀπ' ἀρχῆς ἄρσεν
καὶ θῆλυ ἐποίησεν
5 αὐτούς; καὶ εἶπεν·
ἕνεκα τούτου κατα-
λείψει ἄνθρωπος
τὸν πατέρα καὶ
τὴν μητέρα καὶ
κολληθήσεται τῇ
γυναικὶ αὐτοῦ, καὶ
ἔσονται οἱ δύο εἰς
6 σάρκα μίαν. ὥστε
οὐκέτι εἰσὶν δύο ἀλλὰ
σὰρξ μία. ὃ οὖν ὁ
θεὸς συνέζευξεν, ἄν-
θρωπος μὴ χωριζέτω.
7 λέγουσιν αὐτῷ· τί οὖν
Μωϋσῆς ἐνετείλατο
δοῦναι

βιβλίον
ἀποστασίου
8 καὶ ἀπολῦσαι;
λέγει αὐτοῖς·
ὅτι Μωϋσῆς πρὸς τὴν
σκληροκαρδίαν ὑμῶν

---

τῆς Ἰουδαίας καὶ
πέραν τοῦ Ἰορδάνου,
καὶ συνπορεύονται
πάλιν ὄχλοι
καὶ

ὡς εἰώθει
πάλιν
ἐδίδασκεν αὐτούς.

2 καὶ προσελθόντες
οἱ Φαρισαῖοι

ἐπηρώτων
αὐτὸν εἰ ἔξεστιν
ἀνδρὶ
γυναῖκα ἀπολῦσαι,

πειράζοντες αὐτόν.

3 ὁ δὲ ἀποκριθεὶς
εἶπεν αὐτοῖς·
[vv. 6-9.]

τί ὑμῖν
ἐνετείλατο Μωϋσῆς;

4 οἱ δὲ εἶπαν·
ἐπέτρεψεν Μωϋσῆς
βιβλίον
ἀποστασίου γράψαι
5 καὶ ἀπολῦσαι. ὁ δὲ
Ἰησοῦς εἶπεν αὐτοῖς·
πρὸς τὴν
σκληροκαρδίαν ὑμῶν

---

[xiv. 25
συνεπορεύοντο
δὲ ὄχλοι
πολλοί, καὶ στραφεὶς
εἶπεν πρὸς αὐτούς·
κτλ.]
[Cf. xv. 1, 3, 11 ;
xvi. 1, 15 ;
xvii. 1, 20 ;
xviii. 1, 9.]

[xv. 2 ; xvi. 14.]

[xvii. 20 ἐπερωτηθεὶς.]
—

—

—

—

—

—

| MATT. XIX. | MARK X. | LUKE XVIII. |
|---|---|---|
| ἐπέτρεψεν ὑμῖν ἀπολῦσαι τὰς γυναῖκας ὑμῶν· ἀπ' ἀρχῆς δὲ οὐ γέγονεν οὕτως. [vv. 4-6.] | ἔγραψεν ὑμῖν 6 τὴν ἐντολὴν ταύτην. ἀπὸ ἀρχῆς κτίσεως ἄρσεν καὶ θῆλυ ἐποίησεν 7 αὐτούς· ἕνεκεν τούτου καταλείψει ἄνθρωπος τὸν πατέρα 8 αὐτοῦ καὶ τὴν μητέρα αὐτοῦ, καὶ ἔσονται οἱ δύο εἰς σάρκα μίαν, ὥστε οὐκέτι εἰσὶν δύο 9 ἀλλὰ μία σάρξ. ὃ οὖν ὁ θεὸς συνέζευξεν, ἄνθρωπος μὴ χωριζέτω. [ver. 11.] | — — — — — |
| 9   λέγω δὲ ὑμῖν ὅτι ὃς ἂν ἀπολύσῃ τὴν γυναῖκα αὐτοῦ μὴ ἐπὶ πορνείᾳ καὶ γαμήσῃ ἄλλην, μοιχᾶται. λέγουσιν αὐτῷ οἱ μαθηταί· εἰ οὕτως ἐστὶν ἡ αἰτία τοῦ ἀνθρώπου μετὰ τῆς γυναικός, 11 οὐ συμφέρει γαμῆσαι. ὁ δὲ εἶπεν αὐτοῖς· [ver. 9.] | καὶ εἰς τὴν οἰκίαν πάλιν οἱ μαθηταὶ περὶ τούτου ἐπηρώτων αὐτόν. 11   καὶ λέγει αὐτοῖς· ὃς ἂν ἀπολύσῃ τὴν γυναῖκα αὐτοῦ καὶ γαμήσῃ ἄλλην, μοιχᾶται ἐπ' 12 αὐτήν. καὶ ἐὰν αὐτὴ ἀπολύσασα τὸν ἄνδρα αὐτῆς γαμήσῃ ἄλλον, μοιχᾶται. | [Cf. xvi. 18.] — — |
| οὐ πάντες χωροῦσιν τὸν λόγον τοῦτον, ἀλλ' οἷς 12 δέδοται. εἰσὶν γὰρ εὐνοῦχοι οἵτινες ἐκ κοιλίας μητρὸς ἐγεννήθησαν οὕτως, καὶ εἰσὶν εὐνοῦχοι οἵτινες εὐνουχίσθησαν ὑπὸ τῶν ἀνθρώπων, καὶ εἰσὶν εὐνοῦχοι οἵτινες εὐνούχισαν ἑαυτοὺς διὰ τὴν βασιλείαν τῶν οὐρανῶν. ὁ δυνάμενος χωρεῖν χωρείτω. | | |

§ 167. *Jesus receives Little Children.*

| MATT. XIX. | MARK X. | LUKE XVIII. |
|---|---|---|
| 13 Τότε προσηνέχησαν αὐτῷ παιδία ἵνα τὰς χεῖρας ἐπιθῇ αὐτοῖς καὶ προσεύξηται· οἱ δὲ μαθηταὶ ἐπετίμησαν αὐτοῖς. | 13 Καὶ προσέφερον αὐτῷ παιδία ἵνα ἅψηται αὐτῶν· οἱ δὲ μαθηταὶ ἐπετίμων τοῖς προσφέ- | 15 Προσέφερον δὲ αὐτῷ καὶ τὰ βρέφη ἵνα αὐτῶν ἅπτηται· ἰδόντες δὲ οἱ μαθηταὶ ἐπετίμων αὐτοῖς. |

| MATT. XIX. | MARK X. | LUKE XVIII. [§ 168. |
|---|---|---|
| 14 ὁ δὲ Ἰησοῦς εἶπεν αὐτοῖς· ἄφετε τὰ παιδία καὶ μὴ κωλύετε αὐτὰ ἐλθεῖν πρὸς ἐμε· τῶν γὰρ τοιούτων ἐστὶν ἡ βασιλεία τῶν οὐρανῶν. [xviii. 3.] | 14 ρουσιν. ἰδὼν δὲ ὁ Ἰησοῦς ἠγανάκτησεν καὶ εἶπεν αὐτοῖς· ἄφετε τὰ παιδία ἔρχεσθαι πρός με, μὴ κωλύετε αὐτά· τῶν γὰρ τοιούτων ἐστὶν ἡ βασιλεία τοῦ | 16 ὁ δὲ Ἰησοῦς προσεκαλέσατο αὐτὰ λέγων· ἄφετε τὰ παιδία ἔρχεσθαι πρός με καὶ μὴ κωλύετε αὐτά· τῶν γὰρ τοιούτων ἐστὶν ἡ βασιλεία τοῦ |
| | 15 θεοῦ. ἀμὴν λέγω ὑμῖν ὃς ἂν μὴ δέξηται τὴν βασιλείαν τοῦ θεοῦ ὡς παιδίον, οὐ μὴ εἰσέλθῃ εἰς | 17 θεοῦ. ἀμὴν λέγω ὑμῖν ὃς ἂν μὴ δέξηται τὴν βασιλείαν τοῦ θεοῦ ὡς παιδίον, οὐ μὴ εἰσέλθῃ εἰς |
| 15ª καὶ — ἐπιθεὶς τὰς χεῖρας αὐτοῖς | 16 αὐτήν. καὶ ἐναγκαλισάμενος αὐτὰ κατευλόγει, τιθεὶς τὰς χεῖρας ἐπ’ αὐτά. | αὐτήν. — |

## § 168. The Rich Young Man (Ruler).

| MATT. XIX. | MARK X. | LUKE XVIII. |
|---|---|---|
| 15ᵇ ἐπορεύθη ἐκεῖθεν. 16 καὶ ἰδοὺ εἰς προσελθὼν αὐτῷ εἶπεν· διδάσκαλε, τί ἀγαθὸν ποιήσω ἵνα σχῶ ζωὴν αἰώνιον; | 17 Καὶ ἐκπορευομένου αὐτοῦ εἰς ὁδόν, προσδραμὼν εἷς καὶ γονυπετήσας αὐτὸν ἐπηρώτα αὐτόν· διδάσκαλε ἀγαθέ, τί ποιήσω ἵνα ζωὴν αἰώνιον | 18 Καὶ ἐπηρώτησέν τις αὐτὸν ἄρχων λέγων· διδάσκαλε ἀγαθέ, τί ποιήσας ζωὴν αἰώνιον |
| 17 ὁ δὲ εἶπεν αὐτῷ· τί με ἐρωτᾷς περὶ τοῦ ἀγαθοῦ; εἷς ἐστιν ὁ ἀγαθός. — εἰ δὲ θέλεις εἰς τὴν ζωὴν εἰσελθεῖν, τήρησον τὰς ἐντολάς. | 18 κληρονομήσω; ὁ δὲ Ἰησοῦς εἶπεν αὐτῷ· τί με λέγεις ἀγαθόν; οὐδεὶς ἀγαθὸς εἰ μὴ εἷς ὁ θεός. | 19 κληρονομήσω; εἶπεν δὲ αὐτῷ ὁ Ἰησοῦς· τί με λέγεις ἀγαθόν; οὐδεὶς ἀγαθὸς εἰ μὴ εἷς θεός. |
| ποίας; φησίν. 18 ὁ δὲ Ἰησοῦς εἶπεν· τὸ οὐ φονεύσεις, οὐ μοιχεύσεις, οὐ κλέψεις, οὐ ψευδομαρτυρήσεις, | 19 τὰς ἐντολὰς οἶδας· μὴ μοιχεύσῃς, μὴ φονεύσῃς, μὴ κλέψῃς, μὴ ψευδομαρτυρήσῃς, μὴ ἀποστερήσῃς,* | 20 τὰς ἐντολὰς οἶδας· μὴ μοιχεύσῃς, μὴ φονεύσῃς, μὴ κλέψῃς, μὴ ψευδομαρτυρήσῃς |

\* Cf. Deut. xxiv. 14.

| MATT. XIX. | MARK X. | LUKE XVIII. |
|---|---|---|
| 19 τίμα τὸν πατέρα καὶ τὴν μητέρα, καὶ ἀγαπήσεις τὸν πλησίον σου ὡς 20 σεαυτόν. λέγει αὐτῷ ὁ νεανίσκος· πάντα ταῦτα ἐφύλαξα· 21 τί ἔτι ὑστερῶ; ἔφη αὐτῷ ὁ Ἰησοῦς· | τίμα τὸν πατέρα σου καὶ τὴν μητέρα σου. | τίμα τὸν πατερα σου καὶ τὴν μητέρα σου. |
| | 20 ὁ δὲ ἔφη αὐτῷ· ταῦτα πάντα ἐφυλαξάμην ἐκ νεότητός μου | 21 ὁ δὲ εἶπεν· ταῦτα πάντα ἐφύλαξα ἐκ νεότητος· |
| | 21 ὁ δὲ Ἰησοῦς, ἐμβλέψας αὐτῷ ἠγάπησεν αὐτὸν καὶ εἶπεν αὐτῷ· | 22 ἀκούσας δὲ ὁ Ἰησοῦς εἶπεν αὐτῷ· |
| εἰ θέλεις τέλειος εἶναι, ὕπαγε πώλησόν σου τὰ ὑπάρχοντα | ἓν σε ὑστερεῖ· ὕπαγε | ἔτι ἕν σοι λείπει· |
| καὶ δὸς πτωχοῖς καὶ ἕξεις θησαυρὸν ἐν οὐρανῷ, καὶ δεῦρο 22 ἀκολούθει μοι. ἀκούσας δὲ ὁ νεανίσκος | ὅσα ἔχεις πώλησον, καὶ δὸς τοῖς πτωχοῖς καὶ ἕξεις θησαυρὸν ἐν οὐρανῷ, καὶ δεῦρο ἀκολούθει μοι. | πάντα ὅσα ἔχεις πώλησον, καὶ διάδος πτωχοῖς καὶ ἕξεις θησαυρὸν ἐν οὐρανοῖς, καὶ δεῦρο ἀκολούθει μοι. |
| | 22 ὁ δὲ | 23 ὁ δὲ ἀκούσας ταῦτα περίλυπος ἐγενήθη· |
| ἀπῆλθεν λυπούμενος· ἦν γὰρ ἔχων κτήματα πολλά. | στυγνάσας ἐπὶ τῷ λόγῳ ἀπῆλθεν λυπούμενος· ἦν γὰρ ἔχων κτήματα πολλά. | ἦν γὰρ πλούσιος σφόδρα. |

## § 169. Hard for the Rich to enter the Kingdom.

| MATT. XIX. | MARK X. | LUKE XVIII. |
|---|---|---|
| 23 καὶ περιβλεψάμενος ὁ δὲ Ἰησοῦς εἶπεν τοῖς μαθηταῖς αὐτοῦ· ἀμὴν λέγω ὑμῖν ὅτι πλούσιος δυσκόλως εἰσελεύσεται εἰς τὴν βασιλείαν τῶν οὐρανῶν· | 23 ἰδὼν δὲ αὐτὸν ὁ Ἰησοῦς λέγει τοῖς μαθηταῖς αὐτοῦ· πῶς δυσκόλως οἱ τὰ χρήματα ἔχοντες εἰς τὴν βασιλείαν τοῦ θεοῦ εἰσελεύσον- 24 ται. οἱ δὲ μαθηταὶ ἐθαμβοῦντο ἐπὶ τοῖς λόγοις αὐτοῦ. ὁ δὲ Ἰησοῦς πάλιν ἀποκριθεὶς λέγει αὐτοῖς· | 24 ἰδὼν δὲ αὐτὸν ὁ Ἰησοῦς εἶπεν· πῶς δυσκόλως οἱ τὰ χρήματα ἔχοντες εἰς τὴν βασιλείαν τοῦ θεοῦ εἰσπορεύονται· |
| 24 πάλιν δὲ λέγω ὑμῖν ὅτι | | |

|  | | |
|---|---|---|
| | τέκνα, πῶς δύσκολόν | |
| | ἐστιν εἰς τὴν βασι- | |
| | λείαν τοῦ θεοῦ εἰσ- | |
| εὐκοπώτερόν | 25 ελθεῖν· εὐκοπώτερόν | 25 εὐκοπώτερόν |
| ἐστιν κάμηλον | ἐστιν κάμηλον | γάρ ἐστιν κάμηλον |
| διὰ τρυπήματος | διὰ τῆς τρυμαλιᾶς | διὰ τρήματος |
| ῥαφίδος εἰσελ- | τῆς ῥαφίδος διελ- | βελόνης εἰσελ- |
| θεῖν ἢ πλούσιον εἰς | θεῖν ἢ πλούσιον εἰς | θεῖν ἢ πλούσιον εἰς |
| τὴν βασιλείαν τῶν | τὴν βασιλείαν τοῦ | τὴν βασιλείαν τοῦ |
| 25 οὐρανῶν. ἀκούσαν- | θεοῦ εἰσελθεῖν. | 26 θεοῦ εἰσελθεῖν. εἶπαν |
| τες δὲ οἱ μαθηταὶ | 26 οἱ δὲ | δὲ οἱ ἀκούσαντες· |
| ἐξεπλήσ- | περισσῶς ἐξεπλήσ- | |
| σοντο σφόδρα λέ- | σοντο λε- | |
| γοντες· | γοντες πρὸς ἑαυτούς· | |
| τίς ἄρα δύναται σω- | καὶ τίς δύναται σω- | καὶ τίς δίναται σω- |
| θῆναι; ἐμβλέψας δὲ | θῆναι; ἐμβλέψας | θηναι; |
| ὁ Ἰησοῦς | αὐτοῖς ὁ Ἰησοῦς | |
| εἶπεν αὐτοῖς· παρὰ | λέγει· παρὰ | εἶπεν· |
| ἀνθρώποις τοῦτο ἀ- | ἀνθρώποις ἀ- | τὰ ἀ- |
| δύνατόν ἐστιν, | δύνατόν, | δύνατα παρὰ ἀνθρώ- |
| παρὰ | ἀλλ᾽ οὐ παρὰ | ποις |
| δὲ θεῷ | θεῷ· πάντα γὰρ | |
| δυνατὰ πάντα. | δυνατὰ παρὰ τῷ θεῷ. | δύνατα παρὰ τῷ θιῷ, |

§ 170. *Peter's Question about Rewards:* (*A.*) *General Answer of Jesus.*

| 27 | 28 | 28 |
|---|---|---|
| 27 Τότε ἀποκριθεὶς | 28 Ἤρξατο | 28 Εἶπεν ὁ Πέτρος· |
| ὁ Πέτρος εἶπεν αὐτῷ· | λέγειν ὁ Πέτρος αὐτῷ· | ἰδοὺ ἡμεῖς ἀφέντες |
| ἰδοὺ ἡμεῖς ἀφήκαμεν | ἰδοὺ ἡμεῖς ἀφήκαμεν | τὰ ἴδια ἠκολου- |
| πάντα καὶ ἠκολου- | πάντα καὶ ἠκολου- | θήσαμέν σοι. — |
| θήσαμέν σοι· τί ἄρα | θήκαμέν σοι. — | |
| 28 ἔσται ἡμῖν; ὁ δὲ | 29 ἔφη ὁ | 29 ὁ δὲ |
| Ἰησοῦς εἶπεν αὐτοῖς· | Ἰησοῦς· | εἶπεν αὐτοῖς· |
| ἀμὴν λέγω ὑμῖν ὅτι | ἀμὴν λέγω ὑμῖν, | ἀμὴν λέγω ὑμῖν, |
| ὑμεῖς οἱ ἀκολουθή- | — | |
| σαντές μοι, ἐν τῇ | | [In I. Cor. vi. 2, 3, |
| παλινγενεσίᾳ, ὅταν | | judgment is com- |
| καθίσῃ ὁ υἱὸς τοῦ | | mitted to the |
| ἀνθρώπου ἐπὶ θρόνου | | Saints, not to the |
| δόξης αὐτοῦ, καθίσ- | | Twelve.] |
| εσθε καὶ αὐτοὶ ἐπὶ | | [Cf. xxii. 30b.] |
| δώδεκα θρόνους κρί- | | |
| νοντες τὰς δώδεκα | | |
| φυλὰς τοῦ Ἰσραήλ. | | |
| 29 καὶ πᾶς ὅστις ἀφῆ- | οὐδείς ἐστιν ὃς ἀφῆ- | οὐδείς ἐστιν ὃς ἀφῆ- |
| κεν ἀδελ- | κεν οἰκίαν ἢ ἀδελ- | κεν οἰκίαν ἢ |
| φοὺς ἢ ἀδελφὰς ἢ | φοὺς ἢ ἀδελφὰς ἢ | γυναῖκα ἢ ἀδελφοὺς |
| πατέρα ἢ μητέρα ἢ | μητέρα ἢ πατέρα ἢ | ἢ γονεῖς ἢ |

| | | |
|---|---|---|
| τέκνα ἢ ἀγροὺς ἢ οἰκίας ἕνεκα τοῦ ἐμοῦ ὀνόματος, | τέκνα ἢ ἀγροὺς ἕνεκεν ἐμοῦ καὶ ἕνεκεν τοῦ εὐαγγελίου, | τέκνα εἵνεκεν τῆς βασιλείας τοῦ θεοῦ, |
| — πολλαπλασίονα λήμψεται | 30 ἐὰν μὴ λάβῃ ἑκατονταπλασίονα νῦν ἐν τῷ καιρῷ τούτῳ οἰκίας καὶ ἀδελφοὺς καὶ ἀδελφὰς καὶ μητέρας καὶ τέκνα καὶ ἀγροὺς | 30 — ὃς οὐχὶ μὴ ἀπολάβῃ πολλαπλασίονα ἐν τῷ καιρῷ τούτῳ, |
| — καὶ ζωὴν αἰώνιον 30 κληρονομήσει. πολλοὶ δὲ ἔσονται πρῶτοι ἔσχατοι καὶ ἔσχατοι πρῶτοι. [Cf. xx. 16.] | μετὰ διωγμῶν, καὶ ἐν τῷ αἰῶνι τῷ ἐρχομένῳ ζωὴν αἰώνιον. 31 πολλοὶ δὲ ἔσονται πρῶτοι ἔσχατοι καὶ οἱ ἔσχατοι πρῶτοι. [Cf. ix. 35,] | — καὶ ἐν τῷ αἰῶνι τῷ ἐρχομένῳ ζωὴν αἰώνιον. [xiii. 30.] |

§ 171. (B.) *Specific Answer: Parable of the Labourers in the Vineyard.*

## XX.

| | | |
|---|---|---|
| 1 Ὁμοία γάρ ἐστιν ἡ βασιλεία τῶν οὐρανῶν ἀνθρώπῳ οἰκοδεσπότῃ, ὅστις ἐξῆλθεν ἅμα πρωῒ μισθώσασθαι ἐργάτας εἰς τὸν ἀμπε- | — | — |
| 2 λῶνα αὐτοῦ· συμφωνήσας δὲ μετὰ τῶν ἐργατῶν ἐκ δηναρίου τὴν ἡμέραν ἀπέστειλεν | — | — |
| 3 αὐτοὺς εἰς τὸν ἀμπελῶνα αὐτοῦ. καὶ ἐξελθὼν περὶ τρίτην ὥραν εἶδεν ἄλλους ἑστῶτας ἐν τῇ ἀγορᾷ ἀργοὺς καὶ ἐκείνοις | — | — |
| 4 εἶπεν. ὑπάγετε καὶ ὑμεῖς εἰς τὸν ἀμπε- | — | — |
| 5 λῶνα καὶ ὃ ἐὰν ᾖ δίκαιον δώσω ὑμῖν. οἱ δὲ ἀπῆλθον. πάλιν δὲ ἐξελθὼν περὶ ἕκτην | — | — |
| 6 καὶ ἐνάτην ὥραν ἐποίησεν ὡσαύτως. περὶ δὲ τὴν ἑνδεκάτην ἐξελθὼν εὗρεν ἄλλους ἑστῶτας, καὶ λέγει αὐτοῖς· τὶ ὧδε ἑστήκατε | — | — |
| 7 ὅλην τὴν ἡμέραν ἀργοί; λέγουσιν αὐτῷ· ὅτι οὐδεὶς ἡμᾶς ἐμισθώσατο. λέγει αὐτοῖς· ὑπάγετε καὶ ὑμεῖς εἰς τὸν ἀμπελῶνα. | — | — |
| 8 ὀψίας δὲ γενομένης λέγει ὁ κύριος τοῦ ἀμπελῶνος τῷ ἐπιτρόπῳ αὐτοῦ· κάλεσον τοὺς ἐργάτας καὶ ἀπόδος τὸν μισθόν, ἀρξάμενος ἀπὸ τῶν ἐσχάτων ἕως τῶν πρώτων. | — | — |
| 9 καὶ ἐλθόντες οἱ περὶ τὴν ἑνδεκάτην ὥραν | — | — |
| 10 ἔλαβον ἀνὰ δηνάριον. ἐλθόντες δὲ οἱ πρῶτοι ἐνόμισαν ὅτι πλείονα λήμψονται· καὶ ἔλαβον τὸ ἀνὰ δηνάριον καὶ αὐτοί. | — | — |

11 λαβόντες δὲ ἐγόγγυζον κατὰ τοῦ οἰκοδεσ-    —    —
12 πότου λέγοντες· οὗτοι οἱ ἔσχατοι μίαν
ὥραν ἐποίησαν καὶ ἴσους αὐτοὺς ἡμῖν
ἐποίησας τοῖς βαστάσασι τὸ βάρος τῆς
13 ἡμέρας καὶ τὸν καύσωνα. ὁ δὲ ἀποκριθεὶς
ἑνὶ αὐτῶν εἶπεν· ἑταῖρε, οὐκ ἀδικῶ σε·    —
οὐχὶ δηναρίου συνεφώνησάς μοι; ἆρον τὸ
14 σὸν καὶ ὕπαγε. θέλω δὲ τούτῳ τῷ ἐσχάτῳ    —    —
15 δοῦναι ὡς καὶ σοί· ἢ οὐκ ἔξεστίν μοι ὃ    —    —
θέλω ποιῆσαι ἐν τοῖς ἐμοῖς; ἢ ὁ ὀφθαλμός    [vii.
σου πονηρός ἐστιν ὅτι ἐγὼ ἀγαθός εἰμι; 22.]
16 οὕτως ἔσονται οἱ ἔσχατοι πρῶτοι καὶ οἱ    —    —
πρῶτοι ἔσχατοι.

## § 172. Third Announcement of the Passion, on the Way to Jerusalem.

| | | |
|---|---|---|
| 17 Καὶ ἀναβαίνων ὁ Ἰησοῦς<br>εἰς Ἱερο-<br>σόλυμα<br>— | 32 Ἦσαν δὲ<br>ἐν τῇ ὁδῷ ἀνα-<br>βαίνοντες εἰς Ἱερο-<br>σόλυμα, καὶ ἦν προ-<br>άγων αὐτοὺς ὁ<br>Ἰησοῦς, καὶ ἐθαμ-<br>βοῦντο, οἱ δὲ ἀκολού-<br>θεντες ἐφοβοῦντο. | [Cf. xix. 28.]<br>— |
| παρέλαβεν<br>τοὺς δώδεκα<br>κατ᾽ ἰδίαν,<br>εἶπεν αὐτοῖς· | καὶ παραλαβὼν<br>πάλιν τοὺς δώδεκα<br>ἤρξατο<br>αὐτοῖς λέγειν<br>τὰ μέλλοντα αὐτῷ | 31 Παραλαβὼν δὲ<br>τοὺς δώδεκα<br>εἶπεν πρὸς αὐτούς· |
| 18 ἰδοὺ<br>ἀναβαίνομεν εἰς Ἱε-<br>ροσόλυμα καὶ ὁ υἱὸς<br>τοῦ ἀνθρώπου<br>— | 33 συμβαίνειν, ὅτι ἰδοὺ<br>ἀναβαίνομεν εἰς Ἱε-<br>ροσόλυμα καὶ ὁ υἱὸς<br>τοῦ ἀνθρώπου<br>—<br>[ver. 32.] | ἰδοὺ<br>ἀναβαίνομεν εἰς Ἱε-<br>ρουσαλὴμ καὶ<br>τελεσ-<br>θήσεται πάντα τὰ<br>γεγραμμένα διὰ τῶν<br>προφητῶν τῷ υἱῷ |
| πα-<br>ραδοθήσεται τοῖς<br>ἀρχιερεῦσιν καὶ<br>γραμματεῦσιν, καὶ<br>κατακρινοῦσιν αὐτὸν<br>19 εἰς θάνατον. καὶ<br>παραδώσουσιν αὐτὸν<br>τοῖς ἔθνεσιν εἰς τὸ<br>ἐμπαῖξαι | πα-<br>ραδοθήσεται τοῖς<br>ἀρχιερεῦσιν καὶ τοῖς<br>γραμματεῦσιν καὶ<br>κατακρινοῦσιν αὐτὸν<br>θανάτῳ. καὶ<br>παραδώσουσιν αὐτὸν<br>34 τοῖς ἔθνεσιν, καὶ<br>ἐμπαίξουσιν αὐτῷ<br>καὶ<br>ἐμπτύσουσιν αὐτῷ | 32 τοῦ ἀνθρώπου· πα-<br>ραδοθήσεται γὰρ<br><br><br><br>τοῖς ἔθνεσιν καὶ<br>ἐμπαιχθήσεται<br>καὶ ὑβρισθήσεται καὶ<br>ἐμπτυσθήσεται |
| καὶ μαστιγῶσαι | καὶ μαστιγώσουσιν | 33 καὶ μαστιγώσαντες |

| | | |
|---|---|---|
| καὶ σταυρῶσαι,* καὶ τῇ τρίτῃ ἡμέρᾳ ἐγερθήσεται. — | αὐτὸν καὶ ἀποκτενοῦσιν, καὶ μετὰ τρεῖς ἡμέρας ἀναστήσεται. — | ἀποκτενοῦσα αὐτόν, καὶ τῇ ἡμέρᾳ τῇ τρίτῃ 34 ἀναστήσεται. καὶ αὐτοὶ οὐδὲν τούτων συνῆκαν, καὶ ἦν τὸ ῥῆμα τοῦτο κεκρυμ- μένον ἀπ᾽ αὐτῶν, καὶ οὐκ ἐγίνωσκον λεγόμενα. |

## § 173. Request of (the Mother of) Zebedee's Sons: Spiritual Exaltation not an Arbitrary Reward.

| | | |
|---|---|---|
| 20 Τότε προσῆλθεν αὐτῷ ἡ μήτηρ τῶν υἱῶν Ζεβεδαί- ου μετὰ τῶν υἱῶν αὐτῆς, προσκυνοῦσα καὶ αἰτοῦσά τι παρ᾽ αὐτοῦ. | 35 Καὶ προσπορεύονται αὐτῷ — Ἰάκωβος καὶ Ἰωάννης οἱ υἱοὶ Ζεβεδαίου, λέγοντες αὐτῷ· διδάσκαλε, θέλομεν ἵνα ὃ ἐὰν αἰτη- σωμέν σε ποιήσῃς ὑμῖν. | — |
| 21 ὁ δὲ εἶπεν αὐτῇ· τί θέλεις; λέγει αὐτῷ· εἰπὲ ἵνα καθίσωσιν οὗτοι οἱ δύο υἱοί μου εἷς ἐκ δεξιῶν καὶ εἷς ἐξ εὐωνύμων σου ἐν τῇ βασιλείᾳ σου. | 36 ὁ δὲ εἶπεν αὐτοῖς· τί θέλετέ με ποιήσω ὑμῖν; 37 οἱ δὲ εἶπαν αὐτῷ· δὸς ἡμῖν ἵνα εἷς σου ἐκ δεξιῶν καὶ εἷς σου ἐξ ἀριστερῶν καθίσωμεν ἐν τῇ δόξῃ σου. | — — — |
| 22 ἀποκριθεὶς δὲ ὁ Ἰησοῦς εἶπεν· οὐκ οἴδατε τί αἰτεῖσθε. δύνασθε πιεῖν τὸ ποτήριον ὃ ἐγὼ μέλλω πίνειν; — λέγουσιν αὐτῷ· δυνάμεθα. | 38 ὁ δὲ Ἰησοῦς εἶπεν αὐτοῖς· οὐκ οἴδατε τί αἰτεῖσθε. δύνασθε πιεῖν τὸ ποτήριον ὃ ἐγὼ πίνω; ἢ τὸ βάπτισμα ὃ ἐγὼ βαπτίζομαι βαπτισ- 39 θῆναι; οἱ δὲ εἶπαν αὐτῷ· δυνάμεθα. ὁ δὲ Ἰησοῦς | [xii. 50.] — |
| 23 λέγει αὐτοῖς· τὸ μὲν ποτήριόν μου πίεσθε, — τὸ δὲ καθίσαι ἐκ δεξιῶν μου καὶ ἐξ εὐων- ύμων, οὐκ ἔστιν ἐμὸν τοῦτο δοῦναι, ἀλλ᾽ οἷς ἡτοί- μασται ὑπὸ τοῦ πατρός | εἶπεν αὐτοῖς· τὸ ποτήριον ὃ ἐγὼ πίνω πίεσθε, καὶ τὸ βάπτισμα ὃ ἐγὼ βαπτίζομαι βαπτισ- 40 θήσεσθε· τὸ δὲ καθίσαι ἐκ δεξιῶν μου ἢ ἐξ εὐων- ύμων, οὐκ ἔστιν ἐμον δοῦναι, ἀλλ᾽ οἷς ἡτοί- μασται. | — — |

\* In Matt. alone does Jesus announce His *crucifixion* : see also xxvi. 2.

| | | |
|---|---|---|
| 24 μου. ἀκούσαντες δὲ οἱ δέκα ἠγανάγτησαν περὶ τῶν δύο ἀδελφων. | 41    καὶ ἀκούσαντες οἱ δέκα ἤρξαντο ἀγανακτεῖν περὶ Ἰακωβου καὶ Ἰωάν- | — |
| 25   ὁ δὲ Ἰησοῦς προσκαλεσάμενος αὐτοὺς εἶπεν·   οἴδατε ὅτι οἱ ἄρχοντες τῶν ἐθνῶν κατακυριεύουσιν αὐτῶν καὶ οἱ μεγάλοι κατεξουσιάζουσιν | 42 νου.   καὶ προσκαλεσάμεμος αὐτοὺς ὁ Ἰησοῦς λέγει αὐτοῖς· οἴδατε ὅτι οἱ δοκοῦντες ἄρχειν τῶν ἐθνῶν κατακυριεύουσιν αὐτῶν καὶ οἱ μεγάλοι αὐτῶν κατεξουσιάζουσιν | [Cf. xxii. 25, 26.] <br> [Ibid. 24.] |
| 26 αὐτῶν. οὐχ οὕτως ἔσται ἐν ὑμῖν· ἀλλ' ὃς ἐὰν θέλη ἐν ὑμῖν μέγας γενέσθαι, | 43 αὐτῶν. οὐχ οὕτως δέ ἐστιν ἐν ὑμῖν· ἀλλ' ὃς ἂν θέλη μέγας γενέσθαι ἐν ὑμῖν, | [Cf. xvii. 7-10.] |
| 27 ἔσται ὑμῶν διάκονος, καὶ ὃς ἐὰν θέλη ἐν ὑμῖν εἶναι πρῶτος, ἔσται ὑμῶν | 44 ἔσται ὑμῶν διάκονος, καὶ ὃς ἂν θέλη ὑμῶν γενέσθαι πρῶτος, ἔσται πάντων | |
| 28 δοῦλος· ὥσπερ ὁ υἱὸς τοῦ ἀνθρώπου οὐκ ἦλθεν διακονηθῆναι, ἀλλὰ διακονῆσαι καὶ δοῦναι τὴν ψυχὴν αὐτοῦ λύτρον ἀντὶ πολλῶν. | 45 δοῦλος. καὶ γὰρ ὁ υἱὸς τοῦ ἀνθρώπου οὐκ ἦλθεν διακονηθῆναι, ἀλλὰ διακονῆσαι καὶ δοῦναι τὴν ψυχὴν αὐτοῦ λύτρον ἀντὶ πολλῶν. | — <br> [Cf. xii. 37 ; xvii. 8 ; xxii. 26, 27.] |

§ 174. *Healing of (Two Men) (One Man) Blind near Jericho.*

| | | |
|---|---|---|
| | 46 Καὶ ἔρχονται εἰς Ἰερειχὼ. | 35 Ἐγένετο δὲ ἐν τῷ ἐγγίζειν αὐτὸν εἰς Ἰερειχὼ |
| 29   Καὶ ἐκπορευομένων αὐτῶν ἀπὸ Ἰερειχὼ | καὶ ἐκπορευομένου αὐτοῦ ἀπὸ Ἰερειχὼ καὶ τῶν μαθητῶν αὐτοῦ καὶ | |
| ἠκολούθησεν αὐτῷ ὄχλος πολύς. καὶ ἰδοὺ δύο τυφλοί | ὄχλου ἱκανοῦ     ὁ υἱὸς Τιμαίου Βαρτιμαῖος τυφλὸς προ- | — <br><br> τυφλός τις |
| καθήμενοι παρὰ τὴν ὁδόν, ἀκούσαντες | σαίτης, ἐκάθητο παρὰ τὴν ὁδόν. 47 καὶ ἀκούσας | ἐκάθητο παρὰ τὴν ὁδὸν 36 ἐπαιτῶν. ἀκούσας δὲ ὄχλου διαπορευομένου ἐπυνθάνετο τί 37 εἴη τοῦτο. ἀπήγγειλαν δὲ αὐτῷ ὅτι Ἰησοῦς ὁ Ναζωραῖος παρέρχεται. |
| —     ὅτι Ἰησοῦς παράγει, ἔκραξαν λέγοντες· ἐλέησον ἡμᾶς, υἱὲ Δαυείδ, | —     ὅτι Ἰησοῦς ὁ Ναζαρηνός ἐστιν, ἤρξατο κράζειν καὶ λέγειν· υἱὲ Δαυείδ, | 38 καὶ ἐβόησεν λέγων· |

| | | |
|---|---|---|
| 31　　　　　ὁ δὲ | Ἰησοῦ, 48 ἐλέησόν με. καὶ | Ἰησοῦ υἱὲ Δαυείδ, 39 ἐλέησόν με. καὶ οἱ |
| ὄχλος ἐπετίμησεν αὐτοῖς　　　ἵνα σιωπήσωσιν· οἱ δὲ μεῖζον ἔκραζαν λέγοντες· κύριε, ἐλέησον ἡμᾶς, υἱὲ Δαυείδ. | ἐπετίμων αὐτῷ πολλοὶ ἵνα σιωπήσῃ· ὁ δὲ πολλῷ μᾶλλον ἔκραζεν· 　　　　　υἱὲ Δαυείδ, ἐλέησόν με. | προάγοντες ἐπετίμων αὐτῷ　　　ἵνα σιγήσῃ· αὐτὸς δὲ πολλῷ μᾶλλον ἔκραζεν· 　　　　υἱὲ Δαυείδ, ἐλέησόν με. |
| 32 καὶ στὰς ὁ Ἰησοῦς | 49 καὶ στὰς ὁ Ἰησοῦς | 40 σταθεὶς δὲ ὁ Ἰησοῦς |
| ἐφώνησεν αὐτοὺς | εἶπεν φωνήσατε αὐτόν. καὶ φωνοῦσιν τὸν τυφλὸν λέγοντες αὐτῷ· θάρσει, ἔγειρε, 50 φωνεῖ σε. ὁ δὲ ἀποβαλὼν τὸ ἱμάτιον αὐτοῦ ἀναπηδήσας ἦλθεν πρὸς τὸν Ἰησοῦν. | ἐκέλευσεν αὐτόν |
| —　　　　　　— | 51　　　　　　καὶ ἀποκριθεὶς αὐτῷ ὁ Ἰησοῦς εἶπεν· | ἀχθῆναι πρὸς αὐτόν. ἐγγίσαντος δὲ αὐτοῦ |
| καὶ εἶπεν· τί θέλετε ποιήσω 33 ὑμῖν; λέγουσιν αὐτῷ· κύριε, ἵνα ἀνοιγῶσιν οἱ ὀφθαλμοὶ ἡμῶν. σπλαγχνισθεὶς δὲ ὁ Ἰησοῦς ἥψατο τῶν ὀμμάτων αὐτῶν, | τί σοι θέλεις ποιήσω; ὁ δὲ τυφλὸς εἶπεν αὐτῷ· ῥαββουνί, ἵνα ἀναβλέψω. | ἐπηρώτησεν αὐτόν. 41 τί σοι θέλεις ποιήσω; ὁ δὲ εἶπεν· κύριε, ἵνα ἀναβλέψω. |
| | 52　　　ὁ δὲ Ἰησοῦς εἶπεν αὐτῷ· | 42　　καὶ ὁ Ἰησοῦς εἶπεν αὐτῷ· |
| — | ὕπαγε, ἡ πίστις σου σέσωκέν σε. καὶ εὐθὺς | ἀνάβλεψον· ἡ πίστις σου σέσωκέν |
| καὶ εὐθέως ἀνέβλεψαν, καὶ ἠκολούθησαν αὐτῷ. | ἀνέβλεψεν, καὶ ἠκολούθει αὐτῷ ἐν τῷ ὁδῷ. | 43 σε. καὶ παραχρῆμα ἀνέβλεψεν, καὶ ἠκολούθει αὐτῷ δοξάζων τὸν θεόν. καὶ πᾶς ὁ λαὸς ἰδὼν ἔδωκεν αἶνον τῷ θεῷ. |
| — | | |

§ 175. *Jesus and Zacchæus.*

XIX.

1, 2 Καὶ εἰσελθὼν διήρχετο τὴν Ἱερειχώ. καὶ ἰδοὺ ἀνὴρ ὀνόματι καλούμενος Ζακχαῖος, καὶ αὐτὸς ἦν ἀρχιτελώνης, καὶ ἦν πλούσιος· 3 καὶ ἐζήτει ἰδεῖν τὸν Ἰησοῦν τίς ἐστιν, καὶ

|  |  |  |
|---|---|---|
| — | — | οὐκ ἠδύνατο ἀπὸ τοῦ ὄχλου ὅτι τῇ ἡλικίᾳ |
| — | — | 4 μικρὸς ἦν. καὶ προδραμὼν εἰς τὸ ἔμπροσ- |
|  |  | θεν ἀνέβη ἐπὶ συκομορέαν, ἵνα ἴδῃ αὐτόν, |
| — | — | 5 ὅτι ἐκείνης ἤμελλεν διέρχεσθαι. καὶ ὡς |
|  |  | ἦλθεν ἐπὶ τὸν τόπον ἀναβλέψας ὁ Ἰησοῦς |
|  |  | εἶπεν πρὸς αὐτόν· Ζακχαῖε, σπεύσας κατά- |
|  |  | βηθι· σήμερον γὰρ ἐν τῷ οἴκῳ σου δεῖ με |
| — | — | 6 μεῖναι. καὶ σπεύσας κατέβη, καὶ ὑπεδέ- |
| — | — | 7 ξατο αὐτὸν χαίρων. καὶ ἰδόντες πάντες δια- |
|  |  | γόγγυζον, λέγοντες ὅτι παρὰ ἁμαρτωλῷ |
| — | — | 8 ἀνδρὶ εἰσῆλθεν καταλῦσαι. σταθεὶς δὲ |
|  |  | Ζακχαῖος εἶπεν πρὸς τὸν κύριον· ἰδοὺ τὰ |
|  |  | ἡμίσειά μου τῶν ὑπαρχόντων, κύριε, τοῖς |
|  |  | πτωχοῖς δίδωμι, καὶ εἴ τινός τι ἐσυκοφάν- |
| — | — | 9 τησα, ἀποδίδωμι τετραπλοῦν. εἶπεν δὲ |
|  |  | πρὸς αὐτὸν ὁ Ἰησοῦς ὅτι σήμερον σωτηρία |
|  |  | τῷ οἴκῳ τούτῳ ἐγένετο, καθότι καὶ αὐτὸς |
| [Cf. xv. 24.] | — | 10 υἱὸς Ἀβραάμ· ἦλθεν γὰρ ὁ υἱὸς τοῦ ἀνθρώ- |
|  |  | που ζητῆσαι καὶ σῶσαι τὸ ἀπολωλός. |

### § 176. Parable of the Pounds. [Cf. § 192 J.]

|  |  |  |
|---|---|---|
|  |  | 11 Ἀκουόντων δὲ αὐτῶν ταῦτα προσθεὶς εἶπεν |
|  |  | παραβολήν, διὰ τὸ ἐγγὺς εἶναι Ἰερουσαλὴμ |
| [Cf. xxv. |  | αὐτὸν καὶ δοκεῖν αὐτοὺς ὅτι παραχρῆμα |
| 14-30.] | [Cf. xiii. 34.] | μέλλει ἡ βασιλεία τοῦ θεοῦ ἀναφαίνεσθαι. |
|  |  | 12 εἶπεν οὖν· ἄνθρωπός τις εὐγενὴς ἐπορεύθη |
|  |  | εἰς χώραν μακράν, λαβεῖν ἑαυτῷ βασιλείαν |
| — |  | 13 καὶ ὑποστρέψαι. καλέσας δὲ δέκα δούλους |
|  |  | ἑαυτοῦ ἔδωκεν αὐτοῖς δέκα μνᾶς, καὶ εἶπεν |
|  |  | πρὸς αὐτούς· πραγματεύσασθε ἐν ᾧ ἔρχομαι. |
| — |  | 14 οἱ δὲ πολῖται αὐτοῦ ἐμίσουν αὐτόν, καὶ |
|  |  | ἀπέστειλαν πρεσβείαν ὀπίσω αὐτοῦ λέγον- |
|  |  | τες· οὐ θέλομεν τοῦτον βασιλεῦσαι ἐφ' |
| — |  | 15 ἡμᾶς. καὶ ἐγένετο ἐν τῷ ἐπανελθεῖν αὐτὸν |
|  |  | λαβόντα τὴν βασιλείαν, καὶ εἶπεν φωνη- |
|  |  | θῆναι αὐτῷ τοὺς δούλους τούτους οἷς δεδώκει |
|  |  | τὸ ἀργύριον, ἵνα γνοῖ τίς τί διεπραγματεύ- |
| — |  | 16 σατο. παρεγένετο δὲ ὁ πρῶτος λέγων· |
|  |  | κύριε, ἡ μνᾶ σου δέκα προσηργάσατο μνᾶς. |
| — |  | 17 καὶ εἶπεν αὐτῷ· εὖγε, ἀγαθὲ δοῦλε, ὅτι ἐν |
|  |  | ἐλαχίστῳ πιστὸς ἐγένου, ἴσθι ἐξουσίαν ἔχων |
| — |  | 18 ἐπάνω δέκα πόλεων. καὶ ἦλθεν ὁ δεύτερος |
|  |  | λέγων· ἡ μνᾶ σου, κύριε, ἐποίησεν πέντε |
| — |  | 19 μνᾶς. εἶπεν δὲ καὶ τούτῳ· καὶ σὺ ἐπάνω |
| — |  | 20 γίνου πέντε πόλεων. καὶ ὁ ἕτερος ἦλθεν |
|  |  | λέγων· κύριε, ἰδοὺ ἡ μνᾶ σου, ἣν εἶχον ἀπο- |
| — |  | 21 κειμένην ἐν σουδαρίῳ· ἐφοβούμην γάρ σε, |
|  |  | ὅτι ἄνθρωπος αὐστηρὸς εἶ, αἴρεις ὃ οὐκ ἔθη- |

22 κας, καὶ θερίζεις ὃ οὐκ ἔσπειρας. λέγει
αὐτῷ· ἐκ τοῦ στόματός σου κρινῶ σε,
πονηρὲ δοῦλε, ᾔδεις ὅτι ἐγὼ ἄνθρωπος αὐ-
στηρός εἰμι, αἴρων ὃ οὐκ ἔθηκα, καὶ θερίζων
23 ὃ οὐκ ἔσπειρα ; καὶ διατί οὐκ ἔδωκάς μου
τὸ ἀργύριον ἐπὶ τράπεζαν ; κἀγὼ ἐλθὼν σὺν
[Cf. iv. 25.] 24 τόκῳ ἂν αὐτὸ ἔπραξα. καὶ τοῖς παρεστῶ-
σιν εἶπεν· ἄρατε ἀπ' αὐτοῦ τὴν μνᾶν καὶ
25 δότε τῷ τὰς δέκα μνᾶς ἔχοντι. καὶ εἶπαν
26 αὐτῷ· κύριε, ἔχει δέκα μνᾶς. λέγω ὑμῖν
ὅτι παντὶ τῷ ἔχοντι δοθήσεται, ἀπὸ δὲ τοῦ
27 μὴ ἔχοντος καὶ ὃ ἔχει ἀρθήσεται. πλὴν
τοὺς ἐχθρούς μου τούτους τοὺς μὴ θελήσαν-
τάς με βασιλεῦσαι ἐπ' αὐτοὺς ἀγάγετε ὧδε
καὶ κατασφάξατε αὐτοὺς ἔμπροσθέν μου.

§ 177. *Jesus enters Jerusalem in Triumph.*

**XXI.**

1 Καὶ
ὅτε ἤγγισαν
εἰς Ἱεροσόλυμα καὶ
ἦλθον εἰς Βηθφαγὴ
εἰς τὸ
ὄρος τῶν
ἐλαιῶν, τότε Ἰησοῦς
ἀπέστειλεν δύο
μαθητὰς
2 λέγων αὐτοῖς· πορεύ-
εσθε εἰς τὴν
κώμην τὴν κατέναντι
ὑμῶν, καὶ εὐθὺς

εὑρήσετε
ὄνον δεδεμένην καὶ
πῶλον μετ' αὐτῆς·

λύσαντες
3 ἀγάγετέ μοι. καὶ
ἐάν τις ὑμῖν εἴπῃ
τι,
ἐρεῖτε ὅτι ὁ
κύριος αὐτῶν χρείαν
ἔχει· εὐθὺς δὲ
ἀποστελεῖ αὐτούς.

**XL.**

1 Καὶ
ὅτε ἐγγίζουσιν
εἰς Ἱεροσόλυμα καὶ
εἰς
Βηθανίαν πρὸς τὸ
ὄρος τῶν
ἐλαιῶν,
ἀποστέλλει δύο τῶν
2 μαθητῶν αὐτοῦ, καὶ
λέγει αὐτοῖς· ὑπά-
γετε εἰς τὴν
κώμην τὴν κατέναντι
ὑμῶν, καὶ εὐθὺς
εἰσπορευόμενοι εἰς
αὐτὴν εὑρήσετε

πῶλον
δεδεμένον, ἐφ' ὃν
οὐδεὶς ἀν-
θρώπων οὔπω κεκά-
θικεν· λύσατε αὐτὸν
3 καὶ φέρετε. καὶ
ἐάν τις ὑμῖν εἴπῃ·
τί ποιεῖτε τοῦτο ;
εἴπατε· ὁ
κύριος αὐτοῦ χρείαν
ἔχει, καὶ εὐθὺς
αὐτὸν ἀποστέλλει

28 Καὶ εἰπὼν ταῦτα
ἐπορεύετο ἔμπροσ-
θεν, ἀναβαίνων εἰς
29 Ἱεροσόλυμα. καὶ
ἐγένετο ὡς ἤγγισεν
εἰς
Βηθφαγὴ
καὶ Βηθανίαν πρὸς τὸ
ὄρος τὸ καλούμενον
ἐλαιῶν,
ἀπέστειλεν δύο τῶν
μαθητῶν
30 εἰπών· ὑπά-
γετε εἰς τὴν
κατέναντι κώμην,
ἐν ᾗ
εἰσπορευόμενοι
εὑρήσετε

πῶλον
δεδεμένον, ἐφ' ὃν
οὐδεὶς πώποτε ἀν-
θρώπων ἐκά-
θισεν, λύσαντες αὐτὸν
31 ἀγάγετε. καὶ
ἐάν τις ὑμᾶς ἐρωτᾷ·
διατί λύετε ;
οὕτως ἐρεῖτε· ὅτι ὁ
κύριος αὐτοῦ χρείαν
ἔχει.

| MATT. XXI. | MARK XI. | LUKE XIX. |
|---|---|---|
| | πάλιν ὧδε. | |
| 4 τοῦτο δὲ γέγονεν ἵνα πληρωθῇ τὸ ῥηθὲν διὰ τοῦ προφήτου 5 λέγοντος· εἴπατε τῇ θυγατρὶ Σιών· ἰδοὺ ὁ βασιλεύς σου ἔρχεταί σοι πραῢς καὶ ἐπιβεβηκὼς ἐπὶ ὄνον καὶ ἐπὶ πῶλον υἱὸν 6 ὑποζυγίου. πορευθέντες δὲ οἱ μαθηταὶ καὶ | 4 καὶ ἀπῆλθον καὶ εὗρον τὸν πῶλον δεδεμένον πρὸς τὴν θύραν ἔξω ἐπὶ τοῦ ἀμφόδου, καὶ λύουσιν αὐτόν. 5 καί τινες τῶν ἐκεῖ ἑστηκότων ἔλεγον | 32 ἀπελθόντες δὲ οἱ ἀπεσταλμένοι εὗρον καθὼς εἶπεν αὐτοῖς. 33 λυόντων δὲ αὐτῶν τὸν πῶλον εἶπαν οἱ κύριοι αὐτοῦ |
| ποιήσαντες καθὼς προσέταξεν αὐτοῖς ὁ Ἰησοῦς. | αὐτοῖς τί ποιεῖτε λύοντες τὸν πῶλον; 6 οἱ δὲ εἶπαν αὐτοῖς καθὼς εἶπεν ὁ Ἰησοῦς. καὶ ἀφῆκαν αὐτούς. | πρὸς αὐτούς· τί λύετε τὸν πῶλον; 34 οἱ δὲ εἶπαν· ὅτι ὁ κύριος αὐτοῦ χρείαν ἔχει. |
| 7 ἤγαγον τὴν ὄνον καὶ τὸν πῶλον, καὶ ἐπέθηκαν ἐπ' αὐτῶν τὰ ἱμάτια, καὶ ἐπεκάθισεν ἐπάνω αὐτῶν. | 7 καὶ φέρουσιν τὸν πῶλον πρὸς τὸν Ἰησοῦν, καὶ ἐπιβάλλουσιν αὐτῷ τὰ ἱμάτια αὐτῶν, καὶ ἐκάθισεν ἐπ' αὐτόν. | 35 καὶ ἤγαγον αὐτὸν πρὸς τὸν Ἰησοῦν, καὶ ἐπιρίψαντες αὐτῶν τὰ ἱμάτια ἐπὶ τὸν πῶλον ἐπεβίβασαν τὸν Ἰησοῦν. 36 πορευομένου δὲ αὐτοῦ |
| 8 ὁ δὲ πλεῖστος ὄχλος ἔστρωσαν ἑαυτῶν τὰ ἱμάτια ἐν τῇ ὁδῷ, ἄλλοι δὲ ἔκοπτον κλάδους ἀπὸ τῶν δένδρων καὶ ἔστρωσαν ἐν τῇ ὁδῷ. | 8 καὶ πολλοὶ τὰ ἱμάτια αὐτῶν ἔστρωσαν εἰς τὴν ὁδόν· ἄλλοι δὲ στιβάδας, κόψαντες ἐκ τῶν ἀγρῶν. | ὑπεστρώννυον τὰ ἱμάτια αὐτῶν ἐν τῇ ὁδῷ. |
| 9 οἱ δὲ ὄχλοι οἱ προά- | 9 καὶ οἱ προά- | 37 ἐγγίζοντος δὲ αὐτοῦ ἤδη πρὸς τῇ καταβάσει τοῦ ὄρους τῶν ἐλαιῶν ἤρξαντο ἅπαν |

| | | |
|---|---|---|
| γοντες αὐτὸν καὶ οἱ ἀκολουθοῦντες ἔκρα-ζον | γοντες καὶ οἱ ἀκολουθοῦντες ἔκρα-ζον | τὸ πλῆθος τῶν μαθη-τῶν χαίροντες αἰνεῖν τὸν θεὸν φωνῇ με-γάλῃ περὶ πασῶν ὧν |
| [ver. 15.] λέ-γοντες· ὡσαννὰ τῷ υἱῷ Δαυείδ, εὐλογη-μένος ὁ ἐρχόμενος ἐν ὀνόματι κυρίου, | — ὡσαννά, εὐλογη-μένος ὁ ἐρχόμενος ἐν ὀνόματι κυρίου· εὐλογημένη ἡ ἐρ-χομένη βασιλεία τοῦ πατρὸς ἡμῶν Δαυείδ, | 38 εἶδον δυναμεων, λέ-γοντες· εὐλογη-μένος ὁ βασιλεὺς ἐν ὀνόματι κυρίου· |
| ὡσαννὰ ἐν τοῖς ὑψίστοις. | ὡσαννὰ — ἐν τοῖς ὑψίστοις. | [Cf. ii. 14.] ἐν οὐρανῷ εἰρήνη, καὶ δόξα ἐν ὑψίστοις. |
| 10 καὶ εἰσελθόντος αὐ-τοῦ εἰς Ἱεροσόλυμα ἐσείσθη πᾶσα ἡ πό-11 λις λέγουσα· τίς εσ-τιν οὗτος; οἱ δὲ ὄχλοι ἔλεγον· οὗτός ἐστιν ὁ προφήτης Ἰησοῦς ὁ ἀπὸ Ναζ-αρὲθ τῆς Γαλιλαίας. | 11ᵃ καὶ εἰσῆλθεν εἰς Ἱεροσόλυμα — | — |

## § 178. Certain Pharisees remonstrate.

| | | |
|---|---|---|
| [Cf. vv. 15, 16.] | — | 39 καί τινες τῶν Φαρισαίων ἀπὸ τοῦ ὄχλου εἶπαν πρὸς αὐτόν· διδάσκαλε, ἐπιτίμησον |
| — | — | 40 τοῖς μαθηταῖς σου. καὶ ἀποκριθεὶς εἶπεν· λέγω ὑμῖν ὅτι ἐὰν οὗτοι σιωπήσουσιν, οἱ |
| — | — | 41 λίθοι κράξουσιν. καὶ ὡς ἤγγισεν, ἰδὼν τὴν |
| — | — | 42 πόλιν ἔκλαυσεν ἐπ᾽ αὐτήν, λέγων ὅτι εἰ ἔγνως καὶ σὺ καίγε ἐν τῇ ἡμέρᾳ σου ταύτῃ |
| — | — | 43 τὰ πρὸς εἰρήνην σου· νῦν δὲ ἐκρύβη ἀπὸ ὀφθαλμῶν σου. ὅτι ἥξουσιν ἡμέραι ἐπὶ σέ, καὶ παρεμβαλοῦσιν οἱ ἐχθροί σου χάρακά σοι καὶ περικυκλώσουσίν σε καὶ |
| — | — | 44 συνέξουσίν σε πάντοθεν, καὶ ἐδαφιοῦσίν σε καὶ τὰ τέκνα σου ἐν σοί, καὶ οὐκ ἀφήσουσιν |
| [Cf. xxiv. 2ᵇ.] | [Cf. xiii. 2ᵇ.] | λίθον ἐπὶ λίθον ἐν σοί, ἀνθ᾽ ὧν οὐκ ἔγνως τὸν καιρὸν τῆς ἐπισκοπῆς σου. |

## § 179. Cleansing of the Temple, and Healing of Blind and Lame.
### [Cf. § 181.]

| | | |
|---|---|---|
| 12 Καὶ εἰσῆλθεν Ἰησοῦς εἰς τὸ ἱερὸν τοῦ θεοῦ, ἐξ- | [ver. 11ᵃ.] 11ᵇ εἰς τὸ ἱερόν. | [ver. 45.] |

| MATT. XXI. | MARK XI. | [LUKE XIX.] |
|---|---|---|
| ἔβαλεν πάντας τοὺς πωλοῦν-<br>τας καὶ ἀγοράζοντας ἐν τῷ<br>ἱερῷ καὶ τὰς τραπέζας τῶν<br>κολλυβιστῶν κατέστρεψεν καὶ<br>τὰς καθέδρας τῶν πωλούντων<br>18 τὰς περιστεράς, καὶ λέγει<br>αὐτοῖς· γέγραπται· ὁ οἶκός<br>μου οἶκος προσευχῆς κλη-<br>θήσεται, ὑμεῖς δὲ αὐτὸν<br>ποιεῖτε σπήλαιον λῃστῶν. | [Cf. vv. 15–19.] | [Cf. vv.<br>45-48.] |
| 14 καὶ προσῆλθον αὐτῷ τυφλοὶ<br>καὶ χωλοὶ ἐν τῷ ἱερῷ, καὶ | — |  |
| 15 ἐθεράπευσεν αὐτούς. ἰδόντες<br>δέ οἱ ἀρχιερεῖς καὶ οἱ γραμ-<br>ματεῖς τὰ θαυμάσια ἃ<br>ἐποίησεν καὶ τοὺς παῖδας<br>τοὺς κράζοντας ἐν τῷ ἱερῷ<br>καὶ λέγοντας· ὡσαννὰ τῷ<br>υἱῷ Δαυείδ, ἠγανάκτησαν, | — | [ver.37.] |
| 16 καὶ εἶπαν αὐτῷ· ἀκούεις τί<br>οὗτοι λέγουσιν; ὁ δὲ Ἰησοῦς<br>λέγει αὐτοῖς· ναί· οὐδέποτε<br>ἀνέγνωτε ὅτι ἐκ στόματος<br>νηπίων καὶ θηλαζόντων<br>κατηρτίσω αἶνον; καὶ | — |  |
| 17 καταλιπὼν αὐτοὺς<br><br>[healing] ἐξῆλθεν ἔξω τῆς<br>πόλεως εἰς Βηθανίαν,<br>καὶ ηὐλίσθη ἐκεῖ. | καὶ<br>περιβλεψά-<br>11° μενος πάντα, ὀψὲ ἤδη οὔσης<br>τῆς ὥρας, ἐξῆλθεν<br>εἰς Βηθανίαν μετὰ<br>τῶν δώδεκα. | —<br>[teach-<br>ing.]<br><br>[xxi.37.] |

## § 180. The Unfruitful Fig Tree Cursed. [Cf. § 140.]

| MATT. XXI. | MARK XI. | [LUKE XIX.] |
|---|---|---|
| 18 Πρωὶ δὲ — ἐπαναγαγὼν<br>[ver. 17]　　εἰς τὴν<br>19 πόλιν ἐπείνασεν. καὶ ἰδὼν<br>συκῆν μίαν ἐπὶ τῆς ὁδοῦ<br><br>ἦλθεν ἐπ' αὐτήν,<br><br>　　οὐδὲν εὗρεν ἐν αὐτῇ<br>εἰ μὴ φύλλα μόνον,<br>　　— καὶ λέγει<br>αὐτῇ· οὐ μηκέτι<br>ἐκ σοῦ καρπὸς γένηται εἰς<br>τὸν αἰῶνα.<br>　　καὶ ἐξηράνθη<br>παραχρῆμα ἡ συκῆ.<br>　　— | 12 Καὶ τῇ ἐπαύριον ἐξελθόντων<br>αὐτῶν ἀπὸ Βηθανίας<br>13 — ἐπείνασεν. καὶ ἰδὼν<br>συκῆν ἀπὸ<br>μακρόθεν ἔχουσαν φύλλα,<br>ἦλθεν εἰ ἄρα τι<br>εὑρήσει ἐν αὐτῇ, καὶ ἐλθὼν<br>ἐπ' αὐτὴν οὐδὲν εὗρεν<br>εἰ μὴ φύλλα· ὁ γὰρ καιρὸς<br>14 οὐκ ἦν σύκων. καὶ ἀποκρι-<br>θεὶς εἶπεν αὐτῇ· μηκέτι<br>εἰς<br>τὸν αἰῶνα ἐκ σοῦ μηδεὶς<br>καρπὸν φάγοι. καὶ<br>　　ἤκυον<br>οἱ μαθηταὶ αὐτοῦ. | [Cf. xiii.<br>6-9.]<br>—<br><br><br><br><br><br><br>—<br><br>[ver.<br>48.] |

§ 181. *Cleansing of the Temple* [*cf.* 179] : *The Chief Priests and Scribes seek to kill Jesus.*

| | | |
|---|---|---|
| [*Cf.* vv. 12–17.] [ver. 10.] [12 Καὶ εἰσῆλθεν Ἰησοῦς εἰς τὸ ἱερὸν τοῦ θεοῦ, καὶ ἐξέβαλεν πάντας τοὺς πωλοῦντας καὶ ἀγοράζοντας ἐν τῷ ἱερῷ καὶ τὰς τραπέζας τῶν κολλυβιστῶν κατέστρεψεν καὶ τὰς καθέδρας τῶν πολούντων τὰς περιστεράς, — | 15 Καὶ ἔρχονται εἰς Ἱεροσόλυμα. καὶ εἰσελθὼν εἰς τὸ ἱερὸν ἤρξατο ἐκβάλλειν τοὺς πωλοῦντας καὶ τοὺς ἀγοραζοντες ἐν τῷ ἱερῷ καὶ τὰς τραπέζας τῶν κολλυβιστῶν καὶ τὰς καθέδρας τῶν πολούντων τὰς περιστεράς κατέστρεψεν, 16 καὶ οὐκ ἤφιεν ἵνα τις διενέγκῃ σκεῦος* 17 διὰ τοῦ ἱεροῦ, καὶ | 45 καὶ εἰσελθὼν εἰς τὸ ἱερὸν ἤρξατο ἐκβάλλειν τοὺς πωλοῦντας, [*Cf.* Jo. ii. 15.] — |
| 13 καὶ λέγει αὐτοῖς· γέγραπται· ὁ οἶκός μου οἶκος προσευχῆς κληθήσεται, ὑμεῖς δὲ αὐτὸν ποιεῖτε σπήλαιον λῃ-14 στῶν. καὶ προσῆλθον αὐτῷ τυφλοὶ καὶ χωλοὶ ἐν τῷ ἱερῷ, καὶ ἐθεράπευσεν αὐτούς. | ἐδίδασκεν καὶ ἔλεγεν αὐτοῖς· οὐ γέγραπται ὅτι ὁ οἶκός μου οἶκος προσευχῆς κληθήσεται πᾶσιν τοῖς ἔθνεσιν ; ὑμεῖς δὲ πεποιήκατε αὐτὸν σπήλαιον λῃστῶν. | 46 λέγων αὐτοῖς· γέγραπται· καὶ ἔσται ὁ οἶκός μου οἶκος προσευχῆς· ὑμεῖς δὲ αὐτὸν ἐποιησατε σπήλαιον λῃστῶν. — |
| 15 ἰδόντες δὲ οἱ ἀρχιερεῖς καὶ οἱ γραμματεῖς τὰ θαυμάσια ἃ ἐποιησεν καὶ τοὺς παῖδας τοὺς κραζοντας ἐν τῷ ἱερῷ καὶ λέγοντας· ὡσαννὰ τῷ υἱῷ Δαυείδ, ἠγα-16 νάκτησαν, καὶ εἶπαν αὐτῷ· ἀκούεις τί οὗτοι λεγουσιν ; ὁ δὲ Ἰησοῦς λέγει αὐτοῖς· ναί· οὐδέποτε ἀνέγνωτε ὅτι ἐκ στόματος νηπίων καὶ θηλαζόντων κατηρ- | [ver. 18.] 18 καὶ ἤκουσαν † | 47 καὶ ἦν διδάσκων τὸ καθ' ἡμεραν ἐν τῷ ἱερῷ· [*Cf.* below.] — — |

* *Cf.* Josephus *Against Apion*, ii. 8.    † What is the object ?

| MATT. XXI. | MARK XI. | LUKE XIX. |
|---|---|---|
| τίσω αἶνον ;<br>[ver. 15.]<br>—<br>—<br>—<br><br>17                   καὶ<br>καταλιπὼν αὐτοὺς<br>[healing.]<br>       ἐξῆλ-<br>θεν    ἔξω    τῆς<br>πόλεως εἰς Βηθανιάν,<br>καὶ ηὐλίσθη ἐκεῖ.] | οἱ<br>ἀρχιερεῖς καὶ οἱ γραμ-<br>ματεῖς, καὶ ἐζήτουν<br>πῶς αὐτὸν ἀπολέ-<br>σωσιν·<br><br>ἐφοβοῦντο γὰρ αὐ-<br>τόν, πᾶς γὰρ ὁ ὄχλος<br>ἐξεπλήσσοντο ἐπι τῇ<br>19 διδαχῇ αὐτοῦ.    καὶ<br><br>ὅταν ὀψὲ ἐγένετο,<br>[ver. 11ᶜ.]  ἐξεπο-<br>ρεύετο    ἔξω    τῆς<br>πόλεως. | οἱ δε<br>ἀρχιερεῖς καὶ οἱ γραμ-<br>ματεῖς      ἐζήτουν<br>αὐτὸν ἀπολέ-<br>σαι καὶ οἱ πρῶτοι τοῦ<br>48 λαοῦ, καὶ οὐκ εὑρισ-<br>κον τὸ τί ποιήσωσιν.<br><br>ὁ λαὸς γὰρ ἅπας<br>ἐξεκρέμετο<br>[ver. 47] αὐτοῦ ἀκο-<br>ύων.<br>[teaching.]<br><br>[Cf. xxi. 37.] |

## § 182. Conversation about the Fig Tree.

| | | |
|---|---|---|
| 20            [ver. 18.]<br>ἰδόντες οἱ μαθηταὶ ἐθαυ-<br>μασαν λέγοντες·<br><br>πῶς παραχρῆμα ἐξηράνθη<br>ἡ συκῆ ;<br>21              ἀποκριθεὶς<br>δὲ ὁ Ἰησοῦς εἶπεν αὐτοῖς·<br>ἀμὴν λέγω ὑμῖν, ἐὰν ἔχητε<br>πίστιν    καὶ μὴ διακρι-<br>θῆτε, οὐ μόνον τὸ τῆς συκῆς<br>ποιήσετε,<br>ἀλλὰ κᾶν τῷ ὄρει τούτῳ<br>εἴπητε· ἄρθητι καὶ βλήθητι<br>εἰς τὴν θάλασσαν,<br><br>γενήσεται·<br>22         καὶ πάντα ὅσα<br>ἂν αἰτήσητε ἐν τῇ προσευχῇ<br>πιστεύοντες          λήμ-<br>ψεσθε.<br><br>[Cf. vi. 14, 15.] | 20 Καὶ παραπορευόμενοι πρωὶ<br>εἶδον<br><br>τὴν συκῆν ἐξηραμμένην ἐκ<br>21 ριζῶν.   καὶ ἀναμνησθεὶς ὁ<br>Πέτρος λέγει αὐτῷ· ῥαββεί,<br><br>ἴδε ἡ συκῆ ἣν κατηράσω<br>22 ἐξήρανται.   καὶ ἀποκριθεὶς<br>ὁ Ἰησοῦς λέγει αὐτοῖς·<br>ἔχετε<br>πίστιν θεοῦ·<br><br>23         ἀμὴν λέγω ὑμῖν ὅτι ὃς<br>ἂν εἴπη τῷ ὄρει τουτῷ·<br>ἄρθητι καὶ βλήθητι<br>εἰς τὴν θάλασσαν, καὶ μὴ<br>διακριθῇ ἐν τῇ καρδίᾳ αὐτοῦ,<br>ἀλλὰ πιστεύῃ ὅτι ὃ λαλει<br>24 γένεται, ἔσται αὐτῷ.    διὰ<br>τοῦτο λέγω ὑμῖν, πάντα ὅσα<br>προσεύχεσθε καὶ αἰτεῖσθε,<br>πιστεύετε ὅτι ἐλάβετε, καὶ<br>25 ἔσται ὑμῖν.  καὶ ὅταν στή-<br>κετε προσευχόμενοι, ἀφίετε<br>εἴ τι ἔχετε κατά τινος, ἵνα<br>καὶ ὁ πατὴρ ὑμῶν ὁ ἐν τοῖς<br>οὐρανοῖς ἀφῇ ὑμῖν τὰ παρα-<br>πτώματα ὑμῶν.<br>26 | —<br><br>—<br><br>—<br><br>—<br>[Cf.<br>xvii. 6.]<br><br>—<br><br>—<br><br>— |

§ 183. *Discussion on the Authority of Jesus.*

23 Καὶ ἐλθόντος αὐτοῦ

εἰς τὸ ἱερόν,

—

προσῆλθον αὐτῷ διδάσκοντι οἱ ἀρχιερεῖς καὶ οἱ πρεσβύτεροι τοῦ λαοῦ

λέγοντες·

ἐν ποίᾳ ἐξουσίᾳ ταῦτα ποιεῖς; καὶ τίς σοι ἔδωκεν τὴν ἐξουσίαν ταύτην;

24 ἀποκριθεὶς δὲ ὁ Ἰησοῦς εἶπεν αὐτοῖς· ἐρωτήσω ὑμᾶς κἀγὼ λόγον ἕνα, ὃν ἐὰν εἴπητέ μοι κἀγὼ ὑμῖν ἐρῶ ἐν ποίᾳ ἐξουσίᾳ ταῦτα ποιῶ·

25 τὸ βάπτισμα τὸ Ἰωάννου πόθεν ἦν; ἐξ οὐρανοῦ ἢ ἐξ ἀνθρώπων; οἱ δὲ διελογίζοντο παρ᾽ ἑαυτοῖς λέγοντες·

26 ἐὰν εἴπωμεν· ἐξ οὐρανοῦ, ἐρεῖ ἡμῖν· διατί οὖν οὐκ ἐπιστεύσατε αὐτῷ; ἐὰν δὲ εἴπωμεν· ἐξ ἀνθρώπων, φοβούμεθα τὸν ὄχλον·

—

πάντες γὰρ ὡς προφήτην ἔχουσιν τὸν Ἰωάννην.

27 Καὶ ἔρχονται πάλιν εἰς Ἱεροσόλυμα.

καὶ

ἐν τῷ ἱερῷ

—

περιπατοῦντος αὐτοῦ ἔρχονται πρὸς αὐτὸν οἱ ἀρχιερεῖς καὶ οἱ γραμματεῖς καὶ οἱ

28 πρεσβύτεροι, καὶ ἔλεγον αὐτῷ·

ἐν ποίᾳ ἐξουσίᾳ ταῦτα ποιεῖς; ἢ τίς σοι τὴν ἐξουσίαν ταύτην ἔδωκεν ἵνα ταῦτα ποιῇς;

29 ὁ δὲ Ἰησοῦς εἶπεν αὐτοῖς· ἐπερωτήσω ὑμᾶς ἕνα λόγον, καὶ ἀποκρίθητέ μοι, καὶ ἐρῶ ὑμῖν ἐν ποίᾳ ἐξουσίᾳ ταῦτα ποιῶ·

30 τὸ βάπτισμα τὸ Ἰωάννου ἐξ οὐρανοῦ ἦν ἢ ἐξ ἀνθρώπων; ἀποκρίθητέ μοι. καὶ διε-

31 λογίζοντο πρὸς ἑαυτοὺς λέγοντες· ἐὰν εἴπωμεν· ἐξ οὐρανοῦ, ἐρεῖ· διατί οὖν οὐκ ἐπιστεύσατε αὐτῷ; ἀλλὰ

32 εἴπωμεν· ἐξ ἀνθρώπων; ἐφοβοῦντο τὸν λαόν·

—

ἅπαντες γὰρ εἶχον τὸν Ἰωάννην

XX.

1 Καὶ ἐγένετο

ἐν μιᾷ τῶν ἡμερῶν διδάσκοντος αὐτοῦ τὸν λαὸν ἐν τῷ ἱερῷ καὶ εὐαγγελιζομένου

ἐπέστησαν οἱ ἱερεῖς καὶ οἱ γραμματεῖς σὺν τοῖς

2 πρεσβυτέροις, καὶ εἶπαν λέγοντες πρὸς αὐτόν· εἶπον ἡμῖν ἐν ποίᾳ ἐξουσίᾳ ταῦτα ποιεῖς, ἢ τίς ἐστιν ὁ δούς σοι τὴν ἐξουσίαν ταύτην;

3 ἀποκριθεὶς δὲ εἶπεν πρὸς αὐτούς· ἐρωτήσω ὑμᾶς κἀγὼ λόγον καὶ εἴπατέ μοι·

—

4 τὸ βάπτισμα τὸ Ἰωάννου ἐξ οὐρανοῦ ἦν ἢ ἐξ ἀνθρώπων;

5 οἱ δὲ συνελογίσαντο πρὸς ἑαυτοὺς λέγοντες· ὅτι ἐὰν εἴπωμεν· ἐξ οὐρανοῦ, ἐρεῖ·

6 διατί οὐκ ἐπιστεύσατε αὐτῷ; ἐὰν δὲ εἴπωμεν· ἐξ ἀνθρώπων,

ὁ λαὸς ἅπας καταλιθάσει ἡμᾶς· πεπεισμένος γάρ ἐστιν

Ἰωάννην

| | | |
|---|---|---|
| 27　καὶ ἀποκριθέν-τες τῷ Ἰησοῦ εἶ-παν· οὐκ οἴδαμεν.　ἔφη αὐτοῖς καὶ αὐτός· οὐ-δὲ ἐγὼ λέγω ὑμῖν ἐν ποίᾳ ἐξουσίᾳ ταῦτα ποιῶ. | ὄντως ὅτι προφήτης 33 ἦν. καὶ ἀποκριθέν-τες τῷ Ἰησοῦ λέγου-σιν· οὐκ οἴδαμεν. καὶ ὁ Ἰησοῦς λέγει αὐτοῖς· οὐ-δὲ ἐγὼ λέγω ὑμῖν ἐν ποίᾳ ἐξουσίᾳ ταῦτα ποιῶ. | προφήτην 7 εἶναι. καὶ ἀπεκρίθη-σαν μὴ εἰδέναι πόθεν. 8 καὶ ὁ Ἰησοῦς εἶπεν αὐτοῖς· οὐ-δὲ ἐγὼ λέγω ὑμῖν ἐν ποίᾳ ἐξουσίᾳ ταῦτα ποιῶ. |

§ 184. *Parables spoken against the Nation : (A.) The Two Sons sent into the Vineyard.*

| | XII. | |
|---|---|---|
| — | 1 Καὶ ἤρξατο αὐτοῖς ἐν παραβο-λαῖς * λαλεῖν. | 9 Ἤρξατο δὲ πρὸς τὸν λαὸν λέγειν |
| 28 Τί δὲ ὑμῖν δοκεῖ; ἄνθρωπος εἶχεν τέκνα δύο· προσελθὼν τῷ πρώτῳ εἶπεν· τέκνον, ὕπαγε σήμερον | — | — |
| 29 ἐργάζου ἐν τῷ ἀμπελῶνι. ὁ δὲ ἀποκριθεὶς εἶπεν· οὐ θέλω, ὕσ-τερον μεταμεληθεὶς ἀπῆλθεν. | — | — |
| 80 προσελθὼν δὲ τῷ ἑτέρῳ εἶπεν ὡσαύτως. ὁ δὲ ἀποκριθεὶς εἶπεν | — | — |
| 81 ἐγὼ κύριε, καὶ οὐκ ἀπῆλθεν. τίς ἐκ τῶν δύο ἐποίησεν τὸ θέλημα τοῦ πατρός; λέγουσιν· ὁ πρῶτος. λέγει αὐτοῖς ὁ Ἰησοῦς· ἀμὴν λέγω ὑμῖν ὅτι οἱ τελῶναι καὶ αἱ πόρναι προάγουσιν ὑμᾶς εἰς τὴν | — | — |
| 82 βασιλείαν τοῦ θεοῦ. ἦλθεν γὰρ Ἰωάννης πρὸς ὑμᾶς ἐν ὁδῷ δικαιο-σύνης, καὶ οὐκ ἐπιστεύσατε αὐτῷ· οἱ δὲ τελῶναι καὶ αἱ πόρναι ἐπίσ-τευσαν αὐτῷ· ὑμεῖς δὲ ἰδόντες οὐ μετεμελήθητε ὕστερον τοῦ πισ-τεῦσαι αὐτῷ. | — | — |

(B.) *Parable of the Wicked Husbandmen.*

| | | |
|---|---|---|
| 83 Ἄλλην παραβολὴν ἀκούσατε· ἄνθρω-πος ἦν οἰκοδεσπότης ὅστις ἐφύτευσεν ἀμ-πελῶνα, | ἀμ-πελῶνα ἄνθρωπος | τὴν παραβολὴν ταύ-την. ἄνθρωπος |

\* The pl. explained by the parables in Matthew, while Mark records one only.

| MATT. XXI. | MARK XII. | LUKE XX. |
|---|---|---|
| καὶ φραγ-μὸν αὐτῷ περιέθηκεν καὶ ὤρυξεν ἐν αὐτῷ ληνὸν καὶ ᾠκοδόμησεν πύργον, καὶ ἐξέδετο αὐτὸν γεωργοῖς, καὶ ἀπεδή-μησεν. | ἐφύτευσεν, καὶ περιέθηκεν φραγμὸν καὶ ὤρυξεν ὑπολήνιον καὶ ᾠκοδόμησεν πύργον, καὶ ἐξέδετο αὐτὸν γεωργοῖς, καὶ ἀπεδή-μησεν. | ἐφύτευσεν ἀμπελῶνα — |
| **84** ὅτε δὲ ἤγγισεν ὁ καιρὸς τῶν καρπῶν ἀπέστειλεν τοὺς δού-λους αὐτοῦ πρὸς τοὺς γεωργοὺς λαβεῖν τοὺς καρποὺς αὐτοῦ. | **2** καὶ ἀπέστειλεν πρὸς τοὺς γεωργοὺς τῷ καιρῷ δοῦλον ἵνα παρὰ τῶν γεωργῶν λάβῃ ἀπὸ τῶν καρπῶν τοῦ ἀμ-πελῶνος· | **10** καὶ καιρῷ ἀπέστειλεν πρὸς τοὺς γεωργοὺς δοῦλον ἵνα ἀπὸ τοῦ καρποῦ τοῦ ἀμ-πελῶνος δώσουσιν αὐτῷ· |
| **85** καὶ λαβόντες οἱ γεωργοὶ τοὺς δού-λους αὐτοῦ ὃν μὲν ἔδειραν, ὃν δὲ ἀπέκτειναν, ὃν δὲ ἐλιθοβόλησαν. | **3** καὶ λαβόντες αὐτὸν ἔδειραν, καὶ ἀπέσ-τειλαν κενόν. | οἱ δὲ γεωργοὶ ἐξαπέσ-τειλαν αὐτὸν δείραν-τες κενόν. |
| **86** πάλιν ἀπέστειλεν ἄλλους δούλους πλείονας τῶν πρώτων, καὶ ἐποίη-σαν αὐτοῖς ὡσαύτως. — [vv. 35, 36.] | **4** καὶ πάλιν ἀπέστειλεν πρὸς αὐτοὺς ἄλλον δοῦλον· κἀκεῖνον ἐκεφαλίωσαν καὶ ἠτίμασαν. **5** καὶ ἄλλον ἀπέστειλεν· κἀκεῖνον ἀπέκ-τειναν, καὶ πολλοὺς ἄλλους, οὓς μὲν δέ-ροντες, οὓς δὲ ἀποκ-τέννοντες. — | **11** καὶ προσέθετο ἕτερον πέμψαι δοῦλον· οἱ δὲ κἀκεῖνον δείραν-τες — καὶ ἀτιμάσαντες ἐξαπέσ-**12** τειλαν κενόν. καὶ προσέθετο τρίτον πέμψαι· οἱ δὲ καὶ τοῦτον τραυματίσαν-τες ἐξέβαλον. **13** εἶπον δὲ ὁ κύριος τοῦ ἀμπελῶνος· τί ποιήσω; πέμψω τὸν υἱόν μου τὸν ἀγαπητόν· |
| **87** ὕστερον δὲ ἀπέσ-τειλεν πρὸς αὐτοὺς | **6** ἔτι ἕνα εἶχεν υἱὸν ἀγαπητόν· ἀπέσ-τειλεν | |

| MATT. XXI. | MARK XII. | LUKE XX. |
|---|---|---|
| τὸν υἱὸν αὐτοῦ λέγων· ἐντραπήσονται τὸν υἱόν 38 μου. οἱ δὲ γεωργοὶ ἰδόντες τὸν υἱὸν εἶπον ἐν ἑαυτοῖς· οὗτός ἐστιν ὁ κληρονόμος, δεῦτε ἀποκτείνωμεν αὐτόν, καὶ σχῶμεν τὴν κληρονομίαν 39 αὐτοῦ. καὶ λαβόντες αὐτὸν ἐξέβαλον ἔξω τοῦ ἀμπελῶνος καὶ ἀπέκτειναν. | αὐτὸν ἔσχατον πρὸς αὐτοὺς λέγων ὅτι ἐντραπήσονται τὸν υἱόν 7 μου. ἐκεῖνοι δὲ οἱ γεωργοὶ πρὸς ἑαυτοὺς εἶπαν ὅτι οὗτός ἐστιν ὁ κληρονόμος· δεῦτε ἀποκτείνωμεν αὐτόν, καὶ ἡμῶν ἔσται ἡ κληρονομία. 8 καὶ λαβόντες ἀπέκτειναν αὐτόν, καὶ ἐξέβαλον αὐτὸν ἔξω τοῦ ἀμπελῶνος. | ἴσως τοῦτον ἐντραπήσονται. 14 ἰδόντες δὲ αὐτὸν οἱ γεωργοὶ διελογίζοντο πρὸς ἀλλήλους λέγοντες· οὗτός ἐστιν ὁ κληρονόμος· ἀποκτείνωμεν αὐτὸν ἵνα ἡμῶν γένηται ἡ κληρονομία 15 καὶ ἐκβαλόντες αὐτὸν ἔξω τοῦ ἀμπελῶνος ἀπέκτειναν. |
| 40 ὅταν οὖν ἔλθῃ ὁ κύριος τοῦ ἀμπελῶνος, τί ποιήσει τοῖς γεωργοῖς ἐκείνοις; | — 9 τί ποιήσει ὁ κυρίος τοῦ ἀμπελωνος; ἐλεύσεται | — τί οὖν ποιήσει αὐτοῖς ὁ κύριος τοῦ ἀμ- 16 πελωνος; ελεύσεται |
| 41 λέγουσιν αὐτῷ· κακοὺς κακῶς ἀπολέσει αὐτούς, καὶ τὸν ἀμπελῶνα ἐκδώσεται ἄλλοις γεωργοῖς, οἵτινες ἀποδώσουσιν αὐτῷ τοὺς καρποὺς ἐν τοῖς καιροῖς αὐτῶν. | ἀπολέσει τοὺς γεωργούς, καὶ δώσει τὸν ἀμπελῶνα ἄλλοις. — — | ἀπολέσει τοὺς γεωργοὺς τούτους, καὶ δώσει τὸν ἀμπελῶνα ἄλλοις. |
| — | — | ἀκουσαντες δὲ εἶπαν· μὴ γένοιτο. 17 ὁ δὲ ἐμβλέψας αὐτοῖς εἶπεν· |
| 42 λέγει αὐτοῖς ὁ Ἰησοῦς· οὐδέποτε ἀνέγνωτε ἐν ταῖς γραφαῖς· | 10 οὐδὲ τὴν γραφὴν ταύτην ἀνέγνωτε; | τί οὖν ἐστιν τὸ γεγραμμένον τοῦτο· |
| λίθον ὃν ἀπεδοκίμασαν οἱ οἰκοδομοῦντες, οὗτος ἐγενήθη εἰς κεφαλὴν γωνίας· — | λίθον ὃν ἀπεδοκιμασαν οἱ οἰκοδομοῦντες, οὗτος ἐγενήθη εἰς κεφαλὴν γωνίας· — | λίθον ὃν ἀπεδοκίμασαν οἱ οἰκοδομοῦντες, οὗτος ἐγενήθη εἰς κεφαλὴν γωνίας· 18 πᾶς ὁ πεσὼν ἐπ᾽ ἐκεῖνον τὸν λίθον |

| MATT. XXI. XXII. | MARK XII. | LUKE XX. |
|---|---|---|
| | | συνθλασθήσεται· ἐφ ὃν δ᾽ ἂν πέσῃ, λικμήσει αὐτόν. |
| παρὰ κυρίου ἐγένετο αὕτη, καὶ ἔστιν θαυμαστὴ ἐν ὀφθαλμοῖς ἡμῶν; | 11 παρὰ κυρίου ἐγένετο αὕτη, καὶ ἔστιν θαυμαστὴ ἐν ὀφθαλμοῖς ἡμῶν; | — |
| 43 διὰ τοῦτο λέγω ὑμῖν ὅτι ἀρθήσεται ἀφ᾽ ὑμῶν ἡ βασιλεία τοῦ θεοῦ καὶ δοθήσεται ἔθνει ποιοῦντι τοὺς καρποὺς αὐτῆς | — | — |
| 44 — | | |
| 45 ἀκούσαντες δὲ οἱ ἀρχιερεῖς καὶ οἱ Φαρισαῖοι τὰς παραβολὰς αὐτοῦ ἔγνωσαν ὅτι περὶ αὐτῶν | — | — |
| 46 λέγει· καὶ ζητοῦντες αὐτὸν κρατῆσαι | 12ᵃ καὶ ἐξήτουν αὐτὸν κρατῆσαι | 19 καὶ ἐξήτησαν οἱ γραμματεῖς καὶ οἱ ἀρχιερεῖς ἐπιβαλεῖν ἐπ᾽ αὐτὸν τὰς χεῖρας ἐν αὐτῇ τῇ ὥρᾳ, |
| ἐφοβήθησαν τοὺς ὄχλους, [ver. 45.] ἐπεὶ | καὶ ἐφοβήθησαν τὸν ὄχλον ἔγνωσαν γὰρ ὅτι πρὸς αὐτοὺς τὴν παραβολὴν εἶπεν. | καὶ ἐφοβήθησαν τὸν λάον· ἔγνωσαν γὰρ ὅτι πρὸς αὐτοὺς εἶπεν τὴν παραβολὴν ταύτην. |
| εἰς προφήτην αὐτὸν εἶχον. | — | — |

§ 185. (C.) *Parable of the Royal Marriage Feast.* [Cf. § 149.]

### XXII.

| MATT. | MARK | LUKE |
|---|---|---|
| 1 Καὶ ἀποκριθεὶς ὁ Ἰησοῦς πάλιν εἶπεν ἐν | — | [Cf. xiv. 15–24.] |
| 2 παραβολαῖς αὐτοῖς, λέγων· ὡμοιώθη ἡ βασιλεία τῶν οὐρανῶν ἀνθρώπῳ βασιλεῖ, | | |
| 3 ὅστις ἐποίησεν γάμους τῷ υἱῷ αὐτοῦ. καὶ ἀπέστειλεν τοὺς δούλους αὐτοῦ καλέσαι τοὺς κεκλημένους εἰς τοὺς γάμους, καὶ οὐκ | — | |
| 4 ἤθελον ἐλθεῖν. πάλιν ἀπέστειλεν ἄλλους δούλους λέγων· εἴπατε τοῖς κεκλημένοις· ἰδοὺ τὸ ἄριστόν μου ἡτοίμακα, οἱ ταῦροί μου καὶ τὰ σιτιστὰ τεθυμένα, καὶ πάντα | — | |
| 5 ἕτοιμα· δεῦτε εἰς τοὺς γάμους. οἱ δὲ ἀμελήσαντες ἀπῆλθον, ὃς μὲν εἰς τὸν ἴδιον | | |
| 6 ἀγρόν, ὃς δὲ ἐπὶ τὴν ἐμπορίαν αὐτοῦ· οἱ δὲ λοιποὶ κρατήσαντες τοὺς δούλους αὐτοῦ | — | |

7 ὕβρισαν καὶ ἀπέκτειναν. ὁ δὲ βασιλεὺς
ὠργίσθη, καὶ πέμψας τὰ στρατεύματα
αὐτοῦ ἀπώλεσεν τοὺς φονεῖς ἐκείνους καὶ
8 τὴν πόλιν αὐτῶν ἐνέπρησεν. τότε λέγει
τοῖς δούλοις αὐτοῦ· ὁ μὲν γάμος ἕτοιμός
ἐστιν, οἱ δὲ κεκλημένοι οὐκ ἦσαν ἄξιοι.
9 πορεύεσθε οὖν ἐπὶ τὰς διεξόδους τῶν ὁδῶν,
καὶ ὅσους ἐὰν εὕρητε καλέσατε εἰς τοὺς
10 γάμους. καὶ ἐξελθόντες οἱ δοῦλοι ἐκεῖνοι
εἰς τὰς ὁδοὺς συνήγαγον πάντας ὅσους
εὗρον, πονηρούς τε καὶ ἀγαθούς, καὶ
11 ἐπλήσθη ὁ νυμφὼν ἀνακειμένων. εἰσελθὼν
δὲ ὁ βασιλεὺς θεάσασθαι τοὺς ἀνακειμένους
εἶδεν ἐκεῖ ἄνθρωπον οὐκ ἐνδεδυμένον ἔνδυμα
12 γάμου. καὶ λέγει αὐτῷ· ἑταῖρε, πῶς
εἰσῆλθες ὧδε μὴ ἔχων ἔνδυμα γάμου; ὁ δὲ
13 ἐφιμώθη. τότε ὁ βασιλεὺς εἶπεν τοῖς
διακόνοις· δήσαντες αὐτοῦ πόδας καὶ χεῖρας
ἐκβάλετε αὐτὸν εἰς τὸ σκότος τὸ ἐξώτερον·
ἐκεῖ ἔσται ὁ κλαυθμὸς καὶ ὁ βρυγμὸς τῶν
14 ὀδόντων. πολλοὶ γάρ εἰσιν κλητοί, ὀλίγοι
δὲ ἐκλεκτοί.*

| | | |
|---|---|---|
| — | | |
| — | | |
| — | | |
| — | — | |
| | | |
| — | — | — |
| | | [xiii. 28.] |
| — | | — |

§ 186. Plotting against Jesus : Discussion with Pharisees and Herodians
about Paying Tribute. [Cf. § 108.]

| 15 Τότε πορευθέντες [ver. 22b.] [ver. 16.] οἱ Φαρισαῖοι [ver. 16.] — συμβούλιον ἔλαβον ὅπως αὐτὸν παγιδεύσωσιν 16 ἐν λόγῳ. καὶ ἀποστέλλουσιν αὐτῷ τοὺς μαθητὰς αὐτῶν μετὰ τῶν Ἡρωδιανῶν — λέγοντας· διδάσκαλε, οἴδαμεν ὅτι ἀληθὴς εἶ καὶ τὴν | 12b Καὶ ἀφέντες αὐτὸν ἀπῆλθον. 13 καὶ ἀποστέλλουσιν πρὸς αὐτὸν τινὰς τῶν Φαρισαίων καὶ τῶν Ἡρωδιανῶν, ἵνα αὐτὸν ἀγρεύσωσιν λόγῳ. — 14 καὶ ἐλθόντες λέγουσιν αὐτῷ· διδάσκαλε, οἴδαμεν ὅτι ἀληθὴς εἶ | 20 Καὶ παρατηρήσαντες ἀπέστειλαν ἐνκαθέτους ὑποκρινομένους ἑαυτοὺς δικαίους εἶναι, ἵνα ἐπιλάβωνται αὐτοῦ λόγου, ὥστε παραδοῦναι αὐτὸν τῇ ἀρχῇ καὶ τῇ ἐξουσίᾳ τοῦ ἡγεμόνος. καὶ ἐπηρώτησαν αὐτὸν λέγοντες· διδάσκαλε, οἴδαμεν ὅτι ὀρθῶς λέγεις καὶ |

* This saying, already given, xx. 16, does not appear in the other evangelists.

| MATT. XXII. | MARK XII. | LUKE XX. |
|---|---|---|
| ὁδὸν τοῦ θεοῦ ἐν ἀληθείᾳ διδάσκεις, καὶ οὐ μέλει σοι περὶ οὐδενός, οὐ γὰρ βλέπεις εἰς πρόσωπον ἀνθρώπων· | καὶ οὐ μέλει σοι περὶ οὐδενός· οὐ γὰρ βλέπεις εἰς πρόσωπον ἀνθρώπων, ἀλλ᾽ ἐπ᾽ ἀληθείας τὴν ὁδὸν θεοῦ διδάσκεις· | διδάσκεις καὶ οὐ λαμβάνεις πρόσωπον ἀλλ᾽ ἐπ᾽ ἀληθείας τὴν ὁδὸν τοῦ θεοῦ διδάσκεις· |
| εἰπὸν οὖν ἡμῖν, τί σοι δοκεῖ; ἔξεστιν δοῦναι κῆνσον Καίσαρι ἢ οὔ; — | ἔξεστιν κῆνσον Καίσαρι δοῦναι ἢ οὔ; δῶμεν ἢ μὴ δῶ- | 22 ἔξεστιν ἡμᾶς Καίσαρι φόρον δοῦναι ἢ οὔ; |
| 18 γνοὺς δὲ ὁ Ἰησοῦς τὴν πονηρίαν αὐτῶν εἶπεν· τί με πειράζετε ὑποκ- 19 ριταί; ἐπιδείξατέ μοι τὸ νόμισμα τοῦ κήνσου. οἱ δὲ προσήνεγκαν αὐτῷ 20 δηνάριον. καὶ λέγει αὐτοῖς ὁ Ἰησοῦς· | 15 μεν; ὁ δὲ ἰδὼν αὐτῶν τὴν ὑπόκρισιν εἶπεν αὐτοῖς· τί με πειράζετε; φέρετέ μοι δηνάριον 16 ἵνα ἴδω. οἱ δὲ ἤνεγκαν. καὶ λέγει αὐτοῖς· | 23 κατανοήσας δὲ αὐτῶν τὴν πανουργίαν εἶπεν πρὸς αὐτούς· 24 δείξατέ μοι δηνάριον. |
| τίνος ἡ εἰκὼν αὕτη 21 καὶ ἡ ἐπιγραφή; λέγουσιν, Καίσαρος. τότε λέγει αὐτοῖς· ἀπόδοτε οὖν τὰ Καίσαρος Καίσαρι, καὶ τὰ θεοῦ τῷ θεῷ. 22 καὶ ἀκούσαντες | τίνος ἡ εἰκὼν αὕτη καὶ ἡ ἐπιγραφή; οἱ δὲ εἶπαν αὐτῷ· Καί- 17 σαρος. ὁ δὲ Ἰησοῦς εἶπεν αὐτοῖς· τὰ Καίσαρος ἀπόδοτε Καίσαρι, καὶ τὰ θεοῦ τῷ θεῷ. καὶ | τίνος ἔχει εἰκόνα καὶ ἐπιγραφήν; οἱ δὲ εἶπαν· Καί- 25 σαρος. ὁ δὲ εἶπεν πρὸς αὐτούς· τοίνυν ἀπόδοτε τὰ Καίσαρος Καίσαρι, καὶ τὰ θεοῦ τῷ θεῷ. 26 καὶ οὐκ ἴσχυσαν ἐπιλαβέσθαι αὐτοῦ ῥήματος ἐναντίον τοῦ λαοῦ |
| ἐθαύμασαν καὶ — ἀφέντες αὐτὸν ἀπῆλθαν. | ἐξεθαύμαζον ἐπ᾽ αὐτῷ. — [ver. 12ᵇ.] | καὶ θαυμάσαντες ἐπὶ τῇ ἀποκρίσει αὐτοῦ ἐσίγησαν. |

§ 187. *Discussion with Sadducees on Marriage and the Resurrection.*

| MATT. | MARK | LUKE |
|---|---|---|
| 23 Ἐν ἐκείνῃ τῇ ἡμέρᾳ προσῆλθον αὐτῷ Σαδδουκαῖοι λέγοντες μὴ εἶναι ἀνάστασιν, καὶ ἐπηρώτησαν αὐ- | 18 Καὶ ἔρχονται Σαδδουκαῖοι πρὸς αὐτόν, οἵτινες λέγουσιν ἀνάστασιν μὴ εἶναι, καὶ ἐπηρώτων αὐ- | 27 Προσελθόντες δέ τινες τῶν Σαδδουκαίων, οἱ ἀντιλέγοντες ἀνάστασιν μὴ εἶναι, ἐπηρώτησαν αὐ- |

| MATT. XXII. | MARK XII. | LUKE XX. |
|---|---|---|
| 24 τὸν λέγοντες· διδάσκαλε, Μωϋσῆς εἶ·πεν· ἐάν τις ἀποθάνῃ<br><br>μὴ ἔχων τέκνα, ἐπιγαμβρεύσει ἀδελφὸς αὐτοῦ τὴν γυναῖκα αὐτοῦ καὶ ἀναστήσει σπέρμα τῷ ἀδελφῷ 25 αὐτοῦ. ἦσαν δὲ παρ' ἡμῖν ἑπτὰ ἀδελφοί, καὶ ὁ πρῶτος γήμας ἐτελεύτησεν, καὶ μὴ ἔχων σπέρμα ἀφῆκεν τὴν γυναῖκα αὐτοῦ τῷ ἀδελφῷ αὐτοῦ. 26 ὁμοίως καὶ ὁ δεύτερος<br><br>καὶ ὁ τρίτος ἕως τῶν ἑπτά. 27 ὕστερον δὲ πάντων ἀπέθανεν ἡ γυνή. 28 ἐν τῇ ἀναστάσει οὖν τίνος τῶν ἑπτὰ ἔσται γυνή; πάντες γὰρ ἔσχον 29 αὐτήν. ἀποκριθεὶς δὲ ὁ Ἰησοῦς εἶπεν αὐτοῖς· μὴ εἰδότες τὰς γραφὰς μηδὲ τὴν δύναμιν τοῦ θεοῦ· 30 ἐν γὰρ<br><br>τῇ ἀναστάσει | 19 τὸν λέγοντες· διδάσκαλε, Μωϋσῆς ἔγραψεν ἡμῖν ὅτι ἐάν τινος ἀδελφὸς ἀποθάνῃ καὶ καταλίπῃ γυναῖκα καὶ μὴ ἀφῇ τέκνον ἵνα λάβῃ ὁ ἀδελφὸς αὐτοῦ τὴν γυναῖκα καὶ ἐξαναστήσῃ σπέρμα τῷ ἀδελφῷ αὐτοῦ. 20 ἑπτὰ ἀδελφοὶ ἦσαν· καὶ ὁ πρῶτος ἔλαβεν γυναῖκα, καὶ ἀποθνῄσκων οὐκ ἀφῆκεν σπέρμα. 21 καὶ ὁ δεύτερος ἔλαβεν αὐτήν, καὶ ἀπέθανεν μὴ καταλιπὼν σπέρμα· καὶ ὁ τρίτος 22 ὡσαύτως· καὶ οἱ ἑπτὰ οὐκ ἀφῆκαν σπέρμα. ἔσχατον πάντων καὶ ἡ γυνὴ ἀπέθανεν. 23 ἐν τῇ ἀναστάσει, ὅταν ἀναστῶσιν, τίνος αὐτῶν ἔσται γυνή; οἱ γὰρ ἑπτὰ ἔσχον αὐτήν γυναῖκα. 24 ἔφη αὐτοῖς ὁ Ἰησοῦς· οὐ διὰ τοῦτο πλανᾶσθε μὴ εἰδότες τὰς γραφὰς μηδὲ τὴν δύναμιν τοῦ θεοῦ· ὅταν γὰρ<br><br>ἐκ νεκρῶν ἀνασ- | 28 τὸν λέγοντες· διδάσκαλε, Μωϋσῆς ἔγραψεν ἡμῖν, ἐάν τινος ἀδελφὸς ἀποθάνῃ ἔχων γυναῖκα καὶ οὗτος ἄτεκνος ᾖ, ἵνα λάβῃ ὁ ἀδελφὸς αὐτοῦ τὴν γυναῖκα καὶ ἐξαναστήσῃ σπέρμα τῷ ἀδελφῷ αὐτοῦ. 29 ἑπτὰ οὖν ἀδελφοὶ ἦσαν. καὶ ὁ πρῶτος λαβὼν γυναῖκα, ἀπέθανεν ἄτεκνος· 30 καὶ ὁ δεύτερος 31 καὶ ὁ τρίτος ἔλαβεν αὐτήν, ὡσαύτως δὲ καὶ οἱ ἑπτὰ οὐ κατέλιπον τέκνα καὶ ἀπέθανον. 32 ὕστερον καὶ 33 ἡ γυνὴ ἀπέθανεν. ἡ γυνὴ οὖν ἐν τῇ ἀναστάσει τίνος αὐτῶν γίνεται γυνή; οἱ γὰρ ἑπτὰ ἔσχον αὐτήν γυναῖκα. 34 καὶ εἶπεν αὐτοῖς ὁ Ἰησοῦς·<br><br>οἱ υἱοὶ τοῦ αἰῶνος τούτου γαμοῦσιν καὶ 35 γαμίσκονται, οἱ δὲ καταξιωθέντες τοῦ αἰῶνος ἐκείνου τυχεῖν καὶ τῆς ἀναστάσεως τῆς ἐκ νεκρῶν |

| MATT. XXII. | MARK XII. | LUKE XX. |
|---|---|---|
| οὔτε γαμοῦ-σιν οὔτε γαμίζονται, — | τῶσιν, οὔτε γαμοῦ-σιν οὔτε γαμίζονται, — | οὔτε γαμοῦ-σιν οὔτε γαμίζονται· 36 οὔτε γὰρ ἀποθανεῖν |
| ἀλλ᾽ ὡς ἄγγελοι θεοῦ ἐν τῷ οὐρανῷ εἰσίν. | ἀλλ᾽ εἰσὶν ὡς ἄγγελοι ἐν τοῖς οὐρανοῖς· | ἔτι δύνανται, ἰσάγγελοι γὰρ εἰσιν, καὶ υἱοί εἰσιν θεοῦ τῆς ἀναστάσεως υἱοὶ |
| 31 περὶ δὲ τῆς ἀνασ-τάσεως τῶν νεκρῶν | 26 περὶ δὲ τῶν νεκρῶν, ὅτι ἐγείρονται, | ὄντες. |
| οὐκ ἀνέγνωτε τὸ ῥηθὲν ὑμῖν — | οὐκ ἀνέγνωτε ἐν τῇ βίβλῳ Μωϋ-σέως ἐπὶ τοῦ βάτου πῶς εἶπεν αὐτῷ ὁ θεὸς λέγων· | 37 ὅτι δὲ ἐγείρονται οἱ νεκροί καὶ Μωϋ-σῆς ἐμήνυσεν ἐπὶ τῆς βάτου, ὡς λέγει |
| τοῦ θεοῦ λέγοντος· 32 ἐγώ εἰμι ὁ θεὸς Ἀβ-ραὰμ καὶ ὁ θεὸς Ἰσαάκ καὶ ὁ θεὸς Ἰακώβ ; οὐκ ἔστιν θεὸς νεκρῶν ἀλλὰ ζώντων. — | ἐγώ ὁ θεὸς Ἀβ-ραὰμ καὶ ὁ θεὸς Ἰσαάκ καὶ ὁ θεὸς 27 Ἰακώβ ; οὐκ ἔστιν ὁ θεὸς νεκρῶν ἀλλὰ ζώντων. — | κύριον τὸν θεὸν Ἀβ-ραὰμ καὶ θεὸν Ἰσαάκ, καὶ θεὸν 88 Ἰακώβ· θεὸς δὲ οὐκ ἔστιν νεκρῶν ἀλλὰ ζώντων· πάντες γὰρ 39 αὐτῷ ζῶσιν. ἀπο-κριθέντες δέ τινες τῶν γραμματέων εἶπαν· διδάσκαλε, καλῶς εἶπας. |
| 83 καὶ ἀκούσαν-τες οἱ ὄχλοι ἐξε-πλήσσοντο ἐπὶ τῇ διδαχῇ αὐτοῦ. | | |
| [See below.] [ver. 29.] | [See below.] [ver. 24.] πολὺ πλαν-ᾶσθε. | 40 οὐκέτι γὰρ ἐτόλμων ἐπερωτᾶν αὐτὸν οὐ-δέν. |

§ 188. *The Sadducees silenced, a Pharisee Lawyer asks, " Which is the Great Commandment in the Law ?"* [Cf. § 119.]

| MATT. | MARK | LUKE |
|---|---|---|
| 84 Οἱ δὲ Φαρισαῖοι ἀκούσαντες ὅτι ἐφίμωσεν τοὺς Σαδδουκαί-ους, συνήχθησαν ἐπὶ τὸ αὐ-85 τό, καὶ ἐπηρώτησεν εἷς ἐξ αὐτῶν νομικὸς | 28 Καὶ προσ-ελθὼν εἷς τῶν γραμματέων, ἀκούσας αὐτῶν συζητούντων, ἰδὼν ὅτι καλῶς ἀπεκρίθη αὐτοῖς, ἐπη-ρώτησεν αὐτόν· | — [ver. 39.] |
| 86 πειράζων αὐ-τόν· διδάσκαλε, ποία ἐντολὴ μεγάλη ἐν τῷ νομῷ ; | ποία ἐστὶν ἐντολὴ πρώτη πάντων ; | |

87 ὁ δὲ ἔφη αὐτῷ·

    —

    ἀγαπήσεις κύριον
τὸν θεόν σου ἐν ὅλῃ τῇ καρ-
δίᾳ σου καὶ ἐν ὅλῃ τῇ ψυχῇ
σου καὶ ἐν ὅλῃ τῇ διανοίᾳ
σου.

38    αὕτη ἐστίν ἡ μεγάλη καὶ
89 πρώτη ἐντολή.    δευτέρα
ὁμοία αὐτῇ· ἀγαπήσεις τὸν
πλησίον σου ὡς σεαυτόν. ἐν
ταύταις ταῖς δυσὶν ἐντολαῖς
ὅλος ὁ νόμος κρέμαται καὶ οἱ
προφῆται.

 

[ver. 16.]

 

    —

 

[Cf. ver. 46.]

---

29 ἀπεκρίθη ὁ Ἰησοῦς, ὅτι πρώτη
ἐστίν. ἄκουε * Ἰσραήλ, κύ-
ριος ὁ θεος ἡμῶν κύριος εἷς
ἐστίν, καὶ ἀγαπήσεις κύριον
τὸν θεόν σου ἐξ ὅλης τῆς καρ-
δίας σου καὶ ἐξ ὅλης τῆς ψυχῆς
σου καὶ ἐξ ὅλης τῆς διανοίας
σου καὶ ἐξ ὅλης τῆς ἰσχύος
σου.

31          δευτέρα
    αὕτη· ἀγαπήσεις τὸν
πλησίον σου ὡς σεαυτόν.

 

    μείζων τούτων
32 ἄλλη ἐντολὴ οὐκ ἔστιν. καὶ
εἶπεν αὐτῷ ὁ γραμματεύς·
καλῶς, διδάσκαλε, ἐπ' ἀλη-
θείας † εἶπες ὅτι εἷς ἐστιν καὶ
οὐκ ἔστιν ἄλλος πλὴν αὐτοῦ.

33 καὶ τὸ ἀγαπᾶν αὐτὸν ἐξ ὅλης
τῆς καρδίας καὶ ἐξ ὅλης τῆς
συνέσεως καὶ ἐξ ὅλης τῆς
ἰσχύος, καὶ τὸ ἀγαπᾶν τὸν
πλησίον ὡς ἑαυτὸν περισσότ-
ερόν ἐστιν πάντων τῶν ὁλο-
καυτωμάτων καὶ τῶν θυσιῶν.

34 καὶ ὁ Ἰησοῦς, ἰδὼν αὐτὸν ὅτι
νουνεχῶς ἀπεκρίθη, εἶπεν
αὐτῷ· οὐ μακρὰν εἶ ἀπὸ τῆς
βασιλείας τοῦ θεοῦ. καὶ
οὐδεὶς οὐκέτι ἐτόλμα αὐτὸν
ἐπερωτῆσαι.

---

[x. 27.]

 

 

    —

 

 

[vv.
21, 89.]

 

    —

 

 

[ver.
40.]

---

§ 189. *Jesus in turn questions the Pharisees about the Davidic Messiah.*

41 Συνηγμένων δὲ τῶν
Φαρισαίων ἐπηρώτη-
σεν αὐτοὺς ὁ Ἰησοῦς
42 λέγων·

    τί ὑμῖν δοκεῖ
περὶ τοῦ Χριστοῦ;

τίνος υἱός
ἐστιν;    λέγουσιν
αὐτῷ· τοῦ Δαυείδ.
43 λέγει αὐτοῖς·

---

    —

35 Καὶ      ἀποκριθεὶς
      ὁ Ἰησοῦς
ἔλεγεν διδάσκων ἐν
τῷ ἱερῷ· πῶς λέ-
γουσιν
      οἱ γραμ-
ματεῖς ὅτι ὁ Χριστὸς
    υἱὸς  Δαυεὶδ
ἐστιν;

---

    —

41 Εἶπεν δὲ πρὸς αὐτούς·
    [ver. 2.]

    πῶς λέ-
γουσιν

    —  τὸν Χριστὸν
    εἶναι Δαυεὶδ
υἱόν;

* Cf. Deut. vi. 4, 5. LXX.    † Ver. 14.

πῶς οὖν　　Δαυεὶδ
ἐν πνεύματι καλεῖ

κύριον αὐτόν, λέγων·
44 εἶπεν κύριος τῷ
κυρίῳ μου· κάθου ἐκ
δεξιῶν μου ἕως ἂν
θῶ τοὺς ἐχθρούς σου
ὑποκάτω τῶν ποδῶν
45 σου. εἰ οὖν Δαυεὶδ
καλεῖ αὐτὸν κύριον,
πῶς
υἱὸς αὐτοῦ ἐστίν;
46 καὶ οὐδεὶς ἐδύνατο
ἀποκριθῆναι αὐτῷ
λόγον, οὐδὲ ἐτόλ-
μησέν τις ἀπ᾽ ἐκείνης
τῆς ἡμέρας ἐπερω-
τῆσαι αὐτὸν οὐκέτι.

36 αὐτὸς　　Δαυεὶδ
εἶπεν ἐν τῷ πνεύματι
τῷ ἁγίῳ·

εἶπεν ὁ κύριος τῷ
κυρίῳ μου· κάθου ἐκ
δεξιῶν μου ἕως ἂν
θῶ τοὺς ἐχθρούς σου
ὑποπόδιον τῶν ποδῶν
37 σου. αὐτὸς Δαυεὶδ
λέγει αὐτὸν κύριον,
καὶ πόθεν
αὐτοῦ ἐστιν υἱός;

[Cf. ver. 34.]

42 αὐτὸς γὰρ Δαυεὶδ
λέγει ἐν
βίβλῳ ψαλμῶν·

εἶπεν ὁ κύριος τῷ
43 κυρίῳ μου· κάθου ἐκ
δεξιῶν μου ἕως ἂν
θῶ τοὺς ἐχθρούς σου
ὑποπόδιον τῶν ποδῶν
44 σου;　　Δαυεὶδ
οὖν κύριον αὐτον
καλεῖ, καὶ πῶς
αὐτοῦ υἱός ἐστιν;

[Cf. ver. 49.]

## § 190. *Jesus denounces both Scribes and Pharisees.*

XXIII.
1 Τότε ὁ Ἰησοῦς
ἐλάλησεν τοῖς ὄχλοις
—
καὶ τοῖς μαθηταῖς
[xxii. 33.]
2 αὐτοῦ λέγων· ἐπὶ
τῆς Μωϋσέως καθέ-
δρας ἐκάθισαν οἱ
γραμματεῖς καὶ οἱ
3 Φαρισαῖοι. πάντα
οὖν ὅσα ἐὰν εἴπωσιν
ὑμῖν ποιήσατε καὶ
τηρεῖτε, κατὰ δὲ τὰ
ἔργα αὐτῶν μὴ
ποιεῖτε· λέγουσιν
γὰρ καὶ οὐ ποιοῦσιν.
4 δεσμεύουσιν δὲ
φορτία βαρέα καὶ
ἐπιτιθέασιν ἐπὶ τοὺς
ὤμους τῶν ἀνθρώπων,
αὐτοὶ δὲ τῷ δακτύλῳ
αὐτῶν οὐ θέλουσιν
5 κινῆσαι αὐτά. πάντα
δὲ τὰ ἔργα αὐτῶν

37ᵇ　　　Καὶ
ὁ πολὺς ὄχλος
ἤκουεν αὐτοῦ ἡδέως.*

38 καὶ ἐν τῇ διδαχῇ
αὐτοῦ ἔλεγεν [ver. 35]

—

—

—

45 Ἀκούοντος δὲ
παντὸς τοῦ λαοῦ
[Cf. xxi. 38.]
εἶπεν τοῖς μαθηταῖς·

—

[Cf. xi. 46.]

—

* Cf. Mark vi. 20, where the same expression is used of Herod in hearing
John : nowhere else in the Evangelists.

| | | |
|---|---|---|
| ποιοῦσιν πρὸς τὸ θεαθῆναι τοῖς ἀνθρώποις· πλατύνουσιν γὰρ τὰ φυλακτήρια αὐτῶν καὶ μεγαλύνουσιν τὰ κράσπεδα. | | |
| | βλέπετε ἀπὸ τῶν γραμματέων τῶν θελόντων ἐν στολαῖς περιπατεῖν | 46 προσέχετε ἀπὸ τῶν γραμματέων τῶν θελόντων περιπατεῖν ἐν στολαῖς καὶ φιλούντων |
| 6　φιλοῦσιν δὲ τὴν πρωτοκλισίαν ἐν τοῖς δείπνοις καὶ τὰς πρωτοκαθεδρίας ἐν ταῖς συναγω- 7 γαῖς καὶ τοὺς ἀσπασμοὺς ἐν ταῖς ἀγοραῖς | καὶ ἀσπασμοὺς ἐν ταῖς ἀγοραῖς 39 καὶ πρωτοκαθεδρίας ἐν ταῖς συναγωγαῖς καὶ πρωτοκλισίας ἐν τοῖς δείπνοις· | ἀσπασμοὺς ἐν ταῖς ἀγοραῖς καὶ πρωτοκαθεδρίας ἐν ταῖς συναγωγαῖς καὶ πρωτοκλισίας ἐν τοῖς δείπνοις [xi. 43.] |

καὶ καλεῖσθαι ὑπὸ τῶν ἀνθρώπων ῥαββεί.
8 ὑμεῖς δὲ μὴ κληθῆτε ῥαββεί· εἷς γάρ
ἐστιν ὑμῶν ὁ διδάσκαλος, πάντες δὲ ὑμεῖς
9 ἀδελφοί ἐστε. καὶ πατέρα μὴ καλέσητε ὑμῶν
ἐπὶ τῆς γῆς· εἷς γάρ ἐστιν ὑμῶν ὁ πατὴρ
10 ὁ οὐράνιος. μηδὲ κληθῆτε καθηγηταί, ὅτι
11 καθηγητὴς ὑμῶν ἐστὶν εἷς ὁ Χριστός. ὁ δὲ
12 μείζων ὑμῶν ἔσται ὑμῶν διάκονος. ὅστις
δὲ ὑψώσει ἑαυτὸν ταπεινωθήσεται, καὶ ὅστις
13 ταπεινώσει ἑαυτὸν ὑψωθήσεται. οὐαὶ δὲ
ὑμῖν, γραμματεῖς καὶ Φαρισαῖοι ὑποκριταί,
ὅτι κλείετε τὴν βασιλείαν τῶν οὐρανῶν ἔμπροσθεν τῶν ἀνθρώπων· ὑμεῖς γὰρ οὐκ
εἰσέρχεσθε, οὐδὲ τοὺς εἰσερχομένους ἀφίετε εἰσελθεῖν.

| | | |
|---|---|---|
| | — | — |
| | — | — |
| | — | [Cf. xviii. 14.] |
| | — | [Cf. xi. 52.] |

| | | |
|---|---|---|
| 14　　— | 40 οἱ κατεσθίοντες τὰς οἰκίας τῶν χηρῶν καὶ προφάσει μακρὰ προσευχόμενοι, οὗτοι λήμψονται περισσότερον κρίμα. | 47 οἳ κατεσθίουσιν τὰς οἰκίας τῶν χηρῶν καὶ προφάσει μακρὰ προσεύχονται, οὗτοι λήμψονται περισσότερον κρίμα. |

15 Οὐαὶ ὑμῖν, γραμματεῖς καὶ Φαρισαῖοι ὑποκριταί, ὅτι περιάγετε τὴν θάλασσαν καὶ τὴν
ξηρὰν ποιῆσαι ἕνα προσήλυτον, καὶ ὅταν
γένηται, ποιεῖτε αὐτὸν υἱὸν γεέννης διπλό-
16 τερον ὑμῶν. οὐαὶ ὑμῖν, ὁδηγοὶ τυφλοὶ οἱ
λέγοντες· ὃς ἂν ὀμόσῃ ἐν τῷ ναῷ, οὐδέν
ἐστιν· ὃς δ' ἂν ὀμόσῃ ἐν τῷ χρυσῷ τοῦ ναοῦ,
17 ὀφείλει. μωροὶ καὶ τυφλοί, τίς γὰρ μείζων

| | | |
|---|---|---|
| ἐστίν, ὁ χρυσὸς ἢ ὁ ναὸς ὁ ἁγιάσας τὸν | | |
| 18 χρυσόν; καὶ· ὃς ἂν ὀμόσῃ ἐν τῷ θυσιαστη- | — | |
| ρίῳ, οὐδέν ἐστιν· ὃς δ' ἂν ὀμόσῃ ἐν τῷ δώρῳ | | |
| 19 τῷ ἐπάνω αὐτοῦ, ὀφείλει. τυφλοί, τί γὰρ | — | |
| μεῖζον, τὸ δῶρον ἢ τὸ θυσιαστήριον τὸ | | |
| 20 ἁγιάζον τὸ δῶρον; ὁ οὖν ὀμόσας ἐν τῷ | — | |
| θυσιαστηρίῳ ὀμνύει ἐν αὐτῷ καὶ ἐν πᾶσιν | | |
| 21 τοῖς ἐπάνω αὐτοῦ· καὶ ὁ ὀμόσας ἐν τῷ ναῷ | — | |
| ὀμνύει ἐν αὐτῷ καὶ ἐν τῷ κατοικοῦντι αὐ- | | |
| 22 τόν· καὶ ὁ ὀμόσας ἐν τῷ οὐρανῷ ὀμνύει ἐν | — | — |
| τῷ θρόνῳ τοῦ θεοῦ καὶ ἐν τῷ καθημένῳ | | |
| 23 ἐπάνω αὐτοῦ. οὐαὶ ὑμῖν, γραμματεῖς καὶ | — | [Cf. xi. 42.] |
| Φαρισαῖοι ὑποκριταί, ὅτι ἀποδεκατοῦτε τὸ | | |
| ἡδύοσμον καὶ τὸ ἄνηθον καὶ τὸ κύμινον, καὶ | | |
| ἀφήκατε τὰ βαρύτερα τοῦ νόμου, τὴν κρίσιν | | |
| καὶ τὸ ἔλεος καὶ τὴν πίστιν· ταῦτα ἔδει | | |
| 24 ποιῆσαι κἀκεῖνα μὴ ἀφεῖναι. ὁδηγοὶ τυφ- | — | |
| λοί, οἱ διϋλίζοντες τὸν κώνωπα, τὴν δὲ κάμη- | | |
| 25 λον καταπίνοντες. οὐαὶ ὑμῖν, γραμματεῖς | — | — |
| καὶ Φαρισαῖοι ὑποκριταί, ὅτι καθαρίζετε τὸ | | |
| ἔξωθεν τοῦ ποτηρίου καὶ τῆς παροψίδος, | | |
| ἔσωθεν δὲ γέμουσιν ἐξ ἁρπαγῆς καὶ ἀ- | | |
| 26 κρασίας. Φαρισαῖε τυφλέ, καθάρισον πρῶ- | — | [Cf. xi. 39.] |
| τον τὸ ἔντος τοῦ ποτηρίου, ἵνα γένηται καὶ | | |
| 27 τὸ ἐκτὸς αὐτοῦ καθαρόν. οὐαὶ ὑμῖν, γραμ- | — | [Cf. xi. 44.] |
| ματεῖς καὶ Φαρισαῖοι ὑποκριταί, ὅτι παρο- | | |
| μοιάζετε τάφοις κεκονιαμένοις, οἵτινες | | |
| ἔξωθεν μὲν φαίνονται ὡραῖοι, ἔσωθεν δὲ | | |
| γέμουσιν ὀστέων νεκρῶν καὶ πάσης ἀκαθαρ- | | |
| 28 σίας. οὕτως καί ὑμεῖς ἔξωθεν μὲν φαί- | — | — |
| νεσθε τοῖς ἀνθρώποις δίκαιοι, ἔσωθεν δὲ | | |
| 29 ἐστε μεστοὶ ὑποκρίσεως καὶ ἀνομίας. οὐαὶ | — | [Cf. xi. 47 |
| ὑμῖν, γραμματεῖς καὶ Φαρισαῖοι ὑποκριταί, | | sq.] |
| ὅτι οἰκοδομεῖτε τοὺς τάφους τῶν προφητῶν | | |
| 30 καὶ κοσμεῖτε τὰ μνημεῖα τῶν δικαίων, καὶ | | |
| λέγετε· εἰ ἤμεθα ἐν ταῖς ἡμέραις τῶν πατέ- | | |
| ρων ἡμῶν, οὐκ ἂν ἤμεθα κοινωνοὶ αὐτῶν ἐν | | |
| 31 τῷ αἵματι τῶν προφητῶν. ὥστε μαρτυ- | — | |
| ρεῖτε ἑαυτοῖς ὅτι υἱοί ἐστε τῶν φονευσάντων | | |
| 32 τοὺς προφήτας. καὶ ὑμεῖς πληρώσατε τὸ | — | — |
| 33 μέτρον τῶν πατέρων ὑμῶν. ὄφεις, γεν- | — | — |
| νήματα ἐχιδνῶν, πῶς φύγητε ἀπὸ τῆς κρί- | | |
| 34 σεως τῆς γεέννης; διὰ τοῦτο ἰδοὺ ἐγὼ | — | |
| ἀποστέλλω πρὸς ὑμᾶς προφήτας καὶ σοφοὺς | | |
| καὶ γραμματεῖς· ἐξ αὐτῶν ἀποκτενεῖτε καὶ | | |
| σταυρώσετε, καὶ ἐξ αὐτῶν μαστιγώσετε | | |
| ἐν ταῖς συναγωγαῖς ὑμῶν καὶ διώξετε ἀπὸ | | |
| 35 πόλεως εἰς πόλιν· ὅπως ἔλθῃ ἐφ' ὑμᾶς | | |
| πᾶν αἷμα δίκαιον ἐκχυννόμενον ἐπὶ τῆς | | |

| | |
|---|---|
| γῆς ἀπὸ τοῦ αἵματος Ἄβελ τοῦ δικαίου ἕως τοῦ αἵματος Ζαχαρίου υἱοῦ Βαραχίου, ὃν ἐφονεύσατε μεταξὺ τοῦ ναοῦ καὶ τοῦ | |
| 86 θυσιαστηρίου. ἀμὴν λέγω ὑμῖν, ἥξει ταῦτα | — — |
| 87 πάντα ἐπὶ τὴν γενεὰν ταύτην. Ἱερουσαλὴμ Ἱερουσαλήμ, ἡ ἀποκτείνουσα τοὺς προφήτας καὶ λιθοβολοῦσα τοὺς ἀπεσταλμένους πρὸς αὐτήν, ποσάκις ἠθέλησα ἐπισυναγαγεῖν τὰ τέκνα σου, ὃν τρόπον ὄρνις ἐπισυνάγει τὰ νοσσία αὐτῆς ὑπὸ τὰς πτέρυγας, | [Cf. xiii. 34, 35.] |
| 88 καὶ οὐκ ἠθελήσατε. ἰδοὺ ἀφίεται ὑμῖν ὁ | — — |
| 89 οἶκος ὑμῶν ἔρημος. λέγω γὰρ ὑμῖν, οὐ μή με ἴδητε ἀπ᾽ ἄρτι ἕως ἂν εἴπητε· εὐλογημένος ὁ ἐρχόμενος ἐν ὀνόματι κυρίου. | |

## § 191. *Jesus praises the Widow's Gift.*

| | | | |
|---|---|---|---|
| | | | XXI. |
| | | | 1 Ἀναβλέψας δὲ |
| — | 41 | Καὶ καθίσας κατέναντι τοῦ γαζοφυλακίου ἐθεώρει πῶς ὁ ὄχλος βάλλει χαλκόν εἰς τὸ γαζοφυλάκιον· καὶ πολλοὶ πλούσιοι ἔβαλλον | εἶδεν τοὺς βάλλοντας εἰς τὸ γαζοφυλάκιον τὰ δῶρα αὐτῶν πλουσίους. |
| — | 42 | πολλά, καὶ ἐλθοῦσα μία χήρα πτωχὴ ἔβαλεν λεπτὰ δύο, ὅ ἐστιν κοδράντης. | 2 εἶδεν δέ τινα χήραν πενιχρὰν βάλλουσαν ἐκεῖ δύο λεπτά, |
| | 43 | καὶ προσκαλεσάμενος τοὺς μαθητὰς αὐτοῦ εἶπεν αὐτοῖς· ἀμὴν λέγω ὑμῖν ὅτι ἡ χήρα αὕτη ἡ πτωχὴ πλεῖον πάντων βέβληκεν τῶν βαλλόντων εἰς | 8 καὶ εἶπεν· ἀληθῶς λέγω ὑμῖν ὅτι ἡ χήρα ἡ πτωχὴ αὕτη πλείω πάντων ἔβαλεν· |
| — | 44 | τὸ γαζοφυλάκιον πάντες γὰρ ἐκ τοῦ περισσεύοντος αὐτοῖς ἔβαλον, αὕτη δὲ ἐκ τῆς ὑστερήσεως αὐτῆς πάντα ὅσα εἶχεν ἔβαλεν, ὅλον τὸν βίον αὐτῆς. | 4 ἅπαντες γὰρ οὗτοι ἐκ τοῦ περισσεύοντος αὐτοῖς ἔβαλον εἰς τὰ δῶρα, αὕτη δὲ ἐκ τοῦ ὑστερήματος αὐτῆς ἅπαντα τὸν βίον ὃν εἶχεν ἔβαλεν. |

## § 192. *Eschatalogical Discourse of Jesus: (A.) Destruction of the Temple.*

| XXIV. | XIII. | |
|---|---|---|
| 1 Καὶ ἐξελθὼν ὁ Ἰησοῦς ἀπὸ τοῦ ἱεροῦ ἐπορεύετο, καὶ προσῆλθον οἱ μαθηταὶ αὐτοῦ ἐπιδεῖξαι | 1 Καὶ ἐκπορευομένου αὐτοῦ ἐκ τοῦ ἱεροῦ, λέγει αὐτῷ εἷς τῶν μαθητῶν αὐτοῦ· | 5 Καί τινων λεγόντων |

| MATT. XXIV. | MARK XIII. | LUKE XXI. |
|---|---|---|
| αὐτῷ τὰς<br><br>οἰκο-<br>δομὰς τοῦ ἱεροῦ.<br><br>2　ὁ δέ<br>ἀποκριθεὶς εἶπεν αὐ-<br>τοῖς· οὐ βλέπετε<br>ταῦτα πάντα;<br><br>ἀμὴν λέγω ὑμῖν,<br><br>οὐ μὴ ἀφεθῇ<br>ὧδε λίθος ἐπὶ λίθον,<br>ὃς οὐ καταλυθήσεται. | διδάσκαλε,<br>ἴδε ποταποὶ λίθοι<br>καὶ ποταπαὶ οἰκο-<br>δομαί.<br><br>2　καὶ ὁ<br>Ἰησοῦς εἶπεν αὐ-<br>τῷ· βλέπεις<br>ταύτας τὰς μεγάλας<br>οἰκοδομάς;<br><br><br>οὐ μὴ ἀφεθῇ<br>λίθος ἐπὶ λίθον,<br>ὃς οὐ καταλυθῇ. | περὶ τοῦ<br>ἱεροῦ, ὅτι<br>λίθοις<br>καλοῖς<br><br>καὶ ἀναθέμασιν κε-<br>κόσμηται,<br>εἶπεν·<br><br>ταῦτα ἃ<br>θεωρεῖτε,<br><br>ἐλεύσονται ἡμέραι ἐν<br>αἷς οὐκ ἀφεθήσεται<br>λίθος ἐπὶ λίθῳ,<br>ὃς οὐ καταλυθήσεται. |

*(B.) Signs of the Parousia: The Beginning of Woes.*

| MATT. XXIV. | MARK XIII. | LUKE XXI. |
|---|---|---|
| 3　Καθημένου δὲ<br>αὐτοῦ ἐπὶ τοῦ ὄρους<br>τῶν ἐλαιῶν<br>προσ-<br>ῆλθον αὐτῷ οἱ μα-<br>θηταὶ κατ' ἰδίαν<br><br>λέγοντες·<br><br><br><br>εἰπὲ ἡμῖν, πότε<br>ταῦτα ἔσται; καὶ τί<br>τὸ σημεῖον τῆς σῆς<br>παρουσίας*<br>καὶ<br>συντελείας<br>4 τοῦ αἰῶνος; καὶ ἀπο-<br>κριθεὶς ὁ Ἰησοῦς<br>εἶπεν αὐτοῖς·<br>βλέπετε μή τις ὑμᾶς<br>5 πλανήσῃ. πολλοὶ<br>γὰρ ἐλεύσονται ἐπὶ<br>τῷ ὀνόματί μου λέ-<br>γοντες· ἐγώ εἰμι<br>ὁ Χριστός, καὶ πολ-<br>λοὺς πλανήσουσιν.<br><br>— | 3 Καὶ καθημενου<br>αὐτοῦ εἰς τὸ ὄρος<br>τῶν ἐλαιῶν κατέναντι<br>τοῦ ἱεροῦ,<br><br><br><br>ἐπηρώτα αὐτὸν<br>κατ' ἰδίαν<br>ὁ Πέτρος καὶ Ἰάκω-<br>βος καὶ Ἰωάννης καὶ<br>Ἀνδρέας·<br>4 εἰπὸν ἡμῖν, πότε<br>ταῦτα ἔσται; καὶ τί<br>τὸ σημεῖον<br>— ὅταν μέλ-<br>λῃ ταῦτα<br>συντελεῖσθαι πάντα;<br><br><br><br>5　ὁ δὲ Ἰησοῦς<br>ἤρξατο λέγειν αὐτοῖς·<br>βλέπετε μή τις ὑμᾶς<br>πλανήσῃ. πολλοὶ<br>6　ἐλεύσονται ἐπὶ<br>τῷ ὀνόματί μου λέ-<br>γοντες ὅτι ἐγώ εἰμι,<br>καὶ πολ-<br>λοὺς πλανήσουσιν. | 7 ἐπερώτησαν δὲ αὐτὸν<br>λέγοντες·<br><br>διδάσκαλε,<br>πότε οὖν<br>ταῦτα ἔσται; καὶ τί<br>τὸ σημεῖον<br>— ὅταν μέλ-<br>λῃ ταῦτα γίνεσθαι;<br><br><br><br>8　ὁ δὲ<br>εἶπεν·<br>βλέπετε μὴ<br>πλανηθῆτε· πολλοὶ<br>γὰρ ἐλεύσονται ἐπὶ<br>τῷ ὀνόματί μου λέ-<br>γοντες· ἐγώ εἰμι,<br>— καὶ<br><br>ὁ καιρὸς ἤγγικεν· μὴ |

* In no other Evangelist.

| MATT. XXIV. | MARK XIII. | LUKE XXI. |
|---|---|---|
| | | πορευθῆτε ὀπίσω αὐτῶν. |
| 6  μελλήσετε δὲ ἀκούειν πολέμους καὶ ἀκοὰς πολέμων· ὁρᾶτε μὴ θροεῖσθε· δεῖ γὰρ γενέσθαι ἀλλ᾽ οὔπω ἐστὶν τὸ τέλος. | 7 ὅταν δὲ ἀκούσητε πολέμους καὶ ἀκοὰς πολέμων, μὴ θροεῖσθε· δεῖ γενέσθαι, ἀλλ᾽ οὔπω τὸ τέλος. | 9 ὅταν δὲ ἀκούσητε πολέμους καὶ ἀκαταστασίας, μὴ πτοηθῆτε· δεῖ γὰρ ταῦτα γενέσθαι πρῶτον, ἀλλ᾽ οὐκ εὐθέως 10 τὸ τέλος. τότε ἔλεγεν αὐτοῖς· ἐγερθήσεται γὰρ ἔθνος ἐπ᾽ ἔθνος καὶ βασιλεία ἐπὶ βασιλείαν, |
| 7  ἐγερθήσεται γὰρ ἔθνος ἐπ᾽ ἔθνος καὶ βασιλεία ἐπὶ βασιλείαν, καὶ ἔσονται λιμοὶ καὶ σεισμοὶ κατὰ τόπους | 8  ἐγερθήσεται γὰρ ἔθνος ἐπ᾽ ἔθνος καὶ βασιλεία ἐπὶ βασιλείαν, ἔσονται σεισμοὶ κατὰ τόπους ἔσονται | 11          σεισμοί τε μεγάλοι καὶ κατὰ τόπους λιμοὶ καὶ λοιμοὶ ἔσονται, |
| 8          πάντα δὲ ταῦτα ἀρχὴ ὠδίνων. | λιμοί. — 9 ἀρχὴ ὠδίνων ταῦτα. | φόβητρά τε καὶ σημεῖα ἀπ᾽ οὐρανοῦ μεγάλα ἔσται. |
| 9 τότε — | βλέπετε δὲ ὑμεῖς ἑαυτούς. — | 12 πρὸ δὲ τούτων πάντων ἐπιβαλοῦσιν ἐφ᾽ ὑμᾶς τὰς χεῖρας αὐτῶν καὶ διώξουσιν |
| παραδώσουσιν ὑμᾶς εἰς θλίψιν καὶ ἀποκτενοῦσιν ὑμᾶς, [x. 17] — | παραδώσουσιν ὑμᾶς εἰς — συνέδρια, καὶ εἰς συναγωγὰς δαρήσεσθε καὶ ἐπὶ ἡγεμόνων καὶ βασιλέων σταθήσεσθε ἕνεκεν [ver. 13.] | παραδιδόντες εἰς — τὰς συναγωγὰς καὶ φυλακάς, ἀπαγομένους βασιλεῖς καὶ ἡγεμόνας ἕνεκεν τοῦ [ver. 17.] |
| καὶ ἔσεσθε μισούμενοι ὑπὸ πάντων τῶν ἐθνῶν διὰ τὸ ὄνομά μου. | ἐμοῦ, [see below.] | 13 ὀνόματός μου· ἀποβήσεται ὑμῖν εἰς μαρτύριον |
| 10 καὶ τότε σκανδαλισθήσονται πολλοὶ καὶ ἀλλήλους παραδώσουσιν καὶ μισήσουσιν ἀλλήλους, 11 καὶ πολλοὶ ψευδοπροφῆται ἐγερθή- | — | — |

| MATT. XXIV. | MARK XIII. | LUKE XXI. |
|---|---|---|
| σονται καὶ πλανή- 12 σουσιν πολλούς. καὶ διὰ τὸ πληθυνθῆναι τὴν ἀνομίαν ψυγή- σεται ἡ ἀγάπη τῶν 13 πολλῶν. ὁ δὲ ὑπο- μείνας εἰς τέλος οὗτος 14ᵃ σωθήσεται. καὶ κη- ρυχθήσεται τοῦτο τὸ εὐαγγέλιον τῆς βασ- ιλείας ἐν ὅλῃ τῇ οἰκουμένῃ, εἰς μαρ- τύριον πᾶσιν τοῖς ἔθνεσιν, [ver. 14.] | — [ver. 13ᵇ.] [ver. 10.] εἰς μαρ- τύριον αὐτοῖς. 10 καὶ εἰς πάντα τὰ ἔθνη πρῶτον δεῖ κηρυχ- θῆναι τὸ εὐαγγέλιον. | — [ver. 19.] — [ver. 13.] — |
| [19[Cf.x.19-22.]ὅταν δὲ παραδῶσιν ὑμᾶς, μὴ μεριμνήσητε πῶς ἢ τι λαλήσητε· δοθήσεται γὰρ ὑμῖν ἐν ἐκείνῃ τῇ ὥρᾳ τί λαλήσητε· — | 11 καὶ ὅταν ἄγωσιν ὑμᾶς μὴ προμεριμνᾶτε τί λαλήσητε, ἀλλ᾽ ὃ ἐὰν δοθῇ ὑμῖν ἐν ἐκείνῃ τῇ ὥρᾳ τοῦτο λαλεῖτε· — | 14 θέτε οὖν ἐν ταῖς καρδίαις ὑμῶν μὴ προμελετᾶν ἀπο- λογηθῆναι· [Cf. 15 xii. 11, 12] ἐγὼ γὰρ δώσω ὑμῖν στομα καὶ σοφίαν, ᾗ οὐ δυνήσονται ἀντισ- τῆναι ἢ ἀντειπεῖν ἅπαντες ἀντικείμενοι ὑμῖν. [xii. 12.] |
| 20 οὐ γὰρ ὑμεῖς ἐστὲ οἱ λαλοῦντες, ἀλλὰ τὸ πνεῦμα τοῦ πατ- ρὸς ὑμῶν τὸ λαλοῦν 21 ἐν ὑμῖν. παρα- δώσει δὲ ἀδελφὸς ἀδελφὸν εἰς θάνατον, καὶ πατὴρ τέκνον καὶ ἐπαναστήσονται τέκνα ἐπὶ γονεῖς καὶ θανατώσουσιν αὐ- 22 τούς. καὶ ἔσεσθε μισούμενοι ὑπὸ πάν- των διὰ τὸ ὄνομά μου· [Cf. x. 30.] | οὐ γάρ ἐστε ὑμεῖς οἱ λαλοῦντες, ἀλλὰ τὸ πνεῦμα τὸ ἅγιον. 12 καὶ παρα- δώσει ἀδελφὸς ἀδελφὸν εἰς θάνατον καὶ πατὴρ τέκνον καὶ ἐπαναστήσονται τέκνα ἐπὶ γονεῖς καὶ θανατώσουσιν αὐ- 13 τούς. καὶ ἔσεσθε μισούμενοι ὑπὸ πάν- των διὰ τὸ ὄνομά μου· — | 16 παρα- δοθήσεσθε δὲ καὶ ὑπὸ γονέων καὶ ἀδελφῶν καὶ συγγε- νῶν καὶ φίλων καὶ θανατώσουσιν ἐξ 17 ὑμῶν, καὶ ἔσεσθε μισούμενοι ὑπὸ πάν- των διὰ τὸ ὄνομά 18 μου. καὶ θρὶξ ἐκ τῆς κεφαλῆς ὑμῶν οὐ μὴ ἀπόληται. [xii. 7.] |

| MATT. XXIV. | MARK XIII. | LUKE XXI. |
|---|---|---|
| ὁ δὲ ὑπομείνας εἰς τέλος, οὗτος σωθή- σεται.]<br>14ᵇ καὶ τότε ἥξει τὸ τέλος. | 13ᵇ ὁ δὲ ὑπομείνας εἰς τέλος, οὗτος σωθή- σεται. | 19 ἐν τῇ ὑπομονῇ ὑμων<br><br>[Cf. viii. 14, 15.]<br><br>κτήσασθε τὰς ψυχὰς ὑμῶν. |

(C.) *More Signs: The Catastrophe in Judæa.*

| MATT. XXIV. | MARK XIII. | LUKE XXI. |
|---|---|---|
| 15 Ὅταν οὖν ἴδητε τὸ βδέλυγμα τῆς ἐρη- μώσεως τὸ ῥηθὲν διὰ Δανιὴλ* τοῦ προ- φήτου ἐστὸς ἐν τόπῳ ἁγίῳ, —<br>ὁ ἀναγινώσκων νο- είτω,<br>— | 14 Ὅταν οὖν ἴδητε τὸ *βδέλυγμα τῆς ἐρη- μώσεως<br>—<br>ἑστηκότα†　—<br>ὅπου οὐ δεῖ,<br>ὁ ἀναγινώσκων νο- είτω,<br>— | 20 Ὅταν δὲ ἴδητε<br>—<br>—<br>—<br>—<br>κυκλουμένην ὑπὸ στρατοπέδων Ἱερου- σαλήμ, τότε γνῶτε ὅτι ἤγγικεν ἡ ἐρή- |
| 16　　　　τότε αἱ ἐν τῇ Ἰουδαίᾳ φευ- γέτωσαν ἐπὶ τὰ ὄρη,<br>17 ὁ ἐπὶ τοῦ δώματος<br><br>μὴ καταβάτω ἆραι τὰ ἐκ τῆς οἰκίας αὐτοῦ, | 　　　　τότε οἱ ἐν τῇ Ἰουδαίᾳ φευ- γέτωσαν εἰς τὰ ὄρη,<br>15 ὁ δὲ ἐπὶ τοῦ δώματος<br><br>μὴ καταβάτω μηδὲ εἰσελθάτω ἆραί τι ἐκ τῆς οἰκίας αὐτοῦ, | 21 μωσις αὐτῆς. τότε οἱ ἐν τῇ Ἰουδαίᾳ φευ- γέτωσαν εἰς τὰ ὄρη<br><br>καὶ οἱ ἐν μέσῳ αὐτῆς ἐκχωρείτωσαν,<br><br>καὶ οἱ ἐν ταῖς χώραις μὴ εἰσερχέσθωσαν εἰς αὐτήν, |
| 18　　　καὶ ὁ ἐν τῷ ἀγρῷ μὴ ἐπιστρε- ψάτω ὀπίσω ἆραι τὸ ἱμάτιον αὐτοῦ.<br>— | 16　　　καὶ ὁ εἰς τὸν ἀγρὸν μὴ ἐπιστρε- ψάτω εἰς τὰ ὀπίσω ἆραι τὸ ἱμάτιον αὐτοῦ· | —<br><br>22　　　ὅτι ἡμέ- ραι ἐκδικήσεως αὐταί εἰσιν τοῦ πλησθῆναι πάντα τὰ γεγραμ- |
| 19　　　οὐαὶ δὲ ταῖς ἐν γαστρὶ ἐχούσαις καὶ ταῖς θηλαζούσαις ἐν ἐκείναις ταῖς ἡμέ- ραις.<br>— | 17　　　οὐαὶ δὲ ταῖς ἐν γαστρὶ ἐχούσαις καὶ ταῖς θηλαζούσαις ἐν ἐκείναις ταῖς ἡμέ- ραις. | 23 μένα. οὐαὶ ταῖς ἐν γαστρὶ ἐχούσαις καὶ ταῖς θηλαζούσαις ἐν ἐκείναις ταῖς ἡμέ- ραις· ἔσται γὰρ ἀν- άγκη μεγάλη ἐπὶ τῆς γῆς καὶ ὀργὴ τῷ λαῷ τούτῳ, [1 Cor. vii. 26.] |

* Dan. ix. 27; xi. 31; xii. 11. 1 Mac. i. 10-64, esp. ver. 54.
Cf. Josephus A. xii. 7; B. vi. 6.　　† Note the gender.

**MATT. XXIV.**

20 προσεύχεσθε δὲ ἵνα
μὴ γένηται ἡ φυγὴ
ὑμῶν χειμῶνος μηδὲ
21 σαββάτῳ. ἔσται
γὰρ τότε
θλίψις μεγάλη,
οἵα οὐκ ἐγένετο
ἀπ' ἀρχῆς κόσ-
μου —
ἕως τοῦ νῦν
οὐδ' οὐ μὴ γένηται.

22 καὶ εἰ μὴ ἐκολοβώ-
θησαν αἱ ἡμέ-
ραι ἐκεῖναι, οὐκ ἂν
ἐσώθη πᾶσα σάρξ·
διὰ δὲ τοὺς ἐκλεκ-
τοὺς
κολοβωθήσονται αἱ
23 ἡμέραι ἐκεῖναι. τότε
ἐάν τις ὑμῖν εἴπῃ·
ἰδοὺ ὧδε ὁ Χριστός,
ἢ ὧδε μὴ πιστεύσητε.
24 ἐγερθήσονται γὰρ
ψευδόχριστοι* καὶ
ψευδοπροφῆται, καὶ
δώσουσιν† σημεῖα
μεγάλα καὶ τέρατα
ὥστε πλανηθῆναι,
εἰ δυνατόν, καὶ τοὺς
ἐκλεκτούς.
25 ἰδοὺ
προείρηκα ὑμῖν.
26 ἐὰν οὖν εἴπωμεν ὑμῖν·
ἰδοὺ ἐν τῇ ἐρήμῳ
ἐστίν, μὴ ἐξέλθητε·
ἰδοὺ ἐν τοῖς ταμείοις,
μὴ πιστεύσητε.
27 ὥσπερ γὰρ ἡ ἀστρα-
πὴ ἐξέρχεται ἀπὸ

\* Only here in N.T.

**MARK XIII.**

18 προσεύχεσθε δὲ ἵνα
μὴ γένηται —
χειμῶνος. —
19 ἔσονται
γὰρ αἱ ἡμέραι ἐκεῖ-
ναι θλίψις
οἵα οὐ γέγονεν τοι-
αύτη ἀπ' ἀρχῆς κτί-
σεως, ἣν ἔκτισεν ὁ
θεός, ἕως τοῦ νῦν
καὶ οὐ μὴ γένηται.

20 καὶ εἰ μὴ ἐκολόβω-
σεν κύριος τὰς ἡμέ-
ρας, οὐκ ἂν
ἐσώθη πᾶσα σάρξ·
ἀλλὰ διὰ τοὺς ἐκλεκ-
τοὺς οὓς ἐξελέξατο
ἐκολόβωσεν τὰς
21 ἡμέρας. καὶ τότε
ἐάν τις ὑμῖν εἴπῃ·
ἴδε ὧδε ὁ Χριστός,
ἴδε ἐκεῖ, μὴ πιστεύετε.
22 ἐγερθήσονται δὲ
ψευδόχριστοι* καὶ
ψευδοπροφῆται, καὶ
ποιήσουσιν‡ σημεῖα
τέρατα
πρὸς τὸ ἀποπλανᾶν,
εἰ δυνατόν τοὺς
23 ἐκλεκτούς. ὑμεῖς
δὲ βλέπετε· [ver. 9]
προείρηκα ὑμῖν πάν-
τα.

† *Cf.* Joel ii. 30.

**LUKE XXI.**

—
—
—

24 καὶ πεσοῦνται στό-
ματι μαχαίρης καὶ
αἰχμαλωτισθήσονται
εἰς τὰ ἔθνη πάντα,
καὶ Ἰερουσαλὴμ
ἔσται πατουμένη ὑπὸ
ἐθνῶν, ἄχρι οὗ πλη-
ρωθῶσιν καιροὶ ἐθ-
νῶν.

—

—

[*Cf.* xvii. 23.]

[*Cf.* xvii. 23.]

[*Ibid.* 24.]

‡ *Dan.* iv. 2 ; vi. 27.

175

| MATT. XXIV. | MARK XIII. | LUKE XXI. |
|---|---|---|
| ἀνατολῶν καὶ φαίνεται ἕως δυσμῶν, οὕτως ἔσται ἡ παρουσία τοῦ υἱοῦ τοῦ 28 ἀνθρώπου. ὅπου ἐὰν ᾖ τὸ πτῶμα, ἐκεῖ συναχθήσονται οἱ ἀετοί. | — | [ Cf. xvii. 37.] |

(D.) *Portents in the Heavens and the Earth : The Coming of the Son of Man.*

| MATT. XXIV. | MARK XIII. | LUKE XXI. |
|---|---|---|
| 29 εὐθέως δὲ μετὰ τὴν θλίψιν τῶν ἡμερῶν ἐκείνων ὁ ἥλιος σκοτισθήσεται καὶ ἡ σελήνη οὐ δώσει τὸ φέγγος αὐτῆς, καὶ οἱ ἀστέρες πεσοῦνται ἐκ τοῦ οὐρανοῦ, | 24 ἀλλὰ ἐν ἐκείναις ταῖς ἡμέραις μετὰ τὴν θλίψιν ἐκείνην ὁ ἥλιος σκοτισθήσεται, καὶ ἡ σελήνη οὐ δώσει 25 τὸ φέγγος αὐτῆς, καὶ οἱ ἀστέρες ἔσονται ἐκ τοῦ οὐρανοῦ πίπτοντες, | 25 Καὶ ἔσονται σημεῖα ἐν ἡλίῳ καὶ σελήνῃ καὶ ἄστροις, καὶ ἐπὶ τῆς γῆς συνοχὴ ἐθνῶν ἐν ἀπορίᾳ ἤχους θαλάσσης καὶ σάλου, 26 ἀποψυχόντων ἀνθρώπων ἀπὸ φόβου καὶ προσδοκίας τῶν ἐπερχομένων τῇ οἰκουμένῃ, |
| καὶ αἱ δυνάμεις τῶν οὐρανῶν σαλευ- 30 θήσονται. καὶ τότε φανήσεται τὸ σημεῖον τοῦ υἱοῦ τοῦ ἀνθρώπου ἐν οὐρανῷ, καὶ κόψονται πᾶσαι αἱ φυλαὶ τῆς γῆς καὶ ὄψονται τὸν υἱὸν τοῦ ἀνθρώπου ἐρχόμενον ἐπὶ τῶν νεφελῶν τοῦ οὐρανοῦ μετὰ δυνάμεως καὶ δόξης πολλῆς. | καὶ αἱ δυνάμεις αἱ ἐν τοῖς οὐρανοῖς σαλευθήσονται. 26 καὶ τότε ὄψονται τὸν υἱὸν τοῦ ἀνθρώπου ἐρχόμενον ἐν νεφελαις μετὰ δυνάμεως πολλῆς καὶ δόξης. | αἱ γὰρ δυνάμεις τῶν οὐρανῶν σαλευθήσονται. 27 καὶ τότε ὄψονται τὸν υἱὸν τοῦ ἀνθρώπου ἐρχόμενον ἐν νεφελῃ μετὰ δυνάμεως καὶ δόξης πολλῆς. 28 ἀρχομένων δὲ τούτων γίνεσθαι ἀνακύψατε καί ἐπάρατε τὰς κεφαλὰς ὑμῶν, διότι ἐγγίζει ἡ ἀπολύτρωσις ὑμῶν. |
| 31 καὶ ἀποστελεῖ | 27 καὶ τότε ἀποστελεῖ | — |

| | | |
|---|---|---|
| τοὺς ἀγγέλους αὐτοῦ, μετὰ σάλπιγγος μεγάλης, καὶ ἐπισυνάξουσιν τοὺς ἐκλεκτοὺς αὐτοῦ ἐκ τῶν τεσσάρων ἀνέμων ἀπ᾽ ἄκρων οὐρανῶν ἕως ἄκρων αὐτῶν. | τοὺς ἀγγέλους,<br>—<br>καὶ ἐπισυνάξουσιν τοὺς ἐκλεκτοὺς ἐκ τῶν τεσσάρων ἀνέμων ἀπ᾽ ἄκρου γῆς ἕως ἄκρου οὐρανοῦ. | |

(E.) *The Signs are certain : Parable of the Fig Tree putting forth its Leaves.*

| | | |
|---|---|---|
| 32 ἀπὸ δὲ τῆς συκῆς μάθετε τὴν παραβολήν.<br><br>—<br>ὅταν ἤδη ὁ κλάδος αὐτῆς γένηται ἀπαλὸς καὶ τὰ φύλλα ἐκφύῃ,<br>—<br>γινώσκετε ὅτι ἐγγὺς τὸ θέρος· | 28 ἀπὸ δὲ τῆς συκῆς μάθετε τὴν παραβολήν.<br><br><br>ὅταν αὐτῆς ἤδη ὁ κλάδος ἀπαλὸς γένηται καὶ ἐκφύῃ τὰ φύλλα,<br><br>γινώσκετε ὅτι ἐγγὺς τὸ θέρος | 29 καὶ εἶπεν παραβολὴν αὐτοῖς· ἴδετε τὴν συκῆν καὶ πάντα τὰ δένδρα· 30 ὅταν<br>προβάλωσιν ἤδη,<br><br>βλέποντες ἀφ᾽ ἑαυτῶν γινώσκετε ὅτι ἤδη ἐγγὺς τὸ θέρος |
| 33 οὕτως καὶ ὑμεῖς ὅταν ἴδητε ταῦτα πάντα, γίνωσκετε ὅτι ἐγγύς ἐστιν ἐπὶ θύραις.<br>— | 29 ἐστίν. οὕτως καὶ ὑμεῖς ὅταν ἴδητε ταῦτα γινόμενα γίνωσκετε ὅτι ἐγγύς ἐστιν ἐπὶ θύραις. | 31 ἐστίν· οὕτως καὶ ὑμεῖς ὅταν ἴδητε ταῦτα γινόμενα, γινώσκετε ὅτι ἐγγύς ἐστιν — ἡ βασιλεία τοῦ θεοῦ. |
| 34 ἀμὴν λέγω ὑμῖν οὐ μὴ παρέλθῃ ἡ γενεὰ αὕτη ἕως ἂν πάντα ταῦτα γένηται. 35 ὁ οὐρανὸς καὶ ἡ γῆ παρελεύσεται, οἱ δὲ λόγοι μου οὐ μὴ παρέλθωσιν. | 30 ἀμὴν λέγω ὑμῖν ὅτι οὐ μὴ παρέλθῃ ἡ γενεὰ αὕτη μέχρις οὗ ταῦτα πάντα γένηται. 31 ὁ οὐρανὸς καὶ ἡ γῆ παρελεύσονται, οἱ δὲ λόγοι μου οὐ μὴ παρελεύσονται. | 32 ἀμὴν λέγω ὑμῖν ὅτι οὐ μὴ παρέλθῃ ἡ γενεὰ αὕτη ἕως ἂν πάντα γένηται. 33 ὁ οὐρανὸς καὶ ἡ γῆ παρελεύσονται, οἱ δὲ λόγοι μου οὐ μὴ παρελεύσονται. |

(F.) *Day and Hour known to the Father only : Necessity for Watching.*

| | | |
|---|---|---|
| 36 Περὶ δὲ τῆς ἡμέρας ἐκείνης καὶ ὥρας οὐδεὶς οἶδεν, οὐδὲ οἱ ἄγγελοι τῶν οὐρανῶν οὐδὲ ὁ υἱός, εἰ μὴ ὁ πατὴρ μόνος.<br>—<br><br>[Cf. ver. 38.] | 32 Περὶ δὲ τῆς ἡμέρας ἐκείνης ἢ τῆς ὥρας οὐδεὶς οἶδεν, οὐδὲ οἱ ἄγγελοι ἐν οὐρανῷ οὐδὲ ὁ υἱός, εἰ μὴ ὁ πατήρ.<br>33ᵃ βλέπετε [ver. 23]. | —<br><br><br><br>34 προσέχετε δὲ ἑαυτοῖς μήποτε βαρηθῶσιν ὑμῶν αἱ καρδίαι ἐν |

|  | MARK XIII. | LUKE XXI. |
|---|---|---|
|  |  | κραιπάλῃ καὶ μέθῃ καὶ μερίμναις βιωτι- καῖς, καὶ ἐπιστῇ ἐφ' ὑμᾶς αἰφνίδιος ἡ ἡμέρα ἐκείνη ὡς |
|  | [Cf. ver. 36.] |  |
|  | — | 35 παγίς· ἐπεισελεύσε- ται γὰρ ἐπὶ πάντας τοὺς καθημένους ἐπὶ πρόσωπον πάσης τῆς |
|  | ἀγρυπνεῖτε· [ver. 33ᵇ.] | 36 γῆς. ἀγρυπνεῖτε δὲ ἐν παντὶ καιρῷ δεό- μενοι ἵνα κατισ- χύσητε ἐκφυγεῖν ταῦτα πάντα τὰ μέλλοντα γίνεσθαι, καὶ σταθῆναι ἔμ- προσθεν τοῦ υἱοῦ τοῦ ἀνθρωπου. |
| [xxv. 32.] | — |  |
|  |  | [Cf. xvii. 26, 27.] |

37 ὥσπερ δὲ αἱ ἡμέραι τοῦ Νῶε, οὕτως ἔσται ἡ παρουσία τοῦ υἱοῦ

38 τοῦ ἀνθρώπου. ὡς γὰρ ἦσαν ἐν ταῖς ἡμέραις ταῖς πρὸ τοῦ κατακλυσμοῦ τρώ- γοντες καὶ πίνοντες, γαμοῦντες καὶ γαμί- ζοντες, ἄχρι ἧς ἡμέ- ρας εἰσῆλθεν Νῶε εἰς τὴν κιβωτόν,

39 καὶ οὐκ ἔγνωσαν ἕως ἦλθεν ὁ κατα- κλυσμὸς καὶ ἦρεν ἅπαντας, οὕτως ἔσται καὶ ἡ παρουσία τοῦ υἱοῦ τοῦ ἀνθρώπου.

40 τότε ἔσονται δύο ἀλήθουσαι ἐν τῷ ἀγρῷ, εἷς παραλαμ- βάνεται καὶ εἷς     [Ibid. 34.]

41 ἀφίεται. δύο ἀλή- θουσαι ἐν τῷ μύλῳ, μία παραλαμβάνεται καὶ μία ἀφίεται.     [Ibid. 35.]

(G.) *The Blessedness of Watchful Servants.*  [Cf. § 135.]

42 γρηγορεῖτε οὖν, ὅτι οὐκ οἴδατε ποία ἡμέρα ὁ      [ver. 35, 34.]
43 κύριος ὑμων ἔρχεται. ἐκεῖνο   33ᵇ οὐκ οἴδατε γὰρ
                [ver. 35.]

[Cf. xii. 39-44.]

δὲ γινώσκετε, ὅτι εἰ ἤδει ὁ
οἰκοδεσπότης ποίᾳ φυλακῇ ὁ
κλέπτης ἔρχεται, ἐγρηγόρησεν      [ver. 34.]
ἂν καὶ οὐκ ἂν εἴασεν διορυχ-
44 θῆναι τὴν οἰκίαν αὐτοῦ. διὰ     —
τοῦτο καὶ ὑμεῖς γίνεσθε ἔτοι-
μοι, ὅτι ᾗ οὐ δοκεῖτε ὥρᾳ ὁ
υἱὸς τοῦ ἀνθρώπου ἔρχεται.
45 τίς ἄρα ἐστὶν ὁ πιστὸς δοῦλος     —
καὶ φρόνιμος, ὃν κατέστησεν
ὁ κύριος ἐπὶ τῆς οἰκετείας αὐτοῦ
τοῦ δοῦναι αὐτοῖς τὴν τροφὴν
46 ἐν καιρῷ; μακάριος ὁ δοῦλος     —
ἐκεῖνος ὃν ἐλθὼν ὁ κύριος αὐτοῦ
47 εὑρήσει οὕτως ποιοῦντα. ἀμὴν
λέγω ὑμῖν ὅτι ἐπὶ πᾶσιν τοῖς
ὑπάρχουσιν αὐτοῦ καταστήσει
αὐτόν.

### (H.) The Doom of Wicked Servants. [Cf. § 136.]

48 ἐὰν δὲ εἴπῃ ὁ κακὸς δοῦλος ἐν τῇ καρδίᾳ    —    [Cf. xii.
49 αὐτοῦ· χρονίζει μου ὁ κύριος, καὶ ἄρξηται     45–48.]
τύπτειν τοὺς συνδούλους αὐτοῦ, ἐσθίῃ δὲ
50 καὶ πίνῃ μετὰ τῶν μεθυόντων· ἥξει ὁ κύριος    —
τοῦ δούλου ἐκείνου ἐν ἡμέρᾳ ᾗ οὐ προσδοκᾷ
51 καὶ ἐν ὥρᾳ ᾗ οὐ γινώσκει, καὶ διχοτομήσει    —
αὐτόν, καὶ τὸ μέρος αὐτοῦ μετὰ τῶν ὑπο-
κριτῶν θήσει· ἐκεῖ ἔσται ὁ κλαυθμὸς καὶ ὁ
βρυγμὸς τῶν ὀδόντων.

### (I.) Parable of the Ten Virgins.

#### XXV.

1 Τότε ὁμοιωθήσεται ἡ βασιλεία τῶν οὐρανῶν    —      —
δέκα παρθένοις, αἵτινες λαβοῦσαι τὰς λαμ-
πάδας αὐτῶν ἐξῆλθον εἰς ὑπάντησιν τοῦ
2 νυμφίου. πέντε δὲ ἐξ αὐτῶν ἦσαν μωραὶ    —      —
3 καὶ πέντε φρόνιμοι. αἱ γὰρ μωραὶ λαβοῦ-    —      —
σαι τὰς λαμπάδας οὐκ ἔλαβον μεθ᾽ ἑαυτῶν
4 ἔλαιον· αἱ δὲ φρόνιμοι ἔλαβον ἔλαιον ἐν    —      —
τοῖς ἀγγείοις μετὰ τῶν λαμπάδων ἑαυτῶν.
5 χρονίζοντος δὲ τοῦ νυμφίου ἐνύσταξαν    —      —
6 πᾶσαι καὶ ἐκάθευδον. μέσης δὲ νυκτὸς    —      —
κραυγὴ γέγονεν· ἰδοὺ ὁ νυμφίος, ἐξέρχεσθε
7 εἰς ἀπάντησιν. τότε ἠγέρθησαν πᾶσαι αἱ    —      —
παρθένοι ἐκεῖναι καὶ ἐκόσμησαν τὰς λαμ-
8 πάδας ἑαυτῶν. αἱ δὲ μωραὶ ταῖς φρονίμοις    —      —
εἶπαν· δότε ἡμῖν ἐκ τοῦ ἐλαίου ὑμῶν, ὅτι

9 αἱ λαμπάδες ἡμῶν σβέννυνται. ἀπεκρί-    —    —
θησαν δὲ αἱ φρόνιμοι λέγουσαι· μήποτε
οὐκ ἀρκέσῃ ἡμῖν καὶ ἡμῖν· πορεύεσθε μᾶλ-
λον πρὸς τοὺς πωλοῦντας καὶ ἀγοράσατε

10 ἑαυταῖς. ἀπερχομένων δὲ αὐτῶν ἀγοράσαι    —    —
ἦλθεν ὁ νυμφίος, καὶ αἱ ἕτοιμοι εἰσῆλθον
μετ᾽ αὐτοῦ εἰς τοὺς γάμους, καὶ ἐκλείσθη ἡ    [ver. 34.]

11 θύρα. ὕστερον δὲ ἔρχονται καὶ αἱ λοιπαὶ    —
παρθένοι λέγουσαι· κύριε, κύριε, ἄνοιξον

12 ἡμῖν. ὁ δὲ ἀποκριθεὶς εἶπεν· ἀμὴν λέγω

13 ὑμῖν οὐκ οἶδα ὑμᾶς. γρηγορεῖτε οὖν ὅτι    [ver. 37.]
οὐκ οἴδατε τὴν ἡμέραν οὐδὲ τὴν ὥραν.

                                33<sup>b</sup> πότε ὁ καιρός    [ver.
                                      ἐστιν.    36.]

### (J.) Parable of the Talents. [Cf. § 176.]

| MATT. XXV. | MARK XIII. | [LUKE XXI.] |
|---|---|---|
| 14 Ὥσπερ γὰρ ἄνθρω- | 34 Ὡς ἄνθρω- | [Cf. xix. 11–28.] |
| πος ἀποδημῶν ἐκά- | πος ἀπόδημος | |
| λεσεν | ἀφεὶς τὴν | |
| τοὺς | οἰκίαν αὐτοῦ | |
| ἰδίους δούλους καὶ | | |
| παρέδωκεν αὐτοῖς τὰ | δοὺς τοῖς | |
| ὑπάρχοντα αὐτοῦ, | δούλους αὐτοῦ | |
| 15 καὶ ᾧ | τὴν ἐξουσίαν | |
| μὲν ἔδωκεν πέντε | | |
| τάλαντα, ᾧ δὲ δύο, ᾧ | | |
| δὲ ἕν, ἑκάστῳ κατὰ | ἑκάστῳ | |
| τὴν ἰδίαν δύναμιν | | |
| καὶ | τὸ ἔργον αὐτοῦ καὶ | |
| ἀπεδήμησεν. | τῷ | |
| [Cf. ver. 10.] | θυρωρῷ ἐνετείλατο | |
| [Cf. ver. 13.] | ἵνα γρηγορῇ. | |

16 εὐθέως πορευθεὶς ὁ τὰ πέντε τάλαντα λαβὼν    —
ἠργάσατο ἐν αὐτοῖς καὶ ἐποίησεν ἄλλα πέντε

17 τάλαντα. ὡσαύτως ὁ τὰ δύο ἐκέρδησεν ἄλλα    —

18 δύο. ὁ δὲ τὸ ἓν λαβὼν ἀπελθὼν ὤρυξεν γῆν
καὶ ἔκρυψεν τὸ ἀργύριον τοῦ κυρίου αὐτοῦ.

19 μετὰ δὲ πολὺν χρόνον ἔρχεται ὁ κύριος τῶν
δούλων ἐκείνων καὶ συναίρει λόγον μετ᾽ αὐ-

20 τῶν. καὶ προσελθὼν ὁ τὰ πέντε τάλαντα    —
λαβὼν προσήνεγκεν ἄλλα πέντε τάλαντα
λέγων· κύριε, πέντε τάλαντά μοι παρέδωκας,

21 ἴδε ἄλλα πέντε τάλαντα ἐκέρδησα. ἔφη αὐτῷ    —
ὁ κύριος αὐτοῦ· εὖ, δοῦλε ἀγαθὲ καὶ πιστέ,
ἐπὶ ὀλίγα ἦς πιστός, ἐπὶ πολλῶν σε κατα-
στήσω· εἴσελθε εἰς τὴν χαρὰν τοῦ κυρίου σου.

22 προσελθὼν καὶ ὁ τὰ δύο τάλαντα εἶπεν    —
κύριε, δύο τάλαντά μοι παρέδωκας, ἴδε ἄλλα

23 δύο τάλαντα ἐκέρδησα. ἔφη αὐτῷ ὁ κύριος
αὐτοῦ· εὖ, δοῦλε ἀγαθὲ καὶ πιστέ, ἐπὶ ὀλίγα
ἧς πιστός, ἐπὶ πολλῶν σε καταστήσω·
εἴσελθε εἰς τὴν χαράν τοῦ κυρίου σου·

24 προσελθὼν δὲ καὶ ὁ τὸ ἓν τάλαντον εἰληφὼς
εἶπεν· κύριε, ἔγνων σε ὅτι σκληρὸς εἶ ἄν-
θρωπος, θερίζων ὅπου οὐκ ἔσπειρας, καὶ

25 συνάγων ὅθεν οὐ διεσκόρπισας· καὶ φοβη-
θεὶς ἀπελθὼν ἔκρυψα τὸ τάλαντόν σου ἐν

26 τῇ γῇ· ἴδε ἔχεις τὸ σόν. ἀποκριθεὶς δὲ ὁ
κύριος αὐτοῦ εἶπεν αὐτῷ· πονηρὲ δοῦλε καὶ
ὀκνηρέ, ᾔδεις ὅτι θερίζω ὅπου οὐκ ἔσπειρα,

27 καὶ συνάγω ὅθεν οὐ διεσκόρπισα; ἔδει σε
οὖν βαλεῖν τὰ ἀργύριά μου τοῖς τραπεζεί-
ταις, καὶ ἐλθὼν ἐγὼ ἐκομισάμην ἂν τὸ ἐμὸν

28 σὺν τόκῳ. ἄρατε οὖν ἀπ᾿ αὐτοῦ τὸ τάλαν-
τον καὶ δότε τῷ ἔχοντι τὰ δέκα τάλαντα.

29 τῷ γὰρ ἔχοντι παντὶ δοθήσεται καὶ περισ-
σευθήσεται· τοῦ δὲ μὴ ἔχοντος, καὶ ὃ ἔχει

30 ἀρθήσεται ἀπ᾿ αὐτοῦ. καὶ τὸν ἀχρεῖον δοῦ-
λον ἐκβάλετε εἰς τὸ σκότος τὸ ἐξώτερον·
ἐκεῖ ἔσται ὁ κλαυθμὸς καὶ ὁ βρυγμὸς τῶν
ὀδόντων.

| | | |
|---|---|---|
| [xxiv. 42 ; xxv. 13.] | 35 γρηγορεῖτε οὖν. | |
| [xxiv. 42.] | οὐκ οἴδατε γὰρ πότε | |
| [xxiv. 43.] | ὁ κύριος. τῆς οἰκίας | |
| [xxiv. 49.] | ἔρχεται, ἢ ὀψὲ ἢ | [Cf. ver. 36. |
| [xxv. 6.] | μεσονύκτιον ἢ ἀλεκ- | ἐν παντὶ |
| | τροφωνίας ἢ πρωΐ. | καιρῷ.] |
| | 36 μὴ ἐλθὼν ἐξαίφνης | [ver. 34.] |
| [ver. 5.] | εὕρῃ ὑμᾶς καθεύ- | |
| [ver. 12.] | 37 δοντας, ὃ δὲ ὑμῖν | |
| | λέγω, πᾶσιν λέγω, | [ver. 38.] |
| [ver. 13.] | γρηγορεῖτε. | |

(K.) The Last Judgment.

31 Ὅταν δὲ ἔλθῃ ὁ υἱὸς τοῦ ἀνθρώπου ἐν τῇ
δόξῃ αὐτοῦ καὶ πάντες οἱ ἄγγελοι μετ᾿ αὐ-
τοῦ, τότε καθίσει ἐπὶ θρόνου δόξης αὐτοῦ·

32 καὶ συναχθήσονται ἔμπροσθεν αὐτοῦ πάντα
τὰ ἔθνη, καὶ ἀφορίσει αὐτοὺς ἀπ᾿ ἀλλήλων,
ὥσπερ ὁ ποιμὴν ἀφορίζει τὰ πρόβατα ἀπὸ

33 τῶν ἐρίφων, καὶ στήσει τὰ μὲν πρόβατα ἐκ
δεξιῶν αὐτοῦ, τὰ δὲ ἐρίφια ἐξ εὐωνύμων.

34 τότε ἐρεῖ ὁ βασιλεὺς τοῖς ἐκ δεξιῶν αὐτοῦ·
δεῦτε οἱ εὐλογημένοι τοῦ πατρός μου, κληρο-
νομήσατε τὴν ἡτοιμασμένην ὑμῖν βασι-

35 λείαν ἀπὸ καταβολῆς κόσμου. ἐπείνασα

[Cf. ver. 36ᵇ.]

181

| | | |
|---|---|---|
| γὰρ καὶ ἐδώκατέ μοι φαγεῖν, ἐδίψησα καὶ ἐποτίσατέ με, ξένος ἤμην καὶ συνηγάγετέ | | |
| 36 με, γυμνὸς καὶ περιεβάλετέ με, ἠσθένησα καὶ ἐπεσκέψασθέ με, ἐν φυλακῇ ἤμην καὶ | — | — |
| 37 ἤλθατε πρός με. τότε ἀποκριθήσονται αὐτῷ οἱ δίκαιοι λέγοντες· κύριε, πότε σε εἴδομεν πεινῶντα καὶ ἐθρέψαμεν; ἢ διψῶντα | — | — |
| 38 καὶ ἐποτίσαμεν; πότε δέ σε εἴδομεν ξένον | — | — |
| 39 καὶ συνηγάγομεν; ἢ γυμνὸν καὶ περιεβάλομεν; πότε δέ σε εἴδομεν ἀσθενοῦντα ἢ ἐν | — | — |
| 40 φυλακῇ καὶ ἤλθομεν πρός σε; καὶ ἀποκριθεὶς ὁ βασιλεὺς ἐρεῖ αὐτοῖς· ἀμὴν λέγω ὑμῖν, ἐφ' ὅσον ἐποιήσατε ἑνὶ τούτων τῶν ἀδελφῶν μου τῶν ἐλαχίστων, ἐμοὶ ἐποιή- | — | — |
| 41 σατε. τότε ἐρεῖ καὶ τοῖς ἐξ εὐωνύμων· πορεύεσθε ἀπ' ἐμοῦ κατηραμένοι εἰς τὸ πῦρ τὸ αἰώνιον τὸ ἡτοιμασμένον τῷ διαβόλῳ καὶ | — | — |
| 42 τοῖς ἀγγέλοις αὐτοῦ. ἐπείνασα γὰρ καὶ οὐκ ἐδώκατέ μοι φαγεῖν, ἐδίψησα καὶ οὐκ ἐποτί- | — | — |
| 43 σατέ με, ξένος ἤμην καὶ οὐ συνηγάγετέ με, γυμνὸς καὶ οὐ περιεβάλετέ με, ἀσθενὴς καὶ | — | — |
| 44 ἐν φυλακῇ καὶ οὐκ ἐπεσκέψασθέ με. τότε ἀποκριθήσονται καὶ αὐτοὶ λέγοντες· κύριε, πότε σε εἴδομεν πεινῶντα ἢ διψῶντα ἢ ξένον ἢ γυμνὸν ἢ ἀσθενῆ ἢ ἐν φυλακῇ, καὶ οὐ | — | — |
| 45 διηκονήσαμέν σοι; τότε ἀποκριθήσεται αὐτοῖς λέγων· ἀμὴν λέγω ὑμῖν, ἐφ' ὅσον οὐκ ἐποιήσατε ἑνὶ τούτων τῶν ἐλαχίστων, οὐδὲ | — | — |
| 46 ἐμοὶ ἐποιήσατε. καὶ ἀπελεύσονται οὗτοι εἰς κόλασιν αἰώνιον, οἱ δὲ δίκαιοι εἰς ζωὴν αἰώνιον. | — | — |

§ 193. *Jesus teaches every day in the Temple, and spends every night on the Mount of Olives.*

| | | |
|---|---|---|
| [*Cf.* xxvi. 55.]<br>[*Cf.* xxi. 17; xxvi. 6.] | [*Cf.* xiv. 49; xii. 35.]<br>[*Cf.* xi. 19.]<br><br>[xiii. 37.] | 37 Ἦν δὲ τὰς ἡμέρας ἐν τῷ ἱερῷ διδάσκων, τὰς δὲ νύκτας ἐξερχόμενος ηὐλίζετο εἰς τὸ ὄρος τὸ ἐλαιῶν. [xxii. 39, 40.]<br>38 καὶ πᾶς ὁ λαὸς ὤρθριζεν πρὸς αὐτὸν ἐν τῷ ἱερῷ ἀκούειν αὐτοῦ. |

§ 194. *Fourth Announcement of the Passion.*

| XXVI. | | |
|---|---|---|
| 1 Καὶ ἐγένετο ὅτε ἐτέλεσεν ὁ Ἰησοῦς πάντας τοὺς λόγους τούτους, εἶπεν τοῖς μαθηταῖς | — | — |
| 2 αὐτοῦ· οἴδατε ὅτι μετὰ δύο ἡμέρας τὸ πάσχα γίνεται, | [xiv. 1.] | [xxii. 1.] |

καὶ ὁ υἱὸς τοῦ ἀνθρώπου παραδίδοται εἰς τὸ σταυρωθῆναι. [xx. 19.] | — | —

§ 195. *The Chief Priests and the Elders (Scribes) plot for the Murder of Jesus.*

|  |  | XIV. | XXII. |
|---|---|---|---|
| 3 | τότε | 1 Ἦν δὲ | 1 Ἤγγιζεν δὲ ἡ ἑορτὴ τῶν ἀζύμων ἡ λεγομένη πάσχα |
|  |  | τὸ πάσχα καὶ τὰ |  |
| [ver. 2] |  | ἄζυμα μετὰ δύο ἡμέ- |  |
|  | συνήχθησαν | ρας, καὶ | 2  καὶ |
|  | οἱ ἀρχιερεῖς | ἐζήτουν οἱ ἀρχιερεῖς | οἱ ἀρχιερεῖς |
|  | καὶ οἱ πρεσβύτεροι | καὶ οἱ | καὶ οἱ |
|  | τοῦ λαοῦ | γραμματεῖς | γραμματεῖς |
|  | εἰς τὴν αὐλὴν τοῦ | — | — |
|  | ἀρχιερέως τοῦ λεγο- |  |  |
| 4 | μένου Καϊάφα, καὶ | πῶς | τὸ πῶς |
|  | συνεβουλεύσαντο |  |  |
|  | ἵνα τὸν Ἰησοῦν δόλῳ | αὐτὸν ἐν δόλῳ |  |
|  | κρατήσωσιν καὶ | κρατήσαντες |  |
| 5 | ἀποκτείνωσιν· ἔλ- | 2 ἀποκτείνωσιν· ἔλ- | ἀνέλωσιν αὐτόν· |
|  | εγον δέ· μὴ ἐν τῇ | εγον γάρ· μὴ ἐν τῇ | ἐφοβοῦντο γὰρ |
|  | ἑορτῇ, ἵνα μὴ θόρυ- | ἑορτῇ, μήποτε |  |
|  | βος γένηται ἐν τῷ | ἔσται θόρυβος τοῦ | τὸν |
|  | λαοῦ. | λαοῦ. | λαόν. |
|  | [xxi. 26, 46.] | [xi. 32; xii. 12.] | [Cf. xx. 19.] |

§ 196. *The Anointing of Jesus at Bethany.* [Cf. § 67.]

|  |  |  |
|---|---|---|
| 6 Τοῦ δὲ Ἰησοῦ γενομένου ἐν Βηθανίᾳ ἐν οἰκίᾳ Σίμωνος τοῦ λεπροῦ, [ver. 7] | 3 Καὶ ὄντος αὐτοῦ ἐν Βηθανίᾳ ἐν τῇ οἰκίᾳ Σίμωνος τοῦ λεπροῦ, κατακειμένου αὐ- | — |
| 7 προσῆλθεν αὐτῷ γυνὴ ἔχουσα ἀλάβαστρον μύρου πολυτίμου | τοῦ ἦλθεν γυνὴ ἔχουσα ἀλάβαστρον μύρου νάρδου πιστικῆς πολυτελοῦς· συντρίψασα τὸν ἀλάβαστρον | [vii. 37.] [vii. 37.] |
| καὶ κατέχεεν ἐπὶ τῆς κε- φαλῆς αὐτοῦ ἀνακειμένου. | κατέχεεν αὐτοῦ τῆς κε- φαλῆς. |  |
| 8 ἰδόντες δὲ οἱ μαθηταὶ ἠγαν- άκτησαν λέ- γοντες· εἰς τί ἡ ἀπώλεια αὕτη; | 4 ἦσαν δέ τινες ἀγαν- ακτοῦντες πρὸς ἑαυτούς· εἰς τί ἡ ἀπώλεια αὕτη τοῦ μύρου γέγονεν; | — |
| 9 ἐδύνατο γὰρ τοῦτο πραθῆναι πολλοῦ — καὶ δοθῆναι πτωχοῖς. — | 5 ἠδύνατο γὰρ τοῦτο τὸ μύρον πραθῆναι ἐπάνω δηναρίων * τριακοσίων καὶ δοθῆναι τοῖς πτωχοῖς· καὶ ἐνεβριμοῦντο | — |
| 10 γνοὺς δὲ ὁ Ἰησοῦς εἶπεν αὐ- τοῖς· τί κόπους | 6 αὐτῇ. ὁ δὲ Ἰησοῦς εἶπεν † ἄφετε αὐτήν· τί αὐτῇ κόπους | — |

\* Cf. John xii. 5.  † Ibid. 7.

| | | |
|---|---|---|
| παρέχετε τῇ γυναικί; ἔργον γὰρ καλὸν ἠργάσατο εἰς ἐμέ. | παρέχετε; καλὸν ἔργον ἠργάσατο ἐν ἐμοί. | |
| 11 πάντοτε γὰρ τοὺς πτωχοὺς ἔχετε μεθ᾽ ἑαυτῶν, — ἐμὲ δὲ οὐ πάντοτε ἔχετε. | 7 πάντοτε γὰρ τοὺς πτωχοὺς ἔχετε μεθ᾽ ἑαυτῶν, καὶ ὅταν θέλητε δύνασθε εὖ ποιῆσαι, ἐμὲ δὲ οὐ πάντοτε ἔχετε | — |
| 12 βαλοῦσα γὰρ αὕτη — τὸ μύρον τοῦτο ἐπὶ τοῦ σώματός μου πρὸς τὸ ἐνταφιάσαι με ἐποίησεν. | 8 — ὃ ἔσχεν ἐποίησεν· προέλαβεν μυρίσαι μου τὸ σῶμα εἰς τὸ ἐνταφιασμόν. [John xii. 7.] | — |
| 13 ἀμὴν λέγω ὑμῖν, ὅπου ἐὰν κηρυχθῇ τὸ εὐαγγέλιον τοῦτο ἐν ὅλῳ τῷ κόσμῳ, λαληθήσεται καὶ ὃ ἐποίησεν αὕτη εἰς μνημόσυνον αὐτῆς. | 9 ἀμὴν δὲ λέγω ὑμῖν, ὅπου ἐὰν κηρυχθῇ τὸ εὐαγγέλιον εἰς ὅλον τὸν κόσμον, καὶ ὃ ἐποίησεν αὕτη λαληθήσεται εἰς μνημόσυνον αὐτῆς. | |

## § 197. Covenant between Judas Iscariot and the Chief Priests (and Captains).

| | | |
|---|---|---|
| 14 Τότε πορευθεὶς εἷς τῶν δώδεκα — ὁ λεγόμενος Ἰούδας Ἰσκαριώτης, πρὸς τοὺς ἀρχιερεῖς εἶπεν· 15 τί θέλετέ μοι δοῦναι καὶ ἐγὼ ὑμῖν παραδώσω αὐτόν; οἱ δὲ — ἔστησαν αὐτῷ τριάκοντα 16 ἀργύρια. καὶ ἀπὸ τότε ἐζήτει εὐκαιρίαν ἵνα αὐτὸν παραδῷ. — | 10 Καὶ Ἰούδας Ἰσκαριώθ, ὁ εἷς τῶν δώδεκα, ἀπῆλθεν πρὸς τοὺς ἀρχιερεῖς ἵνα αὐτὸν παραδοῖ αὐτοῖς. 11 οἱ δὲ ἀκούσαντες ἐχάρησαν καὶ ἐπηγγείλαντο αὐτῷ ἀργύριον δοῦναι· — καὶ ἐζήτει πῶς αὐτὸν εὐκαίρως παραδοῖ αὐτόν. | 3 Εἰσῆλθεν δὲ σατανᾶς εἰς Ἰούδαν τὸν καλούμενον Ἰσκαριώτην, ὄντα ἐκ τοῦ ἀριθμοῦ τῶν 4 δώδεκα, καὶ ἀπελθὼν συνελάλησεν τοῖς ἀρχιερεῦσιν καὶ στρατηγοῖς — τὸ πῶς αὐτοῖς παραδῷ αὐτον. 5 καὶ ἐχάρησαν, καὶ συνέθεντο αὐτῷ 6 ἀργύριον δοῦναι· καὶ ἐξωμολόγησεν, καὶ ἐζήτει εὐκαιρίαν τοῦ παραδοῦναι αὐτὸν ἄτερ ὄχλου αὐτοῖς. [ver. 2.] |

## § 198. Preparation for the Paschal Supper.

| | | |
|---|---|---|
| 17 Τῇ δὲ πρώτῃ τῶν ἀζύμων | 12 Καὶ τῇ πρώτῃ ἡμέρᾳ τῶν ἀζύμων, ὅτε | 7 Ἦλθεν δὲ ἡ ἡμέρα τῶν ἀζύμων, ἐν ᾗ ἔδει |

| MATT. XXVI. | MARK XIV. | LUKE XXII. |
|---|---|---|
| προσῆλθον οἱ μαθη- ταὶ τῷ Ἰησοῦ λέγον- τες αὐτῷ·     ποῦ θέλεις     ἑτοιμά- σωμέν σοι φαγεῖν τὸ πάσχα;     18     ὁ δὲ εἶπεν· [ver. 17.] | τὸ πασχα ἔθυον,     λέγου- σιν αὐτῷ οἱ μαθηταὶ αὐτοῦ· ποῦ θέλεις ἀπελθόντες ἑτοιμά- σωμεν ἵνα φάγῃς 13 τὸ πασχα; καὶ ἀποστέλλει δύο τῶν μαθητῶν αὐτοῦ καὶ λέγει αὐτοῖς· [ver. 12.] [ver. 15.] | θύεσθαι τὸ πάσχα, [ver. 8.] 8     καὶ ἀπέστειλεν Πέτρον καὶ Ἰωάννην εἰπών· πορευ- θέντες ἑτοιμάσατε ἡμῖν τὸ πάσχα, ἵνα 9 φάγωμεν. οἱ δὲ εἶπαν αὐτῷ· ποῦ θέλεις ἑτοιμάσωμεν; ὁ δὲ εἶπεν· αὐτοῖς· |
|     ὑπάγετε εἰς τὴν πόλιν πρὸς τὸν δεῖνα* — |     ὑπάγετε εἰς τὴν πόλιν καὶ ἀπαν- τήσει ὑμῖν ἄνθρωπος† κεράμιον ὕδατος βαστάζων· ἀκολου- θήσατε αὐτῷ, καὶ 14     ὅπου ἐὰν εἰσέλθῃ | 10 ἰδοὺ εἰσελθόντων ὑμῶν εἰς τὴν πόλιν συναν- τήσει ὑμῖν ἄνθρωπος† κεράμιον, ὕδατος βαστάζων· ἀκολου- θήσατε αὐτῷ εἰς τὴν οἰκίαν εἰς ἣν |
| εἴπατε αὐτῷ· ὁ διδάσκαλος λέγει· — ὁ και- ρός μου ἐγγύς ἐστιν, πρὸς σὲ ποιῶ | εἴπατε τῷ οἰκοδεσ- πότῃ ὅτι ὁ διδάσκαλος λέγει·    ποῦ ἐστὶν τὸ κατάλυμά μου, — | 11 εἰσπορεύεται, καὶ ἐρεῖτε τῷ οἰκοδεσ- πότῃ τῆς οἰκίας· λέγει σοι ὁ διδάσ- καλος· ποῦ ἔστιν τὸ κατάλυμα — |
|     τὸ πάσχα μετὰ τῶν μαθητῶν μου. 19 καὶ ἐποίησαν οἱ μαθηταὶ ὡς |     ὅπου τὸ πάσχα μετὰ τῶν μαθητῶν μου φάγω; 15 καὶ αὐτὸς ὑμῖν δείξει ἀνάγαιον μεγα ἐστ- ρωμένον ἕτοιμον, κἀ- κεῖ ἑτοιμάσατε ἡμῖν. 16 καὶ    ἐξῆλ- θον οἱ μαθηταὶ |     ὅπου τὸ πάσχα μετὰ τῶν μαθητῶν μου φάγω; 12 κἀκεῖνος ὑμῖν δείξει ἀνάγαιον μέγα ἐστ- ρωμένον — ἐκεῖ ἑτοιμάσατε 13    ἀπελ- θόντες δὲ |

* A particular individual named, but not recorded by the Evangelist.

† A "drawer of water" (Deut. xxix. 11), probably met accidentally. The whole circumstances in Luke (and in Mark also, except for the suggestive μου in ver. 14, and ἕτοιμον in ver. 15) seem to indicate no previous arrangement on the part of Jesus. In Matthew the case is apparently quite different. Mark combines both situations.

| MATT. XXVI. | MARK XIV. | LUKE XXII. |
|---|---|---|
| συνέταξεν αὐτοῖς ὁ Ἰησοῦς,<br><br>καὶ ἡτοίμασαν τὸ πάσχα. | καὶ ἦλθον εἰς τὴν πόλιν καὶ εὗρον καθὼς εἶπεν αὐτοῖς, καὶ ἡτοίμασαν τὸ πάσχα. | εὗρον καθὼς εἰρήκει αὐτοῖς, καὶ ἡτοίμασαν τὸ πάσχα. |

§ 199. *The Paschal Supper: Announcement of the Betrayal.*

| MATT. XXVI. | MARK XIV. | LUKE XXII. |
|---|---|---|
| 20 Ὀψίας δὲ γενομένης ἀνέκειτο μετὰ τῶν δώδεκα | 17 Καὶ ὀψίας γενομένης ἔρχεται μετὰ τῶν δώδεκα | 14 Καὶ ὅτε ἐγένετο ἡ ὥρα, ἀνέπεσεν, οἱ ἀπόστολοι σὺν αὐτῷ. |
| — | — | 15 καὶ εἶπεν πρὸς αὐτούς· ἐπιθυμίᾳ ἐπεθύμησα τοῦτο τὸ πάσχα φαγεῖν μεθ᾽ ὑμῶν πρὸ τοῦ με |
| —¹ | — | 16 παθεῖν· λέγω γὰρ ὑμῖν ὅτι οὐκέτι οὐ μὴ φάγω αὐτὸ ἕως ὅτου πληρωθῇ ἐν τῇ βασιλείᾳ τοῦ θεοῦ. |
|  |  | 17 καὶ δεξάμενος ποτήριον εὐχαριστήσας εἶπεν· λάβετε τοῦτο καὶ διαμερίσατε εἰς |
|  | [*Cf.* ver. 23.] |  |
| [ver. 29.] | [ver. 25.] | 18 ἑαυτούς· λέγω γὰρ ὑμῖν ὅτι οὐ μὴ πίω ἀπὸ τοῦ νῦν ἀπὸ τοῦ γενήματος τῆς ἀμπέλου ἕως ὅτου ἡ βασιλεία τοῦ θεοῦ ἔλθῃ. |
| 21 καὶ [ver. 20] ἐσθιόντων αὐτῶν εἶπεν· ἀμὴν λέγω ὑμῖν ὅτι εἷς ἐξ ὑμῶν παραδώσει με. | 18 καὶ ἀνακειμένων αὐτῶν καὶ ἐσθιόντων ὁ Ἰησοῦς εἶπεν· ἀμὴν λέγω ὑμῖν ὅτι εἷς ἐξ ὑμῶν παραδώσει με, ὁ ἐσθίων μετ᾽ ἐμοῦ.* | [*Cf.* vv. 21, 22.] |
| 22 καὶ λυπούμενοι σφόδρα ἤρξαντο λέγειν αὐτῷ εἷς ἕκαστος· μήτι ἐγώ εἰμι, κύριε ; | 19 ἤρξαντο λυπεῖσθαι καὶ λέγειν αὐτῷ εἷς κατὰ εἷς· μήτι ἐγώ ; | [ver. 23.] — |
| 23 ὁ δὲ ἀποκριθεὶς εἶπεν· ὁ ἐμβάψας * | 20 ὁ δὲ εἶπεν αὐτοῖς· εἷς τῶν δώδεκα, ὁ ἐμβαπτόμενος * | [*Cf.* ver. 21.] |

* These expressions cover all the Twelve : no one is specially pointed at. So also in Luke, ver. 21, but see note, p. 189.

| | | |
|---|---|---|
| μετ' ἐμοῦ τὴν χεῖρα ἐν τῷ τρυβλίῳ, οὗτός | μετ' ἐμοῦ εἰς τὸ τρύβλιον. | |
| 24 με παραδώσει. ὁ μὲν υἱὸς τοῦ ἀνθρώπου ὑπάγει καθὼς γέγραπται περὶ αὐτοῦ· οὐαὶ δὲ τῷ ἀνθρώπῳ ἐκείνῳ δι' οὗ ὁ υἱὸς τοῦ ἀνθρώπου παραδίδοται· καλὸν ἦν αὐτῷ εἰ οὐκ ἐγεννήθη ὁ ἄνθρωπος | 21 ὅτι ὁ μὲν υἱὸς τοῦ ἀνθρώπου ὑπάγει, καθὼς γέγραπται περὶ αὐτοῦ· οὐαὶ δὲ τῷ ἀνθρώπῳ* ἐκείνῳ δι' οὗ ὁ υἱὸς τοῦ ἀνθρώπου παραδίδοται· καλὸν αὐτῷ εἰ οὐκ ἐγεννήθη ὁ ἄνθρωπος | [Cf. ver. 22.] — |
| 25 ἐκεῖνος. ἀποκριθεὶς δὲ Ἰούδας ὁ παραδιδοὺς αὐτὸν εἶπεν· μήτι ἐγώ εἰμι, ῥαββεί; λέγει αὐτῷ· σὺ εἶπας. | ἐκεῖνος. — | — |

§ 200. *The Institution of the Lord's Supper.*

| | | |
|---|---|---|
| 26 Ἐσθιόντων δὲ αὐτῶν λαβὼν ὁ Ἰησοῦς ἄρτον καὶ εὐλογήσας ἔκλασεν καὶ δοὺς τοῖς μαθηταῖς εἶπεν· λάβετε φάγετε· τοῦτό ἐστιν τὸ σῶμά μου. — — | 22 Καὶ ἐσθιόντων αὐτῶν λαβὼν ἄρτον εὐλογήσας ἔκλασεν καὶ ἔδωκεν αὐτοῖς καὶ εἶπεν· λάβετε· — τοῦτό ἐστιν τὸ σῶμά μου. — — | 19 Καὶ λαβὼν ἄρτον εὐχαριστήσας ἔκλασεν καὶ ἔδωκεν αὐτοῖς λέγων· τοῦτό ἐστιν τὸ σῶμά μου τὸ ὑπὲρ ὑμῶν διδόμενον· τοῦτο ποιεῖτε εἰς τὴν ἐμὴν |
| 27 καὶ λαβὼν ποτήριον καὶ εὐχαριστήσας ἔδωκεν αὐτοῖς λέγων· πίετε ἐξ αὐτοῦ πάντες· | 23 καὶ λαβὼν ποτήριον εὐχαριστήσας ἔδωκεν αὐτοῖς, καὶ ἔπιον ἐξ αὐτοῦ | 20 ἀνάμνησιν· καὶ τὸ ποτήριον† ὡσαύτως μετὰ τὸ δειπνῆσαι, λέγων· |
| 28 τοῦτο γάρ ἐστιν τὸ αἷμά μου τῆς διαθήκης τὸ περὶ πολλῶν ἐκχυννόμενον εἰς ἄφεσιν ἁμαρτιῶν. | 24 πάντες. καὶ εἶπεν αὐτοῖς· τοῦτό ἐστιν τὸ αἷμά μου τῆς διαθήκης τὸ ἐκχυννόμενον ὑπὲρ πολλῶν. | τοῦτο τὸ ποτήριον ἡ καινὴ διαθήκη ἐν τῷ αἵματί μου, τὸ ὑπὲρ ὑμῶν ἐκχυννόμενον. — |
| 29 λέγω δὲ ὑμῖν, οὐ μὴ πίω ἀπ' ἄρτι ἐκ τούτου τοῦ γενήματος τῆς ἀμπέλου | 25 ἀμὴν λέγω ὑμῖν ὅτι οὐκέτι οὐ μὴ πίω ἐκ τοῦ γενήματος τῆς ἀμπέλου | [ver. 18.] |

* See note on last page and on next page.　　† Cf. ver. 17.

| MATT. XXVI. | MARK XIV. | LUKE XXII. |
|---|---|---|
| ἔως τῆς ἡμέρας ἐκείνης ὅταν αὐτὸ πίνω μεθ᾽ ὑμῶν καινὸν ἐν τῇ βασιλείᾳ τοῦ πατρός μου. | ἔως τῆς ἡμέρας ἐκείνης ὅταν αὐτὸ πίνω καινὸν ἐν τῇ βασιλείᾳ τοῦ θεοῦ. | |
| — | — | 21 πλὴν ἰδοὺ ἡ χεὶρ τοῦ παραδιδόντος με μετ᾽ ἐμοῦ ἐπὶ τῆς τρα- |
| [Cf ver. 24.] | [Cf. ver. 21.] | 22 πέζης. ὅτι ὁ υἱὸς μὲν τοῦ ἀνθρώπου κατὰ τὸ ὡρισμένον πορεύεται, πλὴν οὐαὶ τῷ ἀνθρώπῳ* ἐκείνῳ δι᾽ οὗ παραδίδοται. |
| [Cf. ver. 22.] | [Cf. ver. 19.] | 23 καὶ αὐτοὶ ἤρξαντο συζητεῖν πρὸς ἑαυ- |
| [See note, p. 186.] | [See note, p. 186.] | τοὺς τὸ τίς ἄρα εἴη ἐξ αὐτῶν ὁ τοῦτο μέλλων πράσσειν. |
| 30 καὶ ὑμνήσαντες ἐξῆλθον εἰς τὸ ὄρος τῶν ἐλαιῶν. | 26 καὶ ὑμνήσαντες ἐξῆλθον εἰς τὸ ὄρος τῶν ἐλαιῶν. | — [Cf. ver. 39.] |

§ 201. "Who is the Greatest ?" [Cf. § 109.]

| MATT. | MARK | LUKE |
|---|---|---|
| [Cf. xviii. 1.] | [Cf. ix. 34.] | 24 ἐγένετο δὲ καὶ φιλονεικία ἐν αὐτοῖς, τὸ τίς |
| [xx. 25-27.] | [x. 42-44.] | 25 αὐτῶν δοκεῖ εἶναι μείζων. ὁ δὲ εἶπεν αὐτοῖς· οἱ βασιλεῖς τῶν ἐθνῶν κυριεύουσιν αὐτῶν, καὶ οἱ ἐξουσιάζοντες αὐτῶν εὐεργέται |
| | | 26 καλοῦνται· ὑμεῖς δὲ οὐχ οὕτως, ἀλλ᾽ ὁ μείζων ἐν ὑμῖν γινέσθω ὡς ὁ νεώτερος, καὶ |
| — | — | 27 ὁ ἡγούμενος ὡς ὁ διακονῶν. τίς γὰρ μείζων, ὁ ἀνακείμενος ἢ ὁ διακονῶν; οὐχὶ ὁ ἀνακείμενος; ἐγὼ δὲ ἐν μέσῳ ὑμῶν εἰμι |
| — | — | 28 ὡς ὁ διακονῶν. ὑμεῖς δέ ἐστε οἱ διαμεμενη- κότες μετ᾽ ἐμοῦ ἐν τοῖς πειρασμοῖς μου. |
| — | — | 29 κἀγὼ διατίθεμαι ὑμῖν† καθὼς διέθετό μοι ὁ |
| | | 30 πατήρ μου βασιλείαν, ἵνα ἔσθητε· καὶ πίνητε ἐπὶ τῆς τραπέζης μου ἐν τῇ βασιλείᾳ |
| [Cf. xix. 28.] | | μου, καὶ καθήσεσθε ἐπὶ θρόνων κρίνοντες τὰς δώδεκα φυλὰς τοῦ Ἰσραήλ. |

§ 202. Jesus forewarns Peter of his Faithlessness: "The Sheep shall be scattered."

| MATT. | MARK | LUKE |
|---|---|---|
| — | — | 31 Σίμων Σίμων, ἰδοὺ ὁ σατανᾶς ἐξῃτήσατο |
| | | 32 ὑμᾶς τοῦ σινιάσαι ὡς τὸν σῖτον· ἐγὼ δὲ ἐδεήθην περὶ σοῦ ἵνα μὴ ἐκλίπῃ ἡ πίσ- τις σου. καὶ σύ ποτε ἐπιστρέψας στήρι- |

* Until the actual betrayal, Jesus, in Luke, here followed by Mark, does not indicate who the betrayer is. But cf. Matt. ver. 25.    † Cf. xii. 22.

σον τοὺς ἀδελφούς σου.

**MATT. XXVI.**

31 *τότε λέγει αὐτοῖς ὁ Ἰησοῦς· πάντες σκανδαλισθήσεσθε ἐν ἐμοὶ ἐν τῇ νυκτὶ ταύτῃ. γέγραπται γάρ· πατάξω τὸν ποιμένα, καὶ διασκορπισθήσονται τὰ πρόβατα τῆς ποίμνης.
32 μετὰ δὲ τὸ ἐγερθῆναί με προάξω ὑμᾶς εἰς τὴν Γαλιλαίαν.
33 ἀποκριθεὶς δὲ ὁ Πέτρος εἶπεν αὐτῷ· εἰ πάντες σκανδαλισθήσονται ἐν σοί, ἐγὼ οὐδέποτε σκανδαλισθήσομαι

34 ἔφη αὐτῷ ὁ Ἰησοῦς· ἀμὴν λέγω σοι ὅτι ἐν ταύτῃ τῇ νυκτὶ πρὶν ἀλέκτορα φωνῆσαι τρὶς ἀπαρνήσῃ. λέγει αὐτῷ ὁ Πέτρος· κἂν δέῃ με σὺν σοὶ ἀποθανεῖν, οὐ μή σε ἀπαρνήσομαι. ὁμοίως καὶ πάντες οἱ μαθηταὶ εἶπον.

**MARK XIV.**

27 *καὶ λέγει αὐτοῖς ὁ Ἰησοῦς· ὅτι πάντες σκανδαλισθήσεσθε, ὅτι γέγραπται· πατάξω τὸν ποιμένα, καὶ τὰ πρόβατα διασκορπισθήσονται.
28 ἀλλὰ μετὰ τὸ ἐγερθῆναί με προάξω ὑμᾶς εἰς τὴν Γαλιλαίαν.
29 ὁ δὲ Πέτρος ἔφη αὐτῷ· εἰ καὶ πάντες σκανδαλισθήσονται, ἀλλ' οὐκ ἐγώ.

30 καὶ λέγει αὐτῷ ὁ Ἰησοῦς· ἀμὴν λέγω σοι ὅτι σὺ σήμερον ταύτῃ τῇ νυκτὶ πρὶν ἢ δὶς ἀλέκτορα φωνῆσαι τρίς με ἀπαρνήσῃ.
31 ὁ δὲ ἐκπερισσῶς ἐλάλει· ἐὰν με δέῃ συναποθανεῖν σοι οὐ μή σε ἀπαρνήσομαι. ὡσαύτως δὲ καὶ πάντες ἔλεγον.

**LUKE XXII.**

33 ὁ δὲ αὐτῷ· εἶπεν κύριε, μετὰ σοῦ ἕτοιμός εἰμι καὶ εἰς φυλακὴν καὶ εἰς θάνατον πορεύεσθαι.
34 ὁ δὲ εἶπεν· λέγω σοι, Πέτρε, οὐ φωνήσει σήμερον ἀλέκτωρ ἕως τρὶς ἀπαρνήσῃ μὴ εἰδέναι με.

§ 203. *Jesus forewarns the Twelve of Danger.*

35 Καὶ εἶπεν αὐτοῖς· ὅτε ἀπέστειλα ὑμᾶς ἄτερ βαλλαντίου καὶ πήρας καὶ ὑποδημάτων, μή τινος ὑστερήσατε; οἱ δὲ εἶπαν· οὐθενός.

* Note that Luke omits the general charge against all the Twelve, but records the special warning to Peter. He alone, therefore, so far as the words of Jesus go, has some reason to suppose that he is to be the betrayer. Matthew and Mark record the general charge against the Twelve and the prediction of Peter's denial, but not the special warning.

189

| | | |
|---|---|---|
| — | — | 36 ὁ δὲ εἶπεν αὐτοῖς· ἀλλὰ νῦν ὁ ἔχων βαλλάντιον ἀράτω, ὁμοίως καὶ πήραν, καὶ ὁ μὴ |
| [Cf. ver. 52.] | | ἔχων πωλησάτω τὸ ἱμάτιον αὐτοῦ καὶ |
| — | — | 37 ἀγορασάτω μάχαιραν. λέγω γὰρ ὑμῖν ὅτι τοῦτο τὸ γεγραμμένον δεῖ τελεσθῆναι ἐν ἐμοί, τό· καὶ μετὰ ἀνόμων ἐλογίσθη· καὶ |
| — | — | 38 γὰρ τὸ περὶ ἐμοῦ τέλος ἔχει. οἱ δὲ εἶπαν· κύριε, ἰδοὺ μάχαιραι ὧδε δύο. ὁ δὲ εἶπεν αὐτοῖς· ἱκανόν ἐστιν. |

## § 204. Jesus withdraws to the Mount of Olives: The Agony in Gethsemane.

| [ver. 30.] | [ver. 26.] | 39 Καὶ ἐξελθὼν ἐπορεύθη κατὰ τὸ ἔθος εἰς τὸ ὄρος τῶν ἐλαιῶν· ἠκολούθησαν δὲ αὐτῷ καὶ οἱ μαθηταί. |
|---|---|---|
| 36      Τότε ἔρχεται μετ᾽ αὐτῶν ὁ Ἰησοῦς εἰς χωρίον λεγόμενον Γεθσημανεί, καὶ λέγει τοῖς μαθηταῖς· | 32      Καὶ ἔρχονται εἰς χωρίον οὗ τὸ ὄνομα Γεθσημανεί, καὶ λέγει τοῖς μαθηταῖς αὐτοῦ· | γενόμενος δὲ ἐπὶ τοῦ τόπου εἶπεν αὐτοῖς· |
| [ver. 41] | [ver. 38] | προσεύχεσθε μὴ εἰσελθεῖν εἰς πειρασμόν. |
| καθίσατε αὐτοῦ ἕως οὗ ἀπελθὼν προσεύξωμαι. | καθίσατε ὧδε ἕως προσεύξωμαι. | |
| 37      καὶ παραλαβὼν τὸν Πέτρον καὶ τοὺς δύο υἱοὺς Ζεβεδαίου ἤρξατο λυπεῖσθαι καὶ ἀδημονεῖν. τότε λέγει αὐτοῖς· περίλυπός ἐστιν ἡ ψυχή μου ἕως θανάτου· μείνατε ὧδε καὶ γρηγορεῖτε * μετ᾽ ἐμοῦ. | 33      καὶ παραλαμβάνει τὸν Πέτρον καὶ Ἰάκωβον καὶ Ἰωάννην μετ᾽ αὐτοῦ, καὶ ἤρξατο ἐκθαμβεῖσθαι 34 καὶ ἀδημονεῖν, καὶ λέγει αὐτοῖς· περίλυπός ἐστιν ἡ ψυχή μου ἕως θανάτου· μείνατε ὧδε καὶ γρηγορεῖτε. * | — — |
| 38      καὶ προσελθὼν μικρὸν ἔπεσεν ἐπὶ πρόσωπον αὐτοῦ προσευχόμενος καὶ λέγων· πάτερ, εἰ δυνατόν ἐστιν, παρελθάτω ἀπ᾽ ἐμοῦ | 35      καὶ προσελθὼν μικρὸν ἔπιπτεν ἐπὶ τῆς γῆς, καὶ προσηύχετο ἵνα εἰ δυνατόν ἐστιν παρέλθῃ ἀπ᾽ αὐτοῦ ἡ | 41 καὶ αὐτὸς ἀπεσπάσθη ἀπ᾽ αὐτῶν ὡσεὶ λίθου βολήν, καὶ θεὶς τὰ γόνατα, προσηύχετο 42 λέγων· πάτερ, εἰ βούλει |

* Matt. xxiv. 42 ; xxv. 13 ; Mark xiii. 34, 35.

| | | |
|---|---|---|
| [*Cf.* xix. 26.] | 36 ὥρα, καὶ ἔλεγεν· ἀββᾶ ὁ πατήρ, πάντα δυνατά σοι· παρένεγκε τὸ ποτήριον τοῦτο ἀπ᾽ ἐμοῦ· ἀλλ᾽ οὐ τί ἐγὼ θέλω ἀλλὰ τί σύ. | [*Cf.* xviii. 27.] |

τὸ ποτήριον τοῦτο· πλὴν οὐκ ὡς ἐγὼ θέλω ἀλλ᾽ ὡς σύ.

—

—

36 ὥρα, καὶ ἔλεγεν· ἀββᾶ ὁ πατήρ, πάντα δυνατά σοι· παρένεγκε τὸ ποτήριον τοῦτο ἀπ᾽ ἐμοῦ· ἀλλ᾽ οὐ τί ἐγὼ θέλω ἀλλὰ τί σύ.

—

παρενέγκαι τοῦτο τὸ ποτήριον ἀπ᾽ ἐμοῦ· πλὴν μὴ τὸ θέλημα μοῦ ἀλλὰ τὸ σὸν γενέσθω.

43 ὤφθη δὲ αὐτῷ ἄγγελος ἀπ᾽ οὐρανοῦ 44 ἐνισχύων αὐτόν. καὶ γενόμενος ἐν ἀγωνίᾳ ἐκτενέστερον προσηύχετο. καὶ ἐγένετο ὁ ἱδρὼς αὐτοῦ ὡσεὶ θρόμβοι αἵματος καταβαίνοντος ἐπὶ 45 τὴν γῆν. καὶ ἀναστὰς ἀπὸ τῆς προσευχῆς ἐλθὼν πρὸς τοὺς μαθητὰς εὗρεν κοιμωμένους αὐτοὺς 46 ἀπὸ τῆς λύπης, καὶ εἶπεν αὐτοῖς· τί καθεύδετε;

40 καὶ ἔρχεται πρὸς τοὺς μαθητὰς καὶ εὑρίσκει αὐτοὺς καθεύδοντας, καὶ λέγει τῷ Πέτρῳ·

οὕτως οὐκ ἰσχύσατε μίαν ὥραν γρηγορῆσαι μετ᾽ ἐμοῦ; 41 γρηγορεῖτε καὶ προσεύχεσθε, ἵνα μὴ εἰσέλθητε εἰς πειρασμόν. τὸ μὲν πνεῦμα πρόθυμον ἡ δὲ σὰρξ 42 ἀσθενής. πάλιν ἐκ δευτέρου ἀπελθὼν προηύξατο λέγων· πάτερ μου, εἰ οὐ δύναται τοῦτο παρελθεῖν ἐὰν μὴ αὐτὸ πίω, γενηθήτω τὸ 43 θέλημά σου. καὶ ἐλθὼν πάλιν εὗρεν αὐτοὺς καθεύδοντας· ἦσαν γὰρ αὐτῶν οἱ ὀφθαλμοὶ βεβαρημένοι.

—

44 καὶ ἀφεὶς αὐτοὺς

37 καὶ ἔρχεται καὶ εὑρίσκει αὐτοὺς καθεύδοντας, καὶ λέγει τῷ Πέτρῳ. Σίμων, καθεύδεις; οὐκ ἰσχύσας μίαν ὥραν γρηγορῆσαι; 38 γρηγορεῖτε καὶ προσεύχεσθε, ἵνα μὴ ἔλθητε εἰς πειρασμόν. τὸ μὲν πνεῦμα προθύμον ἡ δὲ σὰρξ 39 ἀσθενής. καὶ πάλιν ἀπελθὼν προσηύξατο τὸν αὐτὸν λόγον 40 εἰπών. καὶ ὑποστρέψας εὗρεν αὐτοὺς πάλιν καθεύδοντας· ἦσαν γὰρ αὐτῶν οἱ ὀφθαλμοὶ καταβαρυνόμενοι, καὶ οὐκ ᾔδεισαν τί ἀποκριθῶσιν αὐτῷ.

—

ἀναστάντες προσεύχεσθε, ἵνα μὴ εἰσέλθητε εἰς πειρασμόν.

—

| | | |
|---|---|---|
| πάλιν ἀπελθὼν προσηύξατο ἐκ τρίτου, τὸν αὐτὸν λόγον | [Cf. ver. 39.] | — |
| 45 εἰπὼν πάλιν. τότε ἔρχεται πρὸς τοὺς μαθητὰς καὶ λέγει αὐτοῖς· καθεύδετε τὸ λοιπὸν καὶ ἀναπαύεσθε· ἰδοὺ ἤγγικεν ἡ ὥρα, καὶ ὁ υἱὸς τοῦ ἀνθρώπου παραδίδοται εἰς χεῖρας | 41 καὶ ἔρχεται τὸ τρίτον καὶ λέγει αὐτοῖς· καθεύδετε τὸ λοιπὸν καὶ ἀναπαύεσθε· ἀπέχει· ἦλθεν ἡ ὥρα, ἰδοὺ παραδίδοται ὁ υἱὸς τοῦ ἀνθρώπου εἰς τὰς χεῖρας τῶν | |
| 46 ἁμαρτωλῶν. ἐγείρεσθε, ἄγωμεν· ἰδοὺ ἤγγικεν ὁ παραδιδούς με. | 42 ἁμαρτωλῶν. ἐγείρεσθε, ἄγωμεν· ἰδοὺ ὁ παραδιδούς με ἤγγισεν. | — [ver. 47.] |

§ 205. The Betrayal of Jesus: All His Disciples forsake Him.

| | | |
|---|---|---|
| 47 Καὶ ἔτι αὐτοῦ λαλοῦντος, ἰδοὺ Ἰούδας εἷς τῶν δώδεκα ἦλθεν, καὶ μετ' αὐτοῦ ὄχλος πολὺς μετὰ μαχαιρῶν καὶ ξύλων ἀπὸ τῶν ἀρχιερέων καὶ [ver. 57] πρεσβυτέρων τοῦ | 43 Καὶ εὐθὺς ἔτι αὐτοῦ λαλοῦντος παραγίνεται Ἰούδας ὁ Ἰσκαριώτης εἷς τῶν δώδεκα, καὶ μετ' αὐτοῦ ὄχλος μετὰ μαχαιρῶν καὶ ξύλων παρὰ τῶν ἀρχιερέων καὶ τῶν γραμματέων καὶ πρεσβυτέρων. | 47 Ἔτι αὐτοῦ λαλοῦντος, ἰδοὺ ὄχλος, καὶ ὁ λεγόμενος Ἰούδας εἷς τῶν δώδεκα προήρχετο αὐτούς, |
| 48 λαοῦ. ὁ δὲ παραδιδοὺς αὐτὸν ἔδωκεν αὐτοῖς σημεῖον λέγων· ὃν ἐὰν φιλήσω, αὐτός ἐστιν· κρατήσατε αὐτόν. | 44 δεδώκει δὲ ὁ παραδιδοὺς αὐτὸν σύνσημον αὐτοῖς λέγων· ὃν ἂν φιλήσω, αὐτός ἐστίν· κρατήσατε αὐτόν, καὶ ἀπάγετε ἀσφαλῶς. | — |
| 49 καὶ εὐθέως προσελθὼν τῷ Ἰησοῦ εἶπεν· χαῖρε; ῥαββεί, καὶ | 45 καὶ ἐλθὼν εὐθὺς προσελθὼν αὐτῷ λέγει· ῥαββει, καὶ | καὶ ἤγγισεν τῷ Ἰησοῦ |
| 50 κατεφίλησεν αὐτόν. ὁ δὲ Ἰησοῦς εἶπεν αὐτῷ· ἑταῖρε, ἐφ' ὃ πάρει; — | κατεφίλησεν αὐτόν. — — | φιλῆσαι αὐτόν. 48 Ἰησοῦς δὲ εἶπεν αὐτῷ· Ἰούδα, — φιλήματι τὸν υἱὸν τοῦ ἀνθρώπου παραδίδως; |

| MATT. XXVI. | MARK XIV. | LUKE XXII. |
|---|---|---|
| τότε προσελθόντες ἐπέβαλον τὰς χεῖρας ἐπὶ τὸν Ἰησοῦν καὶ ἐκράτησαν. αὐτόν. | 46 οἱ δὲ ἐπέβαλαν τὰς χεῖρας αὐτῷ καὶ ἐκράτησαν αὐτόν. | [ver. 54.] |
| 51 καὶ ἰδοὺ — | — | 49 ἰδόντες δὲ οἱ περὶ αὐτὸν τὸ ἐσόμενον εἶπαν· κύριε, εἰ πατάξομεν ἐν 50 μαχαίρῃ; καὶ ἐπάταξεν |
| εἷς τῶν μετὰ Ἰησοῦ ἐκτείνας τὴν χεῖρα ἀπέσπασεν τὴν μάχαιραν αὐτοῦ, καὶ πατάξας τὸν δοῦλον τοῦ ἀρχιερέως ἀφεῖλεν αὐτοῦ τὸ ὠτίον. | 47 εἷς δέ τις τῶν παρεστηκότων σπασάμενος τὴν μάχαιραν ἔπαισεν τὸν δοῦλον τοῦ ἀρχιερέως καὶ ἀφεῖλεν αὐτοῦ τὸ ὠτάριον, | εἷς τις ἐξ αὐτῶν τοῦ ἀρχιερέως τὸν δοῦλον καὶ ἀφεῖλεν τὸ οὖς αὐτοῦ |
| 52 τότε λέγει αὐτῷ ὁ Ἰησοῦς· ἀπόστρεψον τὴν μάχαιράν σου εἰς τὸν τόπον αὐτῆς· πάντες γὰρ οἱ λαβόντες μάχαιραν ἐν μαχαίρῃ ἀπολοῦνται. | — | 51 τὸ δεξιόν. ἀποκριθεὶς δὲ ὁ Ἰησοῦς εἶπεν· |
| 53 ἢ δοκεῖς ὅτι οὐ δύναμαι παρεκαλέσαι τον πατέρα μου, καὶ παραστήσει μοι ἄρτι πλείω δώδεκα λεγιώνων ἀγγέ- | | [Cf. ver. 36.] |
| 54 λων; πῶς οὖν πληρωθῶσιν αἱ γραφαί, ὅτι οὕτως δεῖ γενέσθαι; — | — | — |
| | — | ἐᾶτε ἕως τούτου. καὶ ἀψάμενος τοῦ ὠτίου ἰάσατο αὐτόν. |
| 55 ἐν ἐκείνῃ τῇ ὥρᾳ εἶπεν ὁ Ἰησοῦς τοῖς ὄχλοις· | 48 καὶ ἀποκριθεὶς ὁ Ἰησοῦς εἶπεν αὐτοῖς· | 52 εἶπεν δὲ ὁ Ἰησοῦς πρὸς τοὺς παραγενομένους πρὸς αὐτὸν ἀρχιερεῖς καὶ στρατηγοὺς τοῦ ἱεροῦ καὶ πρεσβυτέρους· |
| ὡς ἐπὶ λῃστὴν ἐξήλθατε μετὰ μαχαιρῶν καὶ ξύλων | ὡς ἐπὶ λῃστὴν ἐξήλθατε μετὰ μαχαιρῶν καὶ ξύλων | ὡς ἐπὶ λῃστὴν ἐξεληλύθατε μετὰ μαχαιρῶν καὶ ξύλων· |

| | | |
|---|---|---|
| συλλαβεῖν με· καθ' ἡμέραν<br>    ἐν τῷ ἱερῷ ἐκα-θεζόμεν διδάσκων, καὶ οὐκ ἐκρατήσατέ 56 με. τοῦτο δὲ ὅλον γέγονεν ἵνα πληρω-θῶσιν αἱ γραφαὶ τῶν προφητῶν<br>—<br>    τότε οἱ μαθη-ταὶ πάντες ἀφέντες αὐτὸν ἔφυγον. | 49 συλλαβεῖν με· καθ' ἡμέραν ἤμην πρὸς ὑμᾶς ἐν τῷ ἱερῷ     διδάσκων, καὶ οὐκ ἐκρατήσατέ με·<br>    ἀλλ' ἵνα πληρω-θῶσιν αἱ γραφαί.<br>—<br>50 καὶ<br>    ἀφέντες αὐτὸν ἔφυγον πάντες. | 53    καθ' ἡμέραν ὄντος μου μεθ' ὑμῶν ἐν τῷ ἱερῷ [ver. 37]     οὐκ ἐξετείνατε τὰς χεῖρας ἐπ' ἐμέ. ἀλλ'<br>—<br>    αὕτη ἐστὶν ὑμῶν ἡ ὥρα καὶ ἡ ἐξουσία τοῦ σκότους.<br>— |

§ 206. *Jesus seized and taken before Caïaphas: A young man follows Him for a while.*

| | | |
|---|---|---|
| 57ª Οἱ δὲ κρατήσαντες τὸν Ἰησοῦν<br>—<br>—<br>ἀπήγαγον πρὸς Καϊάφαν     τὸν ἀρχιερέα, ὅπου [ver. 47] οἱ γραμματεῖς καὶ οἱ πρεσβύτεροι συ-νήχθησαν. | [ver. 46.]<br>51    καὶ εἷς τις νεανίσ-κος συνηκολούθει αὐτῷ περιβεβλημέ-νος σινδόνα ἐπὶ γου-νοῦ. καὶ κρατοῦσιν 52 αὐτόν· ὁ δὲ κατα-λιπὼν τὴν σινδόνα 53 γυμνὸς ἔφυγεν. καὶ ἀπήγαγον τὸν Ἰη-σοῦν πρὸς     τὸν ἀρχιερέα, καὶ συνέρχονται πάντες οἱ ἀρχιερεῖς καὶ οἱ πρεσβύτεροι καὶ οἱ γραμματεῖς. | 54ª Συλλαβόντες δὲ αὐτὸν ἤγα-γον<br>—<br>—<br>    καὶ εἰσήγαγον     εἰς τὴν οἰκίαν τοῦ ἀρχιερέως·<br>— |

§ 207. *Jesus condemned by the Sanhedrim: The Fall of Peter.*

| | | |
|---|---|---|
| 58 Ὁ δὲ Πέτρος ἠκο-λούθει αὐτῷ μακρό-θεν     ἕως τῆς αὐλῆς τοῦ ἀρχιερέως καὶ εἰσελθὼν ἔσω<br><br>ἐκάθητο μετὰ τῶν | 54 Καὶ ὁ Πέτρος     ἀπὸ μακρό-θεν ἠκολούθησεν αὐ-τῷ ἕως ἔσω εἰς τὴν αὐλὴν τοῦ ἀρχιερέως,<br>—<br>καὶ ἦν συνκαθήμενος | 54ᵇ Ὁ δὲ Πέτρος ἠκο-λούθει μακρό-θεν.<br><br>55 περιαψάντων δὲ πῦρ ἐν μέσῳ τῆς αὐλῆς καὶ συνκαθισάντων ἐκάθητο ὁ Πέτρος |

**MATT. XXVI**

ὑπηρετῶν ἰδεῖν τὸ τέλος.

[vv. 69–75.]

[Cf. ver. 67.]

[Cf. ver. 68.]

**MARK XIV**

ὑπηρετῶν —

καὶ θερμαινόμενος* πρὸς τὸ φῶς.

[vv. 66–72.]

[Cf. ver. 65.]

**LUKE XXII**

μέσος αὐτῶν. —

56 ἰδοῦσα δὲ αὐτὸν παιδίσκη τις καθήμενον

πρὸς τὸ φῶς καὶ ἀτενίσασα αὐτῷ εἶπεν· καὶ οὗτος σὺν

57 αὐτῷ ἦν. ὁ δὲ ἠρνήσατο αὐτὸν λέγων· οὐκ οἶδα αὐτόν, γύναι.

58 καὶ μετὰ βραχὺ ἕτερος ἰδὼν αὐτὸν ἔφη· καὶ σὺ ἐξ αὐτῶν εἶ. ὁ δὲ Πέτρος ἔφη· ἄν

59 θρωπε, οὐκ εἰμί· καὶ διαστάσης ὡσεὶ ὥρας μιᾶς ἄλλος τις δῖσχυρίζετο λέγων· ἐπ᾽ ἀληθείας καὶ οὗτος μετ᾽ αὐτοῦ ἦν, καὶ γὰρ Γαλιλαῖός ἐστιν.

60 εἶπεν δὲ ὁ Πέτρος· ἄνθρωπε, οὐκ οἶδα ὃ λέγεις. καὶ παραχρῆμα ἔτι λαλοῦντος αὐτοῦ ἐφώνησεν ἀλ

61 έκτωρ, καὶ στραφεὶς ὁ κύριος ἐνέβλεψεν τῷ Πέτρῳ· καὶ ὑπεμνήσθη ὁ Πέτρος τοῦ λόγου τοῦ κυρίου, ὡς εἶπεν αὐτῷ ὅτι πρὶν ἀλέκτορα φωνῆσαι σήμερον ἀπαρνήσῃ

62 με τρίς. καὶ ἐξελθὼν ἔξω ἔκλαυσεν πικ

63 ρῶς. καὶ οἱ ἄνδρες οἱ συνέχοντες αὐτὸν† ἐνέπαιζον αὐτῷ δέ

64 ροντες, καὶ περικαλύψαντες αὐτὸν ἐπηρώτων λέγοντες· προφήτευσον, τίς ἐστιν ὁ παίσας σε;

65 καὶ ἕτερα πολλὰ βλασφημοῦντες ἔλεγον εἰς αὐτόν.

66 καὶ ὡς ἐγένετο ἡμέ

---

* John xviii. 18, 25.    † Evidently Jesus; but syntax requires "Peter."

195

| MATT. XXVI. | MARK XIV. | LUKE XXII. |
|---|---|---|
| | | ρα, συνήχθη τὸ πρεσβυτέριον τοῦ λαοῦ ἀρχιερεῖς τε |
| 59 οἱ δὲ ἀρχιερεῖς καὶ τὸ συνέδριον ὅλον | 55 οἱ δὲ ἀρχιερεῖς καὶ ὅλον τὸ συνέδριον | καὶ γραμματεῖς, καὶ ἀπήγαγον αὐτὸν εἰς τὸ συνέδριον αὐτῶν |
| ἐζήτουν ψευδομαρτυρίαν κατὰ τοῦ Ἰησοῦ, ὅπως αὐτὸν θανατώσουσιν, | ἐζήτουν κατὰ τοῦ Ἰησοῦ μαρτυρίαν εἰς τὸ θανατῶσαι αὐτόν, | |
| 60 καὶ οὐκ εὗρον πολλῶν προσελθόντων ψευδομαρτύρων. | καὶ οὐχ εὕρισκον· 56 πολλοὶ γὰρ ἐψευδομαρτύρουν κατ᾽ αὐτοῦ, καὶ ἴσαι αἱ μαρτυρίαι οὐκ | — |
| ὕστερον δὲ προσελθόντες δύο — 61 εἶπον· | 57 ἦσαν. καί τινες ἀναστάντες ἐψευδομαρτύρουν κατ᾽ αὐτοῦ λέγοντες | — |
| οὗτος ἔφη· δύναμαι καταλῦσαι τὸν ναὸν τοῦ θεοῦ καὶ διὰ τριῶν ἡμερῶν αὐτὸν οἰκοδομῆσαι. | 58 ὅτι ἡμεῖς ἠκούσαμεν αὐτοῦ λέγοντος — ὅτι ἐγὼ καταλύσω τὸν ναὸν* τοῦτον τὸν χειροποίητον καὶ διὰ τριῶν ἡμερῶν ἄλλον ἀχειροποίητον οἰκοδομήσω. καὶ οὐδὲ | — |
| 62 καὶ ἀναστὰς ὁ ἀρχιερεὺς εἶπεν αὐτῷ· οὐδὲν ἀποκρίνῃ τί οὗτοί σου καταμαρτυροῦσιν; ὁ δὲ 63 Ἰησοῦς ἐσιώπα. | 59 οὕτως ἴση ἡ μαρτυρία 60 αὐτῶν. καὶ ἀναστὰς ὁ ἀρχιερεὺς εἰς μέσον ἐπηρώτησεν τὸν Ἰησοῦν λέγων· οὐκ ἀποκρίνῃ οὐδὲν τί οὗτοί σου καταμαρτυροῦσιν; ὁ δὲ 61 ἐσιώπα καὶ οὐκ ἀπεκρίνατο οὐ- | — |
| καὶ ἀποκριθεὶς ὁ ἀρχιερεὺς εἶπεν αὐτῷ· ἐξορκίζω σε κατὰ τοῦ θεοῦ τοῦ ζῶντος, ἵνα ἡμῖν εἴπῃς εἰ σὺ εἶ ὁ Χριστὸς ὁ υἱὸς τοῦ θεοῦ. | δέν. πάλιν ὁ ἀρχιερεὺς ἐπηρώτα αὐτὸν καὶ λεγει αὐτῷ· — σὺ εἶ ὁ Χριστὸς ὁ υἱὸς τοῦ εὐλογητοῦ; | λέγοντες· εἰ σὺ εἶ ὁ Χριστός, —— εἶπον ἡμῖν. |
| 64 λέγει αὐτῷ ὁ Ἰησοῦς· | 62 ὁ δὲ Ἰησοῦς εἶπεν | 67 εἶπεν δὲ αὐτοῖς· ἐὰν ὑμῖν |

* John ii. 19 ; note the Fourth Evangelist's interpretation of a similar saying.

| MATT. XXVI. | MARK XIV. | LUKE XXII. |
|---|---|---|
| — | — | εἴπω, οὐ μὴ πιστεύ-<br>68 σητε· ἐὰν δὲ ἐρω-<br>τήσω, οὐ μὴ ἀποκρι-<br>θῆτε. [ver. 70.] |
| σὺ εἶπας.<br>πλὴν λέγω ὑμῖν, ἀπ᾽<br>ἄρτι ὄψεσθε τὸν<br>υἱὸν τοῦ ἀνθρώπου<br>καθήμενον ἐκ δεξιῶν<br>    τῆς δυνά-<br>μεως   —   καὶ<br>ἐρχόμενον ἐπὶ τῶν νε-<br>φελῶν τοῦ οὐρανοῦ. | ἐγώ εἰμι,<br><br>ὄψεσθε τὸν<br>υἱὸν τοῦ ἀνθρώπου<br>    ἐκ δεξιῶν<br>καθήμενον τῆς δυνά-<br>μεως   —   καὶ<br>ἐρχόμενον μετὰ τῶν νε-<br>φελῶν τοῦ οὐρανοῦ. | 69     ἀπὸ τοῦ νῦν<br>δὲ ἔσται ὁ<br>υἱὸς τοῦ ἀνθρώπου<br>καθήμενος ἐκ δεξιῶν<br>    τῆς δυνά-<br>μεως τοῦ θεοῦ. |
| | | 70 εἶπαν δὲ πάντες· σὺ<br>οὖν εἶ ὁ υἱὸς τοῦ<br>θεοῦ; ὁ δὲ πρὸς<br>αὐτοὺς ἔφη· ὑμεῖς<br>λέγετε, ὅτι ἐγώ εἰμι. |
| 65 τότε ὁ ἀρχιερεὺς διέρ-<br>ρηξεν τὰ ἱμάτια<br>αὐτοῦ λέγων· ἐβλασ-<br>φήμησεν· τί ἔτι<br>χρείαν ἔχομεν μαρ-<br>τύρων ;     ἴδε<br>νῦν    ἠκούσατε<br>τὴν βλασφημίαν. | 63 ὁ δὲ ἀρχιερεὺς διαρ-<br>ρήξας τοὺς χιτῶνας<br>αὐτοῦ λέγει·<br>    τί ἔτι<br>χρείαν ἔχομεν μαρ-<br>τύρων ;<br>64    ἠκούσατε<br>τῆς βλασφημίας· | 71 οἱ δὲ    —<br><br>εἶπαν·<br>    τί ἔτι<br>ἔχομεν μαρ-<br>τυρίας χρείαν ; αὐτοὶ<br>γὰρ   ἠκούσαμεν<br>ἀπὸ τοῦ στόματος<br>αὐτοῦ. |
| 66     τί ὑμῖν δοκεῖ ;<br>οἱ δὲ ἀποκριθέντες<br>εἶπον· ἔνοχος<br>θανατοῦ ἐστίν. | τί ὑμῖν φαίνεται ;<br>οἱ δὲ πάντες κατέκρι-<br>ναν αὐτὸν ἔνοχον<br>εἶναι θανάτου. | — |
| 67 τότε<br>ἐνέπτυσαν εἰς | 65 καὶ ἤρξαντό τινες<br>ἐμπτύειν αὐτῷ<br>καὶ περικαλύπτειν | [ver. 63.]<br>[ver. 64.] |
| τὸ πρόσωπον αὐτοῦ<br>καὶ ἐκολάφισαν αὐ-<br>68 τόν, οἱ δὲ ἐράπισαν<br>λέγοντες· προφή-<br>τευσον ἡμῖν, Χριστέ,<br>τίς ἐστιν ὁ παίσας σε;<br>[ver. 58] | αὐτοῦ τὸ πρόσωπον<br>καὶ κολαφίζειν αὐ-<br>τόν, καὶ<br>λέγειν αὐτῷ· προφή-<br>τευσον,   — | —<br><br>[ver. 64.]<br>[ver. 63.] |
| 69     ὁ δὲ<br>Πέτρος<br>ἐκάθητο ἔξω<br>ἐν τῇ αὐλῇ· [ver. 58]<br>καὶ προσῆλθεν αὐτῷ<br>μία    παιδίσκη<br>— | καὶ οἱ ὑπηρέται<br>ραπίσμασιν αὐτὸν<br>66 ἔλαβον·    καὶ<br>ὄντος τοῦ Πέτρου<br>    κάτω<br>ἐν τῇ αὐλῇ [ver. 54]<br>ἔρχεται<br>μία τῶν παιδισκῶν<br>τοῦ ἀρχιερέως,<br>67 καὶ ἰδοῦσα τὸν Πέτ- | [ver. 55.]<br><br><br>[Cf. vv. 56–62.]<br>[56 ἰδοῦσα δὲ αὐτὸν |

[ver. 58]

λέγουσα· ·καὶ σὺ
ἦσθα
μετὰ Ἰησοῦ τοῦ
Γαλιλαίου.
70 ὁ δὲ
ἠρνήσατο ἔμπροσ-
θεν πάντων λέγων·
οὐκ οἶδα —
τί λέγεις. —

71 ἐξελθόντα δὲ
αὐτὸν εἰς τὸν πυ-
λῶνα, —
εἶδεν αὐτὸν
ἄλλη

— λέγει
τοῖς ἐκεῖ·
οὗτος ἦν
μετὰ Ἰησοῦ τοῦ
72 Ναζωραίου. καὶ
πάλιν
ἠρνήσατο μετὰ
ὅρκου ὅτι οὐκ οἶδα
τὸν ἄνθρωπον.

—

73 μετὰ μικρὸν δὲ

προσελθόντες οἱ
ἑστῶτες εἶπον τῷ
Πέτρῳ· ἀληθῶς
καὶ σὺ ἐξ αὐτῶν
εἶ· καὶ γὰρ ἡ λαλιά
σου δῆλόν σε ποιεῖ.

—

74 τότε ἤρξατο καταθε-
ματίζειν καὶ ὀμνυειν
— ὅτι οὐκ
οἶδα τὸν ἄνθρωπον
— καὶ
εὐθέως —

ρον θερ-
μαινόμενον [ver. 54]
ἐμβλέψασα αὐτῷ
λέγει· καὶ σὺ

μετὰ τοῦ
Ναζαρηνοῦ. ἦσθα
68 τοῦ Ἰησοῦ. ὁ δὲ
ἠρνήσατο
λέγων·
οὐκ οἶδα —
οὔτε ἐπίστα-
μαι σὺ τί λεγεις.
καὶ ἐξῆλθεν ἔξω
εἰς τὸ προ-
αύλιον, καὶ ἀλέκτωρ
ἐφώνησεν.
69 καὶ ἡ παιδίσκη *
ἰδοῦσα αὐτὸν ἤρ-
ξατο πάλιν † λεγειν
τοῖς παρεστῶσιν ‡
ὅτι οὗτος ἐξ αὐτῶν
70 ἐστίν. ὁ δὲ
πάλιν
ἠρνεῖτο.

—

—

καὶ μετὰ μικρὸν
πάλιν
οἱ παρ-
εστῶτες ‡ ἔλεγον τῷ
Πέτρῳ· ἀληθῶς
ἐξ αὐτῶν
εἶ, καὶ γὰρ

Γαλιλαῖος εἶ.
71 ὁ δὲ ἤρξατο ἀναθε-
ματίζειν καὶ ὀμνύναι
ὅτι οὐκ
οἶδα τὸν ἄνθρωπον
72 τοῦτον ὃν λέγετε.

παιδίσκη τις κα-
θήμενον πρὸς τὸ φῶς
καὶ ἀτενίσασα αὐτῷ
εἶπεν· καὶ οὗ-
τος σὺν αὐτῷ ἦν.

57 ὁ δὲ
ἠρνήσατο
αὐτὸν λέγων·
οὐκ οἶδα αὐτόν, γύναι.

—

—

58 καὶ μετὰ βραχὺ
ἕτερος
ἰδὼν αὐτὸν
ἔφη
καὶ σὺ ἐξ αὐτῶν

εἶ. ὁ δὲ
Πέτρος
ἔφη·

—

ἄνθρωπε, οὐκ εἰμί.
59 καὶ διαστάσης ὡσεὶ
ὥρας μιᾶς
ἄλλος τις
διϊσχυρίζετο λέγων·
ἐπ' ἀληθείας
καὶ οὗτος μετ' αὐτοῦ
ἦν, καὶ γὰρ

Γαλιλαῖός ἐστιν.
60 εἶπεν δὲ ὁ Πέτρος·

—

ἄνθρωπε, οὐκ
οἶδα
ὃ λεγεις. καὶ
παραχρῆμα ἔτι λα-

---

* Cf. John xviii. 17.
† πάλιν, because Mark thinks it is the same maid (not another, as in
Matthew, or another, a man, as in Luke), and also in order to balance the
second denial of Peter, introduced by πάλιν in Matthew (ver. 72).
‡ Cf. John xviii. 18, 25, 26.

<table>
<tr><td>— ἀλέκτωρ<br>ἐφώνησεν.<br><br>75　　　καὶ<br>ἐμνήσθη ὁ Πέτρος<br>τοῦ ῥήματος Ἰησοῦ<br>εἰρηκότος<br>ὅτι<br>πρὶν ἀλέκτορα φωνῆ-<br>σαι　　—<br>τρὶς ἀπαρνήσῃ με·<br>καὶ ἐξελθὼν ἔξω<br>— ἔκλαυσεν<br>πικρῶς.</td>
<td>ἐκ<br>δευτέρου ἀλέκτωρ<br>ἐφώνησεν.<br>—<br>καὶ<br>ἀνεμνήσθη ὁ Πέτρος<br>τὸ ῥῆμα<br>ὡς εἶπεν<br>αὐτῷ ὁ Ἰησοῦς ὅτι<br>πρὶν ἀλέκτορα φωνῆ-<br>σαι δὶς [ver. 30] —<br>τρίς με ἀπαρνήσῃ.<br>καὶ<br>ἐπιβαλὼν ἔκλαιεν.</td>
<td>λοῦντος αὐτοῦ<br>—<br>ἐφώνησεν ἀλέκτωρ,<br>61 καὶ στραφεὶς ὁ<br>κύριος ἐνέβλεψεν<br>τῷ Πέτρῳ· καὶ<br>ὑπεμνήσθη ὁ Πέτρος<br>τοῦ λόγου τοῦ κυρίου<br>ὡς εἶπεν<br>αὐτῷ ὅτι<br>πρὶν ἀλέκτορα φωνῆ-<br>σαι σήμερον<br>ἀπαρνήσῃ με τρίς.<br>62 καὶ ἐξελθὼν ἔξω<br>— ἔκλαυσεν<br>πικρῶς.]</td></tr>
</table>

§ 208. *Jesus taken before Pilate.*

<table>
<tr><td>XXVII.<br>1 Πρωίας δὲ γενομένης<br>συμβούλιον ἔλαβον<br>πάντες<br>οἱ ἀρχιερεῖς καὶ<br>οἱ πρεσβύτεροι τοῦ<br>λαοῦ<br>[Cf. xxvi. 59]<br>κατὰ τοῦ<br>Ἰησοῦ, ὥστε θανα-<br>2 τῶσαι αὐτόν. καὶ<br>δήσαντες αὐτὸν<br>ἀπήγαγον<br>καὶ παρέδωκαν<br>Πειλάτῳ τῷ ἡγεμόνι.</td>
<td>XV.<br>1 Καὶ εὐθὺς πρωῒ<br>συμβούλιον<br>ἑτοιμάσαντες<br>οἱ ἀρχιερεῖς μετὰ<br>τῶν πρεσβυτέρων<br>καὶ τῶν γραμ-<br>ματέων καὶ ὅλον τὸ<br>συνέδριον,*<br><br>δήσαντες τὸν<br>Ἰησοῦν ἀπήνεγκαν<br>καὶ παρέδωκαν<br>Πειλάτῳ.</td>
<td>XXIII.<br>1 Καὶ<br>ἀναστὰν<br><br><br><br><br>ἅπαν τὸ<br>πλῆθος αὐτῶν<br><br>ἤγαγον<br>αὐτὸν ἐπὶ<br>τὸν Πειλᾶτον.</td></tr>
</table>

§ 209. *Remorse and Suicide of Judas.*

3 Τότε ἰδὼν Ἰούδας ὁ παραδιδοὺς αὐτὸν ὅτι κατεκρίθη, μεταμεληθεὶς ἔστρεψεν τὰ τριά-κοντα ἀργύρια τοῖς ἀρχιερεῦσιν καὶ πρεσ-
4 βυτέροις λέγων· ἥμαρτον παραδοὺς αἷμα ἀθῶον. οἱ δὲ εἶπον τί πρὸς ἡμᾶς; σὺ
5 ὄψῃ. καὶ ῥίψας τὰ ἀργύρια εἰς τὸν ναὸν
6 ἀνεχώρησεν, καὶ ἀπελθὼν ἀπήγξατο. οἱ δὲ ἀρχιερεῖς λαβόντες τὰ ἀργύρια εἶπαν οὐκ ἔξεστιν βαλεῖν αὐτὰ εἰς τὸν κορβανᾶν, ἐπεὶ

* καὶ ὅλον τὸ συν seems to be redundant, as the Sanhedrim was composed of chief priests, elders of the people, and scribes, all already mentioned. *Cf.* Luke xxii. 66.

7 τιμὴ αἵματός ἐστιν. συμβούλιον δὲ λα-
βόντες ἠγόρασαν ἐξ αὐτῶν τὸν ἀγρὸν τοῦ
8 κεραμέως εἰς ταφὴν τοῖς ξένοις. διὸ ἐκλήθη
ὁ ἀγρὸς ἐκεῖνος ἀγρὸς αἵματος ἕως τῆς
9 σήμερον. τότε ἐπληρώθη τὸ ῥηθὲν διὰ
Ἰερεμίου τοῦ προφήτου λέγοντος· καὶ ἔλα-
βον τὰ τριάκοντα ἀργύρια, τὴν τιμὴν τοῦ
τετιμημένου ὃν ἐτιμήσαντο ἀπὸ υἱῶν Ἰσ-
10 ραήλ, καὶ ἔδωκαν αὐτὰ εἰς τὸν ἀγρὸν τοῦ
κεραμέως, καθὰ συνέταξέν μοι κύριος.

              —         —

### § 210. Jesus accused before Pilate.

11 Ὁ δὲ Ἰησοῦς ἐστάθη
ἔμπροσθεν τοῦ ἡγε-
μόνος·

        —           —

2     Ἤρξαντο δὲ
κατηγορεῖν αὐτοῦ
λέγοντες· τοῦτον εὕ-
ραμεν διαστρέφοντα
τὸ ἔθνος ἡμῶν καὶ
κωλύοντα φόρους
Καίσαρι διδόναι, καὶ
λέγοντα ἑαυτὸν
Χριστὸν βασιλέα εἶ-
3 ναι. ὁ δὲ Πειλᾶτος
ἠρώτησεν αὐτὸν
    λέγων· σὺ
εἶ ὁ βασιλεὺς τῶν
Ἰουδαίων; ὁ δὲ ἀπο-
κριθεὶς αὐτῷ ἔφη·
σὺ λέγεις.

      καὶ     2       καὶ
ἐπηρώτησεν αὐτὸν ὁ    ἐπηρώτησεν αὐτὸν ὁ
ἡγεμὼν λέγων· σὺ    Πειλᾶτος·   σὺ
εἶ ὁ βασιλεὺς τῶν    εἶ ὁ βασιλεὺς τῶν
Ἰουδαίων; ὁ δὲ      Ἰουδαίων; ὁ δὲ ἀπο-
      Ἰησοῦς ἔφη·    κριθεὶς αὐτῷ λέγει·
12 σὺ λέγεις. καὶ ἐν   3 σὺ λέγεις. καὶ
τῷ κατηγορεῖσθαι       κατηγόρουν
αὐτὸν ὑπὸ τῶν ἀρ-   αὐτοῦ   οἱ ἀρ-
χιερέων καὶ πρεσ-   χιερεῖς   —
βυτέρων — οὐ-        πολλά.
13 δὲν ἀπεκρίνατο. τότε          [ver. 2.]
λέγει αὐτῷ ὁ Πειλ-   4     ὁ δὲ Πειλ-
ᾶτος·           ᾶτος πάλιν ἐπηρώτα
             αὐτόν· οὐκ ἀποκρίνῃ
    οὐκ ἀκούεις    οὐδέν; ἴδε
πόσα σου καταμαρ-   πόσα σου κατηγο-
14 τυροῦσιν; καὶ    5 ροῦσιν. ὁ δὲ Ἰησοῦς
οὐκ    ἀπεκ-    οὐκέτι οὐδὲν ἀπεκ-
ρίθη αὐτῷ πρὸς οὐδὲ   ρίθη,
ἓν ῥῆμα, ὥστε θαυ-       ὥστε θαυ-
μάζειν τὸν ἡγεμόνα   μάζειν τὸν Πειλᾶτον.
λίαν.

       —         —    4     ὁ δὲ Πειλᾶτος
                        εἶπεν πρὸς τοὺς ἀρ-

|  |  |  |
|---|---|---|
| — | — | χιερεῖς καὶ τοὺς ὄχλους· οὐδὲν εὑρίσκω αἴτιον ἐν τῷ |
| ═ | — | 5 ἀνθρώπῳ τούτῳ. οἱ δὲ ἐπίσχυον λέγοντες ὅτι ἀνασείει τὸν λαόν, διδάσκων καθ' ὅλης τῆς Ἰουδαίας καὶ ἀρξάμενος ἀπὸ τῆς Γαλιλαίας ἕως ὧδε. |

§ 211. *Pilate sends Jesus, being a Galilæan, to Herod, who arrays Him in mock apparel.*

|  |  |  |
|---|---|---|
| — | — | 6 Πειλᾶτος δὲ ἀκούσας ἐπηρώτησεν εἰ ὁ ἄν- |
| — | — | 7 θρωπος Γαλιλαῖός ἐστίν, καὶ ἐπιγνοὺς ὅτι ἐκ τῆς ἐξουσίας Ἡρώδου ἐστίν, ἀνέπεμψεν αὐτὸν πρὸς Ἡρώδην, ὄντα καὶ αὐτὸν ἐν |
| — | — | 8 Ἰεροσολύμοις ἐν ταύταις ταῖς ἡμέραις. ὁ δὲ Ἡρώδης ἰδὼν τὸν Ἰησοῦν ἐχάρη λίαν· ἦν γὰρ ἐξ ἱκανῶν χρόνων θέλων ἰδεῖν αὐτὸν [ix. 9] διὰ τὸ ἀκούειν περὶ αὐτοῦ, καὶ ἤλπιζέν τι σημεῖον ἰδεῖν ὑπ' αὐτοῦ γινόμενον. |
| — | — | 9 ἐπηρώτα δὲ αὐτὸν ἐν λόγοις ἱκανοῖς· αὐτὸς |
| — | • | 10 δὲ οὐδὲν ἀπεκρίνατο αὐτῷ. εἱστήκεισαν δὲ οἱ ἀρχιερεῖς καὶ οἱ γραμματεῖς εὐτόνως |
| — | — | 11 κατηγοροῦντες αὐτοῦ. ἐξουθενήσας δὲ αὐτὸν καὶ ὁ Ἡρώδης σὺν τοῖς στρατεύμασιν αὐτοῦ καὶ ἐμπαίξας, περιβαλὼν ἐσθῆτα λαμπρὰν ἀνέπεμψεν αὐτὸν τῷ Πειλάτῳ. |
| — | — | 12 ἐγένοντο δὲ φίλοι ὅ τε Ἡρώδης καὶ ὁ Πειλᾶτος ἐν αὐτῇ τῇ ἡμέρᾳ μετ' ἀλλήλων· προϋπῆρχον γὰρ ἐν ἔχθρᾳ ὄντες πρὸς αὐτούς. |

§ 212. *Jesus, sent back to Pilate, is again declared to be not worthy of death.*

|  |  |  |
|---|---|---|
| — | — | 13 Πειλᾶτος δὲ συνκαλεσάμενος τοὺς ἀρχιερεῖς |
| — | — | 14 καὶ τοὺς ἄρχοντας καὶ τὸν λαὸν εἶπεν πρὸς αὐτούς· προσηνέγκατέ μοι τὸν ἄνθρωπον τοῦτον ὡς ἀποστρέφοντα τὸν λαόν, καὶ ἰδοὺ ἐγὼ ἐνώπιον ὑμῶν ἀνακρίνας οὐθὲν εὗρον ἐν τῷ ἀνθρώπῳ τούτῳ αἴτιον ὧν κατηγορεῖτε |
| — | — | 15 κατ' αὐτοῦ. ἀλλ' οὐδὲ Ἡρώδης· ἀνέπεμψεν γὰρ αὐτὸν πρὸς ἡμᾶς, καὶ ἰδοὺ οὐδὲν ἄξιον |
| — | — | 16 θανάτου ἐστὶν πεπραγμένον αὐτῷ. παιδεύσας οὖν αὐτὸν ἀπολύσω. |
| 17 | — |  |

§ 213. *A Prisoner must be delivered at the Feast: Barabbas instead of Jesus chosen by the Mob.*

| | | |
|---|---|---|
| 15 Κατὰ δὲ ἑορτὴν εἰώθει ὁ ἡγεμὼν ἀπολύειν ἕνα τῷ ὄχλῳ δέσμιον ὃν ἤθελον. | 6 Κατὰ δὲ ἑορτὴν ἀπέλυεν αὐτοῖς ἕνα δέσμιον ὃν παρῃτοῦντο. | — |
| 16 εἶχον δὲ τότε δεσμιον ἐπίσημον, λεγόμενον Βαρραββᾶν. | 7 ἦν δὲ ὁ λεγόμενος Βαρραββᾶς μετὰ τῶν στασιαστῶν δεδεμένος, οἵτινες ἐν τῇ στάσει φόνον πεποιήκεισαν. | [*Cf.* vv. 19, 25.] |
| — | | |
| 17          συνηγμένων οὖν αὐτῶν | 8       καὶ ἀναβὰς ὁ ὄχλος ἤρξατο αἰτεῖσθαι καθὼς ἐποίει αὐτοῖς. | 18  ἀνέκραγον δὲ πανπληθεὶ |
| εἶπεν αὐτοῖς ὁ Πειλᾶτος· | 9 ὁ δὲ Πειλᾶτος ἀπεκρίθη αὐτοῖς λέγων· | — |
| τίνα θέλετε ἀπολύσω ὑμῖν, Βαραββᾶν ἢ Ἰησοῦν τὸν λεγόμενον Χριστόν; | — θέλετε ἀπολύσω ὑμῖν — — τὸν — βασιλέα τῶν Ἰουδαίων; | — |
| — | | |
| 18 ᾔδει γὰρ ὅτι διὰ φθόνον παρέδωκαν αὐτόν. | 10 ἐγίνωσκεν γὰρ ὅτι διὰ φθόνον παραδεδώκεισαν αὐτον οἱ ἀρχιερεῖς. | — |
| 19    —    καθημένου δὲ αὐτοῦ ἐπὶ τοῦ βήματος ἀπέστειλεν πρὸς αὐτον ἡ γυνὴ αὐτοῦ λέγουσα· μηδὲν σοὶ καὶ τῷ δικαίῳ ἐκείνῳ· πολλὰ γὰρ ἔπαθον σήμερον κατ᾽ | | — |
| 20 ὄναρ δι᾽ αὐτόν. οἱ δὲ ἀρχιερεῖς καὶ οἱ πρεσβύτεροι ἔπεισαν τοὺς ὄχλους ἵνα αἰτήσωνται τὸν Βαραββᾶν, τὸν δὲ Ἰησοῦν ἀπολέσωσιν. | 11          οἱ δὲ ἀρχιερεῖς — ἀνέσεισαν τὸν ὄχλον ἵνα μᾶλλον τὸν Βαραββᾶν | [ver. 5.] |
| [ver. 21.] | — ἀπολύσῃ αὐτοῖς. [ver. 7.] | λέγοντες· αἶρε τοῦτον, ἀπόλυσον δὲ ἡμῖν τον βαραββᾶν· 19  ὅστις ἦν διὰ στάσιν τινὰ γενομέ- |

|  |  | νην ἐν τῇ πόλει καὶ φόνον βληθεὶς ἐν τῇ φυλακῇ. |
|---|---|---|
| 21 ἀποκριθεὶς δὲ ὁ ἡγε-μὼν εἶπεν αὐτοῖς· τίνα θέλετε ἀπὸ τῶν δύο ἀπολύσω ὑμῖν· οἱ δὲ εἶπαν· τὸν Βαραββᾶν. | [Cf. ver. 11.] | [ver. 18.] |

§ 214. *Pilate a third time declares Jesus innocent, but delivers Him to be crucified.*

| 22 λέγει αὐτοῖς ὁ Πειλᾶ-τος· — | 12　　　ὁ δὲ Πειλᾶ-τος πάλιν ἀποκριθεὶς ἔλεγεν αὐτοῖς· — — | 20 πάλιν δὲ ὁ Πειλᾶ-τος προσεφώνησεν, θέλων ἀπολυσαι τὸν Ἰησοῦν. |
|---|---|---|
| τί οὖν ποιήσω Ἰησοῦν τὸν λεγόμε-νον Χριστόν; | τί οὖν θέλετε ποιήσω ὃν λέγετε τὸν βασιλέα τῶν | — |
| λέγουσιν πάντες· σταυ-ρωθήτω. | 13 Ἰουδαίων; οἱ δὲ πάλιν ἔκραξαν· σταυ-ρωσον αὐτόν. | 21　　　οἱ δὲ ἐπε-φώνουν λέγοντες· σταύ-ρου, σταύρου αὐτόν. |
| 23 ὁ δὲ ἔφη· τί γὰρ κακὸν ἐποίησεν; | 14 ὁ δὲ Πειλᾶτος ἔλεγεν αὐτοῖς· τί γὰρ ἐποίησεν κακόν; | 22 ὁ δὲ τρίτον εἶπεν πρὸς αὐτούς· τί γὰρ κακὸν ἐποίησεν; οὐδὲν αἴτιον θανάτου εὗρον ἐν αὐτῷ· παι-δεύσας* οὖν αὐτὸν |
| οἱ δὲ πε-ρισσῶς ἔκραζον λέγοντες· σταυρωθήτω. | οἱ δὲ πε-ρισσῶς ἔκραξαν· σταύρωσον αὐτόν. | 23 ἀπολύσω. οἱ δὲ ἐπέ-κειντο φωναῖς μεγά-λαις αἰτούμενοι αὐτὸν σταυρωθῆναι, καὶ κατίσχυον αἱ |
| 24　　　ἰδὼν δὲ ὁ Πειλᾶτος ὅτι οὐδὲν ὠφελεῖ ἀλλὰ μᾶλ-λον θόρυβος γίνεται, λαβὼν ὕδωρ ἀπενί-ψατο τὰς χεῖρας ἀπέ-ναντι τοῦ ὄχλου λέγων· ἀθῶός εἰμι ἀπὸ τοῦ αἵματος τού-του· ὑμεῖς ὄψεσθε. 25 καὶ ἀποκριθεὶς πᾶς ὁ λαὸς εἶπεν· τὸ αἷμα | 15 ὁ δὲ Πειλᾶτος — — | 24 φωναὶ αὐτῶν. καὶ Πειλᾶτος — |

* Ver. 16.

αὐτοῦ ἐφ' ἡμᾶς καὶ
ἐπὶ τὰ τέκνα ἡμῶν.

                                      ἐπέκρινεν γενέσθαι
                                      τὸ αἴτημα αὐτῶν·
         —     βουλόμενος ποιῆσαι            [Cf. ver. 20.]
                 τὸ ἱκανὸν τῷ ὄχλῳ               —
26 τότε ἀπέλυσεν αὐτοῖς     ἀπέλυσεν αὐτοῖς 25     ἀπέλυσεν δὲ
    τὸν Βαραββᾶν,        τὸν Βαραββᾶν,           τὸν        διὰ
                                         στάσιν καὶ φόνον
                 [ver. 7]                    βεβλημένον εἰς φυ-
                                         λακήν, ὃν ᾐτοῦντο,
    τὸν δὲ Ἰησοῦν        καὶ       παρέ-     τὸν δὲ Ἰησοῦν παρέ-
                 δωκεν τὸν Ἰησοῦν     δωκεν
    φραγελλώσας παρέ-    φραγελλώσας             —
    δωκεν ἵνα σταυρωθῇ.     ἵνα σταυρωθῇ.
                                         τῷ θελήματι αὐτῶν.

## § 215. Jesus, arrayed in mock purple, is led away to be crucified.

27 τότε οἱ στρατιῶται   16     οἱ δὲ στρατιῶται   26ᵃ     —       καὶ ὡς
    τοῦ ἡγεμόνος παρα-
    λαβόντες τὸν Ἰησοῦν
                           ἀπήγαγον αὐτὸν ἔσω    ἀπήγαγον αὐτόν,
                           τῆς αὐλῆς, ὅ ἐστιν
    εἰς τὸ πραιτώριον,      πραιτώριον,     καὶ           —
    συνήγαγον ἐπ' αὐτὸν    συνκαλοῦσιν
    ὅλην τὴν σπεῖραν.      ὅλην τὴν σπεῖραν·
28 καὶ        ἐκδύσαντες   17   καὶ     ἐνδιδύσκουσιν           —
    αὐτὸν χλαμύδα κοκ-    αὐτὸν πορφύραν
    κίνην       περιέθη-           καὶ περιτιθέα-
29 καν αὐτῷ, καὶ πλέ-     σιν αὐτῷ       πλέ-           —
    ξαντες στέφανον ἐξ    ξαντες
    ἀκανθῶν                  ἀκάνθινον στέφανον.
    ἐπέθηκαν ἐπὶ τῆς κε-
    φαλῆς αὐτοῦ καὶ
    κάλαμον ἐν τῇ δεξιᾷ      —    [Cf. ver. 19.]
    αὐτοῦ, καὶ γονυπετή-
    σαντες      ἔμπροσθεν
    αὐτοῦ ἐνέπαιξαν αὐ-
    τῷ λέγοντες·       18          καὶ ἤρξ-
                           αντο ἀσπάζεσθαι αὐ-          —
    χαῖρε ὁ βασιλεὺς     τόν· χαῖρε βασιλεῦ
30 τῶν Ἰουδαίων, καὶ     τῶν Ἰουδαίων
    ἐμπτύσαντες     εἰς
    αὐτον ἔλαβον τὸν
    κάλαμον καὶ ἔτυπτον   19         καὶ ἔτυπτον           —
    εἰς τὴν κεφαλὴν      αὐτοῦ τὴν κεφαλὴν
    αὐτοῦ.                         καλάμῳ καὶ
                           ἐνέπτυον αὐτῷ, καὶ

|  |  |  |
|---|---|---|
| | τιθέντες τὰ γόνατα | |
| | προσεκύνουν αὐτῷ. | |
| 31 καὶ ὅτε ἐνέπαιξαν | 20 καὶ ὅτε ἐνέπαιξαν | — |
| αὐτῷ ἐκδύσαντες | αὐτῷ, ἐξέδυσαν | |
| αὐτὸν τὴν χλαμύδα | αὐτὸν τὴν πορφύραν | |
| ἐνέδυσαν αὐτὸν | καὶ ἐνέδυσαν αὐτὸν | |
| τὰ ἱμάτια αὐτοῦ, | τὰ ἴδια ἱμάτια αὐτοῦ. | |
| καὶ ἀπήγαγον αὐτὸν | καὶ ἐξάγουσιν αὐτὸν | |
| εἰς τὸ σταυρῶσαι. | ἵνα σταυρώσουσιν. | |

### § 216. Simon the Cyrenian. [Cf. § 104. Mt. xvi. 24.]

|  |  |  |
|---|---|---|
| 32 ἐξερχόμενοι δὲ εὗρον | 21 καὶ | |
| [see below] | ἀγγαρεύουσιν | 26ᵇ ἐπιλαβόμενοι |
| ἄνθρωπον | παράγοντά τινα | |
| Κυρ- | Σίμωνα Κυρ- | Σίμωνά τινα Κυρ- |
| ηναῖον, ὀνόματι | ηναῖον, | ηναῖον |
| Σίμωνα· | ἐρχόμενον ἀπ' | ἐρχόμενον ἀπ' |
| — | ἀγροῦ, τὸν πατέρα | ἀγροῦ |
| | Ἀλεξάνδρου καὶ | |
| τοῦτον | Ῥούφου, | — |
| ἠγγάρευσαν ἵνα ἄρῃ | ἵνα ἄρῃ | ἐπέθηκαν |
| τὸν σταυρὸν | τὸν σταυρὸν | αὐτῷ τὸν σταυρὸν |
| αὐτοῦ. | αὐτοῦ. | φέρειν ὄπισθεν |
| — | — | τοῦ Ἰησοῦ. |

### § 217. The Weeping Daughters of Jerusalem. [Cf. § 126.]

|  |  |  |
|---|---|---|
| — | — | 27 Ἠκολούθει δὲ αὐτῷ πολὺ πλῆθος τοῦ λαοῦ |
| | | καὶ γυναικῶν, αἳ ἐκόπτοντο καὶ ἐθρήνουν |
| — | — | 28 αὐτόν. στραφεὶς δὲ πρὸς αὐτὰς Ἰησοῦς |
| | | εἶπεν· θυγατέρες Ἰερουσαλήμ, μὴ κλαίετε |
| — | — | 29 ἐπ' ἐμέ· πλὴν ἐφ' ἑαυτὰς κλαίετε καὶ ἐπὶ |
| | | τὰ τέκνα ὑμῶν, ὅτι ἰδοὺ ἔρχονται ἡμέραι ἐν |
| | | αἷς ἐροῦσιν· μακάριαι αἱ στεῖραι, καὶ αἱ |
| | | κοιλίαι αἳ οὐκ ἐγέννησαν, καὶ μαστοὶ οἳ |
| — | — | 30 οὐκ ἔθρεψαν.* τότε ἄρξονται λέγειν τοῖς |
| | | ὄρεσιν· πέσατε ἐφ' ἡμᾶς, καὶ τοῖς βουνοῖς· |
| — | — | 31 καλύψατε ἡμᾶς· ὅτι εἰ ἐν τῷ ὑγρῷ ξύλῳ |
| | | ταῦτα ποιοῦσιν, ἐν τῷ ξηρῷ τί γένηται; |

### § 218. Crucifixion and Death of Jesus.

|  |  |  |
|---|---|---|
| | | 32 Ἤγοντο δὲ καὶ ἔτεροι |
| [ver. 38.] | [ver. 27.] | δύο κακοῦργοι σὺν αὐ- |
| 33 Καὶ | 22 Καὶ | 33ᵃ τῷ ἀναιρεθῆναι. καὶ |
| ἐλθόντες | φέρουσιν | ὅτε ἀπῆλθον |
| εἰς τόπον | αὐτὸν ἐπὶ τὸν | ἐπὶ τὸν τόπον |

\* Cf. Luke xi. 27, 28.

| MATT. XXVII. | MARK XV. | LUKE XXIII. |
|---|---|---|
| λεγόμενον Γολγοθᾶ, ὅ ἐστιν κρα- νίου τόπος λεγό- 34 μενος, ἔδωκαν αὐτῷ πινεῖν οἶνον μετὰ χολῆς μεμιγ- μένον· καὶ γευσάμενος [Cf. ver. 48] οὐκ ἠθέλησεν 35 πιεῖν. σταυ- ρώσαντες δὲ αὐτὸν διεμερίσαντο τὰ ἱμάτια αὐτοῦ βα- λόντες κλῆρον, | Γολγοθᾶν τόπον, ὅ ἐστιν με- θερμηνευόμενον κρα- νίου τόπος. 23 καὶ ἐδίδουν αὐτῷ ἐσμυρνισ- μένον οἶνον· — [Cf. ver. 36] ὃς δὲ οὐκ 24 ἔλαβεν. καὶ σταυ- ροῦσιν αὐτόν, καὶ διαμερίζονται τὰ ἱμάτια αὐτοῦ βάλ- λοντες κλῆρον ἐπ' 25 αὐτὰ τίς τί ἄρῃ. ἦν δὲ ὥρα τρίτη καὶ ἐσταύρωσαν αὐτόν. | τὸν καλούμενον κρα- νίον, [Cf. ver. 36.] [ver. 34.] |
| — [ver. 38] | [ver. 27.] | 33b — ἐκεῖ ἐσταύρωσαν αὐτὸν καὶ τοὺς κακούργους, ὃν μὲν ἐκ δεξιῶν, ὃν δὲ ἐξ ἀριστερῶν. 34 ὁ δὲ Ἰησοῦς ἔλεγεν· πάτερ, ἄφες αὐτοῖς· οὐ γὰρ οἴδασιν τί ποιοῦσιν. διαμερι- |
| [ver. 35] | [ver. 24.] | ζόμενοι δὲ τὰ ἱμάτια αὐτοῦ ἔβαλον κλή- |
| 36 καὶ καθήμενοι ἐτήρουν αὐτὸν ἐκεῖ· | | 35 ρους. καὶ εἱστήκει ὁ λαὸς θεωρῶν· ἐξε- μυκτήριζον δὲ οἱ ἄρχοντες λέγοντες· |
| [vv. 41, 42] | [ver. 31.] | ἄλλους ἔσωσεν, σω- σάτω ἑαυτόν, εἰ οὗτός |
| [Cf. ver. 40] | — | ἐστιν ὁ Χριστὸς τοῦ θεοῦ ὁ ἐκλεκτός. 36 ἐνέπαιξαν δὲ αὐτῷ καὶ οἱ στρατιῶται |
| [ver. 48] | [ver. 36.] | προσερχόμενοι, ὄξος προσφέροντες αὐτῷ |
| [ver. 42] | [ver. 32.] | 37 καὶ λέγοντες· εἰ σὺ εἶ ὁ βασιλεὺς τῶν Ἰουδαίων σῶσον σε- |
| 37 καὶ ἐπέθηκαν ἐπάνω τῆς κεφαλῆς αὐτοῦ τὴν αἰτίαν αὐτοῦ γε- γραμμένην· οὗτός ἐστιν Ἰησοῦς ὁ βα- σιλεὺς τῶν Ἰουδαίων. | 26 καὶ ἦν ἡ ἐπιγραφὴ τῆς αἰτίας αὐτοῦ ἐπιγε- γραμμένη· — ὁ βα- σιλεὺς τῶν Ἰουδαίων. | 38 αὐτόν· ἦν δὲ καὶ ἐπιγραφὴ ἐπ' αὐτῷ· — ὁ βα- σιλεὺς τῶν Ἰουδαίων |

| MATT. XXVII. | MARK XV. | LUKE XXIII. |
|---|---|---|
| 38      τότε σταυ- ροῦνται σὺν αὐτῷ δύο λῃσ- ταί, εἷς ἐκ δεξιῶν καὶ εἷς ἐξ εὐωνύμων. | 27      καὶ σὺν αὐτῷ σταυροῦσιν δύο λῃσ- τάς, ἕνα ἐκ δεξιῶν καὶ 28 ἕνα ἐξ εὐωνύμων αὐ- τοῦ. | οὗτος· [ver. 33b.] |
| 39 οἱ δὲ παραπορευό- μενοι ἐβλασφήμουν αὐτόν, κινοῦντες τὰς κεφαλὰς αὐτῶν, καὶ 40 λέγοντες·    ὁ καταλύων τὸν ναὸν καὶ ἐν τρισὶν ἡμέ- ραις οἰκοδομῶν σῶσον σεαυτόν, εἰ υἱὸς εἶ τοῦ θεοῦ, καὶ κατάβηθι ἀπὸ τοῦ σταυροῦ. | 29 καὶ οἱ παραπορευό- μενοι ἐβλασφήμουν αὐτόν, κινοῦντες τὰς κεφαλὰς αὐτῶν καὶ λέγοντες· οὐὰ ὁ καταλύων τὸν ναὸν καὶ οἰκοδομῶν 30 τρισὶν ἡμέραις, σῶσον σεαυτόν, — καταβὰς ἀπὸ τοῦ σταυροῦ. | — — [Cf. ver. 35.] |
| 41 ὁμοίως   οἱ ἀρχιε- ρεῖς   ἐμπαίζοντες μετὰ τῶν   γραμματέων καὶ   πρεσβυτέρων 42 ἔλεγον· ἄλλους ἔσω- σεν, ἑαυτὸν οὐ δύναται σῶσαι· — βασιλεὺς Ἰσραήλ ἐστιν, κατα- βάτω νῦν ἀπὸ τοῦ σταυροῦ καὶ   πιστεύσωμεν 43 ἐπ᾽ αὐτόν. πέποι- θεν ἐπι τὸν θεόν, ῥυσάσθω νῦν εἰ θέλει αὐτόν· εἶπεν γὰρ ὅτι θεοῦ εἰμι υἱός· 44 τὸ δ᾽ αὐτὸ καὶ οἱ λῃσταὶ οἱ συσταυρω- θέντες σὺν αὐτῷ ὠνείδιζον αὐτόν. | 31 ὁμοίως καὶ οἱ ἀρχιε- ρεῖς ἐμπαίζοντες πρὸς ἀλλήλους μετὰ τῶν   γραμματέων ἔλεγον· ἄλλους ἔσω- σεν, ἑαυτον οὐ 32 δύναται σῶσαι· ὁ Χριστὸς ὁ βασιλεὺς Ἰσραὴλ   κατα- βάτω νῦν ἀπὸ τοῦ σταυροῦ ἵνα ἴδωμεν καὶ   πιστεύσωμεν. — καὶ οἱ συνεσταυρω- μένοι σὺν αὐτῷ ὠνείδιζον αὐτόν | [ver. 35.] [Lk. ἄρχοντες.] [ver. 35.] [ver. 36.] — — |
|  |  | 39      εἷς δὲ τῶν κρεμασθέν- των    κακούργων ἐβλασφήμει αὐτόν· οὐχὶ σὺ εἶ ὁ Χριστός; [Cf. ver. 35] σῶσον σεαυτὸν καὶ 40 ἡμᾶς. ἀποκριθεὶς δὲ ὁ ἕτερος ἐπιτιμῶν |

|  |  |  |
|---|---|---|
|  |  | αὐτῷ ἔφη· οὐδὲ φοβῇ σὺ τὸν θεόν, ὅτι ἐν τῷ αὐτῷ κρί- |
| — | — | 41 ματι εἶ; καὶ ἡμεῖς μὲν δικαίως, ἄξια γὰρ ὧν ἐπράξαμε ἀπολαμβάνομεν· οὗτος δὲ οὐδὲν ἄτοπον ἔπραξεν. |
| — | — | 42 καὶ ἔλεγεν· Ἰησοῦ, μνήσθητί μου ὅταν ἔλθῃς ἐν τῇ βασιλείᾳ |
| — | — | 43 σου. καὶ εἶπεν αὐτῷ· ἀμήν σοι λέγω, σήμερον μετ' ἐμοῦ ἔσῃ ἐν τῷ παραδείσῳ. |
| 45 ἀπὸ δὲ ἕκτης ὥρας σκότος ἐγένετο ἐπὶ πᾶσαν τὴν γῆν. ἕως ὥρας ἐνάτης. | 33 καὶ γενομένης ὥρας ἕκτης σκότος ἐγένετο ἐφ' ὅλην τὴν γῆν ἕως ὥρας ἐνάτης. | 44 καὶ ἦν ἤδη ὡσεὶ ὥρα ἕκτη καὶ σκότος ἐγένετο ἐφ' ὅλην τὴν γῆν ἕως ὥρας |
| 46     — περὶ δὲ τὴν ἐνάτην ὥραν [ver. 51] | 34     — καὶ τῇ ἐνάτῃ ὥρα [ver. 38] | 45 ἐνάτης, τοῦ ἡλίου ἐκλιπόντος·     ἐσχίσθη δὲ τὸ καταπέτασμα τοῦ ναοῦ μέσων. |
| ἀνεβόησεν ὁ Ἰησοῦς φωνῇ μεγάλῃ λέγων· ἠλεὶ ἠλεί, λεμὰ σαβαχθανεί; τοῦτ' ἔστιν     θεέ μου, θεέ μου, ἱνατί με ἐγ-κατέλιπες; | ἐβόησεν ὁ Ἰησοῦς φωνῇ μεγάλῃ· ἐλωΐ ἐλωΐ, λεμὰ σαβαχθανεί; ὅ ἐστιν μεθερμηνευό-μενον· ὁ θεός μου, ὁ θεός μου εἰς τί ἐγ- | — |
| 47 τινὲς δὲ τῶν ἐκεῖ ἑσ-τηκότων ἀκούσαντες ἔλεγον ὅτι Ἡλείαν | 35 κατέλιπές με; καὶ τινες τῶν παρε-στώτων ἀκούσαντες ἔλεγον· ἴδε Ἡλείαν φωνεῖ. | — |
| 48 φωνεῖ οὗτος. καὶ εὐθέως δραμὼν εἷς ἐξ αὐτῶν καὶ λαβὼν σπόγγον πλήσας τε ὄξους καὶ περι-θεὶς καλάμῳ ἐπότι- | 36     δραμὼν δέ τις καὶ γεμίσας σπόγγον     ὄξους περι-θεὶς καλάμῳ ἐπότι- | [ver. 36.] |
| 49 ζεν αὐτόν, οἱ δὲ λοιποὶ ἔλεγον· ἄφες ἴδωμεν εἰ ἔρχεται Ἡλείας σώσον αὐ- | ξεν αὐτον,     — λέγων· ἄφετε ἴδωμεν εἰ ἔρχεται Ἡλείας καθελεῖν αὐ- | [Cf. ver. 36.] — |
| 50 τόν. ὁ δὲ Ἰησοῦς πάλιν κράξας φωνῇ μεγάλῃ ἀφῆκεν | 37 τόν. ὁ δὲ Ἰησοῦς     ἀφεὶς | 46 καὶ     φωνήσας φωνῇ μεγάλῃ |

| | φωνὴν μεγαλην | ὁ Ἰησοῦς |
|---|---|---|
| — | — | εἶπεν· πάτερ εἰς χεῖράς σου παρατίθεμαι τὸ πνεῦμά μου. τοῦτο |
| τὸ πνεῦμα. | ἐξέπνευσεν. | δὲ εἰπὼν ἐξέπνευσεν. |

§ 219. *Extraordinary Portents: The Centurion's Testimony.*

| 51 Καὶ ἰδοὺ τὸ καταπέτασμα τοῦ ναοῦ ἐσχίσθη ἄνωθεν ἕως κάτω εἰς δύο. καὶ ἡ γῆ ἐσείσθη καὶ αἱ πέτραι ἐσχίσθησαν, 52 καὶ τὰ μνημεῖα ἀνεῴχθησαν καὶ πολλὰ σώματα τῶν κεκοιμημένων ἁγίων 53 ἠγέρθησαν καὶ ἐξελθόντες ἐκ τῶν μνημείων μετὰ τὴν ἔγερσιν αὐτοῦ εἰσῆλθον εἰς τὴν ἁγίαν πόλιν καὶ ἐνεφανίσθησαν 54 πολλοῖς. ὁ δὲ ἑκατοντάρχης καὶ οἱ μετ᾽ αὐτου τηροῦντες τὸν Ἰησοῦν ἰδόντες τὸν σεισμὸν καὶ τὰ γινόμενα ἐφοβήθησαν σφόδρα, — λέγοντες· ἀληθῶς θεοῦ υἱὸς ἦν οὗτος. | 38 Καὶ τὸ καταπέτασμα τοῦ ναοῦ ἐσχίσθη εἰς δύο ἀπο ἄνωθεν ἕως κάτω. — — — 39 ἰδὼν δὲ ὁ κεντυρίων ὁ παρεστηκὼς ἐξ ἐναντίας αὐτοῦ ὅτι οὕτως ἐξέπνευσεν, — εἶπεν ἀληθῶς οὗτος ὁ ἄνθρωπος υἱὸς ἦν θεοῦ. | [ver. 45.] — — — 47 ἰδὼν δὲ ὁ ἑκατοντάρχης — τὸ γενόμενον — ἐδόξαζεν τὸν θεὸν λέγων· ὄντως ὁ ἄνθρωπος οὗτος δίκαιος ἦν. |

§ 220. *The Spectators and the Attendant Women.*

| — | — | 48 Καὶ πάντες οἱ συνπαραγενόμενοι ὄχλοι ἐπὶ τὴν θεωρίαν ταύτην, θεωρήσαντες τὰ γενόμενα, τύπτοντες τὰ στήθη |
|---|---|---|
| — | — | 49 ὑπέστρεφον. εἱστή· |

| MATT. XXVII. | MARK XV. | LUKE XXIII. |
|---|---|---|
| | | κεισαν δὲ πάντες οἱ γνωστοὶ αὐτῷ ἀπὸ μακρόθεν, |
| 55 Ἦσαν δὲ ἐκεῖ γυναῖκες πολλαὶ ἀπὸ μακρόθεν θεωροῦσαι, αἵτινες ἠκολούθησαν τῷ Ἰησοῦ ἀπὸ τῆς Γαλιλαίας διακονοῦσαι αὐτῷ· | 40 Ἦσαν δὲ καὶ γυναῖκες ἀπὸ μακρόθεν θεωροῦσαι, [ver. 41] | καὶ γυναῖκες — [ver. 48] αἱ συνακολουθοῦσαι αὐτῷ [ver. 55] ἀπὸ τῆς Γαλιλαίας, [viii. 2, 3] ὁρῶσαι |
| 56 ἐν αἷς ἦν Μαρία ἡ Μαγδαληνή, καὶ Μαρία ἡ τοῦ Ἰακώβου καὶ Ἰωσὴφ μήτηρ, καὶ ἡ μήτηρ τῶν υἱῶν Ζεβεδαίου. [ver. 55.] | ἐν αἷς καὶ Μαρία Μαγδαληνή καὶ Μαρία ἡ Ἰακώβου τοῦ μικροῦ καὶ Ἰωσῆτος μήτηρ καὶ Σαλώμη, 41 αἱ ὅτε ἦν ἐν τῇ Γαλιλαίᾳ ἠκολούθουν αὐτῷ καὶ διηκόνουν αὐτῷ, καὶ ἄλλαι πολλαὶ αἱ συναναβᾶσαι αὐτῷ εἰς Ἱεροσόλυμα. | ταῦτα. [viii. 2.] [viii. 3, ἕτεραι πολλαί.] |

## § 221. Burial of Jesus by Joseph of Arimathæa.

| MATT. XXVII. | MARK XV. | LUKE XXIII. |
|---|---|---|
| 57 Ὀψίας δὲ γενομένης, — ἦλθεν ἄνθρωπος πλούσιος ἀπὸ Ἀριμαθαίας, τοὔνομα Ἰωσήφ — | 42 Καὶ ἤδη ὀψίας γενομένης, ἐπεὶ ἦν παρασκευή, ὅ ἐστιν προσάββατον, 43 ἐλθὼν Ἰωσὴφ ὁ ἀπὸ Ἀριμαθαίας, εὐσχήμων βουλευτής | 50 Καὶ [ver. 54] ἰδοὺ ἀνὴρ ὀνόματι Ἰωσὴφ βουλευτὴς ὑπάρχων καὶ ἀνὴρ ἀγαθὸς καὶ δίκαιος, |
| ὃς καὶ αὐτὸς ἐμαθητεύθη τῷ Ἰησοῦ· — — | ὃς καὶ αὐτὸς ἦν — — | 51 οὗτος οὐκ ἦν — συνκατατιθέμενος τῇ βουλῇ καὶ τῇ πράξει αὐτῶν, ἀπὸ Ἀριμαθαίας πόλεως τῶν Ἰουδαίων, ὃς προσεδέχετο τὴν βασιλείαν τοῦ θεοῦ, |
| 58 οὗτος προσ- | προσδεχόμενος τὴν βασιλείαν τοῦ θεοῦ, τολμήσας εἰσ- | 52 οὗτος προσ- |

| MATT. XXVII. | MARK XV. | LUKE XXIII. |
|---|---|---|
| ἐλθὼν τῷ Πειλάτῳ ἠτή- σατο τὸ σῶμα τοῦ Ἰησοῦ. τότε ὁ Πειλᾶτος — | ἦλθεν πρὸς τὸν Πειλᾶτον καὶ ἠτή- σατο τὸ σῶμα τοῦ Ἰησοῦ. ὁ δὲ Πειλᾶτος ἐθαύ- μαζεν εἰ ἤδη τέθνη- κεν, καὶ προσκαλε- σάμενος τὸν κεντυ- ρίωνα ἐπηρώτησεν αὐτὸν εἰ πάλαι ἀπέ- 45 θανεν. καὶ γνοὺς ἀπὸ τοῦ κεντυρίωνος | ἐλθὼν τῷ Πειλάτῳ ἠτή- σατο τὸ σῶμα τοῦ Ἰησοῦ, — — |
| ἐκέλευσεν ἀποδοθῆ- ναι. | ἐδωρήσατο τὸ πτῶμα τῷ Ἰωσήφ. | |
| 59 καὶ λαβὼν τὸ σῶμα ὁ Ἰωσὴφ ἐνετύλιξεν αὐτὸ σινδόνι καθαρᾷ 60 καὶ ἔθηκεν αὐτὸ ἐν τῷ καινῷ αὐτοῦ μνημείῳ ὃ ἐλα- τόμησεν ἐν τῇ πέτ- ρᾳ, καὶ προσκυλίσας λίθον μέγαν τῇ θύρᾳ τοῦ μνημείου ἀπ- ῆλθεν. — — | 46 καὶ ἀγοράσας σιν- δόνα, καθελὼν αὐτὸν ἐνείλησεν τῇ σινδόνι, καὶ κατέθηκεν αὐτὸν ἐν — μνήματι ὃ ἦν λελα- τομημένον ἐκ πέτ- ρας, — καὶ προσεκύλισεν λίθον ἐπὶ τὴν θύραν τοῦ μνημείου. [ver. 42.] [ver. 41.] | 53 καὶ καθελὼν ἐνετύλιξεν αὐτὸ σινδόνι, καὶ ἔθηκεν αὐτὸν ἐν μνήματι λα- ξευτῷ, οὗ οὐκ ἦν οὐδεὶς οὐδέπω κείμενος. — 54 καὶ ἡμέρα ἦν παρασκευῆς, καὶ σάββατον ἐπέφωσ- 55 κεν. κατακολουθή- σασαι δὲ γυναῖκες, αἵτινες ἦσαν συνελη- λυθυῖαι ἐκ τῆς Γαλι- λαίας αὐτῷ, |
| 61 ἦν δὲ ἐκεῖ Μαριὰμ ἡ Μαγδα- ληνὴ καὶ ἡ ἄλλη Μαρία καθήμεναι ἀπέναντι τοῦ τάφου. — | 47 ἡ δὲ Μαρία ἡ Μαγδα- ληνὴ καὶ Μαρία ἡ Ἰωσῆτος ἐθεώρουν ποῦ τέθειται. — | ἐθεάσαντο τὸ μνημεῖον καὶ ὡς ἐτέθη τὸ σῶμα αὐ- 56 τοῦ, ὑποστρέψασαι δὲ ἡτοίμασαν ἀρώ- ματα καὶ μύρα· καὶ τὸ μὲν σάββατον κατὰ τὴν ἐντολήν. |

## § 222. *A Guard set over the Tomb, and the Stone sealed.*

| | | |
|---|---|---|
| 62 Τῇ δὲ ἐπαύριον, ἥτις ἐστὶν μετὰ τὴν παρασ- κευήν, συνήχθησαν οἱ ἀρχιερεῖς καὶ οἱ | — | — |
| 63 Φαρισαῖοι πρὸς Πειλᾶτον λέγοντες· κύριε, ἐμνήσθημεν ὅτι ἐκεῖνος ὁ πλάνος εἶπεν ἔτι | — | — |
| 64 ζῶν· μετὰ τρεῖς ἡμέρας ἐγείρομαι. κέλευ- σον οὖν ἀσφαλισθῆναι τὸν τάφον ἕως τῆς τρίτης ἡμέρας, μήποτε ἐλθόντες οἱ μαθηταὶ κλέψωσιν αὐτὸν καὶ εἴπωσιν τῷ λαῷ· ἠγέρθη ἀπὸ τῶν νεκρῶν, καὶ ἔσται ἡ ἐσχάτη πλάνη | — | — |
| 65 χείρων τῆς πρώτης. ἔφη αὐτοῖς ὁ Πειλᾶ- τος· ἔχετε κουστωδίαν· ὑπάγετε ἀσφαλί- | — | — |
| 66 σασθε ὡς οἴδατε. οἱ δὲ πορευθέντες ἠσφαλίσαντο τὸν τάφον, σφραγίσαντες τὸν λίθον μετὰ τῆς κουστωδίας. | — | — |

## § 223. *The Stone rolled away: "He is Risen."*

| XXVIII. | XVI. | XXIV. |
|---|---|---|
| 1 Ὀψὲ δὲ σαβ- βάτων τῇ ἐπιφω- σκούσῃ εἰς μίαν σαβ- βάτων | 1 Καὶ | 1 Τῇ δὲ μιᾷ τῶν σαβ- βάτων |
| | διαγενομένου τοῦ σαββάτου | ὄρθρου βα- θέως |
| | | τὸ μνῆμα |
| ἦλθεν Μαριὰμ ἡ Μαγδαληνὴ καὶ ἡ ἄλλη Μαρία | Μαρία ἡ Μαγδαληνὴ καὶ Μαρία ἡ Ἰακώ- βου καὶ Σαλώμη ἠγό- ρασαν ἀρώματα ἵνα ἐλθοῦσαι | ἦλθον |
| — | | [xxiii. 55] * |
| | | [xxiii. 56] |
| | ἀλείψω- | φέρουσαι ἃ ἡτοίμα- σαν ἀρώματα. |
| [See above.] | 2 σιν αὐτόν. καὶ λίαν πρωΐ τῇ μιᾷ τῶν σαββάτων ἔρχονται ἐπὶ τὸ μνῆμα, ἀνα- τείλαντος τοῦ ἡλίου. | [See above.] |
| 2 καὶ ἰδοὺ σεισμὸς ἐγέ- νετο μέγας· ἄγγελος γὰρ κυρίου καταβὰς ἐξ οὐρανοῦ καὶ προσ- ελθὼν ἀπεκύλισαν τὸν λίθον καὶ ἐκά- θητο ἐπάνω αὐτοῦ. | — | — |
| — | 3 καὶ ἔλεγον προς ἑαυτάς· τίς ἀποκυ- | — |

**MATT. XXVIII.**

[Cf. above.]

[ver. 60.]

—

—

3 ἦν δὲ ἡ εἰδέα αὐτοῦ
ὡς ἀστραπή, [ver. 2]
[ver. 2]
καὶ τὸ ἔνδυμα
αὐτοῦ
λευκὸν ὡς
4 χιών. ἀπὸ δὲ τοῦ
φοβου αὐτοῦ ἐσείσθησαν
οἱ τηροῦντες καὶ
ἐγενήθησαν ὡς νεκροί.

5 ἀποκρίθεὶς δὲ ὁ
ἄγγελος εἶπεν
ταῖς γυναιξίν· μὴ
φοβεῖσθε ὑμεῖς·
οἶδα γὰρ ὅτι Ἰησοῦν
τὸν ἐσταυρωμένον
ζητεῖτε. —

—

6 ἔστιν ὧδε· οὐκ
ἠγέρθη γάρ,

—

**MARK XVI.**

λίσει ἡμῖν τὸν λίθον
ἐκ τῆς θύρας τοῦ
4 μνημείου; καὶ ἀναβλέψασαι θεωροῦσιν
ὅτι ἀνακεκύλισται ὁ λίθος·
ἦν γὰρ μέγας σφόδρα. καὶ
5 εἰσελθοῦσαι εἰς τὸ
μνημεῖον

—

εἶδον
νεανίσκον
καθήμενον ἐν
τοῖς δεξιοῖς
περιβεβλημένον
στολὴν λευκήν,

καὶ
—

ἐξεθαμβήθησαν.
6 ὁ δὲ
λέγει
αὐταῖς· μὴ
ἐκθαμβεῖσθε.
— Ἰησοῦν
ζητεῖτε τὸν Ναζαρηνὸν τὸν ἐσταυρωμένον· —

ἠγέρθη, οὐκ ἔστιν
ὧδε·

—

**LUKE XXIV.**

2 εὗρον δὲ
τὸν λίθον ἀποκεκυλισμένον ἀπὸ τοῦ
μνημείου,

3 εἰσελθοῦσαι δὲ
οὐχ εὗρον
τὸ σῶμα τοῦ κυρίου
4 Ἰησοῦ. καὶ ἐγένετο
ἐν τῷ ἀπορεῖσθαι
αὐτὰς περὶ τούτου,
καὶ ἰδοὺ
ἄνδρες δύο
ἐπέστησαν αὐταῖς
ἐν ἐσθῆτι
ἀστραπτούσῃ·
5 ἐμφόβων δὲ
γενομένων αὐτῶν καὶ
—
κλινουσῶν τὰ
πρόσωπα εἰς τὴν
γῆν,
εἶπαν πρὸς
αὐτάς·
—
τί
ζητεῖτε τὸν —
—
ζῶντα μετὰ
6 τῶν νεκρῶν; οὐκ
ἔστιν ὧδε, ἀλλὰ
ἠγέρθη.
μνήσθητε ὡς
ἐλάλησεν ὑμῖν* ἔτι
ὢν ἐν τῇ Γαλιλαίᾳ,
7 λέγων τὸν υἱὸν τοῦ
ἀνθρώπου ὅτι δεῖ
παραδοθῆναι εἰς χεῖρας ἀνθρώπων ἁμαρ-

---

* There is no mention of this announcement in any of the Evangelists.

|  |  | τωλῶν καὶ σταυρω- |
| --- | --- | --- |

|  |  | τωλῶν καὶ σταυρω-<br>θῆναι καὶ τῇ τρίτῃ<br>ἡμέρᾳ ἀναστῆναι.<br>8 καὶ ἐμνήσθησαν τῶν<br>ῥημάτων αὐτοῦ, |
| --- | --- | --- |
| 　　　　　δεῦτε,<br>ἴδετε τὸν τόπον ὅπου<br>7 ἔκειτο.　καὶ ταχὺ<br>πορευθεῖσαι εἴπατε<br>τοῖς μαθηταῖς αὐ-<br>τοῦ<br>ὅτι ἠγέρθη ἀπὸ<br>τῶν νεκρῶν, καὶ ἰδοὺ<br>προάγει ὑμᾶς εἰς<br>τὴν Γαλιλαίαν, ἐκεῖ<br>αὐτὸν ὄψεσθε.<br>ἰδοὺ εἶπον ὑμῖν.<br>[Cf. xxvi. 32.] | ἴδε ὁ τόπος ὅπου<br>7 ἔθηκαν αὐτόν. ἀλλὰ<br>ὑπάγετε εἴπατε<br>τοῖς μαθηταῖς αὐ-<br>τοῦ καὶ τῷ Πέτρῳ<br>ὅτι<br><br>προάγει ὑμᾶς εἰς<br>τὴν Γαλιλαίαν ἐκεῖ<br>αὐτὸν ὄψεσθε,*<br>καθὼς εἶπεν ὑμῖν.*<br>[Cf. xiv. 28.] |  |

### § 224. The Return of the Women from the Tomb.

| 8 Καὶ ἀπελθοῦσαι<br>ταχὺ ἀπὸ τοῦ μνη-<br>μείου μετὰ φόβου<br>καὶ χαρᾶς μεγάλης<br><br>ἔδραμον ἀπαγγεῖλαι<br>　　　　　τοῖς<br>μαθηταῖς αὐτοῦ. | 8 Καὶ ἐξελθοῦσαι<br>ἔφυγον ἀπὸ τοῦ μνη-<br>μείου·<br><br>εἶχεν γὰρ αὐτὰς<br>τρόμος καὶ ἔκστασις,<br><br><br>　　　　　καὶ<br>οὐδενὶ οὐδὲν εἶπον·<br>[Cf. ver. 7.]<br>ἐφοβοῦντο γάρ. | 9 Καὶ ὑποστρέψασαι<br>ἀπὸ τοῦ μνη-<br>μείου<br><br>ἀπήγγειλαν<br>πάντα ταῦτα τοῖς<br>ἕνδεκα καὶ πᾶσιν<br>τοῖς λοιποῖς.<br><br>10 ἦσαν δὲ ἡ Μαγδα-<br>ληνὴ Μαρία καὶ<br>Ἰωάννα καὶ Μαρία<br>ἡ Ἰακώβου, καὶ αἱ<br>λοιπαὶ † σὺν αὐταῖς<br>ἔλεγον πρὸς τοὺς<br>ἀποστόλους ταῦτα.<br>11 καὶ ἐφάνησαν ἐνώ-<br>πιον αὐτῶν ὡσεὶ<br>λῆρος τὰ ῥήματα<br>ταῦτα, καὶ ἠπίστουν<br>12 αὐταῖς. |
| --- | --- | --- |

---

\* Ambiguous; is it the Women or the Eleven？ Matthew is quite distinct.
† Cf. xxiii. 49, 55.

§ 225. *Jesus appears to Mary Magdalene (and Mary the Mother of James).*

9 Καὶ ἰδοὺ Ἰησοῦς ὑπήντη-
σεν αὐταῖς λέγων· χαίρετε.

|  |  |  |
|---|---|---|
| αἱ δὲ προσελ-θοῦσαι ἐκράτησαν αὐτοῦ τοὺς πόδας καὶ προσεκύ-10 νησαν αὐτῷ. τότε λέγει αὐταῖς ὁ Ἰησοῦς· μὴ φο-βεῖσθε· ὑπάγετε ἀπαγγεί-λατε τοῖς ἀδελφοῖς μου ἵνα ἀπέλθωσιν εἰς τὴν Γαλιλαίαν καὶ ἐκεῖ με ὄψονται. | 9 * Ἀναστὰς δὲ πρωὶ πρώτῃ σαββάτου ἐφάνη πρῶτον Μαρίᾳ τῇ Μαγδαληνῇ, ἀφ᾽ ἧς ἐκβεβλήκει ἑπτὰ 10 δαιμόνια. ἐκείνη πορευ-θεῖσα ἀπήγγει-λεν τοῖς μετ᾽ αὐτοῦ γενο-μένοις, πενθοῦσιν καὶ κλαίουσιν. 11 κἀκεῖνοι ἀκούσαντες ὅτι ζῇ καὶ ἐθεάθη ὑπ᾽ αὐτῆς ἠπίστη-σαν. | [ *Cf.* ver. 10.] [ *Cf.* ver. 10.] |

§ 226. *The Treachery of the Guards.*

| | | |
|---|---|---|
| 11 Πορευομένων δὲ αὐτῶν, ἰδού τινες τῆς κου-στωδίας ἐλθόντες εἰς τὴν πόλιν ἀνήγγειλαν 12 τοῖς ἀρχιερεῦσιν ἅπαντα τὰ γενόμενα. καὶ συναχθέντες μετὰ τῶν πρεσβυτέρων συμ-βούλιόν τε λαβόντες ἀργύρια ἱκανὰ ἔδωκαν 13 τοῖς στρατιώταις, λέγοντες· εἴπατε ὅτι οἱ μαθηταὶ αὐτοῦ νυκτὸς ἐλθόντες ἔκλεψαν 14 αὐτὸν ἡμῶν κοιμωμένων. καὶ ἐὰν ἀκουσθῇ τοῦτο ἐπὶ τοῦ ἡγεμόνος, ἡμεῖς πείσομεν καὶ 15 ὑμᾶς ἀμερίμνους ποιήσομεν. οἱ δὲ λα-βόντες τὰ ἀργύρια ἐποίησαν ὡς ἐδιδάχθη-σαν· καὶ ἐφημίσθη ὁ λόγος οὗτος παρὰ Ἰουδαίοις μέχρι τῆς σήμερον. | — — — — — | — — — — — |

§ 227. *Jesus appears to Two Disciples at Emmaus and eats with them.*

| | | |
|---|---|---|
| — — — | 12 Μετὰ δὲ ταῦτα δυσὶν ἐξ αὐτῶν περιπατοῦσιν ·ἐφανερώθη ἐν ἑτέρᾳ μορφῇ, πορευομένοις εἰς ἀγρόν. | 13 Καὶ ἰδοὺ δύο ἐξ αὐτῶν ἐν αὐτῇ τῇ ἡμέρᾳ ἦσαν πορευόμενοι εἰς κώμην ἀπέχουσαν στα-δίους ἑξήκοντα ἀπὸ Ἱερουσαλήμ, ᾗ ὄνομα 14 Ἐμμαούς, καὶ αὐτοὶ ὡμίλουν πρὸς ἀλλήλους περὶ πάντων τῶν συμβεβηκότων τούτων. 15 καὶ ἐγένετο ἐν τῷ ὁμιλεῖν αὐτοὺς καὶ συνζη-τεῖν, καὶ αὐτὸς Ἰησοῦς ἐγγίσας συνεπο- |

* The last twelve verses of Mark are not found in the oldest MSS.

| [MATT. XXVIII] | MARK XVI. | LUKE XXIV. |
|---|---|---|
| — | — | 16 ρεύετο αὐτοῖς· οἱ δὲ ὀφθαλμοὶ αὐτῶν |
| — | — | 17 ἐκρατοῦντο τοῦ μὴ ἐπιγνῶναι αὐτόν. εἶπεν δὲ πρὸς αὐτούς· τίνες οἱ λόγοι οὗτοι, οὓς ἀντιβάλλετε πρὸς ἀλλήλους περιπατοῦντες ; |
| — | — | 18 καὶ ἐστάθησαν σκυθρωποί. ἀποκριθεὶς δὲ εἷς, ᾧ ὄνομα Κλεόπας, εἶπεν πρὸς αὐτόν· σὺ μόνος παροικεῖς Ἰερουσαλὴμ καὶ οὐκ ἔγνως τὰ γενόμενα ἐν αὐτῇ ἐν ταῖς ἡμέραις ταύ- |
| — | — | 19 ταις ; καὶ εἶπεν αὐτοῖς· ποῖα ; οἱ δὲ εἶπαν αὐτῷ· τὰ περὶ Ἰησοῦ τοῦ Ναζαρηνοῦ, ὃς ἐγένετο ἀνὴρ προφήτης δυνατὸς ἐν ἔργῳ καὶ λόγῳ ἐναντίον τοῦ θεοῦ καὶ παντὸς |
| — | — | 20 τοῦ λαοῦ, ὅπως τε παρέδωκαν αὐτὸν οἱ ἀρχιερεῖς καὶ οἱ ἄρχοντες ἡμῶν εἰς κρίμα |
| — | — | 21 θανάτου καὶ ἐσταύρωσαν αὐτόν. ἡμεῖς δὲ ἠλπίζομεν ὅτι αὐτός ἐστιν ὁ μέλλων λυτροῦσθαι τὸν Ἰσραήλ· ἀλλά γε καὶ σὺν πᾶσιν τούτοις τρίτην ταύτην ἡμέραν ἄγει |
| — | — | 22 ἀφ᾿ οὗ ταῦτα ἐγένετο. ἀλλὰ καὶ γυναῖκές τινες ἐξ ἡμῶν ἐξέστησαν ἡμᾶς, γενόμεναι |
| — | — | 23 ὀρθριναὶ ἐπὶ τὸ μνημεῖον, καὶ μὴ εὑροῦσαι τὸ σῶμα αὐτοῦ ἦλθον λέγουσαι καὶ ὀπτασίαν ἀγγέλων ἑωρακέναι, οἳ λέγουσιν αὐτὸν ζῆν. |
| — | — | 24 καὶ ἀπῆλθόν τινες τῶν σὺν ἡμῖν ἐπὶ τὸ μνημεῖον, καὶ εὗρον οὕτως καθὼς καὶ αἱ |
| — | — | 25 γυναῖκες εἶπον, αὐτὸν δὲ οὐκ εἶδον. καὶ αὐτὸς εἶπεν πρὸς αὐτούς· ὦ ἀνόητοι καὶ βραδεῖς τῇ καρδίᾳ τοῦ πιστεύειν ἐπὶ πᾶσιν |
| — | — | 26 οἷς ἐλάλησαν οἱ προφῆται. οὐχὶ ταῦτα ἔδει παθεῖν τὸν Χριστὸν καὶ εἰσελθεῖν εἰς |
| — | — | 27 τὴν δόξαν αὐτοῦ ; καὶ ἀρξάμενος ἀπὸ Μωϋ- σέως καὶ ἀπὸ πάντων τῶν προφητῶν διερ- μήνευσεν αὐτοῖς ἐν πάσαις ταῖς γραφαῖς τὰ |
| — | — | 28 περὶ ἑαυτοῦ. καὶ ἤγγισαν εἰς τὴν κώμην οὗ ἐπορεύοντο, καὶ αὐτὸς προσεποιήσατο |
| — | 13* κἀκεῖνοι ἀπελ- θόντες ἀπήγ- γειλαν τοῖς λοιποῖς· οὐδὲ ἐκείνοις ἐπί- στευσαν. | 29 πορρωτέρω πορεύεσθαι· καὶ παρεβιάσαντο αὐτὸν λέγοντες· μεῖνον μεθ᾿ ἡμῶν, ὅτι πρὸς ἑσπέραν ἐστὶν καὶ κέκλικεν ἤδη ἡ ἡμέρα. |
| — | | 30 καὶ εἰσῆλθεν τοῦ μεῖναι σὺν αὐτοῖς. καὶ ἐγένετο ἐν τῷ κατακλιθῆναι αὐτὸν μετ᾿ αὐτῶν, λαβὼν † τὸν ἄρτον εὐλόγησεν καὶ κλάσας |
| — | | 31 ἐπεδίδου αὐτοῖς· αὐτῶν δὲ διηνοίχθησαν οἱ ὀφθαλμοί, καὶ ἐπέγνωσαν αὐτόν· καὶ αὐτὸς |
| — | — | 32 ἄφαντος ἐγένετο ἀπ᾿ αὐτῶν. καὶ εἶπαν πρὸς ἀλλήλους· οὐχὶ ἡ καρδία ἡμῶν καιομένη ἦν ἐν ἡμῖν, ὡς ἐλάλει ἡμῖν ἐν τῇ ὁδῷ, ὡς διή- νοιγεν ἡμῖν τὰς γραφάς ; |

\* Cf. Lk. xxiv. 9.     † Cf. Lk. xxii. 19 ; Matt. xxvi. 26.

§ 228. *Jesus appears to the Eleven at Jerusalem and eats with them.*

| | | |
|---|---|---|
| — | — | 33 Καὶ ἀναστάντες αὐτῇ τῇ ὥρᾳ ὑπέστρεψαν εἰς Ἰερουσαλήμ, καὶ εὗρον ἠθροισμένους τοὺς ἕνδεκα καὶ τοὺς σὺν αὐτοῖς, |
| — | — | 34 λέγοντας ὅτι ὄντως ἠγέρθη ὁ |
| — | — | 35 κύριος καὶ ὤφθη Σίμωνι. καὶ αὐτοὶ ἐξηγοῦντο τὰ ἐν τῇ ὁδῷ καὶ ὡς ἐγνώσθη αὐτοῖς ἐν τῇ κλάσει τοῦ ἄρτου. |
| | 14 Ὕστερον ἀνακειμένοις αὐτοῖς τοῖς ἕνδεκα ἐφανερώθη, καὶ | 36 ταῦτα δὲ αὐτῶν λαλούντων αὐτὸς ἔστη ἐν μέσῳ αὐτῶν. |
| | | 37 πτοηθέντες δὲ καὶ ἔμφοβοι γενόμενοι ἐδόκουν πνεῦμα |
| | | 38 θεωρεῖν. καὶ εἶπεν αὐτοῖς· τί τεταραγμένοι ἐστέ, καὶ διατί διαλογισμοὶ ἀναβαίνουσιν ἐν τῇ καρδίᾳ ὑμῶν; |
| | | 39 ἴδετε τὰς χεῖράς μου καὶ τοὺς πόδας μου, ὅτι ἐγώ εἰμι |
| | ὠνείδισεν τὴν ἀπιστίαν αὐτῶν καὶ σκληροκαρδίαν, ὅτι τοῖς θεασαμένοις αὐτὸν ἐγηγερμέ- | αὐτός· ψηλαφήσατέ με καὶ ἴδετε, ὅτι πνεῦμα σάρκας καὶ ὀστέα οὐκ ἔχει καθὼς ἐμὲ |
| — | νον οὐκ ἐπίστευσαν. | 41 θεωρεῖτε ἔχοντα. ἔτι δὲ ἀπιστούντων αὐτῶν ἀπὸ τῆς χαρᾶς καὶ θαυμαζόντων, εἶπεν αὐτοῖς· ἔχετέ τι βρώσιμον |
| — | | 42 ἐνθάδε; οἱ δὲ ἐπέδωκαν αὐτῷ |
| — | | 43 ἰχθύος ὀπτοῦ μέρος· καὶ λαβὼν ἐνώπιον αὐτῶν ἔφαγεν. |

§ 229. *Jesus appears to the Eleven in Galilee.*

| | | |
|---|---|---|
| 16 Οἱ δὲ ἕνδεκα μαθηταὶ ἐπορεύθησαν εἰς τὴν Γαλιλαίαν, εἰς τὸ ὄρος οὗ ἐτάξατο | — | — |
| | [*Cf.* ver. 7.] | |
| 17 αὐτοῖς ὁ Ἰησοῦς, καὶ ἰδόντες αὐτὸν προσεκύνησαν, οἱ δὲ | | |
| 18 ἐδίστασαν. καὶ προσελθὼν ὁ Ἰησοῦς ἐλάλησεν αὐτοῖς λέγων ἐδόθη μοι πᾶσα ἐξουσία ἐν οὐρανῷ καὶ ἐπὶ | 15 | Καὶ εἶπεν αὐτοῖς· | — |
| 19 γῆς. πορευθέντες μαθητεύσατε πάντα τὰ ἔθνη, βαπτίζοντες αὐτοὺς εἰς τὸ ὄνομα τοῦ πατρὸς καὶ τοῦ υἱοῦ καὶ | πορευθέντες εἰς τὸν κόσμον ἅπαντα κηρύξατε τὸ εὐαγγέλιον πάσῃ τῇ κτίσει. | [*Cf.* ver. 47.] |
| 20 τοῦ ἁγίου πνεύματος, διδάσκοντες αὐτοὺς τηρεῖν πάντα ὅσα ἐνετειλάμην ὑμῖν. καὶ ἰδοὺ ἐγὼ μεθ᾽ ὑμῶν εἰμι | | |

| | | |
|---|---|---|
| πάσας τὰς ἡμέρας ἕως τῆς συντελείας τοῦ αἰῶνος. | 16　　　　ὁ<br>πιστεύσας καὶ βαπτισθεὶς<br>σωθήσεται, ὁ δὲ ἀπιστήσας<br>17 κατακριθήσεται. σημεῖα δὲ<br>τοῖς πιστεύσασιν ταῦτα πα-<br>ρακολουθήσει· ἐν τῷ ὀνό-<br>ματί μου δαιμόνια ἐκβαλοῦ-<br>σιν, γλώσσαις λαλήσουσιν<br>18 καιναῖς, ὄφεις ἀροῦσιν, κἂν<br>θανάσιμόν τι πίωσιν οὐ μὴ<br>αὐτοὺς βλάψει, ἐπὶ ἀρρώσ-<br>τους χεῖρας ἐπιθήσουσιν<br>καὶ καλῶς ἕξουσιν. | —<br><br>—<br><br><br><br><br>— |

### § 230. The Farewell Commands of Jesus.

| | | |
|---|---|---|
| — | — | 44 Εἶπεν δὲ πρὸς αὐτούς· οὗτοι οἱ λόγοι μου, οὓς ἐλάλησα πρὸς ὑμᾶς ἔτι ὢν σὺν ὑμῖν, ὅτι δεῖ πληρωθῆναι πάντα τὰ γεγραμμένα ἐν τῷ νόμῳ Μωϋσέως καὶ προφήταις καὶ 45 ψαλμοῖς περὶ ἐμοῦ. τότε διήνοιξεν αὐτῶν 46 τὸν νοῦν τοῦ συνιέναι τὰς γραφάς, καὶ εἶπεν αὐτοῖς ὅτι οὕτως γέγραπται παθεῖν τὸν Χριστὸν καὶ ἀναστῆναι ἐκ νεκρῶν τῇ |
| [Cf. ver. 19.] | [Cf. ver. 15.] | 47 τρίτῃ ἡμέρᾳ, καὶ κηρυχθῆναι ἐπὶ τῷ ὀνόματι αὐτοῦ μετάνοιαν εἰς ἄφεσιν ἁμαρτιῶν εἰς πάντα τὰ ἔθνη, ἀρξάμενοι ἀπὸ Ἰερουσαλήμ. |
| — | — | 48 49 ὑμεῖς μάρτυρες τούτων. κἀγὼ ἐξαποσ-τέλλω τὴν ἐπαγγελίαν τοῦ πατρός μου ἐφ' ὑμᾶς· ὑμεῖς δὲ καθίσατε ἐν τῇ πόλει ἕως οὗ ἐνδύσησθε ἐξ ὕψους δύναμιν. |

### § 231. The Ascension of Jesus.

| | | |
|---|---|---|
| — | 19 ὁ μὲν οὖν κύριος μετὰ τὸ λα-λῆσαι αὐτοῖς ἀνελήφθη εἰς τὸν οὐρανὸν καὶ ἐκάθισεν ἐκ<br>20 δεξιῶν τοῦ θεοῦ· ἐκεῖνοι δὲ ἐξελθόντες<br><br><br>ἐκήρυξαν πανταχοῦ, τοῦ κυρίου συνεργοῦντος καὶ τὸν λόγον βεβαιοῦντος διὰ τῶν ἐπακολουθούντων σημείων. ἀμήν. | 50 Ἐξήγαγεν δὲ αὐτοὺς ἕως πρὸς Βηθανίαν, καὶ ἐπάρας τὰς χεῖρας αὐτοῦ εὐλόγησεν αὐ-<br>51 τούς. καὶ ἐγένετο ἐν τῷ εὐλογεῖν αὐτὸν αὐτοὺς διέστη<br>52 ἀπ' αὐτῶν.　　　　καὶ αὐτοὶ ὑπέστρεψαν εἰς Ἰερου-σαλὴμ μετὰ χαρᾶς μεγάλης,<br>53 καὶ ἦσαν διαπαντὸς ἐν τῷ ἱερῷ αἰνοῦντες τὸν θεόν. |

# INDEX

## FOR EACH GOSPEL IN ITS ORDER.

---

### MATTHEW.

## MATTHEW—*continued.*

## MARK.

## MARK—*continued.*

## LUKE.

LUKE—*continued.*

LUKE—*continued.*

PRINTED BY NEILL AND CO., LTD., EDINBURGH.

CPSIA information can be obtained at www.ICGtesting.com
Printed in the USA
BVOW04*2207070816

458270BV00004B/19/P